海上丝绸之路

全球史视野下的考察

李伯重　董经胜 / 主编

社会科学文献出版社
SOCIAL SCIENCES ACADEMIC PRESS (CHINA)

北京大学海上丝路与区域历史研究丛书
总　序

中国是一个幅员辽阔的大国，也是一个拥有漫长海岸线的国家。溯至远古时期，我国先民就已开始了对海洋的探索。秦汉以降，经由海路与外部世界的交往，更成为一种国家行为，秦始皇派徐福东渡，汉武帝遣使西到黄支，孙武时有朱应、康泰前往南洋，唐朝时则有杨良瑶远赴大食，直到明初郑和七下西洋，官方主导的外交与外贸持续不断。而民间的交往虽然被史家忽略，但仍然有唐之张保皋，明之郑芝龙家族等，民间的向海而生，时时跃然纸上。特别是唐宋以降，海上"丝绸之路"的迅猛发展，使得中国官民通过海路与沿线国家进行着频繁的政治、文化交往，海上贸易也呈现出一片繁荣的景象。

这条海上"丝绸之路"，联通东北亚、日本、南洋、波斯、阿拉伯世界，远到欧洲、东非，并以此为跳板，连接到世界更广阔的地域与国家，它不仅仅是东西方商业贸易的桥梁，也是沿线各国政治经济往来、文化交流的重要纽带。海上"丝绸之路"沿线的国家，也同样是面向海洋的国度，它们各自的发展与壮大，也见证了海上"丝绸之路"的发展；这些国家的民众，也曾积极参与海上贸易，特别是在大航海时代到来之后，逐步营建出"全球化"的新时代。

古为今用，我国"一带一路"合作倡议的提出，旨在借用古代"丝绸之路"的历史符号，积极发展与沿线国家的经济合作伙伴关系，彰显我国在国际社会中的担当精神。

2019年初，北大历史学系受学校委托，承担大型专项课题"海上丝绸之路及其沿线国家和地区历史文化研究"，我们深感这一研究的时代意义以及史学工作者承载的历史使命。重任在肩，我们积极组织系内有生力量，打通中外，共同攻关；与此同时，我们也寻求合作伙伴，拓展渠道，与校内外同行共襄盛举。以此项目启动为契机，我们筹划了"北京大学海上丝路与区域历史研究丛书"，希望在课题研究深入的同时，有助于推动历史学系的学科建设，利用这个丛书，发表本系及其他参与人员的研究成果，共同推进海上丝绸之路与沿线区域的历史研究。

让我们共同翻开史学研究的新篇章！

丛书编委会（荣新江执笔）

2020 年 6 月 6 日

目　录

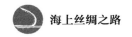

阿曼与中国的早期交流

王小甫

序　言

位于阿拉伯半岛东南端的阿曼是西亚最接近东方的地点，这就使它在技术有限（主要是缺乏机械动力）的古代，在传统东西方海路交通中有着无可比拟的优势：就东、西方交通而言，从位于阿拉伯半岛最东南哈德角附近阿曼的苏尔（Sur）港向北偏东直航对岸伊朗的恰赫巴哈尔（Chah Bahar）港，[①]这是横渡印度洋阿拉伯海的最捷近航线。苏尔自古就有在印度洋阿拉伯海沿岸从事海上贸易的记录，至今仍以制造阿拉伯传统的单桅三角帆船（dhow）而闻名。

考古发现和楔形文字材料都表明，早在四千多年前，两河流域文明与巴林、阿曼（Magan）[②] 和印度哈拉帕（Harappan）文明[③]之间就发展起了海运贸易活动，这条经波斯湾、阿曼湾沟通两河与印度河的航路就是后来著名的"条枝走

---

① 这很可能就是《红海周航记》（Lionel Casson, *The Periplus Maris Erythraei*, Princeton University Press, 1989. 本文以下所引均为此本）第 36 节记载的 Omana 港，参见该书第 180—181 页，注 36：12.3 - 4；第 182 页，注 36：12.10 - 12。

② "尽管希腊 - 罗马的记载用 Omana 一名称呼阿曼国家，Magan 却是在古代两河流域—印度一带贸易活动中经常提到的国名。"见《伊斯兰百科全书》新版，"阿曼"条（C. E. Bosworth et, "'Umān", *The Encyclopedia of Islam*, X：814b, Web CD edition, Brill Academic Publishers, 2003）。

③ 20 世纪 20 年代发现的印度河流域文明（繁荣期约为前 2800—前 1750），主要有摩亨佐 - 达罗（Mohenjo-daro）和哈拉帕（Harappa）两个大城市中心，都在今巴基斯坦境内，前者在俾路支省，后者在旁遮普省。

廊"（Characene corridor）或"阿拉伯走廊"。至少从公元前第二千纪初期，商人已经在运用印度洋上的水路了：两河流域的船只从波斯湾头的港口出发，循着今天伊朗和巴基斯坦南面的海湾沿岸，前往印度河口的码头。[①] 希腊、罗马商人直到公元 1 世纪中期发现利用信风以前，沿海岸航行一直是海道交通的主要做法。[②] 当时印度西北海岸最重要的商业港口是提呲（Daybul/Debal，今巴基斯坦卡拉奇）[③] 和婆楼割车（Barygaza，今印度坎贝湾东岸之布罗奇 Broach），来自西亚的罗马商品可以从这里走陆道北上进入中国的西域和西藏，丝绸之路陆海两道就此连通了。[④] 据研究，至少到公元前 4 世纪，印度就已经有了"中国的成捆的丝"（Cinapatta）。[⑤] 还有一种古代印度河流域特产的蚀花肉红石髓珠，也在公元前 3 世纪就已经传到了中国新疆和阗。[⑥] 而 1 世纪中期用希腊文写成的《红海周航记》表明，当时在印度西海岸的四个重要港口[⑦]中，提呲是经营中国货物——蚕丝产品种类最多最全的转口外贸港（enterpot）。[⑧] 这些情况，都为早期阿曼与中国的交通交流提供了历史背景和现实可能性。

---

① Cf. G. Lawrence Potter ed., *The Persian Gulf in History*, New York：Palgrave Macmillan, 2009, p. 167.

② 《红海周航记》第 57 节称："前面描述的这整个沿海航线，从虔那（Kane）和亚丁（到柯枝 Muziris 和故临 Nelkynda），人们从前习惯于用较小的船只，顺着那些海湾的曲线航行经过。希帕洛斯（Hippalos）船长用划分贸易港口位置和海洋轮廓的办法，首次揭示了跨越浩瀚洋面的航线。"（第 85—87 页）参见〔英〕赫德逊《欧洲与中国》，李申等译，中华书局，1995，47 页。

③ 《红海周航记》原文第 38 节记载："在海岸上，矗立着贸易港口 Barbarikon，在它的前沿有一个小岛。"研究者据此认为，西方古代文献里的 Barbarikon 就是今巴基斯坦港口城市卡拉奇，因为，近代英国人的游记还说："卡拉奇市的一部分和卡拉奇港（南边）的 Manora 岛一起构成了 Debal 市。"这后一个名称即阿拉伯史料中的 Daybul（Dīwal ~ Dībal ديبل，一说源自梵语神龛 Devalaya），汉文史料"提呲"即指此港，参见张广达《海舶来天方 丝路通大食》，《西域史地丛稿初编》，上海古籍出版社，1995，第 469 页，注 2；维基百科"Karachi"条，https：//en. wikipedia. org/wiki/Karachi；维基百科"Debal"条，http：//en. wikipedia. org/wiki/Debal，2018 年 1 月 9 日。

④ 参见〔英〕赫德逊《欧洲与中国》，第 50、60—62 页。

⑤ 参见季羨林《中国蚕丝输入印度问题的初步研究》，《中印文化关系史论文集》，三联书店，1982，第 76 页。

⑥ 参见夏鼐《我国出土的蚀花的肉红石髓珠》，《考古学论文集（外一种）》，河北教育出版社，2000，第 575—576 页。

⑦ 西北方有提呲和婆楼割车；西南方则有柯枝（Muziris）和故临（Nelkynda）港，大致分别为今印度西南马拉巴尔海岸喀拉拉邦科钦（Cochin）和奎隆（Quilon）两港。

⑧ 参见《红海周航记》，"导论"，第 22—23 页；第 260 页，注 B 39：13. 11。

一 早期传到中国的阿曼特产

（一）乳香

目前所知最早传到中国的阿曼特产应该是乳香。阿曼乳香很可能在公元前 5 世纪就已经传到了中国，从而催生了中国人熏香专用的博山炉。

世界上著名的乳香的产地主要有两处：一处是非洲之角索马里的亚丁湾沿岸；另一处是阿拉伯半岛南部，主要是阿曼佐法尔地区的阿拉伯海沿岸。[①] 后世有把海上丝绸之路称作"香料之路"，传统说法甚至把索马里非洲之角称作"香料之角"（The Promontory of Spices），乳香肯定是香料之路传送货物中数一数二的大宗。乳香贸易是一桩世界性的大宗贸易，[②] 尤其是在早期，阿曼很可能是中国乳香的唯一原产地。尽管《红海周航记》第 27、29 节记载虞那（Kane）[③] 是南阿拉伯重要的乳香转运港，而从盖迈尔湾开始都是生长乳香的土地，但第 32 节明确说：盖迈尔湾乳香的官方集散地在 Moscha Limen 码头（今阿曼佐法尔地区塞拉莱以东 40 公里的 Khor Rori 港），虞那有船定期来这里转运乳香，而印度西南港口和婆楼割车则趁季风派帆船来此贩运。总之，最著名的"乳香之地"，被联合国教科文组织认定的世界文化遗产主要是在阿曼佐法尔地区："乳香之地（The Land of Frankincense）是香料之路上阿曼的一处遗产地。该遗产地包括乳香树、Khor Rori 港和一些对中世纪香料贸易至关重要的商队绿洲遗迹。遗产地在 2000 年以'乳香小道'之名由联合国教科文组织宣布为世界遗产，2005 年改名为'乳香之地'。"[④]

专家这样介绍阿曼乳香："乳香树生长在山坡荒漠上的干涸水沟里，那儿仍然能感受到季风的冷却效果，但其湿气却为荒漠气候所吸干"；"几小块乳香放

[①] 见《红海周航记》，第 119 页地图 6 "Probable locations of frankincense and myrrh"。

[②] 参见维基百科 "Frankincense" 条，https://en.wikipedia.org/wiki/Frankincense，2018 年 4 月 8 日。

[③] 古代哈达拉毛王国的重要港口，遗址 Husn al-Ghurab 在今也门穆卡拉西南拜勒哈夫附近。此港当即唐初奚弘通提到的虞那，参见汪大渊著，苏继顾校释《岛夷志略校释》，中华书局，1981，"叙论"，第 5—6 页。

[④] 见维基百科 "Frankincense" 条；联合国教科文组织（UNESCO）世界遗产委员会网站世界遗产名录 "Land of Frankincense" 条，http://whc.unesco.org/en/list/1010，2018 年 4 月 13 日。

在特制熏炉（Megmer）里的阴燃材料上面，于是乳香本身熏烧，散发出芬芳的烟雾"。① 总之，乳香主要是一种熏香，因而中国传统文献又称之为薰陆香，② 薰陆恐即熏炉之讹。劳费尔《中国伊朗编》的香料类里没有列出乳香，但是提到了所谓"安息香"，他引用了唐人段成式《酉阳杂俎》卷 18《广动植之三·木篇》里的记载："安息香树，出波斯国，波斯呼为辟邪。树长三丈，皮色黄黑，叶有四角，经寒不凋。二月开花，黄色，花心微碧，不结实。刻其树皮，其胶如饴，名安息香。六七月坚凝，乃取之。烧之通神明，辟众恶。"③ 这显然就是指乳香。至于为什么叫安息香以及作为地名的"安息"，劳费尔的考证过于烦琐，好在他最终指出：伯希和认为，安息香"这名称是附带在阿萨塞德朝代（The Arsacid Dynasty）④ 波斯的古汉语名字上，他这看法是对的。其实我们在俾路支斯坦的岩石上看见过产拜香的两种植物，Balsamodendron pubesoens 和 B. mukul，亚历山大的军队在格德罗西亚的沙漠上看见了这两植物，随军的腓尼基商人大量地采集它"。⑤ 然而，《亚历山大远征记》第Ⅵ章第 22 节提到在格德罗西亚发现的香料其实是没药和甘松，⑥ 虽然研究发现其中所谓"甘松"其实是一种须芒草属，但无论如何那里并没有发现乳香。劳费尔是想把安息香解释为"安息所产香料"这样一种泛称，而否定其作为一种专名的性质。他说："虽然'安息香'这名字可能用于表达'帕提亚的香'的意思，但我们不能忽略一事：在有关帕提亚（安息）和波斯的古代历史文件里没有提到此物，——这是一件罕有的情况，值得思考。这物品只被指出为中国西域的龟兹和葱岭北面的漕国的产品。"⑦

---

① 见《阿曼假日》网站"乳香小道"，http：//www. omanholiday. co. uk/FRANKINCENSE - Trail - by - Tony - Walsh - for - Abode - Magazine. pdf，2018 年 4 月 14 日。

② 参见李时珍撰，刘山永主编新校注本《本草纲目·木部》第 34 卷，"薰陆香（乳香）"条，华夏出版社，2008，第 1312—1313 页。

③ 段成式撰，方南生点校《酉阳杂俎》，中华书局，1981，第 177 页；〔美〕劳费尔：《中国伊朗编》，林筠因译，商务印书馆，2001，第 293 页。

④ 即汉文史料中的安息王朝，http：//www. iranicaonline. org/articles/arsacids - ii，2018 年 8 月 11 日。

⑤ 〔美〕劳费尔：《中国伊朗编》，第 294 页。

⑥ 亚历山大士兵在远征印度后的回程中发现没药和甘松一事见〔古希腊〕阿里安《亚历山大远征记》，第Ⅵ章第 22 节（商务印书馆，1979，第 214 页）。格德罗西亚即今伊朗和巴基斯坦毗连地带的莫克兰海岸。

⑦ 〔美〕劳费尔：《中国伊朗编》，第 294 页。漕国（漕矩咤，Jaguda/Zabulistan）为今阿富汗加兹尼 Ghazni，故引文这句的葱岭北或为葱岭南之误。

显然，如果把安息香理解为一个专名即专指安息属国阿曼①特产的乳香，问题就迎刃而解了。历史上有些以安息命名的特产如"安息雀"即鸵鸟之类，其实并非安息（波斯）本土物产，而是从其当时的属国阿曼转运而来（见下），甚至直接就是阿曼的特产，如这里的乳香。所以，可以肯定，古代文献中记载的安息香其实就是乳香。至于《隋书·西域传》里提到漕国、龟兹（今新疆库车）有安息香，正好显示出阿曼乳香经印度河口提毗传往中国的路线，与《红海周航记》所述提毗的其他转口中国商品的路线是一致的。②

薛爱华（Edward H. Schafer）《撒马尔罕的金桃——唐代舶来品研究》第10章"香料"为"乳香"列有专条，③ 说明产地是南阿拉伯和索马里，并且说它就是在中文文献中可以追溯到公元前3世纪的"薰陆"。④ 虽然他另外列了"安息香"条，但说其"具体所指的并不止一种物质"，⑤ 显然和劳费尔一样，错误地将其视作一个所谓"帕提亚香"的泛称。此外，他也和劳费尔一样，把《本草纲目》引唐末李珣《海药本草》安息香"生南海波斯国"读作"生南海、波斯国"两处，⑥ 亦恐有误。其实，所谓"南海波斯国"应该就是《魏略·西戎传》所记大秦⑦"与安息诸国交市于海中"的地方即阿曼，乳香是南阿拉伯阿曼（安

---

① 关于当时阿曼与安息的关系见《红海周航记》第33节以及第174页注33：11 - 12。亦参见〔伊朗〕扎林库伯《波斯帝国史》，张鸿年译，复旦大学出版社，2011，第291页；Cf. The Persian Gulf in History, pp. 42 - 43, 58。《剑桥伊朗史》第3卷第1册第16节中这样描述阿曼："在萨珊时期它是波斯的一个前哨，是连锁阵地中的一个纽带，凭借这些，波斯皇帝们力求控制印度洋贸易并确保在哈达拉毛和也门那些富饶的农业区（著名的阿拉伯福地或香料阿拉伯Arabia Felix or Arabia Odorifera）站稳脚跟。"（Ehsan Yarshater ed., The Cambridge History of Iran, Vol. 3, Cambridge Univeristy Press, 2006, p. 604）就与阿曼的关系而言，这种说法对安息时代也是适用的。

② 参见《红海周航记》，"导论"，第26—27页；第191页，注39：13.9。

③ 〔美〕薛爱华：《撒马尔罕的金桃——唐代舶来品研究》，吴玉贵译，社会科学文献出版社，2016，第421—423页。

④ 不过，他引卜弼德（P. A. Boodberg），说"薰陆"是梵文 kunduruka（乳香）的音译，颇有牵扯之嫌。

⑤ 见〔美〕薛爱华《撒马尔罕的金桃——唐代舶来品研究》，第420页。

⑥ 〔美〕薛爱华：《撒马尔罕的金桃——唐代舶来品研究》，第421页。又，劳费尔以李珣著《海药本草》在8世纪后半（《中国伊朗编》，第292页），而研究表明应在唐末五代即9—10世纪之际，参见《中国大百科全书·中国历史卷》"李珣"条。李珣本人是侨居成都附近的波斯人后裔，"南海波斯国"人很可能就是阿曼人，应该不会把本国环境物产搞错。

⑦ 汉文史料中的"大秦"通常指古代罗马帝国（前30—公元476）所属地中海东岸的埃及、叙利亚等地。

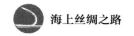

息南界）的特产。薛爱华有关中国安息香来路的论述值得注意：

> 四世纪时，以创造奇迹著称的术士佛图澄在祈雨仪式中使用了"安息香"，这里说的安息香是指返魂树脂。这是在中国最早提到安息香的记载。五、六世纪时，安息香来自中国西域的佛教诸国，其中尤其是与犍陀罗国关系密切。这时对于中国人来讲，犍陀罗不仅是佛教教义的主要来源地，而且也是香料的主要供给国——虽然犍陀罗只是作为有利可图的香料贸易的中间人来向中国供给香料的（因为犍陀罗地区不可能是香料的原产地）。而且，Gandhara（犍陀罗）这个名字的意译就正是"香国"。犍陀罗曾经是安息国版图的一部分，所以用"安息"王朝的名字来命名这种从曾经由安息统治的犍陀罗地区传来的香料，当然是顺理成章的事情。

犍陀罗"香国"得名于该地是重要的香料转输要道，这印证了我们前面关于交通路线的说法。然而，说"从曾经由安息统治的犍陀罗地区传来的香料"就叫"安息香"，还是未免轻率了些。其实，所谓安息统治犍陀罗实际上与位于安息东界（塞斯坦）的乌弋山离后期的扩张（1 世纪前期）有关：乌弋山离于 1 世纪初侵入信德，取代了塞种（Saka）在那儿的统治，但不久至 1 世纪中期即被贵霜帝国吞并。[①] 况且，如其所承认，犍陀罗并不是所传香料的原产地。如果说"曾经是安息国版图的一部分，所以用'安息'王朝的名字来命名这种从曾经由安息统治的地区传来的香料，当然是顺理成章的事情"，那么，乳香的原产地阿曼曾长期为安息藩属地，阿曼特产乳香传到中国被称为"安息香"更是理所当然。

据薛爱华引卜弼德的说法，阿曼乳香早在公元前 3 世纪就以"薰陆"一名

---

① 参见《中国大百科全书·中国历史卷》"乌弋山离"条；〔伊朗〕扎林库伯：《波斯帝国史》，第 279—281、293—294 页。乌弋山离于 1 世纪初侵入信德，取代了塞种（Saka）在那的统治，但不久即被贵霜帝国吞并，参见《伊朗学百科全书》（Encyclopedia Iranica）网络版：R. C. Senior，"INDO-SCYTHIAN DYNASTY，"Encyclopedia Iranica，online edition，2005，http：// www. iranicaonline. org/articles/indo – scythian – dynasty – 1（accessed on 30 April 2017）和"INDO-PARTHIAN DYNASTY"条，见 http：//www. iranicaonline. org/articles/indo – parthian – dynasty – 1，2018 年 1 月 28 日。

见于中文文献记载，① 即已经传入中国。如前所说，乳香是放在香炉中焚烧散味的，由熏炉而讹名为"薰陆"。中国传统最著名且流行的香炉叫博山炉，据说以汉代产于山东博山（今淄博）最有名。不过，薛爱华说："人们一度认为博山炉是在汉代发明的，但是现在看来可以追溯到周代；有一个大约是在公元前 5 世纪到（前）3 世纪的香炉，上面饰有许多珠宝。见温利《博山香炉考》，第 8 页。"② 换言之，阿曼乳香也有可能在公元前 5 世纪就已经传到了中国，从而催生了中国人熏香专用的博山炉。用数据库软件搜"熏炉"最早所见汉文文献为西汉刘向的《熏炉铭》③；"香炉"则最早见于西汉伶玄的《赵飞燕外传》。无论如何，说西汉（前 206—前 208）时代中国人已经用专门的香炉焚熏阿曼特产乳香应该是没有问题的。考古发掘资料显示，赵佗建立的南越国（约前 203—前 111）已有从海外输入香料和燃香的习俗。南越王墓中曾出土五件四连体铜熏炉，炉体由四个互不连通的小盒组成，可以燃烧四种不同的香料。考古工作者在广州地区汉墓出土物中，发现熏香炉多达 200 余件。南越国的熏香炉和中原流行的博山炉形制不同，所用香料可能主要来自东南亚，或经东南亚地区辗转传来。④

（二）玳瑁和珊瑚

研究者认为，从《红海周航记》的记录来看，印度提供了最丰富的贸易奢侈品，其中玳瑁"特别受到追捧，因为所有的主要港口都有其交易"。⑤ 然而，《红海周航记》所谓最精良的玳瑁 the hawksbill turtle 来自 Chryse（金洲，一般认

---

① 〔美〕薛爱华：《撒马尔罕的金桃——唐代舶来品研究》，第 422 页，注 1；卜弼德：《略论古代汉语之演变》[P. A. Boodberg, "Some Proleptical Remarks on the Evolution of Archaic Chinese," *Harvard Journal of Asiatic Studies*, Vol. 2 (1937), pp. 329–372]，第 359 页，注 60。

② 〔美〕薛爱华：《撒马尔罕的金桃——唐代舶来品研究》，第 403 页，注 2。

③ 原文恐佚，所见均为后人所引。本文用数据库软件搜检，此处为萧统《文选》卷 11《何平叔〈景福殿赋〉》李善注，为较早引文，中华书局 1977 年影印版，第 175 页上栏。

④ 参见石云涛《丝绸之路与汉代香料的输入》，《中原文化研究》2014 年第 6 期。劳费尔、薛爱华书中有所谓"小安息香"的说法，或即指此，不排除有假冒伪劣之嫌。因为，在 1 世纪南印度泰米尔人为东向淘金兴起航海之前，乳香传往印度以东的机会并不太多；而且，虽然汉武帝灭南越国置南海郡后，中国人知道了到黄支国（印度东海岸）的海路，却是"蛮夷贾船，转送致之"（《汉书·地理志》），双方交流显然还非常有限。参见钱江《金洲、金地与耶婆提：古代印度与东南亚的海上贸易》，《丝瓷之路》第 1 辑，商务印书馆，2011，第 324—327 页；毛丹、江晓原：《希腊化晚期至罗马帝国初年西方航海术东渐考》，《上海交通大学学报》（哲学社会科学版）2015 年第 2 期。

⑤ 见《红海周航记》，"导言"，第 17 页。

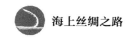

为指缅甸和马来半岛①）的说法却很可能是限于奢侈品贸易范围的传闻，② 因为，研究表明，《红海周航记》"作者的亲身经历包括非洲路线直到 Rhapta（达累萨拉姆一带。但对东非海岸讲得概略，因为那片地区在商业上不重要），以及阿拉伯—印度航线至少到了印度南端的科摩林角。许多学者认为，他并没有亲自旅行下一段，即从印度东海岸直到恒河河口，因为在其报告中哪儿都缺乏重要发现"。③ 为了方便起见，我们可以把玳瑁与其共生生物珊瑚一起讨论。据汉文史料记载，二者均为大秦特产珍宝，④ 但珊瑚的分布范围比玳瑁更广。然而，据专家研究，文献记载的大秦宝物并非全为当地所产，除了公认为大秦特产的流离（琉璃，这里指玻璃）等物之外，其他珍异尤其是宝石之类很可能是商人在东来沿途购买转贩的。⑤ 例如珊瑚，虽然古代最美的珊瑚确实出于地中海，但有研究者认为，中国人所知的大秦珊瑚可能出自红海，尤其是古代的拉科斯（Leukos，今埃及古赛尔 Koseir）附近。⑥

另一种所谓大秦宝物玳瑁也是如此，即传到东方的玳瑁也并非出自地中海东岸。据研究，玳瑁（学名 Eretmochelys imbricata）是属于海龟科的一种海龟，分为太平洋玳瑁（Eretmochelys imbricata bissa）和大西洋玳瑁（Eretmochelys imbricata imbricata）两个亚种，其中太平洋玳瑁分布于印度洋 – 太平洋地区，其

---

① 参见《红海周航记》，第235—236页，注63：21.1。更多的讨论意见，参见钱江《金洲、金地与耶婆提：古代印度与东南亚的海上贸易》，《丝瓷之路》第1辑，第320—322页。

② 有关说法见《红海周航记》第56节（第223页，注56：18.26 – 28），其中提到在印度西南马拉巴尔沿岸外海岛屿产有玳瑁，笔者认为这非常可疑。如下文所述，玳瑁和珊瑚是共生生物，主要靠吃珊瑚礁中生长的海绵为生。《红海周航记》"作者把珊瑚列为婆楼割车（49：16.21）、柯枝和故临（56：18.19）以及提阤（39：13.8b）的进口货物。据普林尼（32.21）的说法，印度人高度珍视珊瑚，就像罗马人珍视珍珠一样。他们一直非常珍视它：据瓦特（Watt，ii 532）报告说，产自地中海的质地优良的红珊瑚，能值其重量20倍的黄金"（《红海周航记》第191页，注39：13.8b）。印度连珊瑚都是进口的——如下所见，古代传到东方的所谓地中海珊瑚，其实都产自阿曼——岂能养活玳瑁？所以，说玳瑁产自印度（甚至更远的金洲）跟说珊瑚产自地中海（大秦）一样，很可能都是古代罗马埃及商人想要隐瞒（其半路取自阿曼）真相的谎言。

③ 见《红海周航记》，"导言"，第8页。虽然对此还有讨论意见，但也有学者更明确地指出："最强有力的证据是，所有古希腊、罗马时期的文献记载在谈到东方世界时，最远只能谈到南印度，而对于南印度以东的地区，则只能靠神话般的传闻来加以描述。"见钱江《金洲、金地与耶婆提：古代印度与东南亚的海上贸易》，《丝瓷之路》第1辑，第331页及注75。

④ 《三国志》卷30裴注引《魏略·西戎传》。

⑤ 〔德〕夏德：《大秦国全录》，朱杰勤译，商务印书馆，1964，第95、97—100、104—106页。

⑥ 〔德〕夏德：《大秦国全录》，第105页。

产地在亚洲海域。"虽然玳瑁分布在广大的海域中，其最主要的生活区是浅水礁湖和珊瑚礁区，珊瑚礁中的许多洞穴和深谷给它提供休息的地方，珊瑚礁中还生活着玳瑁最主要的食物——海绵"，尤其是"成年玳瑁主要在热带珊瑚礁中活动"。① 而一般作为宝石或药用的玳瑁，就是成年玳瑁的背甲。我们来看一种玳瑁的分布模式图（见图1）：

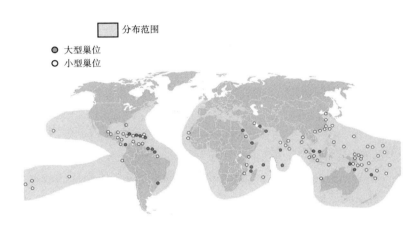

图1 玳瑁的一种分布模式

资料来源：维基百科"玳瑁"条，https：//zh. wikipedia. org/wiki/% E7% 8E% B3% E7%91%81，2018 年 2 月 24 日。

从图1我们可以看出：

第一，地中海沿岸没有任何玳瑁巢位，也就是说，大秦本土（包括地中海东岸叙利亚一带）不产玳瑁（宝石或药用）。

第二，在我们讨论的地域范围（红海、阿拉伯海沿岸），主要有4处玳瑁大型巢位，即红海中部非洲一侧、亚丁湾头的非洲一侧、阿曼东海岸的马西拉湾和波斯湾南端的迪拜海岸。这一分布与自古以来埃及/叙利亚和巴比伦之间绕行阿拉伯半岛的海道路线是一致的。②

劳费尔认为，中国人最早见到的珊瑚或许是波斯所产，而汉文史料所记载捞取珊瑚的地方也不是红海，而是波斯国海中的珊瑚洲或珊瑚岛，甚至"波斯

---

① 维基百科"玳瑁"条，https：//zh. wikipedia. org/wiki/% E7% 8E% B3% E7%91%81，2018 年 2 月 24 日。

② 〔英〕赫德逊：《欧洲与中国》，第45—47、56—57 页以及第49 页的地图。

珊瑚亚洲各地都有"。① 薛爱华则说："唐朝的珊瑚主要是从波斯国和狮子国进口的，它的汉文名字来源于古波斯文'＊Sanga'（石头）。"② 不过，最早记载"海中有珊瑚洲，海人乘大舶，堕铁网水底。珊瑚初生磐石上，铁发其根，系网舶上，绞而出之"的是《新唐书·拂菻传》，传文开篇即说"拂菻，古大秦也"，显然认为珊瑚产地为大秦而非波斯，换言之，传到中国的珊瑚无论如何也是来自大秦至中国必经的路线沿途。劳费尔书中还引《魏书》说"波斯北伏卢尼国产珊瑚"，其实，伏卢尼为拂菻的另一音译，亦即古之大秦。③ 因此，说珊瑚出自波斯很可能只是由于它们多半经波斯转贩而来，④ 这里的波斯可以泛指古代波斯地区（伊朗高原）建立的政权，包括安息帝国，也可以指其属国阿曼地区。

在这种情况下，汉文史料所见来自大秦的珊瑚及与之共生的玟瑰倘非红海所产，那最有可能的产地只能是阿曼东海岸的马西拉（Masira）湾，原因在于：

第一，马西拉湾和马西拉岛正处在自古以来绕行阿拉伯半岛的航路上，《红海周航记》则表明该地同时又位于这条曲折海道与通往东方的传统航线的交集地域。

第二，《红海周航记》第33节明确记载："过了 Moscha Limen 是另外大约 1500 场距⑤的一座山脉，沿着海岸伸展到 Asichon（今 Hasik 角），在其最尽头外边，是一排七个岛屿，名为 Zenobios 群岛（今 Kuria Muria 群岛），在那后面延伸着另一片乡土，由一种土著人口居住，他们不再属同样的王国，而已在法尔斯（Persis）的属地内。从 Zenobios 群岛继续在浩瀚洋面航行约 2000 场距以后，你就来到了 Sarapis 岛（今马西拉岛），如其所说，离岸约有 120 场距。它差不多 200 场距宽，600 场距长，上面有三个村庄，均由虔诚的渔民（Ichthyophagoi）居住。他们使用阿拉伯语，穿着棕榈树叶裹身。该岛屿盛产品质精良的龟甲。虔那

① 〔美〕劳费尔：《中国伊朗编》，第353—355页。

② 见〔美〕谢弗《唐代的外来文明》，吴玉贵译，陕西师范大学出版社，2005，第600页。

③ 张广达：《拂菻国》，《文本、图像与文化流传》，广西师范大学出版社，2008，第131页。

④ 法国东方学家费琅就曾指出："从四至七世纪初的整个中国历代史册中，所有印支半岛、锡兰、印度、阿拉伯以及非洲东岸的产品，统统称为'波斯产'。这是因为把这些产品输入中国的进口商人绝大部分是波斯人。"见〔法〕费琅《中国印度见闻录》，穆根来等译，中华书局，1983，"法译本序言"，第21页。

⑤ 场距 stade 是古希腊长度单位，1场距≈185.3米，10场距≈1海里，参见《红海周航记》，第278页附录2"距离"。

（Kane）的商人们经常驾小帆船前往与之交易。"我们注意到，这是该书所记从亚丁湾经阿曼湾到印度西北海岸航线沿途唯一一处盛产品质精良龟甲即玳瑁的地方。

第三，更重要的是，"阿曼的 Ras al-Jinz（Ras al-Junayz）位于阿拉伯半岛的最东端，它是绿海龟的筑巢地，也是当地哈德角（Ras al-Hadd）村的海滩。这里是著名的海龟（玳瑁）保护区‘RAS AL-JINZ TURTLE RESERVE'所在地。这个地方曾有重要的考古发现，显示了其与古代印度河流域的联系。自 1985 年以来，一个法国—意大利考古队在 Jinz 发掘了一个青铜时代（前 2200—前 1900）海港遗址，有一座七个房间的大泥砖（mudbrick）建筑，这些房间都朝一条走廊开门。这座建筑似乎用作一个手工作坊，有证据表明，这里处理贝类（珠玑）、玳瑁（turtle shell）、燧石以及从镁矿石提取的化妆品。"① 经查此地就在马西拉岛往北至哈德角附近海岸，属于阿曼东北的苏尔区。

由此可见，阿曼有出产海龟、加工玳瑁并贩到印度河流域的古老传统。因此，汉文史料据大秦商人所传的"珊瑚海""珊瑚洲""珊瑚岛"更可能指的就是阿曼马西拉湾、马西拉岛，而不是红海或波斯湾内。②

据《汉书·地理志》记载，自汉武帝元鼎元年（前 111）消灭赵佗割据势力而建立南海（今广东）等郡以来，沿海犀、象、毒冒（玳瑁）、珠玑、银、铜、果、布等商品大大增加，中国人到那儿做生意的好多都发了财；番禺（今广州）就是做这类买卖的一个中心。③ 虽然不排除阿曼特产当时可能经由印度，辗转到达——所谓"蛮夷贾船，转送致之"——广州沿海的可能性，④ 可实际上早在这之前，玳瑁已经传到了遥远的北方。《史记·春申君列传》记载："赵平原君使人于春申君，春申君舍之于上舍。赵使欲夸楚，为玳瑁簪，刀剑室以珠玉饰之，

---

① 见维基百科"Ras al-Jinz"条，https：//en. wikipedia. org/wiki/Ras_al - Jinz，2018 年 8 月 11 日。

② 参见〔德〕夏德《大秦国全录》，第 105 页；〔美〕劳费尔：《中国伊朗编》，第 353—354 页。

③ 参见《汉书》卷 28 下《地理志·下》，中华书局标点本，第 1670 页。

④ 《汉书·地理志·下》略云："自日南障塞、徐闻、合浦船行可五月，有都元国；又船行可四月，有邑卢没国；又船行可二十余日，有谌离国；步行可十余日，有夫甘都卢国。自夫甘都卢国船行可二月余，有黄支国，民俗略与珠厓相类。其州广大，户口多，多异物，自武帝以来皆献见。有译长，属黄门，与应募者俱入海市明珠、璧流离、奇石异物，赍黄金杂缯而往。所至国皆禀食为耦，蛮夷贾船，转送致之。亦利交易，剽杀人。"据研究，黄支国 Kanchi 即唐玄奘《大唐西域记》中的达罗毗荼国都城建志补罗 Conjeveram，今印度东南泰米尔纳德邦甘吉布勒姆 Kanchipuram。

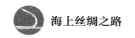

请命春申君客。春申君客三千余人，其上客皆蹑珠履以见赵使，赵使大惭。"平原君赵胜是公元前 3 世纪中期人，这说明在当时，阿曼特产玳瑁已溯印度河经中国的西域、西藏传到中国北方，成为赵国常见的男子饰品。

（三）珠玑

前面提到，据薛爱华的说法，"Gandhara（犍陀罗）这个名字的意译就是'香国'"，换言之，著名的乳香以及其他相关西亚非洲特产是由阿曼到印度河口的提朏，经印度河流域从犍陀罗传到中国来的。其实，就阿曼同中国的交流而言，印度河上游还有一个可能更重要的交通枢纽之地——罽宾，即今以斯利那加为中心的克什米尔地区。研究证明，张骞通西域开辟的中西交通丝绸之路，早期是经过从中亚到南亚的塞种（联盟）之路和提朏到阿曼的海路连接沟通的，[①] 而塞种迁徙进入南亚建立政权的中心就在罽宾。

《汉书·西域传》略云："罽宾国，王治循鲜城，去长安万二千二百里。不属都护。昔匈奴破大月氏，大月氏西君大夏，而塞王南君罽宾。塞种分散，往往为数国。自疏勒以西北，休循、捐毒之属，皆故塞种也。有金银铜锡，以为器。市列（唐颜师古注：'市有列肆，亦如中国也。'）。以金银为钱，文为骑马，幕为人面。出封牛、水牛、象、大狗、沐猴、孔爵、珠玑、珊瑚、虎魄、璧流离。它畜与诸国同。自武帝始通。"[②] 罽宾地处南亚喜马拉雅山区，却有"珠玑、珊瑚、虎魄、璧流离"等海珍异宝，都是从哪儿来的呢？璧流离即玻璃，古代是罗马帝国特产，属于所谓大秦原产宝物。玻璃器和珊瑚在《红海周航记》中都列入了提朏港的进口物品名录，而且权威研究表明，《红海周航记》"这一节提到的这些玻璃器，很可能就是在提朏卸船上岸，以便溯印度河谷的道路而上，运往其目的地"。[③] 所以，可信这也是印度河上游罽宾所见玻璃和珊瑚的来路。

有意思的是，罽宾所见海珍还有珠玑，究其由来，更增强了我们的上述认识。尽管"珠玑"一词在汉语诗文中常用作比喻晶莹似珠玉之物，可唐人颜师古注《汉书》却反复强调："玑谓珠之不圆者也。"[④] 也就是说，现实中的珠玑并

---

① 参见拙文《两汉丝绸之路走向的变化》，待刊。
② 关于汉代中国与罽宾的交流关系，李约瑟有相关研究，参见其名著《中国科学技术史》第 1 卷，科学出版社，1990，"导论"，第 199—201 页。
③ 见《红海周航记》，第 191 页，注 39：13.9。
④ 如《江都王建传》《东方朔传》《西域传》《地理志·下》有关注文。

非如文学想象的那样"珠圆玉润",而是虽润泽晶莹却圆度参差。《红海周航记》提到当时印度洋海域产珍珠的地方主要有三处:阿曼境内的波斯湾口(第36节)、印度东南的马纳尔湾(the Gulf of Mannar,第56、59节)和恒河口孟加拉一侧(第63节)。但是据研究,"恒河口的珍珠数量少,色泽发红,价值不高,主要供当地市场而非外销;埃及来的罗马买主能在别处找到更好质量的珍珠"。[①] 马纳尔湾蒂鲁内尔维利海岸的Kolchoi(Korkei/Kayal)是印度最好的珍珠产地。[②] 不过,对《红海周航记》的记载进行的统计表明,至少是迄至那个时候即1世纪,那里的珍珠全都被埃及商人购买,运销到了罗马帝国。由此可见,当时在汉文史料记载的海外奇珍"珠玑",只可能来自阿曼。[③] 阿曼波斯湾口的特产被权威的研究者说成是"劣质珍珠"(low-quality pearls),[④] 他这么说大概出自对该书原文"大量珍珠但(品质)次于印度产"(pearls in quantity but inferior to the Indian)的理解,以及其中对波斯湾口和马纳尔湾所产珍珠的不同描述,前者只是"珍珠蚌"(pearl oysters),后者却是"优质珍珠"(fine-quality pearls)。不过,或许这正是汉文史料里"珠玑"一词的用意,就是说这类珍珠未经挑选,有的圆有的不圆,完全原生态——货真价实。这种真实性描述反而进一步证明,汉代罽宾所见珠玑确实是阿曼特产,毋庸置疑。

罽宾所见虎魄即琥珀,原产地是北欧的波罗的海海滨;璧流离即玻璃,古代是罗马帝国特产。这两种都是更远的西方珍宝,经由阿曼转输传到东方,我们留到下节一起讨论。

---

① 《红海周航记》,第237页。

② 《红海周航记》,第85、87页;第222页,注56:18.24;第226页,注59:19.22–23。维基百科"Kayalpatnam"条,https://en.wikipedia.org/wiki/Kayalpatnam,2018年6月22日。

③ 《红海周航记》"导言"第39页以下是一份"贸易对象性质"的统计表,对各类商品分4种贸易关系进行统计:(1)从罗马埃及到海外港口,(2)从海外港口到罗马埃及,(3)从印度到罗马埃及之外的其他港口,(4)从阿拉伯、波斯、格德罗西亚到罗马埃及之外的其他港口。由于每种商品都注明其所见港口(《红海周航记》原文章节),故据贸易中某些商品的有无多寡,不难看出有关各方的关系性质。在第42页上的"贵重物品和宝石"类中,从海外港口到罗马埃及项下列有马纳尔湾和恒河口的珍珠(第56、63节),而从印度到罗马埃及之外的其他港口项下是全"无"(none),从阿拉伯、波斯、格德罗西亚到罗马埃及之外的其他港口项下列有3种:阿曼的珍珠和金子(第36节),马西拉岛的玳瑁(第34节。原作31节为索科特拉岛的巨型陆龟,疑误)。据此我们可以断定,汉文史料记载见于罽宾的珠玑、珊瑚以及玳瑁全都是阿曼的特产无疑。

④ 《红海周航记》,"导言",第19页。

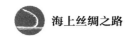

二 经由阿曼传到中国的外域事物

除了上述传到中国的阿曼特产以外，历史上还有很多西方外域事物是经由阿曼传向东方、传到中国的。

（一）大鸟卵及黎轩善眩人

大鸟卵即鸵鸟蛋，黎轩善眩人或称黎轩眩人，指埃及亚历山大城来的魔术师。从文献记载来看，这两样事物是张骞通西域开通丝绸之路以后最先贡献到西汉王朝的西方外国事物。① 追究一下当时"大鸟卵及黎轩善眩人"的来路，我们可以进一步探查阿曼在古代中西交通和交流活动中的地位。先看"大鸟卵"。研究表明，普通鸵鸟（Common ostriches）主要分布在非洲撒哈拉沙漠往南的低降雨量的干燥地区，以及从塞内加尔到厄里脱利亚的非洲东部沙漠地带和荒漠草原；阿拉伯鸵鸟（the Arabian ostriches）近代曾分布于亚洲叙利亚与阿拉伯半岛，但至20世纪中期已经因捕猎而完全绝迹。以色列企图重新引进普通鸵鸟，但也已失败。②

然而，汉文史料却记载条枝有鸵鸟，《史记·大宛传》："条枝在安息西数千里，临西海。暑湿。耕田，田稻。有大鸟，卵如瓮。"唐张守节《史记正义》对此有注："《（后）汉书》云：'条支出师子、犀牛、孔雀、大雀，其卵如瓮。和帝永元十三年（101），安息王满屈献师子、大鸟，世谓之"安息雀"。'"条枝或作条支，即今伊拉克巴士拉一带，此时是安息属国。笔者注意到，《（后）汉书》所谓"条支出师子（狮子）、犀牛、孔雀、大雀（鸵鸟）"全都不是本地产物，鸵鸟之外，狮子、犀牛亦产于南亚，孔雀则是南亚特产，它们出现在条枝显然来自进口，而且很可能是想要转口到更远的西方。因此，安息王所献师子（狮子）、大鸟（鸵鸟）其实都是转运而来。鸵鸟之所以被称作"安息雀"，并不说明安息是鸵鸟的原产地，只是表明那里出于地理的原因当时是鸵鸟等非洲特产动物流向中国的主要转口地（enterpot）。

况且，南亚特产孔雀等与非洲特产鸵鸟一道提及，最有可能的来路是曾经由海道航运，而非洲航线和南亚航线在安息境内的交汇地就是阿曼。同时，非洲特

---

① 参见《史记·大宛传》、《汉书·张骞传》和《汉书·西域传》。

② 维基百科"Common ostriches"条，https：//en. wikipedia. org/wiki/Common_ ostrich#Distribution_ and_ habitat，2018 年 2 月 6 日；搜狗百科"鸵鸟"条，http：//baike. sogou. com/v747398. htm？fromTitle = % E9% B8% B5 % E9% B8% 9F，2018 年 2 月 7 日。

产鸵鸟等要经安息境域向东前往中国当然无须绕道条枝，阿曼就是最合适的转口交易地点。来自埃及亚历山大城的魔术演员和来自非洲的鸵鸟蛋一起向东转运到中国，表明这两样物品先后经由各自通常转运的途径到了安息境内一个交易点或集散地，显然，这个转运港口非阿曼莫属，即作为东西方海路交通枢纽的同时，阿曼也是古代世界的一个海上国际贸易中心。

（二）玻璃、祖母绿、苏合香

学界公认，文献记载早年传到中国的大秦宝物，只有流离确为地中海东部特产，即所谓"罗马玻璃"。专家认为："我国西汉—北宋这一期间，地中海沿岸及伊朗高原先后出现了几个世界性的玻璃生产中心，我国与这几个玻璃中心都有着一定的贸易往来。我国进口玻璃器皿包括罗马玻璃、萨珊玻璃和伊斯兰玻璃三部分。罗马玻璃一般是指公元前一世纪到公元五世纪广大罗马帝国领域中的玻璃产品。西罗马灭亡之后到阿拉伯帝国兴起为止，地中海东岸的玻璃产品也可以视为罗马玻璃。公元前一世纪，罗马帝国征服了地中海沿岸，希腊世界的两个玻璃中心——腓尼基、叙利亚海岸和埃及的亚历山大地区，先后落到罗马手中，也正在这个时候，玻璃生产发生了一场大革命，发明了吹制法，大大简化了生产，降低了成本，使先前一直是罕见昂贵的玻璃器变成了地中海地区的常见物品。罗马玻璃繁荣发展之际，我国正处在两汉魏晋南北朝时期。我国出土的这个时期的玻璃器皿中，有一些比较典型的罗马玻璃。"[1] 近年考古发掘在阿联酋 Umm al-Qaiwain 海岸的 ed-Dur 遗址[2]和沙迦的 Mleiha 遗址[3]也发现了数量可观的罗马玻璃。两处遗址都位于阿曼半岛，断代为 1 世纪至 2 世纪早期，学者认为很可能当时属于古代阿曼。[4]

这里值得一提的是，在阿富汗首都喀布尔北面大约 45 英里的贝格拉姆（Begram），20 世纪中期曾经发掘了一处宫殿遗址，其中发现了从西方进口的玻璃

---

① 安家瑶：《中国的早期玻璃器皿》，《考古学报》1984 年第 4 期。

② Cf. D. Whitehouse, *Excavations at ed-Dur (Umm al-Qaiwain, United Arab Emirates)*, Vol. 1, The Glass Vessels (Leuven, Belgium: Peeters, 1998); D. Whitehouse, "Ancient Glass from ed-Dur (Umm al-Qaiwain, UAE) 2. Glass Excavated by the Danish Expedition," *AAE*, 11 (2000): 87–128.

③ Cf. R. Boucharlat and M. Mouton, "Mleiha (3e s. avant J. – C. – 1er/2e s. après J. – C.)," in U. Finkbeiner ed., *Materialien zur Archäologie der Seleukiden-und Partherzeit im südlichen Babylonien und im Golfgebiet*, Tübingen, Germany: Wasmuth, 1993, pp. 219–250.

④ Cf. *The Persian Gulf in History*, p. 42.

器皿的残件，包括一些几乎肯定是来自埃及亚历山大城的玻璃器。[1] 研究者明确指出，这些玻璃器与《红海周航记》"第 39 节提到的玻璃器皿一样，很可能就是在提呬卸船上岸，以便溯印度河谷的道路而上，运往其目的地"。[2] 与此类似的提呬港进口货物还有祖母绿（peridot）跟苏合香。研究表明，古代世界唯一的祖母绿产地是埃及红海中的宰拜尔杰德岛（Jazirat Zabarjad，即 St. John's Island），其西北 30 海里即古代埃及至印度航线著名的起点之一贝雷尼塞（Berenice）港，[3] 西距上埃及尼罗河边的阿斯旺（Aswan）仅 140 海里。[4] 因此，可以肯定中国古代文献里常见的祖母绿[5]和罗马玻璃一样，都是经红海、阿拉伯海航线从阿曼传到中国来的。苏合香被公认是地中海东部沿岸的产物，[6] 又广泛见于中国古代文献记载，[7] 和罗马玻璃、祖母绿等物品同时经由阿曼转口传来中国完全是可以理解的。

《三国志》卷 30 裴注引《魏略·西戎传》说："大秦道既从海北陆通，又循海而南，与交趾七郡外夷比，又有水道通益州永昌，故永昌出异物。前世但论有水道，不知有陆道"，"又常利得中国丝，解以为胡绫，故数与安息诸国交市于海中"。《后汉书·西域大秦传》略云："大秦国，一名犁靬，以在海西，亦云海西国。与安息、天竺交市于海中，利有十倍。其王常欲通使于汉，而安息欲以汉缯彩与之交

---

[1] M. Wheeler, *Rome Beyond the Imperial Frontiers*, London, 1954, pp. 162 – 165.

[2] 见《红海周航记》，第 191 页，注 39：13.9。

[3] 《红海周航记》，第 94 页，注 1：1.2 – 4；第 190 页，注 39：13.8a。

[4] 维基百科"Berenice Troglodytica"条，https：//en. wikipedia. org/wiki/Berenice _ Troglodytica，2018 年 3 月 21 日。

[5] 研究者认为，祖母绿之所以如此珍贵，主要是需求广泛而货源稀少，因而被用作王室礼品，埃及国王对采石场实行严格守卫；"橄榄石级的宝石祖母绿是绿色而不是'金色'，不过色彩似乎有一点儿混淆；虽然普林尼（Pliny）说它'本身有绿色的性质'，但斯特拉波（Strabo）形容它'像是金子'"。见《红海周航记》，第 190 页，注 39：13.8a。中国传统文献尤其是古典小说里经常提到作为宝物的祖母绿，如抱瓮老人辑《今古奇观》卷 5《杜十娘怒沉百宝箱》："最后又抽一箱，箱中复有一匣，开匣视之，夜明之珠约有盈把，其他祖母绿、猫儿眼诸般异宝，目所未睹，莫能定其价之多少。众人齐声喝采，喧声如雷。十娘又欲投之于江，李甲不觉大悔，抱持十娘恸哭。"又冯梦龙编《醒世恒言》卷 23《金海陵纵欲亡身》："那女待诏在身边摸出一双宝环放在卓子上，那环上是四颗祖母绿镶嵌的，果然耀目层光，世所罕见。"

[6] 《红海周航记》，第 163 页，注 28：9.16a。其中提到产苏合香树脂的小树生长在南欧、小亚和黎凡特（Levant）地区。

[7] 如《魏略·西戎传》记载，大秦国有"一微木、二苏合、狄提、迷迭、兜纳、白附子、薰陆、郁金、芸胶、薰草木十二种香"。袁宏撰《后汉纪》卷 15《孝殇皇帝纪》：大秦国"会诸香煎以为苏合，凡外国诸珍异皆出焉"。徐陵编撰《玉台新咏》卷 8，梁武帝《河中之水歌》："卢家兰室桂为梁，中有郁金苏合香。"

市，故遮阂不得自达。"所谓与安息"交市于海中"，在当时的历史、地理情况下只能理解为以安息南界悬在海外的属国阿曼为国际贸易转口港。这些都说明，古代罗马玻璃从而其他所谓大秦宝物大多是通过海路即经由阿曼传向东方、传到中国来的。

（三）琥珀等

虽然劳费尔《中国伊朗编》说琥珀最早见于中国典籍记载就是前引《汉书·西域传》"罽宾国"条，[①] 但《魏略·西戎传》略云：大秦有"明月珠、夜光珠、真白珠、虎珀、珊瑚、赤白黑绿黄青绀缥红紫十种流离"，物品列举顺序与汉传全同，可信这是中国史籍记述海外珍宝的一种传统模式。无论如何，尽管大秦（罗马帝国）见于史载稍晚，但并不妨碍琥珀早见于当地或早经当地传来。在这种背景下，和珠玑、珊瑚、璧流离等海珍一同出现在罽宾的虎魄，几乎可以肯定也是走海路经阿曼一道转输而来的。据研究，古代世界的琥珀产地主要有两处，一处是北欧的波罗的海海滨，一处是东南亚缅甸的安达曼海沿岸。[②] 笔者倾向于认为见于罽宾的琥珀来自西方（产于波罗的海海滨），[③] 因为这些海路珍宝转输的目的地是东方的中国，那里有最大的需求市场。如果是产于缅甸的琥珀，直接向东北就可以输往中国，没有必要向西绕到罽宾。

三 蒙奇、兜勒遣使中国及其意义

据研究，由阿曼经罽宾传到中国的域外物品还有东汉时代的符拔（长颈鹿，见下）、南北朝隋唐时代的波斯锦等。[④] 两国间多种物品的长期交流，导致了双

---

① 〔美〕劳费尔：《中国伊朗编》，第 351 页。
② 〔美〕劳费尔：《中国伊朗编》，第 351—353 页。
③ 西方琥珀经阿拉伯东传，这也是国际学界传统的主流观点，参见〔美〕劳费尔《中国伊朗编》，第 351—352 页。
④ 据研究，萨珊波斯王朝兴起以后，最早也是最重要的波斯锦生产中心就在胡齐斯坦（Khuzestan，即安息时代的条枝），"胡齐斯坦邻近出产羊毛和皮革的高地，通过波斯湾能够买到丝绸和珍珠，靠近商贸网络，是理想的纺织品制造中心"，"早期伊斯兰时代胡齐斯坦著名的大规模丝绸织锦生产也源自早期萨珊王朝"（参见〔美〕理查德·配恩《丝绸之路与古代晚期伊朗的政治经济》，李隆国译，王晴佳、李隆国主编《断裂与转型：帝国之后的欧亚历史与史学》，上海古籍出版社，2017，第 94 页）。如前所述，从波斯湾头（条枝）到印度河口（提㕭）的航路自古以来就是以阿曼为转运枢纽，而且其航运业在很大程度上由阿曼掌控。因此，无论中国哪里发现或出土的古代波斯锦文物，都很有可能成为当时阿曼与中国发生关系、存在联系的证据。这个问题笔者将另文专门讨论。

方直接通使关系的建立。促成此事发生的是历史上著名的"甘英使大秦"事件。

众所周知，东汉班超通西域时曾遣其副使甘英出使大秦。甘英出使虽然受阻条枝未达大秦，却进一步扩大了中国的影响。甘英使大秦的直接外交影响，《后汉书·西域传》所记为两件事：

其一，《后汉书·西域传》序：汉和帝永元"六年（94），班超复击破焉耆，于是五十余国悉纳质内属。其条支、安息诸国至于海濒四万里外，皆重译贡献。九年，班超遣掾甘英穷临西海而还。皆前世所不至，《山经》所未详，莫不备其风土，传其珍怪焉。于是远国蒙奇、兜勒皆来归服，遣使贡献"。

其二，《后汉书·西域传》"安息国"条下的记载较为具体："和帝永元九年，都护班超遣甘英使大秦，抵条支临大海，欲度，而安息西界船人谓英曰：'海水广大，往来者逢善风三月乃得度，若遇迟风，亦有二岁者，故入海人皆赍三岁粮。海中善使人思土恋慕，数有死亡者。'英闻之乃止。十三年，安息王满屈复献师子及条支大鸟，时谓之安息雀。"

各种迹象显示，这两件事相继发生应该有一定的关联。

首先，《后汉书·班超传》略云："初，月氏尝助汉击车师有功，是岁贡奉珍宝、符拔、师子，因求汉公主。超拒还其使，由是怨恨。永元二年（90），月氏遣其副王谢将兵七万攻超。遣骑赍金银珠玉以赂龟兹，超伏兵遮击，尽杀之，持其使首以示谢。谢大惊，即遣使请罪，愿得生归。超纵遣之。月氏由是大震，岁奉贡献。"或说符拔即长颈鹿①，其为热带非洲索马里、肯尼亚等地特产；而珠玑本为阿曼特产，可见，从前由阿曼转口中国"在提咂卸船上岸，以便溯印度河谷道路而上"的"塞种之路"此时已由大月氏即贵霜控制。因此，说贵霜贡奉东汉的长颈鹿亦由阿曼转口而来应无大差。"于是五十余国悉纳质内属"意即西域都护所领（葱岭以东）地域完全平定归附，② 这是甘英使大秦的历史背景。

其次，蒙奇、兜勒在哪里？有人曾将二名连读，认为指欧洲马其顿（Makedonija），然而《后汉书·和帝纪》明确记载：永元十二年"冬十一月，西域蒙奇、兜勒二国遣使内附，赐其王金印紫绶"，并非一地。或说蒙奇为今也门

---

① 邹振环：《"长颈鹿"在华命名的故事》，微信公众号"古籍"，2016年8月19日。

② 《后汉书·西域传》："武帝时，西域内属，有三十六国。汉为置使者、校尉领护之。宣帝改曰都护。元帝又置戊己二校尉，屯田于车师前王庭。哀、平间，自相分割，为五十五国。""建武五年，河西大将军窦融乃承制立康为汉莎车建功怀德王、西域大都尉，五十五国皆属焉。"可见所谓"五十余国悉纳质内属"意为西域都护所领地域完全平定归附。

东北海岸港口穆卡拉 Mukalla，兜勒或指推罗 Tyre（今黎巴嫩西南海岸苏尔），仅据语音近似，难以自圆其说。笔者认为，《后汉书》所记东汉时代的汉语音韵属于汉语上古音，蒙奇二字读音可拟测为 $*$ moŋ gĭa[①]，用于对译中古以前西亚各语言中的阿曼古国名 Magan[②] 正合适，恰如唐宋时代用没巽、勿巡音译中古波斯语阿曼国名 Mazūn/Māzūn 一样适当。在这种情况下，笔者认为与蒙奇一起来朝的兜勒比定为阿曼国的佐法尔地区就很恰当，二者语音不难勘同——兜勒二字上古音可拟测为 $*$ to lək，佐法尔转写为 Dhofar，历史地理状况也允许这种比定。[③]

再次，从远国"皆来归服"和"二国遣使归附"的表述来看，阿曼这次遣使属于国家正式通交是没有问题的。虽然《西域传》说是"遣使贡献"，与汉唐时代域外来华贸易中国特产（丝绸、书籍等），为求获得贩运许可而托名"贡献"并无二致，[④] 但《和帝纪》明确记载"赐其王金印紫绶"，可以认为是对"归服""归附"等作为外臣藩属性质活动表示的特殊国家关系予以确认。这种关系重要程度如何呢？我们可以从《后汉书》记载的"金印紫绶"等级地位以及当时有关的赏赐活动一窥端倪。

《舆服志》下注文："东观书[⑤]曰：'建武元年（25），复设诸侯王金玺綟绶，公侯金印紫绶。九卿、执金吾、河南尹秩皆中二千石，大长秋、将作大匠、度辽诸将军、郡太守、国傅相皆秩二千石。'"

《列女传》注："《汉官仪》曰'二千石，金印紫绶'也。"

《百官志》五："列侯，所食县为侯国。本注曰：承秦爵二十等，为彻侯，金印紫绶，以赏有功。功大者食县，小者食乡、亭，得臣其所食吏民。后避武帝

---

① 郭锡良：《汉字古音手册》，北京大学出版社，第 74、270 页。
② Cf. *The Persian Gulf in History*, pp. 32，37，38.
③ 据《红海周航记》原文第 32 节记载，从南往北过了盖迈尔湾就是阿曼；第 33 节提到"在 Zenobios 群岛后面延伸着另一片乡土，由一种土著人口居住，他们不再属同样的王国，而已在法尔斯的属地境内"。这种情况与此后不久汉文史料以"西域蒙奇、兜勒二国"指称阿曼完全相应，也表明当时中国人已经从二国共同一起遣使归附看出它们其实本为同一地域。
④ 如《汉书·西域传》：罽宾"奉献者皆行贾贱人，欲通货市买，以献为名，故烦使者送至县度"，"罽宾实利赏赐贾市，其使数年而壹至云"。唐《关市令》虽规定"锦、绫、罗、縠、紬、绵、绢、丝、布、牦牛尾、真珠、金、银、铁，并不得度西边、北边诸关及至缘边诸州兴易"，但又说明："诸禁物不得将出关。若蕃客入朝别敕赐者，连写正敕，牒关勘过。"见天一阁博物馆、中国社会科学院历史研究所天圣令整理课题组校证《天一阁藏明抄本天圣令校证：附唐令复原研究》，中华书局，2006，第 534 页。
⑤ 此当指《东观汉记》，这是一部记载东汉光武帝至汉灵帝历史的纪传体史书，因官府于东观设馆修史而得名，它经过几代人的修撰才最后成书，先后作者以有班固、陈宗等。

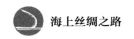

讳，为列侯。武帝元朔二年（前127），令诸王得推恩分众子土，国家为封，亦为列侯。旧列侯奉朝请在长安者，位次三公。中兴以来，唯以功德赐位特进者，次车骑将军。"

《南蛮西南夷传》：永元"九年，徼外蛮及掸国王雍由调遣重译奉国珍宝，和帝赐金印紫绶，小君长皆加印绶、钱帛"；"和帝永元十二年，旄牛徼外白狼、楼薄蛮夷王唐缯等，遂率种人十七万口，归义内属。诏赐金印紫绶，小豪钱帛各有差"；"顺帝永建六年（131），日南徼外叶调王便遣使贡献，帝赐调［便］金印紫绶"。

简单说，东汉时代赐"金印紫绶"官员的国内地位和待遇大致与地方一级行政区长官相当；外域（徼外）则为大邦藩属国王，譬如掸国即今天的缅甸，叶调（Yavadvipa）即今印度尼西亚爪哇和苏门答腊，① 等等。阿曼（蒙奇、兜勒）作为"西域""远国"来归附，"赐其王金印紫绶"地位与缅甸和印度尼西亚相当，完全符合东汉王朝的帝国政治体制；有封赐名分的外国据其国王地位享有相应的外贸期次和商品种类的优待，使者还有"赏赐、赠礼、程粮、传驿之费"以及送使、报聘等礼遇。②

最后，笔者注意到，阿曼（蒙奇、兜勒）受甘英活动影响遣使来华是永元十二年（100）冬十一月，而次年就有了受同一影响的"安息王满屈（Pacorus Ⅱ）③ 复献"，考虑到时间、行程以及两国特殊的政治关系，两批使团发生关联的可能性很大，不过，"赐其王金印紫绶"表明，阿曼使团肯定是独立行事。然而，安息王虽未受到封赐，其所贡献"条支大鸟，时谓之安息雀"其实就是非洲鸵鸟，因当时主要经由安息属国阿曼转口中国而有"安息雀"一名；联系到同时贡献的狮子本为南亚特产，笔者怀疑以安息王名义的这次特产贡献其实是由阿曼代行的。就是说，甘英出使引发的上述两次外交事件其实是一批使团两次活动，即阿曼使团先是经南亚贵霜境内循甘英经行路线④到洛阳向东汉朝廷请求归

① 陈佳荣等编《古代南海地名汇释》，中华书局，1986，第1074页。
② 见《新唐书·西域传·下》。有关传统外交礼遇可参见《通典·礼典》宾礼。较为全面系统的研究参见程妮娜《从"天下"到"大一统"——边疆朝贡制度的理论依据与思想特征》，《社会科学战线》2016年第1期。
③ 维基百科"Pacorus Ⅱ"条，https：//en. wikipedia. org/wiki/Pacorus_Ⅱ，2018年8月7日。
④ 据袁宏《后汉纪·殇帝纪》："甘英逾悬度、乌弋山离，抵条支，临大海。"一般认为"悬度"即今巴基斯坦境内印度河上游地区，如《汉书·西域传》：罽宾"奉献者皆行贾贱人，欲通货市买，以献为名，故烦使者送至县度"。

附，于是得到"赐其王金印紫绶"的待遇即建立了正式外交关系；然后，该使团又把自己带来的狮子和鸵鸟以宗主国安息的名义贡献给东汉朝廷，从而在外交上维持了与安息和东汉两个大国的关系平衡。

总之，阿曼国家（蒙奇、兜勒）直接遣使中国并建立正式的外交关系，这是阿曼与中国关系史上具有划时代意义的重大事件，更有利于阿曼国家乃至其他西方国家和地区与中国的发展交流和沟通。那么，本文揭示的两国间的这些交流活动对于古代世界东西方的交流交往有什么意义呢？或者说，古代阿曼与中国间的这些交流在整个古代"丝绸之路"的活动和运作中居于什么地位，起着什么作用呢？由于近年国外有人对古代中国丝绸在"丝绸之路"上的作用提出了质疑，甚至怀疑"丝绸之路"的存在，① 本文有必要对此有所回应。

如前所述，阿曼—提虮航线是最多种类中国蚕丝产品的向西转输要道，阿曼本身是古代丝绸之路海陆两道联通路网的交通枢纽，这些特点和作用在两国正式建交后继续维持下来。就以所谓"罗马人从未用金币直接购买过中国丝绸"为例，我们这里可以看一下《红海周航记》记载的提虮进口货里的银器和钱币，尤其是钱币，这是古代西方同东方交流货物中的一个大宗。《红海周航记》第 28 节记载虔那是南阿拉伯重要的乳香转运港，而从埃及"为国王进口的带浮雕图案的银器和钱币，数量相当大"。这些所谓"为国王进口的"钱币之所以"数量相当大"，十有八九就是为了购买阿曼乳香。从该书第 29 节和 32 节的描述可以看出，乳香的生产和买卖都具有官方性质，货款被说成是"为国王进口的"钱币（银器也可以抵充钱币②）。关于历史上乳香的社会功能，《阿曼假日》网站有关"乳香小道"的介绍一开始就说："如果说 3500 年前就有货币的话，那么乳香就是原始的经济作物；然而在那时候，它只能是一种易货物品、王家礼物或战利品。"③ 也就是说，在古代，珍贵的乳香由于获取困难而需求广泛所保障的交换价值，很早就具有了

---

① 例如美国耶鲁大学的教授芮乐伟·韩森（Valerie Hansen）写了一本《丝绸之路新史》，译为中文在国内公开发行（北京联合出版公司，2015），就宣称并没有"丝绸之路"，"没有任何文献记载罗马帝国时代中国与罗马有所往来。与一般的看法相反，罗马人从未用金币直接购买过中国丝绸"等等，极力诋毁、抹杀中国特产丝绸的特殊重要作用。

② 笔者怀疑中国出土的那些西方金银器很可能都是以贵金属抵充货币用，而不是作为货物出售或易货贸易。或许就是这个原因，国内才少见西方金银钱币实物，反而见到钱币仿制品甚至金条。

③ 《阿曼假日》网站"乳香小道"，http：//www.omanholiday.co.uk/FRANKINCENSE – Trail – by – Tony – Walsh – for – Abode – Magazine.pdf，2018 年 4 月 14 日。

一种等价物的作用。据《红海周航记》第 32 节的记载，虔那有船定期到阿曼 Moscha Limen 码头转运乳香，很可能就是易货形式的购买。因为，接下来就是这样的记载："此外，来自 Limyrike（今印度西南马拉巴尔海岸）或婆楼割车那些帆船则由于季节晚了（没赶上季风）要在那儿（即在 Moscha）过冬，按照王家机构的安排，以棉布、谷物和油料交换回程的乳香货载。"① 据此可知，古代印度洋周边的"地方贸易"采用的是易货交换的方式，而从埃及来的希腊 – 罗马商人所操持的奢侈品贸易则主要采取货币购买方式。《红海周航记》这一节没有提到提咆，或许因为提咆距离阿曼较近，传统近海航线交通便利，不受季风条件限制，而其进口货里的银器和钱币，则可能是由那些仍然遵循传统航线的埃及船只沿途转贩阿曼乳香、玳瑁、珊瑚，然后在提咆购买中国丝绸时留下的。《红海周航记》的研究者指出："从南印度进口的商品如此昂贵，远远超出了西方货物在那儿卖出的价值，结果就形成了一个稳定的从罗马流入印度的现金流。提比留斯（Tiberius）抱怨说：'女士们及其装饰品正在把我们的钱转给外国人'（塔西佗《编年史》3.53）；普林尼（Pliny，6.101，12.84）则评价了东方，尤其是印度从罗马榨取巨量钱币的数目。还好，罗马仅仅是落入这种长久不平衡过程的开端。这是由相互提供产品的性质（即经济和商品结构）决定的，后来的欧洲贸易大国遭受了同样的命运。"② 其实，李约瑟早就说过："有人认为，这种金融上的日趋枯竭，是罗马帝国经济衰落的主要因素。可是黄金并没有到达中国，很有理由认为，黄金被中间经手的一些国家收走了，这些中间国用罗马帝国的产品和他们本国的产品，和中国人进行物物交换。"③

和阿曼的乳香一样，中国古代丝绸被称为"轻货"，即携带方便而价值高（获取困难而需求广泛），在很大程度上也是作为一种货币在使用。在对外交往方面的这种功能，至少从张骞通西域就开始了。《史记·大宛列传》略云："西北外国使，更来更去。宛以西，皆自以远，尚骄恣晏然，未可诎以礼羁縻而使也。自乌孙以西至安息，以近匈奴，匈奴困月氏也，匈奴使持单于一信，则国国传送食，不敢留苦；及至汉使，非出币帛不得食，不市畜不得骑用。所以然者，

① 《红海周航记》，第 71 页。
② 见《红海周航记》，"导论"，第 17—18 页。参见李约瑟《中国科学技术史》第 4 卷，剑桥大学出版社，1971，第 518—519 页；布罗代尔：《文明与资本主义，15—18 世纪》第 3 卷，纽约，1984，第 490 页。
③ 〔美〕李约瑟：《中国科学技术史》第 1 卷，第 189 页。

远汉，而汉多财物，故必市乃得所欲，然以畏匈奴于汉使焉……其地皆无丝漆，不知铸钱器。及汉使亡卒降，教铸作他兵器。得汉黄白金，辄以为器，不用为币。"可见，张骞通西域也有一个货币金融问题。匈奴在西域设童仆都尉征收聚敛，汉击退匈奴，设西域都护，交通往来信用中国自不待言。但是，葱岭以远中亚腹地不属都护，不用汉朝金属货币，汉使只有以绢帛丝绸为货币用作市易购买，① 建立和改善关系，接受中国丝绸自然就形成了丝绸之路经济带。在此之外更远的地方，丝绸未必再作为等价物，但由于其使用价值和需求，仍然是一种热销商品。显然，正是古代西方世界这种广泛而强大的商品需求，支撑了中国丝绸在居间地带具有并维持其等价物的地位，②"丝绸之路"之称可谓名正言顺。

---

① 汉籍"币帛"一语很可能就是专指用作货币的绢帛，待考。

② 降至唐代，丝绸的货币作用更加发展，赏赐、军资、物价、互市等到处可看到丝绸绢帛作为货币使用，尤其是在大宗交易中和作为财政资金运用。白居易《卖炭翁》"半尺红绡一丈绫，系向牛头充炭直"说的是皇家宫市，而其《阴山道》"元和二年下新敕，内出金帛酬马直。仍诏江淮马价缣，从此不令疏短织"说的是绢马贸易。这方面已开始有专门研究，如彭信威《中国货币史》，上海人民出版社，2015，第232—234页；萧清：《中国古代货币史》，人民出版社，1984，第198—202页；李锦绣：《唐代财政史稿》上卷第三分册，北京大学出版社，1995。

六朝时期会稽郡的海外贸易

——以古代中日之间的一条海上航道为中心

王 铿

一 "亶洲"与"货布"

《三国志·吴志》卷四十七"吴主传第二"载:"(黄龙二年春正月,孙权)遣将军卫温、诸葛直将甲士万人浮海求夷洲及亶洲。亶洲在海中,长老传言秦始皇遣方士徐福将童男童女数千人入海,求蓬莱神山及仙药,止此洲不还。世相承有数万家,其上人民,时有至会稽货布,会稽东县人海行,亦有遭风流移至亶洲者。所在绝远,卒不可得至,但得夷洲数千人还。三年春二月……卫温、诸葛直皆以违诏无功,下狱诛。"①

下面讨论上引史料中的两个问题:"亶洲"与"货布"。

首先是亶洲指何处的问题。关于这个问题,前人有很多说法,大致如下:

松下见林——日本海岛②

白鸟库吉——日本种子岛③

那珂通世——日本冲绳岛④

① 《三国志·吴志》卷四十七"吴主传第二",中华书局,1982,第1136页。
② 松下見林『异称日本伝』卷上、国书刊行会、1975、第22頁。
③ 原田淑人「『魏志』倭人伝からみた古代日中貿易」『東亞古文化說苑』原田淑人米壽紀念会、1973、第234頁。
④ 『那珂通世遺書』『外交繹史』卷三、大日本図書、1915、第二十五章「徐福」、第278頁。

　　原田淑人——日本九州岛南部及萨南诸岛①

　　王仲殊——日本列岛的一部分②

　　胡渭——菲律宾③

　　市村瓒次郎、袁臻——朱崖郡与儋耳郡即海南岛④

　　许永璋——印度尼西亚⑤

以上看法中，胡渭只是将亶洲标在地图（四海图）上相当于菲律宾吕宋岛的位置，未加任何说明，不知其所据为何，无从辩驳，姑且不论。许永璋印度尼西亚说的主要依据为船队出发时的正月为东北季风盛行的季节，船队理应顺风向往南航行。诚如许永璋所说，正月为东北季风的时节，但这次行动持续约有一年，史料并未说船队从正月即从一开始就去亶洲，从风向、距离，以及上文史料中提及夷洲（即台湾）、亶洲时两者的先后顺序来看，很可能船队先朝南就近去夷洲，再在其后的大约一年中风向合适（西南季风）的时间去往亶洲，尽管最后没有到达。而且即便船队从一开始就去亶洲，也不能证明亶洲就在南边，因为船队去往亶洲的行动是失败的，其原因之一或许就是风向没有掌握好。市村瓒次郎、袁臻的海南岛说除了对两条关键史料的解读有问题之外（因考辨文字较长，此从略），同在《三国志·吴志》"吴主传第二"里，有如下记载："赤乌五年（即卫温等浮海求夷洲及亶洲的黄龙二年的十二年后）秋七月，遣将军聂友、校尉陆凯以兵三万讨珠崖（即朱崖）、儋耳。"岂有同一传中对同一个地方，前后用不同称呼之理。所以海南岛的说法并不能成立。印度尼西亚说及海南岛说除风向、史料解读的问题外，两说都忽视了唐初地理书《括地志》的记载："亶洲在东海中。"⑥ 而东海之中，夷洲既然是台湾，那么亶洲就只能是日本。如前所述，顺着风向往南甚至到南海去找亶洲，是没有史料根据的。松下见林、白鸟库吉、

---

①　原田淑人「徐福の東海に仙薬を求めた話」『東亞古文化論考』吉川弘文館、1962、第330—334頁。

②　王仲殊：《日本三角缘神兽镜综论》，《考古》1984年第5期。

③　胡渭：《禹贡锥指》"禹贡图"第四十七"四海图"，上海古籍出版社，2013，第120页。

④　市村瓒次郎「唐以前の福建及び台灣に就いて」『支那史研究』春秋社、1939、第332—333頁；袁臻：《关于〈三国志·孙权传〉上的"亶洲"》，《华南师院学报》（哲学社会科学版）1980年第2期。

⑤　许永璋：《亶洲新探》，《中国史研究》1997年第1期；《亶洲再探》，《郑州大学学报》（哲学社会科学版）2002年第1期。

⑥　《括地志辑校》卷四，中华书局，2005，第252页。

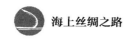

那珂通世、原田淑人、王仲殊诸人有一共同之处，即都认为亶洲在今日本范围之内，尽管具体为何处意见不一。

本文取亶洲即日本说。

其次是关于"货布"的问题。前引《三国志》为中华书局的标点本，在"货布"之处并未出校勘记，但实际上，此处是有版本异文的。

《太平御览》卷六十九"地部"三十四"洲"所引《吴志》，此处作"其上人民，时有至会稽货市"。① 另《后汉书·东夷列传》载"会稽海外有东鳀人，分为二十余国。又有夷洲及澶（即亶）洲。传言秦始皇遣方士徐福将童男女数千人入海，求蓬莱神仙不得，徐福畏诛不敢还，遂止此洲，世世相承，有数万家。人民时至会稽市。会稽东冶县人有入海行遭风，流移至澶洲者。所在绝远，不可往来。"又《括地志》卷四云："亶洲在东海中，秦始皇使徐福将童男女入海求仙人，止在此洲，共数万家，至今洲上人有至会稽市易者。"

笔者以为，"货布"应当是"货市"之误。② 理由如下。

第一，此处有版本异文，已如上述。

第二，市与布字形非常相近，容易发生错误。

第三，《后汉书》《括地志》的记载与《三国志》非常接近，而《三国志》的成书（西晋）较《后汉书》（南朝宋）、《括地志》（唐初）早。因此，或者《后汉书》《括地志》二书的记载来源于《三国志》，或者《三国志》《后汉书》《括地志》三书的记载均来源于同一部著作。在这种情况下，既然《后汉书》《括地志》作"市""市易"，则《三国志》此处的文字比起"布"来，作"市"的可能性更大。

第四，从语意上来讲，显然"货市"要通顺得多。"货"一词的确有买与卖两层意思，但六朝时代，似乎卖的意思较多，如《晋书》"王戎传"载："家有好李，常出货之，恐人得种，恒钻其核。"③《世说新语》"俭啬篇"有同样的记载，但"货之"作"卖之"。④ 又如《宋书》"孝义传 郭原平"载："（原平）

---

① 《太平御览》，中华书局，1985，第327页。
② 王仲殊《日本三角缘神兽镜综论》（《考古》1984年第5期）一文引用《三国志·吴志》此条材料时，其引文中"货布"作"货市"。惜其未注明版本依据，也未涉及此处文字有异文的情况，故笔者认为仍需加以申说。
③ 《晋书》卷四十三，中华书局，1982，第123页。
④ 余嘉锡撰《世说新语笺疏》，中华书局，1983，第874页。

又以种瓜为业。世祖大明七年大旱，瓜渎不复通船，县官刘僧秀愍其穷老，下渎水与之。原平曰：'普天大旱，百姓俱困，岂可减溉田之水，以通运瓜之船。'乃步从他道往钱塘货卖。"① 再如《宋书》"孔觊传"载："时东土大旱，都邑米贵，一斗将百钱。（孔）道存虑觊甚乏，遣吏载五百斛米饷之。……吏曰：'……都下米贵，乞于此货之。'"② 还有《梁书》"徐勉传"载："郊间之园，遂不办保，货与韦黯，乃获百金。"③ 以上史料中的"货"，均为卖之意。因此"货布"即为卖布之意。但是，从"绝远"之地的亶洲来到会稽，只是为了卖布，这意思多少有些奇怪。从道理上讲，他们卖了布之后，总会买些东西回去。因此，亶洲之人来到会稽，不仅是卖，应当也有买，他们是来做买卖的。如果是"货布"的话，我们只能看到卖的行为，而"货市"则买卖双方的行为都能得到反映（市为买之意）。因此，从语意上讲，"货市"要胜于"货布"。

第五，"货市"一词乃史书习用语。如《后汉书·东夷列传》："马韩之西，海岛上有州胡国。其人短小……乘船往来货市韩中。"④ 又如《旧唐书》"李正己传"："（李正己）货市渤海名马，岁岁不绝。"⑤

据上，我们可知，早在东汉、三国时代，会稽郡与今日本之间就已存在一条海上贸易通道，而且从"时至"之语，可见这条贸易通道上的往来并非偶尔有之。

那么，当时的航海技术能够支撑起这一海上贸易通道吗？

二 当时的航海技术为这条海上贸易通道的存在所提供的可能性

中国的航海技术在东汉、三国时已达到了相当高的水平。

公元前3世纪之前，中国已经发现季风并在航海中利用季风。⑥ 比如《礼记·月令》和《吕氏春秋·十二纪》将风的变化和季节结合起来，体现了对季

---

① 《宋书》卷九十一，中华书局，1983，第2245页。
② 《宋书》卷八十四，第2155页。
③ 《梁书》卷二十五，中华书局，1983，第384页。
④ 《后汉书》卷八十五，中华书局，1982，第2820页。
⑤ 《旧唐书》卷一二四，中华书局，1987，第3535页。
⑥ 章巽：《公元前三世纪之前我国早已发现季风并在航海中利用季风》，《章巽文集》，海洋出版社，1986，第44—50页。

风的初步认识。而《周礼·春官》"保章氏"则进一步细化，将一年之中的风与十二个月的季节及十二种风向结合起来。

船只远离大陆航行时，需要观察日月星辰的位置来辨别方向，此即所谓天文导航法。《汉书·艺文志》中著录了相关的著作一百三十六卷："《海中星占验》十二卷，《海中五星经杂事》二十二卷，《海中五星顺逆》二十八卷，《海中二十八宿国分》二十八卷，《海中二十八宿臣分》二十八卷，《海中日月慧虹杂占》十八卷。"[①] 这表明至晚西汉时，中国已掌握了这种海上天文导航技术。

东汉时，中国的造船技术取得了重大进展。

1955 年，广州东郊的东汉墓出土了一个陶质船模（见图1）。

图1　1955 年广州东郊东汉墓出土的陶质船模

资料来源：广州市文物管理委员会《广州市东郊东汉砖室墓清理纪略》，《文物参考资料》1955 年第 6 期，图版1。

这个船模反映出很重要的两点。第一，船尾有舵。舵是控制船只航向的设备，东汉刘熙的著作《释名》"释船"云："其尾曰柁。……弼正船使顺流不使他戾也。"[②] 出土资料和文献两方面都可证明东汉时中国已有了舵。第二，船体分舱。这个船模从船首到船尾有八根横梁，这意味着有八副隔舱板，它们把船体分成九个舱。这种船体分隔舱的技术，大大地提高了船只的安全性。因为在船只航行中，即便船体个别舱破损进水，也不会影响到其他船舱，船不会立即沉没，

---

① 《汉书》，中华书局，1983，第 1764 页。
② 刘熙：《释名》卷七，丛书集成初编，中华书局，1985，第 122 页。

也就是说，船只具有了抗沉性。①

另外，东汉时期，中国已出现了橹。《释名》"释船"曰："在旁曰橹。橹，膂也。用膂力然后舟行也。"② 橹的出现是船舶推进工具发展的一项重大突破，也是中国对世界造船技术的重大贡献之一。对船舶来说，桨提供的推进力是间歇性的，因为它入水划动一次以后会离开水面做第二次划动的准备。而橹则不同，它可以在水里连续不停地摇，为船舶提供不间断的推进力，因而效率高得多。而且橹还可以操纵船舶转弯、调向。从桨到橹，是船舶推进工具的一次革命性转变。

风帆的出现，是船舶推进动力发展的一次飞跃，它为远洋航行提供了巨大的可能。中国至晚在东汉已出现风帆。《释名》"释船"曰："随风张幔曰帆。帆，泛也。使舟疾泛泛然也。"③ 而到了三国时期，中国的风帆技术有了长足的进步。三国东吴丹阳太守万震所著《南州异物志》载："外徼人随舟大小，或作四帆，前后沓载之。有卢头木，叶如牖形，长丈余，织以为帆。其四帆不正前向，皆使邪移相聚，以取风吹。风后者激而相射，亦并得风力，若急则随宜城［增］减之。邪张相取风气，而无高危之虑，故行不避迅风激波，所以能疾。"④ 这段史料反映出以下几个问题。第一，当时的船已突破了单桅单帆，而达到了多桅多帆。这是造船技术上的一项重大进步，比起单桅单帆来，多桅多帆不仅可以获得大得多的推进力，还使船体受力较为均匀，增加了安全性。第二，帆由植物纤维（卢头木叶）织成，并且可以"邪［斜］移"，属于硬帆。硬帆可绕桅杆转动，因此能利用各个方向吹来的风（软帆不能转动，只能利用顺风），如顺风、逆风、左右侧风、左右斜侧风、左右斜逆风等。在多帆的船上，斜移的帆面，各自迎风，后帆不会挡住前帆受风。"其四帆不正前向，皆使邪移相聚，以取风吹"，指的就是这种情况。第三，硬帆升降容易，航行中可随风力大小，对帆面积"随宜城［增］减之"即随意升降，既可最大限度利用风力，同时风力过大时也可迅速降落，保护船只安全。第四，当时人已注意到多帆船各帆之间的相互影

---

① 据《艺文类聚》卷七十一"舟车部"引《义熙起居注》："（东晋时）卢循新作八槽舰九枚，起四层，高十余丈。"（上海古籍出版社，1982，第1234页）此八槽舰即为有八个分隔舱的舰船。

② 刘熙：《释名》卷七，第122页。

③ 刘熙：《释名》卷七，第123页。

④ 《太平御览》卷七七一引，中华书局，1985，第3419页。

响，他们会及时调整各帆之间的相互位置和角度，以最大限度地增加帆的受风面积，加大风的推进力。"邪张相取风气""激而相射，亦并得风力"反映的就是这种情况。

当然，这段史料的开首讲的是"外徼人"如何如何。外徼即徼外，也即境外，而该书名为《南州异物志》，所以这段史料讲的是境外之事。不过东吴地方官万震既然将多帆技术记录得如此详细，完全像一部多帆技术的操作手册，而东汉时期中国即已有了风帆，因此笔者觉得东吴人会很快掌握或模仿这一技术的。所以将它理解成当时中国的航海技术也未为不可。①

综上所述，中国在公元前 3 世纪之前已发现并在航海中利用了季风，至晚在西汉时期已掌握了远洋航行时通过观察日月星辰的位置来辨认方向的天文导航技术，而到了东汉、三国时期，中国有了控制船舶航向的尾舵以及连续性推进工具橹，同时掌握了分隔舱技术，大大提高了船只的安全性。另外，中国不仅在东汉时已有了风帆，而且在三国时通过借鉴境外技术而掌握了高度的多帆技术。这一切都为东汉、三国时期会稽郡与今日本之间海上贸易通道的存在提供了航海技术上的巨大可能性。

按照后来遣唐使的经验，每年的四月至七月，东海常刮西南季风，船只由中国江南地域（包括会稽郡）去往日本较为顺利；而每年的十月至第二年的三月，刮冬季的季风。这时的季风，在日本九州岛近海是西北风，所以有被吹向东南的危险，但随着接近中国，便成为东北风，而且此时海上风浪较为平静，适于船只由日本驶往中国。②

因此，在掌握上述航海技术的基础上，再了解东海上的季风规律，会稽郡与今日本之间的往来并不困难。

而当时的船只规模也不小。西汉武帝时，为征南粤，"治楼船，高十余丈"，③ 一丈约等于今2.3 米，十余丈按十一丈算也有 25 米多，如果楼房按一层3 米算的话，其高度相当于八层楼。西汉如此，东汉、三国更应在其上。三国时，吴国孙权曾"遣使者谢宏、中书陈恂拜（句骊王）宫为单于，加赐衣物珍

---

① 以上航海技术史方面的内容参考了《中国航海科技史》（章巽主编，海洋出版社，1991，第26—48 页）、《中国航海史（古代航海史）》（中国航海学会编，人民交通出版社，1988，第84—97 页）。

② 〔日〕木宫泰彦《日中文化交流史》，胡锡年译，商务印书馆，1980，第94—95 页。

③ 《汉书》卷二十四《食货志下》，中华书局，1983，第1170 页。

宝。……（宫）上马数百匹。……是时宏船小，载马八十匹而还"。① 能装八十匹马的船在吴国来说是小船，可见其一般的船或大船有多大了。从此亦可推想吴国船只的规模。

二 亶洲人来会稽的目的

亶洲人为什么选择了会稽郡？这与当时会稽郡发达的制造业及由此而来的繁荣的商品交易市场有着密切的关系。

当时会稽郡的制造业主要由以下几个部分构成。

1. 铜镜业

会稽郡的山阴县自东汉以来即是铜镜的重要产地。进入三国后，更是吴国的三大铜镜产地之一（另外两个产地为吴郡的吴县和江夏郡的武昌县）。②

由于各地铸镜工场的遗址迄今尚未发现，故只能通过铜镜铭文来判断其产地。比如现藏日本东京国立博物馆的"对置式神兽镜"，其铭文为："建安二十一年四戊午月十九日，起弋刑也道其昌，会稽所作，中有六寸，一千人也，服之千万年长仙，作吏宜官，吉羊宜侯王，家有五马千头羊，羊死女子俱富昌。"③ 铭文既云"会稽所作"，那么自当为会稽山阴的产品。再如现藏湖北省博物馆的"同向式神兽镜"，其铭文为："黄初二年十一月丁卯朔廿七日癸巳，扬州会稽山阴师唐豫命作镜，大六寸，清明，服者高迁，秩公美宜侯王，子孙番昌。"④ 此镜作者为会稽山阴的唐姓工匠。还有今藏于东京国立博物馆的"对置式神兽镜"，其铭文为："黄初四年五月丙午朔十四日，会稽师鲍作明镜，行之大吉，宜贵人王侯，□服者也□□，今造大母王三。"⑤ 据上可知会稽有唐姓、鲍姓的铸镜工匠。另有今藏日本东京五岛美术馆的"对置式神兽镜"更是点出了作镜工场的具体地点，其铭文曰："黄武五年二月辛未朔六日庚巳，会稽山阴安本里，思子分，服者吉，富贵寿春长久。"⑥ "安本里"应当是山阴城内某个里的

---

① 《三国志》卷四十七"吴主传第二"裴松之注引《吴书》，第 1140 页。
② 王仲殊：《中日两国考古学·古代史论文集》，科学出版社，2005，第 162 页。
③ 樋口隆康『古鏡』新潮社、1979、図録、第 92 页。
④ 王仲殊：《中日两国考古学·古代史论文集》，第 168 页。
⑤ 樋口隆康『古鏡』、図録、第 93 页。
⑥ 樋口隆康『古鏡』、図録、第 94 页。

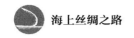

名称。

黄初二年（221）四月，孙权以鄂县为都城，改名武昌，并从铜镜制造业中心之一的会稽山阴征调了一批熟练工匠至武昌铸镜。现藏湖北省博物馆的"重列式神兽镜"之铭文曰："黄武六年，十一月丁巳朔，七日丙辰，会稽山阴，作师鲍唐，镜照明，服者也宜子孙，阳遂富贵，老寿□□，牛马羊，家在武昌思其少，天下命吉，服吾王干昔□□。"前边提到，山阴有鲍姓、唐姓的铸镜工匠，鲍氏、唐氏很可能为两个专门铸镜的家族，[①] 这两个家族中的人被征调到武昌（"家在武昌"）铸镜。武昌后来也成为吴国铸镜中心之一，但其技术力量即工匠起初却来自山阴，山阴在吴国铸镜业的影响于此可见。

2. 制瓷业

会稽郡在战国时期即已是印纹硬陶与原始青瓷的中心产地。到了东汉晚期，世界上最早的瓷器更是在此诞生。六朝时期，会稽郡是青瓷的主要产地。[②]

会稽郡具有发展陶瓷业的先天优势。

首先，境内富藏作为瓷器原料的瓷石，且瓷石矿埋藏较浅，易于开采。瓷石是中国南方地区自古以来最重要的制瓷原料，它含有瓷胎所需要的各种矿物成分如绢云母、石英、高岭、长石等，即使不配入其他原料，单独用瓷石也能在1200℃左右烧结成瓷。它是一种天然配好的瓷胎原料。[③]

其次，该地区多山，森林资源丰富，有着充足的燃料。该地区的森林，自古至今，一直以松树为主。根据资料，目前该地区的乔木林地面积中马尾松占50％以上。[④] 该地区烧瓷的燃料采用的是松柴。松柴富含油脂，热量大，着火温度低，燃烧速度快，火焰长，适于烧还原焰，而该地区制瓷原料的瓷石含铁量较高，适于用还原焰烧成。

另外，该地区多山的特点有助于龙窑的建造。中国古代的窑炉通常分为两类，即龙窑与圆窑。龙窑窑身呈长方形，前后倾斜，如龙下行，故称"龙窑"。它一般建在山坡上，利用山坡的自然倾斜度形成窑身前后的高度差，从而造成一定的自然抽力而不必另建烟囱，结构较为简单，建造方便。龙窑具有升温快的特点，同时它的窑壁较薄，冷却也比较快，很适合烧制青瓷，因为青瓷以氧化铁为

① 王仲殊：《中日两国考古学·古代史论文集》，第 172 页。
② 中国硅酸盐学会主编《中国陶瓷史》，文物出版社，2004，第 137 页。
③ 张福康：《中国古陶瓷的科学》，上海人民美术出版社，2000，第 12 页。
④ 《浙江森林》编辑委员会编《浙江森林》，中国林业出版社，1993，第 70 页。

主要着色剂，需要在还原气氛中烧成，并在烧成后的高温阶段要求快速冷却，以减轻铁的二次氧化，保持较纯的青色。① 该地区的龙窑商代即已出现。在上虞李家山商代印纹陶窑址所发掘的六座窑址中，有五座是龙窑。② 到了东汉以后，龙窑已被该地区广泛使用。

最后，该地区水源丰富，河流密集，有着发达的水路网。制瓷原料的瓷石开采出来之后，因比较坚硬，必须先粉碎，东汉晚期很可能已用水碓来进行粉碎，③ 以提高坯土的细度和生产效率。瓷石粉碎之后，还需淘洗以去除杂质，提高原料纯度，这也需要大量用水。瓷器烧成之后，又需要运输，而比起陆路运输，水运装载量大，速度快，而且平稳安全，无相互碰撞毁损之忧。

由于具备以上优越条件，会稽郡的制瓷业非常发达。

东汉晚期，在该地区的上虞小仙坛诞生了世界上最早的瓷器。小仙坛青瓷窑遗址发现于 1973 年，它位于上虞市上浦镇石浦村四峰山南麓。据中国科学院上海硅酸盐研究所的测定，该窑制品的烧成温度达 1310 ± 20℃，瓷胎已完全烧结，不吸水，叩之有金属声；显气孔率为 0.62%，吸水率为 0.28%；釉层透明，较原始瓷明显增厚，并有较强光泽度，胎釉结合紧密牢固；其抗弯强度达 710 公斤/厘米^2，远超浙江德清西周青灰釉的强度（220 公斤/厘米^2），也超过了一千多年后的清康熙厚胎五彩花觚（700 公斤/厘米^2）及清康熙厚胎青花觚（650 公斤/厘米^2）。小仙坛青瓷窑的制品，除氧化钛（TiO_2）含量较高，因而瓷胎呈灰白色外，其余均符合近代瓷的标准。④ 另外，小仙坛窑址中的瓷片与该窑址附近的瓷石矿的化学成分十分接近，表明该窑场是就地取材，使用附近的瓷石作为制瓷原料。⑤

会稽郡的青瓷窑场，虽然分布较广，但其主体在上虞曹娥江两岸的山坡地带。据资料介绍，上虞地区东汉的瓷窑遗址有 7 处，三国的瓷窑遗址有 30 余处，西晋瓷窑遗址有 60 余处，东晋瓷窑遗址有 5 处，南朝瓷窑遗址有 7 处。⑥

比如四峰山窑群，位于曹娥江中游西岸，上虞市上浦镇石浦村一带。其山峰

① 朱伯谦：《试论我国古代的龙窑》，《文物》1984 年 3 期。
② 浙江省文物考古研究所：《浙江上虞县商代印纹陶窑址发掘简报》，《考古》1987 年第 11 期。
③ 中国硅酸盐学会主编《中国陶瓷史》，第 137 页。
④ 李家冶：《我国瓷器出现时期的研究》，《硅酸盐学报》1978 年 3 期。
⑤ 郭演仪、王寿英、陈尧成：《中国历代南方青瓷的研究》，《硅酸盐学报》1980 年 3 期。
⑥ 章金焕：《瓷之源——上虞越窑》，浙江大学出版社，2007，第 9、35、70、95 页。

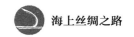

不高，山坡较缓，适于做窑场，且附近有瓷石矿。该处为东汉时期青瓷的主要产地，窑址主要分布在上浦镇石浦村的小仙坛、龙池庙后山、大园坪等地。又如上虞帐子山窑址群，位于上虞市上浦镇夏家埠村帐子山南麓。其烧造时间为东汉至北宋。它本身就是一部上虞越瓷的发展史，蕴含着非常丰富的历史信息。又如上虞凤凰山青瓷窑址，位于上虞市上浦镇大善村凤凰山北麓，为三国西晋时期的遗址。其制品造型端庄，釉色滋润，纹饰精致，代表了当时越窑制瓷工艺的最高水平。①

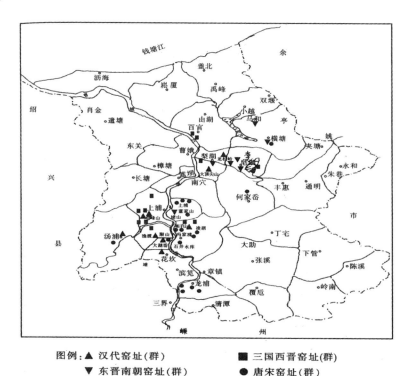

图2　上虞越窑历代窑址分布示意

资料来源：章金焕《瓷之源——上虞越窑》，第7页。

会稽郡除上虞之外，其他地方亦有青瓷的生产。比如绍兴的窑灶头青瓷遗址，时期为三国至晋；九岩青瓷窑址，时期为西晋；馒头山青瓷窑址，时期为西

---

① 钟越宝、罗海笛：《绍兴文物》，中华书局，2004，第31、34页。

晋；禹陵青瓷窑址，时期为东晋至五代。诸暨的孤坟仓山青瓷窑址，时期为东晋南朝。余姚的马步龙山窑址，时期为三国至西晋。鄞县的窑岙山窑址，时期为三国；小白市窑址，时期为东晋至北宋。慈溪的钩头山窑址，时期为东晋；獯猎坪山窑址，时期为东晋南朝；小姑岭窑址，时期为南朝。宁波的云湖窑址，时期为南朝。萧山的石盖村窑址，时期为东晋南朝；上董窑址，时期为东晋南朝。

六朝时期，会稽郡以上虞为中心，形成了一个庞大的青瓷生产体系。

3. 纺织业

会稽郡的纺织业始于春秋时代的越国。其纺织业可分为麻、葛（植物性纤维）织业与丝（动物性纤维）织业。

《越绝书》卷八载："麻林山，一名多山，句践欲伐吴，种麻以为弓弦。……去县一十二里。"其下又云"葛山者，句践罢吴，种葛，使越女织治葛布，献于吴王夫差，去县七里。"[1] 据此可知，句践在距山阴城十二里、七里的山上人工种植麻、葛，取其纤维以作弓弦、织葛布。又《吴越春秋》卷八云："越王曰：'吴王好服之离体，吾欲采葛，使女工织细布，献之以求吴王之心，于子何如？'群臣曰：'善。'乃使国中男女入山采葛，以作黄丝之布。……吴王闻越王尽心自守……增之以封……纵横八百余里。越王乃使大夫种赍葛布十万……以复封礼。"[2] 越王一次性向吴王献上"葛布十万"，可见其葛织业规模不小。

西汉时期的著作《淮南子》卷一"原道训"云"于越生葛绤"，[3] 于越指旧越地，当时主要指会稽郡。由这条材料可知，西汉人认为葛布为会稽郡的当地特产（绤，东汉高诱注此处曰："绤，细葛也。"为葛布的一种）。

东汉初期光武帝时，会稽吴人陆闳"建武中为尚书令。美姿貌，喜着越布单衣，光武见而好之，自是常敕会稽郡献越布"。[4] 从此，会稽郡的葛布成为贡品。

东汉章帝时，"诸贵人当徙居南宫，太后（汉明帝明德马皇后）感析别之怀，各赐王赤绶，加安车驷马，白越三千端，杂帛二千匹，黄金十斤"。唐李贤注："白越，越布。"[5] 可见越地（会稽郡）的葛布被大量进贡之后，又被当作赐

① 《越绝书》，上海古籍出版社，1985，第 61 页。
② 《吴越春秋》，上海古籍出版社，1997，第 135 页。
③ 刘文典撰《淮南鸿烈集解》（上），中华书局，1989，第 18 页。
④ 《后汉书》卷 81"独行传　陆续"，中华书局，1982，第 2682 页。
⑤ 《后汉书》卷 10"皇后纪　上　明德马皇后"，第 410 页。

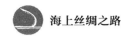

品下赐。

三国时，魏文帝诏曰："江东为葛，宁比罗纨绮縠（均为丝织品）。"① 可见江东（此处应主要指会稽郡）之葛布质量甚高，可媲美丝织品，因而获得魏文帝的好评。

以上是葛织业。

关于丝织业，会稽郡历史悠久。

春秋时期，越国的计倪对国王句践说："兴师者必先蓄积食、钱、布、帛"，"必先省赋敛，劝农桑"。②"布"指麻、葛布，"帛"指丝绸，"桑"为养蚕取丝。可见越国有丝织业。

东汉时，王充先祖"尝从军有功，封会稽阳亭。一岁仓卒国绝，因家焉，以农桑为业"。③"阳亭"不知为何处，然在会稽郡之内。

南朝宋时，谢灵运在其会稽郡始宁县的庄园内"既耕以饭，亦桑贸衣"。④

另外，会稽郡的诸暨县和吴兴郡的永安县（西晋武帝太康元年改名武康⑤）因所产丝质量高，被吴国指定为贡品。《太平御览》卷八一四"布帛部一丝"载："（吴）陆凯奏事曰：'诸暨、永安出御丝。'"⑥

4. 制纸业

六朝时期是书写记事材料由帛、简过渡到纸的转换期。

汉魏时期，帛、简与纸并用；但晋以后，这种情况发生了变化。由于晋代已造出大量洁白、平滑且方正、耐折的纸张，所以人们不必再用昂贵的帛与笨重的简去书写，而逐步改用纸。西晋初期时而用简，到东晋以后则基本用纸。⑦

西晋傅咸《纸赋》曰："既作契以代绳兮，又造纸以当策。"⑧

东晋末桓玄曾下令曰："古无纸，故用策，非主于敬也。今诸用简者，皆以黄纸代之。"⑨

① 《太平御览》卷八一六"布帛部三罗"，中华书局，1985，第3672页。
② 《越绝书》卷4，第29页。
③ 北京大学历史系《论衡》注释小组注释《论衡注释》"自纪篇"，中华书局，1979，第1669页。
④ 《宋书》卷六十七"谢灵运传"，第1768页。
⑤ 《宋书》卷三十五"州郡志"，第1033页。
⑥ 《太平御览》，中华书局，1985，第3617页。
⑦ 潘吉星：《中国造纸史》，上海人民出版社，2009，第133—135页。
⑧ 《初学记》卷二一"纸"，中华书局，2004，第517页。
⑨ 《初学记》卷二一"纸"引《桓玄伪事》，第517页。

当时麻纸产量很大，东晋虞预曾上表云："秘府中有布纸（即麻纸）三万余枚。"①

会稽郡曹娥江上游的剡溪两岸，自古多藤。该处以藤皮为造纸原料，出产著名的藤纸。藤纸质地优良，东晋范宁任地方官时曾下令"土纸不可以作文书，皆令用藤角纸"。② 土纸指当地产的一种劣质麻纸，而藤角纸即指藤纸。③

藤皮纸的好名声一直传到唐代。唐舒元与有《悲剡溪古藤文》："剡淡［溪］上绵四五百里，多古藤，株柈逼土。虽春入地脉，他植发活，独古藤气候不觉，绝尽生意。予以为本乎地者，春到必动。此藤亦本于地，方春且有死色。遂问溪上人。有道者言：'溪中多纸工，刀斧斩伐无时，擘剥皮肌，以给其业……异日过数十百郡，泊东洛西雍，历见言文书者，皆以剡纸相夸，乃瘤囊见剡藤之死，职正由此。……纸工嗜利，晓夜斩藤以鬻之。虽举天下为剡溪，犹不足以给，况一剡溪者耶！以此恐后之日不复有藤生于剡矣。'"④ 剡溪藤纸质量好，人们争以拥有为荣，需求量大，因此造纸工匠进行毁灭性采伐，致使古藤"绝尽生意"。剡溪古藤之命运固可哀悯，但也由此可见当时剡溪制纸业之繁盛。

《初学记》卷二一"纸"引《裴子语林》曰："王右军为会稽令，谢公（指谢安）就乞笺纸。库中唯有九万枚，悉与之。"⑤ 以当时的生产效率，九万枚不是小数，而王羲之一次将九万枚存纸全部给了谢安。此事应当有一个前提，即王羲之知道纸张很快可以得到补充，否则，办公用纸供给不上，他所领导的地方政府的日常工作只能陷于瘫痪。由此我们可以推知，会稽的制纸业产量一定不小，应是具有相当规模的。

制纸业在书写记录材料由帛简向纸转换过程中属于新兴产业，需求量大，利润也很高。北魏贾思勰在《齐民要术》卷五"种谷楮第四十八"中曰："煮剥卖皮者，虽劳而利大；自能造纸，其利又多。种三十亩者，岁斫十亩，三年一遍，岁收绢百匹。"⑥ 种楮三十亩，年收绢百匹，其利润相当高。这还只是卖造纸原料，如果"自能造纸，其利又多"。这虽然说的是楮皮，但藤皮也应当差不多。

① 《初学记》卷二一"纸"，第518页。
② 《初学记》卷二一"纸"，第517页。
③ 潘吉星：《中国造纸史》，第149页。
④ 《全唐文》卷七二七，中华书局，1987，第7495页。
⑤ 《初学记》卷二一"纸"，第517页。
⑥ 缪启愉校释《齐民要术校释》，中国农业出版社，1998，第347—348页。

造纸业在当时属高收益的行业。

六朝时期会稽郡不仅有着发达的制造业，还有着发达的商品交易市场，比如铜镜市场。

有关铜镜市场虽无文献记载，但我们可以通过出土资料来了解。会稽郡的主要产品为神兽镜（平缘）与画像镜。它们从东汉中后期出现以来，始终是南方的产品，为北方所不铸。① 平缘神兽镜出土的地点目前已知的有今江苏省的南京、江都、丹阳、句容、镇江、泰州、无锡、丹徒，浙江省的宁波、杭州、余姚、奉化、黄岩、安吉、淳安、浦江、兰溪、武义、东阳、金华、义乌、永康、衢州、瑞安，安徽省的和县、芜湖，江西省的南昌，福建省的松政等。② 这些地方的平缘神兽镜相当部分应是在会稽郡的铜镜市场购得的。

又如瓷器市场。

这方面的文献记载非常少，《梁书》卷五十三"良吏传"载："（沈）瑀微时，尝自至此（余姚）鬻瓦器，为富人所辱，故因以报焉。"③ 据此知余姚有瓷器市场。

我们还可从以下几个出土瓷器的铭文来了解。

1955 年南京赵士岗东吴墓中出土一件青瓷虎子，上有"赤乌十四年会稽上虞师袁宜作"的铭文，④ 可见上虞的瓷器流通到了南京。

1970 年江苏金坛县白塔乡古墓中出土一件青瓷扁壶，上有铭文"紫（即此）是会稽上虞范休可作坤者也"，⑤ 可见上虞的瓷器流通到了金坛。

1976 年江苏吴县狮子山西晋傅氏家族 2 号墓出土的一件青瓷楼台百戏纪年罐，有"元康二年润月十九日超［造］会稽"的铭文，可知会稽瓷器流通到了吴县。又 3 号墓出土的堆塑罐，有"会稽。出始宁，用此□，宜子孙，作吏高，其乐无极"的铭文。⑥ 据《宋书·州郡志》，始宁本上虞之南乡，东汉末分立，⑦ 所以大的方面来讲，仍可把它归入上虞产瓷区。由此可见上虞瓷产品的影响力。

---

① 徐苹芳：《三国两晋南北朝的铜镜》，《考古》1984 年第 6 期。
② 王仲殊：《日本三角缘神兽镜综论》，《考古》1984 年第 5 期。
③ 《梁书》卷五十三，第 769 页。
④ 江苏省文物管理委员会编《南京出土六朝青瓷》，文物出版社，1957，第 4、42 页。
⑤ 宋捷、刘兴：《介绍一件上虞窑青瓷扁壶》，《文物》1976 年第 9 期。
⑥ 张志新：《江苏吴县狮子山西晋墓清理简报》，文物编辑委员会编《文物资料丛刊》第 3 辑，文物出版社，1980，第 130—137 页。
⑦ 《宋书》，第 1031 页。

1966 年浙江平阳县西晋墓出土的青瓷魂瓶，其龟趺碑铭文为"元康元年八月二日（造），会稽上虞"，① 可知上虞产品到了平阳。

1987 年浙江绍兴县南池乡出土的一件青瓷魂瓶，其圭形龟趺碑，碑额刻"会稽"两字，其下分三行竖刻"出始宁，用此丧葬，宜子孙，作吏高迁，众无极"，可知始宁产品到了绍兴。

前面我们已经提到，上虞（包括始宁）东汉晚期至六朝为制瓷业的中心，它的产品通过市场网络流通到了各地。

再如纺织品市场。

《宋书》卷九十四"恩倖传"载："戴法兴，会稽山阴人也。家贫，父硕子，贩纻为业。……法兴少卖葛于山阴市……"② 戴法兴父子，于山阴的市场一卖纻，即苎麻布，一卖葛布。如前所述，会稽的麻、葛织业也很发达，其产品有交易的需求。

另《宋书》卷九十三"隐逸传"载："朱百年，会稽山阴人。……少有高情，亲亡服阕，携妻孔氏入会稽南山……有时出山阴为妻买缯彩三五尺，好饮酒，遇醉或失之。"可见山阴有丝织品市场。

有关会稽郡丝织品市场的一个著名例子是《后汉书》卷七十一"朱儁传"，其传曰："朱儁，字公伟，会稽上虞人也。少孤，母尝贩缯为业。儁以孝养致名，为门下书佐，好义轻财，乡间敬之。时同郡周规辟公府，当行，假郡库钱百万，以为冠帻费。而后仓卒督责，规家贫无以备。儁乃窃母缯帛，为规解封。母既失产业，深患责之。儁曰：'小损当大益，初贫后富，必然理也。'"③ 宇都宫清吉曾举此例认为朱儁之家为至少拥有一百万巨款从事丝织品贸易的商人，但佐藤武敏对这一说法表示怀疑。他认为朱儁是上虞人，而上虞在东汉既非丝织品产地，商业也不发达，不会产生富裕的商人，因而一百万钱这一数字是夸张的。④ 不过我们前面已经谈到，东汉时期，上虞是陶瓷的中心产地，世界上最早的瓷器即于东汉晚期在此诞生。根据 1977 年的调查，上虞地区东汉时期的陶瓷窑址有三十六处（其中包括七处瓷窑）。⑤ 上虞既是中心产地，其水上交通网络又发达（地

① 徐定水、金柏东：《浙江平阳发现一座晋墓》，《考古》1988 年 10 期。
② 《宋书》卷九十四，第 2302—2303 页。
③ 《后汉书》卷七十一，第 2303 页。
④ 佐藤武敏『中国絹織物史研究』（上）、風間書房、1977、第 399—400 页。
⑤ 中国硅酸盐学会主编《中国陶瓷史》，第 126 页。

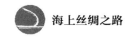

处曹娥江与浙东运河交接处，又紧邻杭州湾），自然也应当是重要的交易市场，因而上虞有大量的资金流动，有富裕的商人产生，并不奇怪，朱儁家的一百万钱也并非夸张的数字。而且这个数字恰恰反映了上虞丝织品市场的规模，因为仅朱儁一家就拥有一百万钱的丝织品。

正因会稽郡存在一个很大的交易市场，所以吸引了亶洲之人为此而来。

三　当时中日间贸易的内容

首先是铜镜贸易。在日本列岛，迄今为止已出土将近 1000 枚中国两汉、三国时代的铜镜。[①] 如果去除其中制作地尚有争论的约 400 枚三角缘神兽镜，[②] 尚余约 600 枚。其中有一部分是来自吴国的吴镜。比如出土于山梨县鸟居原古坟的"赤乌元年"对置式神兽镜及出土于兵库县宝冢市安仓古坟的"赤乌七年"对置式神兽镜。这类有吴国年号的铜镜，按照原田淑人的看法，就是通过一般的贸易从吴国进口的。[③] 因为会稽郡是铜镜的重要产地，也是重要的交易市场，而且会稽郡与今日本之间存在一条海上贸易通道，所以笔者以为这类吴镜应当是在会稽郡的市场购入，然后通过这条海上通道进入日本的。日本出土的吴镜，除以上二枚外，尚有冈山市新庄上庚申山出土的对置式神兽镜、神户市兵库区梦野町丸山古坟出土的重列式神兽镜，以及京都府椿井大冢山古坟和熊本县船山古坟出土的画文带对置式神兽镜，京都府八幡市车冢古坟、奈良县新山古坟、熊本县宇土郡国越古坟、静冈县清水寺梅谷古坟和香川县棱歌郡蛇冢古坟出土的画文带环状乳神兽镜，等等。[④] 另外，长野县御猿堂古坟、冈山县王墓山古坟、千叶县鹤卷古坟出土的画文带佛兽镜，即使不是吴镜，也是西晋时吴地所产。[⑤]

其次是瓷器贸易。东汉时期，会稽郡的青瓷已输出到马来半岛。在马来半岛南端 Makam Sultan 地方的古代遗址中，出土了不少中国东汉时期的青瓷碎片。[⑥] 这些碎片的花纹，与中国历史博物馆收藏的 1955 年出土于杭州东汉墓的青釉水

①　冈村秀典『三角縁神獣鏡の時代』吉川弘文館、1999、第 2—3 頁。
②　有关三角缘神兽镜制作地为中国还是日本的争论详见王仲殊《中日两国考古学·古代史论文集》，第 252—337 页；冈村秀典『三角縁神獣鏡の時代』、第 147—154 頁。
③　原田淑人「『魏志』倭人伝からみた古代日中貿易」『東亞古文化說苑』、第 234 頁。
④　王仲殊：《日本三角缘神兽镜综论》，《考古》1984 年第 5 期。
⑤　杨泓：《吴、东晋、南朝的文化及其对海东的影响》，《考古》1984 年第 6 期。
⑥　韩槐准：《南洋遗留的中国古外销陶瓷》，新加坡青年书局，1960，第 4—5 页。

波纹壶是一样的。① 这类青瓷在上虞帐子山、余姚上林湖等东汉瓷窑都有生产，是会稽郡的产品。另外，韩国忠清南道天原郡花城里出土了中国东晋时期的青瓷四耳壶（今藏韩国国立中央博物馆），说明南方的青瓷（主要产地为会稽郡）也传到了韩国。非常令人遗憾的是日本迄今尚未出土中国东汉、六朝时期南方地区的青瓷。② 尽管实物并未发现，但从道理上讲，应该是有的。我们只能寄望不久的将来能有所发现。

亶洲之人远道而来，其目标应是会稽市场上的大宗商品铜镜、青瓷等。那么，会稽市场上的人对亶洲的什么感兴趣呢？换句话说，亶洲人会带什么来会稽市场上交易呢？关于这个问题没有直接的资料，我们只能通过间接的材料来进行推测。根据《三国志·魏书》"倭人传"，曹魏景初二年，倭女王卑弥呼派使者至魏，向魏进献"男生口四人，女生口六人，班布二匹二丈"。③ 倭国所产的班布作为贡品当然没有问题，但是作为商品，在会稽市场上是否会受欢迎呢？会稽郡本来就是布（麻质或葛质）的重要生产基地，所产"越布"闻名天下，因而倭国的班布要与它竞争，在会稽市场上有好的销路，可能性似乎不大。笔者以为亶洲人带来交易的也就是说受会稽市场上的人欢迎的很可能是真珠。理由如下：第一，倭"出真珠、青玉"，卑弥呼死后，她的继任者壹与曾向魏"贡白珠五千，孔青大句珠二枚"。④ 真珠是倭的出产品。第二，吴国需要真珠。黄初二年，"魏文帝遣使求雀头香、大贝、明珠、象牙、犀角、玳瑁、孔雀、翡翠、斗鸭、长鸣鸡。群臣奏曰：'荆、扬二州，贡有常典，魏所求珍玩之物非礼也，宜勿与。'（孙）权曰：'……彼所求者，于我瓦石耳，孤何惜焉？'"⑤ 嘉禾四年（235），"魏使以马求易珠玑、翡翠、玳瑁，权曰：'此皆孤所不用，而可得马，何苦而不听其交易？'"⑥ 魏国数次向吴国索求真珠（明珠、珠玑）。而吴国交趾太守士燮"每遣使诣权，致杂香细葛，辄以千数，明珠、大贝、流离、翡翠、玳瑁、犀象之珍，奇物异果，蕉、邪、龙眼之属，无岁不至"。⑦ 明珠等物既为孙权"所不用"，则士燮所献当为应付魏国之索求。孙权为应付魏国，除了地方官

---

① 李知宴：《中国古代陶瓷的对外传播（一）》，《中国文物报》2002 年 1 月 9 日，第 5 版。
② 長谷部楽爾『日本出土の中国陶磁』平凡社、1995、第 95 頁。
③ 《三国志》卷三十"倭人传"，第 87 页。
④ 《三国志》卷三十"倭人传"，第 8、88 页。
⑤ 《三国志》卷四十七"吴主传第二"裴松之注引《江表传》，第 1124 页。
⑥ 《三国志》卷四十七"吴主传第二"，第 1140 页。
⑦ 《三国志》卷四十九"士燮传"，第 1192—1193 页。

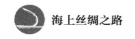

献呈之外，可能也会通过别的途径搜罗，比如在市场购求等，因此，亶洲人带真珠来会稽，应当是有市场的。而且除了官府的需求，因为真珠当时被视为珍物，民间也应当有所需求。

四　在会稽郡的登陆地点

亶洲人渡海来到会稽，他们在哪儿登岸呢？笔者以为有两个可能的地点，都在会稽郡的东边靠海处。其一为鄮县。西晋陆云说鄮县"东临巨海，往往无涯，泛船长驱，一举千里"。① 其二为句章，"在鄮县西一百里"。② 汉武帝为平东越王余善"遣横海将军韩说出句章，浮海从东方往"。③ 东晋末孙恩之乱时，刘牢之"使高祖（刘裕）戍句章城。句章城既卑小，战士不盈数百人，高祖常被坚执锐，为士卒先"。"孙恩频攻句章，高祖屡摧破之，恩复走于海。"④

两处俱为会稽郡东部临海的港口，彼此相距也不远，应当是跨海而来的亶洲人的理想登陆地点。

五　关于中日双方发生交易时的支付手段

从亶洲来的人在会稽市场上与人发生交易时彼此用什么支付呢？

首先，使用中国铜钱的可能性很小。因为截至 1985 年，日本各地出土的中国两汉、魏晋的铜钱约只 200 枚，⑤ 数量太少，构不成流通。日本使用来自中国的"渡来钱"是 10 世纪中叶以后的事情。

那么他们用什么来支付呢？日本古代史学者吉川真司的研究给我们带来了启发。⑥ 他指出在日本 7—8 世纪对朝鲜的贸易中，绵（まわた）被当作支付手段

---

① 《答车茂安书》，《陆云集》，中华书局，1988，第 174—175 页。
② 《史记》卷一一四"东越列传"汉武帝元鼎六年处唐张守节《正义》曰："句章故城在越州鄮县西一百里，汉县。"中华书局，1982，第 2983 页。
③ 《史记》卷一一四"东越列传"，第 2982—2983 页。
④ 《宋书》卷一"武帝纪上"，第 2 页。
⑤ 王仲殊：《论汉唐时代铜钱在边境及国外的流传》，《中日两国考古学·古代史论文集》，第 131—137 页。
⑥ 吉川真司「国際貿易と古代日本」紀平英作・吉本道雅主編『京都と北京』角川書店、2006、第 176—180 頁。

即货币来使用了，并认为这一点对中国恐怕也是同样的，也即在对中贸易中，也是以绵作为支付手段的。他通过对《延喜式》所规定的庸品目的调查，指出其间存在显著的地域差别，认为在古代日本，布在东日本和畿内，绵在九州诸国，各自起到了实物货币的作用，换句话说，即在古代日本存在两种实物货币，东日本、畿内是以布为实物货币的"布经济圈"，而日本海沿岸、九州则是以绵为实物货币的"绵经济圈"。并认为这种情况的存在应早于7世纪律令制的诞生。至于早到什么时候，他并没有说。但笔者推测这可以上推到中国的三国时代亦即3世纪。在《三国志·魏书》卷三十的"倭人传"中，记载倭人"种禾稻、纻麻，蚕桑、缉绩，出细纻、缣绵"。可见中国三国时，倭已有蚕桑业，并出产丝织品。而绵是蚕丝的初级加工品，所需技术简单，很容易做成：将质量较差的茧放入碱性的水中进行精练，溶去其丝胶，扯松其纤维，去除其中的蚕及杂质，晾干即成。倭既然有蚕桑业就必然有绵产品。绵制作简单，只要有原料，就可大量生产，作为实物货币来流通是完全可能的。而另一方面，中国魏晋南北朝时代，绵被政府列入租调的课目，老百姓必须向政府缴纳。东汉末，曹操规定"其收田租亩四升，户出绢二匹，绵二斤而已，他不得擅兴发"。[1] 西晋时，"制户调之式，丁男之户，岁输绢三匹，绵三斤；女及次丁男为户者半输"。[2] 南朝时，"其课，丁男调布绢各二丈，丝三两，绵八两，禄绢八尺，禄绵三两二分；租米五石，禄米二石。丁女并半之"。[3] 据此可知在当时的中国（包括会稽郡），绵的需求量是非常大的。因此，如果亶洲人以绵来支付的话，会稽市场上的人是很容易接受的。而反过来，如果亶洲人卖掉了他所带来的物品比如真珠等，也希望得到绵，因为这在亶洲是可以流通的。

以绵为支付手段对亶洲人及会稽市场上的人都很方便，所以笔者推测当时中日双方是以绵为媒介来进行商品交易的。

有意思的是，吉川论文中所附的"『延喜式』の庸布·庸綿輸納国"地图（见图3）中，九州面向中国大陆的地区均为庸绵输纳国，也即均为以绵为实物货币的"绵经济圈"。

从地理上讲，面向中国大陆的地区如果海上交通问题解决的话，当然最容易

---

① 《三国志·魏志》卷一"武帝纪"注引《魏书》，中华书局，1982，第26页。
② 《晋书》卷二十六"食货志"，中华书局，1982，第790页。
③ 《隋书》卷二十四"食货志"，中华书局，1973，第674页。

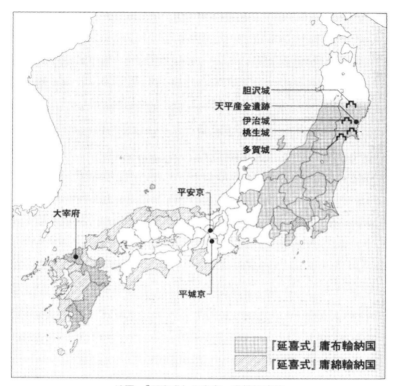

地図 『延喜式』の庸布・庸錦輪納国

图3

去大陆做贸易。他们处于"绵经济圈",自然也会在国际贸易中使用绵,尤其对方不反对,甚至很乐意接受的话。

唐朝与黑衣大食关系史新证

——记贞元初年杨良瑶的聘使大食

荣新江

前 言

　　唐朝中叶发生的安史之乱，彻底改变了中国历史的许多走向，在许多方面都成为一个分水岭。战乱给北方中国带来灾难，却给南方中国带来生机。从中外交通的角度来看，海上丝绸之路从中唐以后活跃起来，为宋代以后海路的发达开创了局面。而开拓这条海上丝绸之路的一位重要人物，就是本文主要谈论的贞元初年出使阿拉伯世界的杨良瑶。

　　杨良瑶的事迹载于《杨良瑶神道碑》中，相关记录的文字虽然不长，但弥足珍贵。因为材料的限制，唐与黑衣大食的关系史过去讨论并不充分。本文即在前人研究的基础上，对杨良瑶出使的前因后果，出使的具体情形、经行路线等，做详细的讨论，希望借此推进我们对于唐朝与黑衣大食关系史的认识。

一　《杨良瑶神道碑》及有关出使黑衣大食的记载

　　有关唐朝时期海上丝绸之路的记载并不太多，给人们的印象是宋代以后海路才繁盛起来。幸运的是，1984 年在陕西省泾阳县云阳镇小户杨村附近发现了一方《杨良瑶神道碑》，为我们提供了非常珍贵的唐朝与黑衣大食交往的一段前所不知的史事。

　　《杨良瑶神道碑》发现后不久，就被移存泾阳县博物馆。1998 年，咸阳市地方志办公室的张世民先生独具慧眼，发现这方碑刻在中外关系史方面的价值，撰写了《中国古代最早下西洋的外交使节杨良瑶》一文，发表在唐史学会主编的《唐史论丛》第 7 辑，[①] 但仍然没有引起学界足够的重视。周伟洲先生曾经留意到这篇文章，在讨论唐朝与南海诸国关系史时，依据这篇文章，对杨良瑶事迹有简要介绍，见 2002 年发表的《唐朝与南海诸国通贡关系研究》一文和 2003 年出版的《长安与南海诸国》一书中的部分段落。[②] 张世民先生发表《杨良瑶：中国最早航海下西洋的外交使节》一文（以下简称《张文》），录出全部碑文，并对其中丰富的内容一一做了考释，再次突出表彰杨良瑶下西洋、出使大食的事迹。[③] 张世民先生的大作厥功至伟，本文之撰写，完全得其学恩之惠，这里首先对他的工作表示敬意。为了看到碑文原貌，2012 年 3 月 29 日，笔者有幸在陕西省考古研究院张建林教授陪同下，到泾阳县博物馆，打制了拓本，并校录碑文。据测量，碑首高 85 厘米，碑身高 190 厘米，上宽 94 厘米，下宽 102 厘米，上厚 23 厘米，下厚 27 厘米，两侧刻蔓草花纹，中间有花鸟图案（见图 1）。

　　杨良瑶，传世史传中尚未见到记载，由于《杨良瑶神道碑》的发现，其被湮没的名字才重显于世。据碑文，他出身弘农杨氏，曾祖为唐元功臣，也就是帮助玄宗灭掉中宗皇后韦氏的禁军将领。肃宗至德年间（756—757），入为内养，成为宦官。代宗永泰时（765），因为出使安抚叛乱的狼山部落首领塌实力继章有功，授任行内侍省掖庭局监作。大历六年（771），加朝议郎、宫闱局丞。后曾奉使安南，宣慰荒外。九年，出使广州，遇哥舒晃叛乱被执，不为所动。十二年，事件平息，以功迁宫闱令。德宗兴元初（784），朱泚叛乱，出使西戎（吐蕃），乞师而旋。乱平，迁内侍省内给事。六月，加朝散大夫。贞元元年（785），出使黑衣大食，成功完成使命。四年六月，转中大夫。七月，封弘农县开国男，食邑三百户。十二年，加太中大夫，余如故。十五年，奉命处理淮西叛乱，监东都畿汝州军事，用安抚手段使事件平息。顺宗永贞元年（805），回长安，供侍近密。五月，以本官领右三军僻仗使。他晚年"归信释氏，修建塔庙，缮写藏经，布金买田，舍衣救病"。元和元年（806）七月二十二日，卒于长安辅兴里私第，享年七十一岁（参见本文附录一和附录二）。纵观杨良瑶一生，作

① 《唐史论丛》第 7 辑，陕西师范大学出版社，1998，第 351—356 页。
② 周伟洲：《唐朝与南海诸国通贡关系研究》，《中国史研究》2002 年第 3 期；《长安与南海诸国》，西安出版社，2003，第 157—159 页。
③ 文载《咸阳师范学院学报》2005 年第 3 期。

图1　泾阳县博物馆藏杨良瑶神道碑（张建林摄）

为皇帝身边的宦官，他主要的功绩是代表皇帝四处出使，抚平乱局。这其中有不少重要的事迹，但最引人瞩目的应当就是出使黑衣大食一事了。

关于杨良瑶聘使黑衣大食事，《杨良瑶神道碑》记载：

　　贞元初，既清寇难，天下乂安，四海无波，九译入觐。昔使绝域，西汉难其选；今通区外，皇上思其人。比才类能，非公莫可。以贞元元年四月，赐绯鱼袋，充聘国使于黑衣大食，备判官、内傔，受国信、诏书。奉命遂行，不畏厥远。届乎南海，舍陆登舟。邈尔无惮险之容，懔然有必济之色。义激左右，忠感鬼神。公于是剪发祭波，指日誓众。遂得阳侯敛浪，屏翳调风。挂帆凌汗漫之空，举棹乘颢淼之气。黑夜则神灯表路，白昼乃仙兽前驱。星霜再周，经过万国。播皇风于异俗，被声教于无垠。往返如期，成命

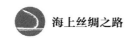

不坠。斯又我公杖忠信之明效也。四年六月，转中大夫。七月，封弘农县开国男，食邑三百户。

这里先对照原本和拓本，做几点文字校录说明。（1）"九译"，《张文》作"九泽"，误。（2）"备判官、内傔，受国信、诏书"，《张文》标点作"备判官内，傔受国信诏书"，似有未谛。唐朝使职差遣，均配给判官、傔人，"内傔"者，或许是出自内侍省的宦官，因为其正使是宦官的缘故。（3）"不畏厥远"之"厥"字，为唐朝俗写字体，《张文》作"乎"，不取。（4）"邈尔"，《张文》误作"邈迩"。（5）"往返如期"之"往"字，《张文》误作"德"。因为碑石较大，阅读不很方便，加之碑文为行书，有些文字近乎草体，释读并不容易，点滴之误，可以理解。

据此碑文可知，唐朝于贞元元年四月，以宦官杨良瑶为聘国使，出使黑衣大食。杨良瑶一行带着国信、诏书，先到南海（即广州），从广州登舟出发，经过漫长的海上旅行，到达黑衣大食。至少在贞元四年六月之前，使团回到长安。

虽然张世民先生花了许多笔墨来讨论杨良瑶出使一事，但其中还有一些问题有待深入。以下做更加细致的探讨。

二　唐朝遣使黑衣大食的背景和缘由

贞元元年前，唐朝与黑衣大食之间没有什么特别的事情，为何派出正式使团，不远万里地去黑衣大食呢？这恐怕要从唐朝与吐蕃的关系上来找原因。

天宝十四载（755），中原发生安禄山叛乱，唐朝在河陇和西域的劲旅调到中原勤王，吐蕃乘虚而入，从青藏高原北上，蚕食唐朝领土，从764年到776年，攻占河西走廊的凉、甘、肃、瓜等州，并围起沙州，没有强攻。因为双方关系一度改善，建中四年（783）正月，唐蕃在清水会盟，划定边界，和平相处。

同年十月，唐长安发生泾原兵变，朱泚在长安称帝，德宗逃至奉天。兴元元年正月，唐朝急忙派遣秘书监崔汉衡出使吐蕃，搬取救兵，条件是讨平朱泚，唐朝以安西、北庭土地相赠。本文所讨论的主人公杨良瑶，正是随崔汉衡出使的人员之一。《杨良瑶神道碑》称："兴元初，天未悔祸，蛇豕横途。皇上轸念于苍生，臣下未遑于定策。公乃感激出涕，请使西戎；乞师而旋，遮寇以进。"① 四月，吐蕃出兵相救。五月，吐蕃军助唐军大破朱泚，大概因为天气炎热，旋即退去。吐蕃救兵的到来，使唐朝得以转危为安。《杨良瑶神道碑》当然是把这些成绩加到主人身上："覆武功之群盗，清蓥屋之前途；风云奔从而遂多，山川指程而无拥。兴元既得以驻跸，渭桥因得以立功。再造寰区，不改旧物，翳我公乞师之力也。"② 杨良瑶也由此加官受赏："其年二月，迁内侍省内给事。六月，加朝散大夫。此例骤迁，盖赏劳矣。"

七月，德宗自兴元返长安。吐蕃遣使来索要安西、北庭之地。谋臣李泌以为："安西、北庭，人性骁悍，控制西域五十七国，及十姓突厥，又分吐蕃之势，使不能并兵东侵，奈何拱手与之，且两镇之人，势孤地远，尽忠竭力，为国家固守近二十年，诚可哀怜。一旦弃之以与戎狄，彼其心必深怨中国，他日从吐蕃入寇，如报私雠矣。况日者吐蕃观望不进，阴持两端，大掠武功，受赂而去，何功之有！"③ 最后，德宗拒绝所请。唐蕃关系随之破裂，吐蕃 "放纵兵马，蹂践禾苗，（驱掠）边境之人"。到贞元二年八月，吐蕃大军入寇泾（今镇原）、陇（今陇县）、邠（今彬县）、宁（今宁县），游骑深入到京畿好畤（今乾县西北），德宗诏浑瑊等将兵屯咸阳以备之。九月，吐蕃攻好畤，长安戒严。④

正是在唐蕃关系破裂、吐蕃大举进攻唐朝之前的贞元元年四月，唐朝派杨良瑶出使黑衣大食，其目的恐怕不是像《杨良瑶神道碑》中所说的仅仅是 "播皇风于异俗，被声教于无垠"，而是要联合黑衣大食，请求其共同对付吐蕃。

在唐代史料中，我们都知道宰相李泌曾经向德宗提出一个伟大的设想，这是贞元三年九月回纥使者遣使上表时记录下来的：

　　既而回纥可汗遣使上表称儿及臣，凡泌所与约五事，一皆听命。上大喜，谓泌曰："回纥何畏服卿如此！" 对曰："此乃陛下威灵，臣何力焉！" 上曰："回纥则既和矣，所以招云南、大食、天竺奈何？" 对曰："回纥和，则吐蕃已不敢轻犯塞矣。次招云南，则是断吐蕃之右臂也。云南自汉代以来

---

① 按，"天未悔祸"之"未"，《张文》作"不"；"遮寇以进"之"遮"字，《张文》作"邃"。今据原碑改正。
② 按，"清蓥屋之前途"之"清"字，《张文》作"请"，今据原碑正之。
③ 《资治通鉴》卷二三一，中华书局，1956，第7442页。
④ 《资治通鉴》卷二三一，第7470、7472页。

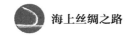

臣属中国，杨国忠无故扰之使叛，臣于吐蕃，苦于吐蕃赋役重，未尝一日不思复为唐臣也。大食在西域为最强，自葱岭尽西海，地几半天下，与天竺皆慕中国，代与吐蕃为仇，臣故知其可招也。"①

虽然这是在杨良瑶出使以后两年多才记录下来的话，但李泌作为德宗的智囊，拒绝给予吐蕃安西、北庭之地是他的主意，联络回纥、南诏、大食、天竺共同夹击吐蕃也是他的主意，贞元三年他对德宗所说的这个想法，恐怕早已成竹在胸，因为吐蕃的进攻，是由唐朝爽约而来，自爽约之时起，李泌应当就考虑到如何应对随之而来的吐蕃进攻。所以，合理的推测是，杨良瑶的出使黑衣大食，正是去实施贞元元年李泌和德宗已经考虑到的联合大食、天竺、南诏、回纥共同抗击吐蕃的策略。

坐在长安的唐朝君臣为何想到遥远的黑衣大食，这应当是和唐朝所获知的吐蕃与大食在西域的争斗情形相关。据阿拉伯文史籍的记录，在750年黑衣大食建立前，中亚的粟特地区和吐火罗斯坦已经成为大食的领地。750年，阿卜勒·阿拔斯（Abū'l' Abbās，750－754，唐史称"阿蒲·罗拔"）灭乌玛亚王朝，建立阿拔斯王朝（750—1258），即唐代史籍所称之"黑衣大食"。新王朝的政治重心逐渐向东迁移，虽然因此丢失了乌玛亚王朝控制的原哈里发帝国的西疆，但是比较稳固地统治了东部伊斯兰世界，在此后的五百年时间里，创造了灿烂辉煌的阿拉伯文明，开创了与唐、宋、蒙元时期的中国交往的黄金时代。该王朝第一代哈里发阿卜勒·阿拔斯将都城从乌玛亚王朝的大马士革东迁到幼发拉底河中游的苦法（al-Kūfah）。第二代哈里发曼苏尔（al-Mansūr，754－775）又于762年在底格里斯河中游的巴格达建立新的都城——平安京（Dār al-Salām），其用意之一就是开展对中国等东方国家的贸易。② 塔巴里（al-Ṭabarī）《年代记》称："这个地方（巴格达）是一个优良的营地，此外，这里有底格里斯河，可以使我们接触像中国那样遥远的国度，并带给我们海洋所能提供的一切。"③

---

① 《资治通鉴》卷二三三，第7505页。

② 以上这段概述均据张广达《海舶来天方，丝路通大食——中国与阿拉伯世界的历史联系的回顾》，周一良编《中外文化交流史》，河南人民出版社，1987；此据张广达《文本、图像与文化流传》，广西师范大学出版社，2008，第139—140页。

③ 塔巴里（al-Ṭabarī）《年代记〔列王本纪〕》（Annales〔Ta'rīkh al-rusul wa'l mulūk〕）第3卷，德·古耶刊，莱顿，1879—1901年版，1964—1965年重印，第272页。

751 年的怛逻斯（Talas）战役虽然是唐朝和大食的一次遭遇战，但随后的安史之乱削弱了唐朝在西边的力量，大食得以继续东进，直接面对占据大小勃律（Baletistan-Gilgit）的吐蕃。768 年或其后不久，大食军队征服箇失密（Kashmir/Kishmir），769 年入侵高附（Kabul），这无疑会触及吐蕃的直接利益，双方在葱岭以西的征战在所难免。① 贞元二年，杨良瑶应当还在路途之中时，韩滉上《请伐吐蕃疏》云："吐蕃盗有河湟，为日已久。大历已前，中国多难，所以肆其侵轶。臣闻其近岁已来，兵众浸弱，西逼大食之强，北病回纥之众，东有南诏之防。"②《唐会要》卷一〇〇"大食"条也记："贞元二年，与吐蕃为劲敌，蕃兵大半西御大食，故鲜为边患，其力不足也。"③ 这都说明在李泌之计正式出笼之前，唐朝已经深知大食可以从西面进攻吐蕃，使其国力不足，而唐朝边患则大大减少。从大食和吐蕃开始在西域争斗的时间来看，唐朝在贞元元年得出联合大食，请大食从西部出击吐蕃的想法，是完全可能的。④

三　为何选择海路

《杨良瑶神道碑》记："奉命遂行，不畏厥远。届乎南海，舍陆登舟。"

"南海"应指广州。广州治南海县，天宝元年曾改广州为南海郡，乾元元年（758）复为广州。⑤ 贞元元年时虽然正式的称呼是广州，但南海仍是广州的别名，特别是在文学作品中，南海和广州交替使用。所以，杨良瑶一行人是从广州出发，走海路往黑衣大食首都巴格达的。为什么选择海路呢？

如上所述，贞元元年四月杨良瑶出使时，唐蕃关系已经破裂，长安西北边横亘着吐蕃的劲骑。从长安往西最便捷的河西走廊通道，已经落入吐蕃人之手。如果向北先到回纥汗国，再折向西，走天山南北的丝绸之路，虽然是可以走通的，但路上很难说没有被吐蕃和其他部族劫掠的风险。特别是杨良瑶一行负有很明确的政治、军事目的，他们随身携带的诏书，一定写着联络大食、进攻吐蕃的字

---

① 关于贞元初唐朝、吐蕃、大食三方的关系，参见张日铭《唐代中国与大食穆斯林》，宁夏人民出版社，2002，第 93—101 页；王小甫：《唐吐蕃大食政治关系史》，北京大学出版社，1992，第 206—214 页。

② 《旧唐书》卷一二九《韩滉传》，中华书局，1975，第 3602 页。

③ 《唐会要》卷一〇〇，上海古籍出版社，1992，第 2127 页。

④ 张世民认为杨良瑶出使大食是执行李泌的方针，但未辨析其出使时间在李泌提议之前。

⑤ 《元和郡县图志》卷三四，"岭南道广州"条，中华书局，1983，第 885—887 页。

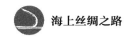

样，一旦落入吐蕃军队或亲吐蕃部族的手中，使者必死无疑，而朝廷的使命也就无法完成。

相反，从广州出发下西洋，一路上虽然要"经过万国"，但没有与唐朝持有敌对态度的国家，所以使者可以放心前往，国家的信物和皇帝的诏书也容易送达。所要克服的，恐怕不是人为的留难，而是自然的阻隔——跨洋过海。

走海路去大食，最佳的出发点就是广州。广州是唐朝海外贸易的重要港口，也是海上丝绸之路的中国起点之一。唐朝至迟到开元二年（714）已经在广州设立海外贸易的管理机构——市舶司，以市舶使掌之。《册府元龟》卷五四六《谏诤部·直谏》一三记载："开元二年……市舶使右威卫中郎将周庆立、波斯僧及烈等，广造奇器异巧以进。"① 说明这里是海外奇器异巧进入唐朝的口岸。

广州也是当时远洋航行船舶的集结地。天宝七载高僧鉴真在广州时，见城外"江中有婆罗门、波斯、昆仑等舶，不知其数，并载香药、珍宝，积载如山。其舶深六七丈。师子国、大石国、骨唐国、白蛮、赤蛮等往来居（住），种类极多"。② 因此，当时人们如果要出海远行，可以选择不同类型的船只。杨良瑶作为唐朝官方正式的使臣，恐怕还是要选择唐朝自己的船舶。《中国印度见闻录》法译本序言据《印度珍奇志》说："波斯湾的商人乘坐中国的大船，才完成他们头几次越过中国南海的航行。"③ 其时间应当与杨良瑶的出使时间接近。桑原骘藏《中国阿拉伯海上交通史》也称赞中国海船："大食海舶虽然轻快，但较之中国海舶，则不免构造脆弱，形体畸小，抵抗风涛之力不强也。"④ 这类中国造的大船，应当是杨良瑶一行的首选。

杨良瑶一行选择广州作为出发点，恐怕也和他本人曾经出使广州，并熟悉那里的情形有关。《杨良瑶神道碑》记："复命至于广府，会叛军煞将，凶徒阻兵，哥舒晃因纵狼心，将邀王命，承公以剑，求表上闻。公山立嶷然，不可夺志。事解归阙，时望翕然。至十二年，迁宫闱令。"这是说大历八年杨良瑶出使广州时，正巧遇上循州（治海丰，今广东海丰县）刺史哥舒晃叛乱，攻杀广州刺史

---

① 《宋本册府元龟》，中华书局影印本，1989，第1490页；《册府元龟》，中华书局影印明本，1985，第6547—6548页。参见《旧唐书》卷八《玄宗纪》，第174页。
② 〔日〕真人元开：《唐大和上东征传》，中华书局，2000，第74页。
③ 阿拉伯佚名：《中国印度见闻录》（*Relation de la Chine el de l'Inde*），穆根来、汶江、黄倬汉译，中华书局，1983，"法译本序言"，第25页。
④ 〔日〕桑原骘藏：《中国阿拉伯海上交通史》，冯攸译，商务印书馆，1934，第119页。

兼岭南节度使吕崇贲。从碑文来看，哥舒晃大概是想通过杨良瑶上表朝廷，求得岭南节度使的大位，但被杨良瑶拒绝，"公山立巍然，不可夺志"。至大历十年十一月，江西观察使路嗣恭克广州，斩哥舒晃，叛乱被平定。杨良瑶后来回到京城，得到很高的时誉，并在大历十二年迁升为宫闱令。《资治通鉴》卷二二五"大历十三年十二月丙戌"条记："（路）嗣恭初平岭南，献琉璃盘，径九寸，朕（代宗）以为至宝。"① 这个从岭南带回京城的琉璃盘，很可能就是杨良瑶携至的，应当是一件来自海外的珍贵玻璃盘。

杨良瑶一行到广州的时候，正是杜佑担任广州刺史、岭南节度使。杜佑自兴元元年三月移刺广府，"乃修伍列，开康庄，礼俗以阜，火灾自息，南金象齿，航海贸迁"，城市面貌更新，人知礼仪，而且发展海外贸易，珍稀物品贸迁而来。杜佑还"导其善利，推以信诚，万船继至，百货错出"。② 贞元初年广州在杜佑的治理下，处在一个社会安定、海外贸易发达的时期，这为杨良瑶的出使提供了物质基础及良好的社会环境。

我们可以想象，杨良瑶选择广州作为出发地，可能还有一个原因，就是了解杜环在阿拉伯地区的见闻和他回程所经的海路情况。我们知道，杜环是在天宝十载随安西四镇节度使高仙芝西征石国（Chach，今塔什干），在怛逻斯战败被俘，却因此得以从中亚前往阿拉伯世界的核心地区（今伊拉克境），流寓黑衣大食都城苦法（al-Kūfah，今 Meshed-Ali）等地约十年，在肃宗宝应元年（762）附商舶，经海路回到广州。他记述此行见闻的《经行记》原书已佚，其片断文字保留在他的叔父杜佑所撰《通典》卷一九二、一九三《边防典》中。③ 因此可以说，杜佑所掌握的杜环《经行记》，是杨良瑶出使大食的最好指南，不仅所去的目的地是杜环刚刚游历过的地区，而且他走的海路，也是杨良瑶选择的路线。《通典》说杜环是从广州登岸的，到杨良瑶出使的贞元元年，我们不知道杜环本人是否仍在广州，这种可能性是存在的，至少，杨良瑶可以从杜佑那里见到杜环的《经行记》，这是他出使大食的最好指南手册。

---

① 《资治通鉴》卷二二五，第 7253 页。
② 权德舆：《杜公淮南遗爱碑铭并序》，《全唐文》卷四九六，中华书局，1983，第 5056 页下栏。关于杜佑在广州的政绩，参见郭锋《杜佑评传》，南京大学出版社，2004，第 101—108 页。
③ 杜佑：《通典》卷一九一《边防典》七及相关部分，中华书局，1995，第 5199 页。张一纯有《经行记笺注》（中华书局，2000），与慧超《往五天竺国传》合为一册印行。

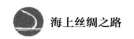

此外，杨良瑶出使大食，要"经行万国"，也需要准备许多皇帝赐给外蕃的礼物。唐朝在广州设有市舶司，往往以宦官为市舶使。市舶使通过管理海外贸易所得的丰厚财产，正好可以为杨良瑶的出使提供物质基础，他可以通过宦官的系统，在当地备办礼品，省去从长安开始的长途运输。这一点，或许也是唐朝选择广州作为杨良瑶使团出使地点的原因之一。

四　南海祭波

走海路，就要面对惊涛骇浪。杨良瑶本是河南弘农人，因曾祖为唐元功臣，以功赏赐云阳别业，遂为京兆人。因此可以说，他是出身内陆的人士，自小不熟悉海洋。在他出使黑衣大食之前，曾到过安南（治交趾，今越南河内）和广州，应当有近海航行的体验。但毕竟大食遥远，远洋航行，一定危险重重。那杨良瑶一行又是如何为他们即将面对的惊涛骇浪做准备的呢？

《杨良瑶神道碑》称："邈尔无惮险之容，凛然有必济之色。义激左右，忠感鬼神。公于是剪发祭波，指日誓众。遂得阳侯敛浪，屏翳调风。"意思是说，不论多远也没有任何惧怕艰险的面容，而且凛然有一定要远航到达的容色，用这样的决心，来感化鬼神相助。具体的做法，是剪下一束头发，用来祭祀海洋的波涛，并手指上天，对众宣誓。由此，他们得到风平浪静的回报。除掉文学的修饰之词，这里所透露出来的，就是面对海洋，古人必然要用庄严的祭祀活动，来求得上天相助，鬼神帮忙。

那么，杨良瑶一行的祭波仪式在哪里举行呢？最可能的地点，就是广州的南海祠，也叫南海庙。

南海祠是隋开皇十四年（594）立于广州南海县南海镇（今黄埔区庙头村），以祭祀南海神。唐朝承继隋制，祭祀南海神是国家祭祀的组成部分，即所谓"岳镇海渎"之一，属于中祀，天宝十载还进封南海神为广利王。每年一次由地方长官按时祭祀，也有因为特殊原因而从中央派专使到广州祭祀南海神。南海神不仅是官方的祭祀对象，也是民间商人、渔民等各类民众祭祀、崇拜的偶像。对于出洋远行的人来说，南海神更加是必须祭拜的了。① 因此，杨

---

① 参见王元林《国家祭祀与海上丝路遗迹——广州南海神庙研究》，中华书局，2006，第49—97 页。

良瑶一行祭波的地点，应当就在南海祠，他们祈求的内容，正好是在南海神庇护范围之内的。

唐朝时期的南海神庙，应当就在珠江的岸边，所以杨良瑶一行很可能祭祀礼仪完毕后，就从这里"舍陆登舟"，扬帆远行了。

五　出使往返的时间

《杨良瑶神道碑》说他们一行出使，"星霜再周，经过万国。播皇风于异俗，被声教于无垠。往返如期，成命不坠"。所谓"星霜再周"的"星"指星辰，一年运转一周；"霜"则指每年霜降。星霜一周即一年，再周是两年，所以这次出使应至少用了两年时间。[①] 使团贞元元年四月出发，考虑到四年六月杨良瑶因出使被转迁中大夫，那么使团一行恐怕是在贞元三年下半年回到长安。

我们也可以从杨良瑶出行必须利用的季风情况来推测。香港大学钱江教授根据阿拉伯人的航海游记分析过利用季风经印度洋和中国南海航行的情况，指出唐代阿拉伯商船从波斯湾到广州走一个来回约需要18个月。从中国出发到波斯湾的航程是：10—12月从广州出发，利用东北季风前往马六甲海峡，次年1月穿过孟加拉湾，在2月或3月抵达阿拉伯半岛南部，最终在4月乘西南季风抵达马斯喀特（Muscat）港。从波斯湾返回中国的航程是：9—10月从波斯湾出发，利用东北季风穿过印度洋，11—12月抵达印度马拉巴尔海岸，次年1月抵达马来半岛等候季风，4—5月趁中国南海无台风时抵达广州。[②]

据此，可以推测复原杨良瑶的行程如下：贞元元年四月为785年5月13日到6月12日，用公历来算，785年6月杨良瑶从长安出发，8月到达广州，经过休整，10月从广州乘船出发，786年4月到达马斯喀特港，5月到达巴格达。在黑衣大食停留数月后，786年9月从波斯湾出发，于787年5月回到广州，787

---

① 桑原骘藏曾对大食与中国（广州）之间的航程日数进行专门研究，表明唐代两地间往返航行"常须二年以上之时日"。参见氏著《中国阿拉伯海上交通史》，第109—111页。

② 钱江：《古代波斯湾的航海活动与贸易港埠》，《海交史研究》2010年第2期。关于阿拉伯、波斯水手向东方航行利用季风的问题，还可参见 J. W. Meri（ed.），*Medieval Islamic Civilization: An Encyclopedia*，New York and London：Routledge，2006，pp. 556－557，816－818。

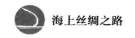

年7月回到长安（约当唐历贞元三年五至六月），或许他们在广州逗留长一点，则到长安时已是下半年了。如果按照碑文说他在贞元四年六月因出使而被授予官职，则更有可能的是他在黑衣大食逗留了大约一年的时间，因为唐廷在他回国时候给他晋级是最为合理的解说。

六　经行路线

《杨良瑶神道碑》对于他们的航行过程，用墨极少："挂帆凌汗漫之空，举棹乘灏森之气。黑夜则神灯表路，白昼乃仙兽前驱。星霜再周，经过万国。"多为对仗的文辞，少有实际的内容。那么他们具体的行走路线如何呢？

幸运的是，我们今天可以从《新唐书·地理志》保存的贾耽《皇华四达记》中看到详细的从广州到缚达（巴格达）的路线：

> 广州东南海行，二百里至屯门山（今九龙半岛西北岸一带），乃帆风西行，二日至九州岛石（海南岛东北面之七洲／Taya列岛）。又南二日至象石（今海南岛东南之大洲岛／Tinhosa）。又西南三日行，至占不劳山（Culao Cham，今越南占婆／Champa岛），山在环王国（即林邑、占婆，今越南中部占城）东二百里海中。又南二日行至陵山（今越南归仁以北之燕子／Sa-hoi岬）。又一日行，至门毒国（今越南归仁）。又一日行，至古笪国（今越南芽庄／Nha-trang）。又半日行，至奔陀浪洲（今越南藩朗／Phanrang）。又两日行，到军突弄山（今越南昆仑岛／Poulo Condore）。又五日行至海峡（今马六甲海峡），蕃人谓之"质"（马来语Selat之音译），南北百里，北（东）岸则罗越国（今马来半岛南端），南（西）岸则佛逝国（今苏门答腊岛东南部）。佛逝国东水行四五日，至诃陵国（今爪哇岛），南中洲之最大者。又西出峡，三日至葛葛僧祇国（今马六甲海峡南部Brouwers群岛），在佛逝西北隅之别岛，国人多钞暴，乘舶者畏惮之。其北（东）岸则个罗国（今马来半岛西岸之吉打Kedah一带）。个罗西（北）则哥谷罗国（Qaqola／Kakula，今马来半岛克拉Kra地峡一带）。又从葛葛僧祇四五日行，至胜邓洲（今苏门答腊岛东北岸的日里Deli一带）。又西五日行，至婆露国（Breueh，今苏门答腊岛西北之巴鲁斯／Baros岛）。又六日行，至婆国（Cola）伽蓝洲（今印度尼科巴／Nicobar群岛）。

又北①四日行,至师子国(今斯里兰卡),其北海岸距南天竺大岸百里。又西四日行,经没来国(Male,今印度马拉巴尔),南天竺之最南境。又西北经十余小国,至婆罗门西境。又西北二日行,至拔飏国(今印度西海岸之布罗奇/Broach)。又十日行,经天竺西境小国五,至提飏国(Diul,印度西北海岸卡提阿瓦半岛南部 Diudul),其国有弥兰太河(Nahr Mihran,阿拉伯人对印度河的称谓),一曰新头河(今印度河),自北渤昆国(或指大勃律,今克什米尔西北巴尔提斯坦/Baltistan 一带)来,西流至提飏国北,入于海。又自提飏国西二十日行,经小国二十余,至提罗卢和国(Djerrarah,今伊朗西部波斯湾头阿巴丹附近),一曰罗和异国(Larwi),国人于海中立华表,夜则置炬其上,使舶人夜行不迷。又西一日行,至乌剌国(今伊朗西南之乌布剌/Al-Ubullah),乃大食国之弗利剌河(今幼发拉底河),南入于海。小舟溯流,二日至末罗国(今伊拉克巴士拉/Basra),大食重镇也。又西北陆行千里,至茂门(Amīr al-mu'minīn)王所都缚达城(今巴格达/Baghdad)。②

按,贾耽兴元元年时任工部尚书。贞元元年二月,贾耽与工部侍郎刘太真受遣分往东都两河宣慰。六月,以本官兼御史大夫东都留守判东都尚书事东都畿汝州都防御使。贞元九年入朝觐见,征为右仆射、同中书门下平章事,是为宰相。十七年十月,贾耽上《海内华夷图》及《古今郡国县道四夷述》四十卷,表云:"去兴元元年伏奉进止,令臣修撰国图。旋即充使魏州汴州,出镇东洛东都。间

① 伯希和认为此处"北"为"十"或"廿"字之误(〔法〕伯希和:《交广印度两道考》,冯承钧译,中华书局,2003,第281页)。
② 有关这段文字的研究论著很多,说法亦有同异,今只选一种说法,择善而从。详细讨论参见〔法〕费琅《昆仑及南海古代航行考》,冯承钧译,中华书局,2002;〔法〕伯希和:《交广印度两道考》;冯承钧:《中国南洋交通史》,上海古籍出版社,2005,第31—33页;韩振华:《第八世纪印度波斯航海考》,《中外关系史研究》,香港大学亚洲研究中心,1999,第353—362页;陈佳荣:《中外交通史》,学津书店,1987,第184—186页;苏继庼:《南海钩沉录》,台北,台湾商务印书馆,1989,第373—378页;刘迎胜:《丝路文化·海上卷》,浙江人民出版社,1995,第103—104页;张广达:《海舶来天方,丝路通大食——中国与阿拉伯世界的历史联系的回顾》,《文本、图像与文化流传》,133—180页;陈炎:《海上丝绸之路与文化交流》(增订本),北京大学出版社,2002;林梅村:《丝绸之路考古十五讲》,北京大学出版社,2006,第223—229页;刘迎胜:《海路与陆路——中古时代东西交流研究》,北京大学出版社,2011,第202—207页。

以众务，不遂专门，续用久亏，忧愧弥切。近乃力衰朽，竭思虑，殚所闻见，丛于丹青。谨令工人画《海内华夷图》一轴……并撰《古今郡国县道四夷述》四十卷。"《新唐书·地理志》说："贞元宰相贾耽考方域道里之数最详，从边州入四夷，通译于鸿胪者，莫不毕纪。"可见，至少从兴元元年始，贾耽就在京城及其他各地搜集资料，既访问了"从边州入四夷"的唐朝使者，也通过翻译采访了不同国度的外人，最终在贞元十七年完稿。他曾经和杨良瑶同时在长安，那么杨良瑶亲自走过的道路记载，应当是最直接、最真实、最新鲜的材料了，贾耽岂能不用。① 因此，我们不妨大胆地推测，贾耽所记或许就是杨良瑶所率唐朝帆船的行驶路线。贾耽记述的起点为广州，终点是大食都城巴格达；杨良瑶正好是一位从广州起航到黑衣大食新都巴格达的使者，而且是距离贾耽成书最近的事情。特别值得注意的是，贾耽所说"国人于海中立华表，夜则置炬其上，使舶人夜行不迷"，与《杨良瑶神道碑》所说"黑夜则神灯表路"如出一辙，都是来自杨良瑶的亲身体验，甚至亲口所述。从现存规范的文本来看，贾耽的文字可能来自唐朝官府掌握的杨良瑶使团的报告，② 其中也可能有得自杨良瑶本人讲说的内容。

《唐会要》卷一〇〇有关大食的后半段记载，系出自贾耽的《古今郡国县道四夷述》，而这一记载被认为是与杜环有关大食的报道同属中国有关阿拉伯世界的最早且最确切的记录，③ 今天看来，其中最新的准确信息，很可能也是贾耽从杨良瑶的报告中得来的。

阿拉伯文和波斯文的地理著作中，也记载了8—9世纪时从巴格达或波斯湾到广州的航线，这从另一个方向印证了杨良瑶使团的经行路线。如编定于851年的阿拉伯史籍《中国印度见闻录》（Kitāb 'Ahbār al-Sīn wa' l-Hind）卷一，就详细记录了苏莱曼（Sulamān al-Tājir）或其他一些商人从波斯湾到广州所经过的不同海域、岛屿及航行中的所见所闻。④ 伊本·胡尔达兹比赫（Ibn Khurdādhbih）《道里

---

① 贾耽与杨良瑶应当有很深的关系。贞元十五年（779）淮西吴少诚之乱，据《杨良瑶神道碑》，杨良瑶的策略是绥靖招安，其计略终被德宗接受。正史记载招安吴少诚的对策是贾耽提出的并被德宗接受。在这件事上，杨良瑶与贾耽的意见一致，他们应该有沟通，亦可推知他们之间当有交往。

② 张广达文认为："贾耽所录由南海至缚达的航路，也可能来自杨良瑶作为聘国使者西行黑衣大食的海上日记。"其说很有见地。

③ 张广达：《文本、图像与文化流传》，第145页。

④ 阿拉伯佚名：《中国印度见闻录》，第3—10页。

邦国志》（*Kitāb al-Masālik wa'l-Mamālik*）也记载了大约是 9 世纪下半叶到 10 世纪初从巴士拉到广州的海上航程，对于经行的地点和里程都有详细的记录。[1] 对此，学者已有详细论述，[2] 此不赘述。

七　出使的成果及影响

关于杨良瑶出使的成果，《杨良瑶神道碑》简短地说："播皇风于异俗，被声教与无垠。德返如期，成命不坠。"碑文作者既然没有点明杨良瑶出使的目的是联合大食来抗击吐蕃，自然也就不会说到结果如何，而只是冠冕堂皇地说一些皇风播于异俗、声教广被的话。

事实上，杨良瑶的出使很可能达到了唐朝的目的。前面论及 8 世纪 60 年代末大食与吐蕃在西北印度的争夺，双方的争斗恐怕不会很快结束。《旧唐书·大食传》说"贞元中，蕃兵大半西御大食"，恐怕说的是实际的情形，而这种情况应当在贞元中后期更加严重。如果是这样的话，很可能大食是受到了唐朝的鼓动，这是杨良瑶外交努力的结果。

从整个唐朝对外关系史来看，杨良瑶走海路出使黑衣大食，也大大促进了通过海路的东西文化交流，似乎从贞元初年开始，海上丝路日益繁荣兴盛起来。王虔休《进岭南馆王市舶使院图表》说："（贞元年间，）诸蕃君长，远慕皇风，宝舶荐臻，倍于恒数"，"梯山航海，岁来中国"。[3] 到贞元末，"蕃国岁来互市，奇珠、玳瑁、异香、文犀，皆浮海舶以来"。[4] 大量物质文化产品源源运往东南沿海。

中晚唐时期这类经由海上丝绸之路到达中国的舶来品逐渐增多，在广州及东南沿海许多地方都有出土，有的也被带到天下宝物所聚之都——长安。我们这里只举一个例子，即 1987 年陕西扶风法门寺地宫发现的晚唐埋入的 18 件伊斯兰玻璃器，即有贴塑纹盘口瓶、素面蓝玻璃瓶、拉斯特彩罂粟纹盘、刻花描金十字纹

---

① 〔阿拉伯〕伊本·胡尔达兹比赫著，宋岘译注《道里邦国志》，中华书局，1991，第 63—74 页。

② G. F. Hourani, *Arab Seafaring in the Indian Ocean in Ancient and Early Medieval Times*, Princeton University Press, 1995, pp. 61–79；马建春：《唐朝与大食的海上交通》，《大食、西域与古代中国》，上海古籍出版社，2008，第 3—24 页。

③ 《文苑英华》卷六一三。

④ 李翱：《检校礼部尚书东海公徐申行状》，《文苑英华》卷九七六。

团花蓝玻璃盘、刻花描金八弧波浪纹团花蓝玻璃盘、刻花描金四层花瓣团花蓝玻璃盘、刻花描金八弧形团花蓝玻璃盘、刻花米哈拉布花卉虚实方格纹蓝玻璃盘等，均为完整的伊斯兰玻璃器，它们不像是陆路进入中原的物品，而更像是从海路而来的。伊斯兰文物专家马文宽先生把这批玻璃器的原产地考证为伊拉克，①也就是黑衣大食，应是和当时的历史背景相符的。我们还可以进一步猜想，这些法门寺地宫文物原本都是长安宫廷的收藏或实用器皿，其中也不排除有贞元初年杨良瑶从黑衣大食带回来的贡品。

八 《杨良瑶神道碑》在海上丝绸之路研究上的重要意义

《杨良瑶神道碑》对于研究海上丝绸之路的重要意义，上文已经做了很多阐述，这里还想补充强调两点。

第一点是《杨良瑶神道碑》在杜环《经行记》和贾耽《皇华四达记》之间，架起了一座桥梁。天宝十载在怛逻斯战役中被俘的唐朝安西四镇节度使府的官人杜环，在阿拉伯世界游历了一圈，从中亚的拔汗那国（今费尔干纳）、碎叶（今阿克贝西姆古城）、石国（今塔什干）、康国（今撒马尔罕）、朱禄国（末禄国，今土库曼斯坦马里）、波斯国（今伊朗）、苫国（今叙利亚）、大食（阿拉伯），甚至远到非洲的摩邻国（在今埃塞俄比亚）。最后从波斯湾搭商船，经师子国（今斯里兰卡），于肃宗宝应元年回到广州。他把自己的经历写成一本《经行记》，可惜原书散佚，片段文字保存在其叔父杜佑的《通典》当中。杜佑、杜环的生存年代，也正是杨良瑶活跃于政坛的时期。杨良瑶在前往巴格达之前，最有参考价值的书就是杜环的《经行记》，所以不难推测杨良瑶会找到这部书作为参考。

杜环的著作虽然伟大，但毕竟是一部私人著述，而不是官书。杨良瑶以正式的唐朝使臣身份出使黑衣大食，他从广州到巴格达，一路必然要做详细的记录，虽然我们已经无法看到杨良瑶一行记录的原文，但《杨良瑶神道碑》中的一些文辞，如"挂帆凌汗漫之空，举棹乘颢淼之气。黑夜则神灯表路，白昼乃仙兽前驱。"这些文字一定来自原始记录，虽然经过碑文作者的润色和重写，但可能

---

① 阿卜杜拉·马文宽：《伊斯兰世界文物在中国的发现与研究》，宗教文化出版社，2006，第1—26页。

还是保留了一些原始的文字。

杨良瑶贞元四年回国后，他的出使旅行记录一定交由唐朝中央官府保存。贾耽在贞元九年入朝任右仆射、同中书门下平章事，负责整理古今郡国县道四夷类的图籍，当然能够接触到杨良瑶的出使记录。因此，他在贞元二十一年之前撰著的《皇华四达记》有关广州到巴格达航行路线的记载，会采用杨良瑶的航行记录。况且，这段时间杨良瑶与贾耽同在朝中，他们甚至有机会共同讨论《皇华四达记》的文本。因此，由杨良瑶到贾耽，最终形成了唐朝海上通往南洋、印度洋的官方行走路线，这无疑对于后来经行海上丝绸之路的使臣或各种目的的行旅，提供了指南和帮助。

第二点是杨良瑶的出使黑衣大食，开启了唐朝官方经海路与西方世界的交往和贸易。唐朝自显庆三年（658）灭西突厥汗国，成为葱岭东西、天山南北西域诸国的宗主后，从长安出发的陆上丝绸之路畅通无阻。《资治通鉴》玄宗天宝十二载有一段叙述称："是时中国盛强，自安远门（即开远门）西尽唐境万二千里，闾阎相望，桑麻翳野，天下称富庶者无如陇右。"[1] 所以，唐朝与西域的官方往来主要是通过陆上丝路来进行，我们看两唐书有关西域诸国的朝贡往来记录，就可以一目了然。但安史之乱爆发后，吐蕃乘虚而入，占领河西陇右，进而占领西域南道诸国；西域北道也不为唐守，最后落入漠北回鹘的手中。回鹘与唐朝关系大体上亲善，所以贞元初年以前还可以从西域北道经回鹘路，绕行蒙古高原的回鹘都城，再南下进入唐朝领域。但这条道路毕竟不那么好走，所以在贞元六年悟空自西域返回唐朝以后，官方使者就没有见到记录了。虽然吐蕃统治河西西域时期并没有断绝丝绸之路，但行路的主要还是僧侣和商人，唐朝的大队使臣是无法通行无阻的。

到了9世纪中叶，回鹘汗国破灭（840年），吐蕃帝国崩溃（842年），河西有张议潮的归义军政权，又有甘州回鹘，西域则北有高昌回鹘，南有于阗王国，这些大一些的政权中间，还分散着许多势力颇强的部族，如党项、吐蕃、嗢末、龙家、南山、仲云等。直到11世纪上半叶，虽然各个小国间中转贸易往来不绝，使者也络绎于途，但与唐朝时期的国家使团和商队相比，似乎规模要小。

与此同时，虽然中国的海上丝绸之路开通非常之早，南方立国的政权也曾着

---

[1] 《资治通鉴》卷二一六，第6919页。

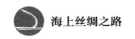

力经营这条前往印度甚至波斯的贸易通道，但在隋唐统一时期，官方使臣还是以走陆路为主，海路更多的是商人和僧侣在利用，这些我们从安史之乱前的有关记录中就可以清晰地看到。

但是安史之乱以后则不同，从杨良瑶开始，唐朝正式的使臣从海陆前往西域诸国，从而带动了唐朝与阿拉伯、波斯地区的贸易往来，我们从唐朝史籍中看到大量中晚唐波斯、大食商胡在东南沿海的活动记录，而多年来海上沉船如黑石号的打捞，也证明了中唐以来经海路的中西贸易往来的频繁与盛大。我们虽然不能说都是和杨良瑶的出使有关，但杨良瑶的出使，无疑是唐朝政府对东西方联系的顶层设计，是具有指导意义的方针政策，因此也就推进了海上丝绸之路的发展。

我一向不赞同所谓"唐宋变革论"，而认为安史之乱是中国历史的分水岭。从丝绸之路由陆路到海路的转换，也可以说安史之乱是重要时间坐标点。

附录一 《杨良瑶神道碑》录文

2012 年，笔者前往泾阳摩挲碑文，并请碑林赵师傅做了清晰的拓本，回京后在朱玉麒、史睿诸位同仁帮助下，对 2005 年张世民先生《杨良瑶：中国最早航海下西洋的外交使节》所刊录文做了校对，略有进步。2013 年张世民在《杨良瑶：中国最早下西洋的外交使节》一文中重录碑文，改进甚多。① 现把我们在张文基础上的释录文字抄出（保留繁体字），删除对 2005 年张文的校对结果，只保留与 2013 年一文的异同（转行用/表示）：

唐故楊府君神道之碑

唐故右三軍僻仗太中大夫行內侍省內給事賜紫金魚袋上柱國弘農縣開國男食邑三百戶楊公神道碑銘并序/

朝請郎行虔州南康縣丞雲騎尉翰林待詔陸邳撰
承務郎守郴州司兵參軍雲騎尉翰林待詔趙良裔書
給事郎守洪州都督府兵曹參軍雲騎尉翰林待詔湯陟篆額/

---

① 《书法丛刊》2013 年第 5 期。此据张世民主编《杨良瑶与海上丝绸之路——〈唐故杨府君神道之碑〉解读》，西安地图出版社，2017，第 39—46 页。

公諱良瑤，字良瑤。其先周宣王子尚父，受封諸陽，寔曰楊侯。晉滅其國，因以為氏。厥後代濟勳德，遂為名家。至若王孫以薄葬稱，樓船以大功命，敞因謹畏為相，雄由辭賦策①名。洎乎伯起之/慎"四知"，叔節之去"三惑"，大鳥集於葬墓，飛鱣降於講堂。或朱輪十人，或太尉四代，光照兩漢，裕垂後昆，氏族源流，遠矣盛矣。於是根蔕旁薄，枝葉蕃昌，有望表弘農，有族居天水，則公之先代，本弘農/人也。及公曾祖□□，為唐元功臣，官至雲麾將軍、右威衛中郎將，以功多賞厚，賜業雲陽，至今家焉，遂為京兆人矣。祖懷貞，皇許州別駕。考彥昱，處士，高標世利，處士園林。公即/處士之第四子也。

公質狀殊觀，心靈獨立，氣概感激，懾伏時流。少以節義為志行，長以忠勇為己任。故得入為內養，侍玉墀以承恩；出使外方，將天命而布澤。累經試勱，益著功勞；誠素既彰，/委任方重。當永泰中，慈、隰等州狼山部落首領墒實力繼章掠眾聚兵，逼脅州縣，不顧王命，恣行剽煞，虔劉晉郊之士庶，震駭虢略之封疆。于時，兩河初平，四遠猶聳，朝廷難於動眾，/皇上姑務安人。遂遣中使劉崇進銜命招撫，以公為判官。崇進畏懦而莫前，公乃憤發而獨往，口宣恩德，氣激凶頑，遂使天威挫其鋒鋩，皇澤流其骨髓，莫不交臂/屈膝，棄甲投弓，革面迴心，稽顙受詔。既而復命闕下，大愜聖衷，有詔賜祿，仍授文林郎、行內侍省掖庭局監作。由是恩顧稠疊，委任頻繁，奉使必適於所/難，臨事未嘗有不當。是用東西南北，匪遑止寧；險阻艱危，備嘗之矣。

大曆六年，加朝議郎、宮闈局丞。守職不渝，在公無替；晝日三接，風雨一心；天顏不違，聖眷斯至。當信重/之際，罔敢告勞；安梯航之心，何遠不屆。遂奉使安南宣慰，降雨露於荒外，委忠信於洪波。往返無疑，匪愆②程度。復命至于廣府，會叛軍煞將，凶徒阻兵，哥舒晃因縱狼心，將邀/王命，承公以劍，求表上聞。公山立巍然，不可奪志。事解歸闕，時望翕然。至十二年，遷宮闈令。內官式敘，中禁肅清，由公是拜也。

洎建中末，遇鑾輿順動，隨/駕奉天，勤勞匪躬，始終一致。興元初，天未悔禍，蛇豕橫途。皇上軫念於蒼生，臣下未遑於定策。公乃感激出涕，

---

① "策"，張錄作"榮"。
② "愆"字，張文作"僭"。

請使西戎；乞師而旋，遞寇以進。覆武功之群盜，清盩屋之前途；風/雲奔
從而遂多，山川指程而無擁。興元既得以軒躍，渭橋因得以立功。再造寰
區，不改舊物，翳我公乞師之力也。其年二月，遷內侍省內給事。六月，加
朝散大夫。此①例驟遷，蓋賞勞矣。

貞/元初，既清寇難，天下乂安，四海無波，九譯入覲。昔使絕域，西
漢難其選；今通區外，皇上思其人。比才類能，非公莫可。以貞元元年四
月，賜緋魚袋，充聘國使於黑衣大食，備判官、內/僚，受國信、詔書。奉
命遂行，不畏厥②遠。屆乎南海，捨陸登舟。逸尔無憚險之容，懔然有必濟
之色。義激左右，忠感鬼神。公於是剪髮祭波，指日誓眾。遂得陽侯斂浪，
屏翳/調風。掛帆凌汗漫之空，舉棹乘顥森之氣。黑夜則神燈表路，白晝乃
仙獸前驅。星霜再周，經過萬國。播皇風於異俗，被聲教於無垠。往返如
期，成命不墜。斯又/我公杖忠信之明劾也。四年六月，轉中大夫。七月，
封弘農縣開國男，食邑三百戶。功績既著，恩寵亦崇；若驚之心，日慎一
日。十二年，加太中大夫，餘如故。十四年春/，德宗虔虔孝思，陵寢是恤，
將復修葺，再難其人。必求恪恭，祇奉於事。唯公愜旨，受命而行。夙夜在
公，日月匪懈。不改經制，惜費省勞。煥乎咸新，無乖睿約。及乎/卒事，
議功莫儔。以其年八月，賜紫金魚袋，判、僚等並加綠綬，非例也，特恩及
之。其後貴主親王，監護喪葬，聖情念切者，必委於公。至於以勞受賜，金
帛紛綸，亦不可/備紀矣。

十五年，陳、許節使云亡，淮西承釁而動，剽掠陽翟，攻逼許昌，汝、
洛驚惶，關東大恐。天下徵發二十万師，韓全義統之，且撓戎律。國家難於
易帥，議者知必無功。時/德宗皇帝負扆興歎，凝旒軫慮，思安東都宗廟，
念濟河洛蒼生，是用命公監東都畿汝州軍事。聞命而三軍增氣，庚止而百姓
咸寧。公知韓全義無才，烏合眾難用。/淮西城小而固，趑趄易動難安。遂
思遠圖，獨出奇策，使押衙東惟悟孫白身志和，深覘寇情，觀釁而返。乃具
所謀畫，遽獻表章，請緩天誅，許其悔過。當皇威未霽，事寢莫行。及/全
義大崩，詔用前計。遂申恩捨罪，罷討息人。公乃居安慮危，處否思泰，復
請完城聚穀，繕甲理兵，用簡易而漸謀，不日月而功就，化怯懦為勇健，變

---

① "此"字，張文作"比"。
② "厥"字張文誤作"于"。

藩籬為金湯。於是遠/近獲安，道路斯泰，皆公之盡力竭忠經略所致也。至永貞元年，以事既寧輯，戀闕誠深，懇請歸朝，供侍近密。夏五月，以本官領右三軍僻仗。

公素積威望，久著勳庸，/警蹕誠嚴，中外悅服。千官以之加敬，九重以之益深。日出彤庭而臣下朝肅①，月閒清禁而天子夜安。國朝之環拱得人，於斯為盛。公以恭勤之故，衰朽易侵，心神/耗消，體貌癯瘁，疾生而醫藥不救，善積而命運奈何，寒熱內攻，風露外迫，遂至不起，嗚呼痛哉！以元和元年秋七月廿二日，終於輔興里之私第，享年七十有一。/皇上軫悼，士庶同悲。以其年十月十四日歸葬于雲陽縣龍雲鄉之原，順其先志。蓋以公之仲弟忠武將軍良彩，季弟遊擊將軍光暉，夫人彭城郡君劉氏，皆先公而終，墳墓所在，則臨終之/日，思及平生，友愛念深，遺命不忘之故也。

公自至德年中，入為內養；永泰之歲，出使有功。恩渥日深，委信漸重。至若震忠義以清慈隰，明勇決以伏哥舒，乞師護於南巡，宣化安於北戶，使/大食而聲教旁暢，監東畿而汝洛小康，供奉四朝五十餘載，議勤勞而前後無比，論渥澤而流輩莫先。故得祚土分茅，紆金拖紫，名高史策②，慶傳子孫。況公壯年以忠勇自負，/長歲以盡瘁勤王。及乎晚途，歸信釋氏，修建塔廟，繕寫藏經，布金買田，捨衣救病。可謂竭臣子人間之禮，盡生死區外之因，孜孜善心，沒齒無倦矣。長子昇，嗣子承議郎、內侍省內謁者監、賜紫金魚袋、/華清宮使希旻，次子操，移孝為忠，光昭令德，祗奉前訓，罔極是思。謂福善無徵，風樹不止；誠感未達，隙駒莫留。想像既難於攀追，德業實懼於埋沒。願琢貞石，紀勒芳猷。見託為文，敢不書實。銘曰：/

雲從龍兮風從武，聖功出兮忠臣輔。天降公兮竭心府，歷四紀兮奉四主。難常鳴兮忘風雨，躬盡瘁兮心神苦。伏哥舒兮剛不吐，撫慈/隰兮懾戎虜。西乞師兮清中宇，南奉使兮慰北戶。聘大食兮聲教普，監汝洛兮勳超古。校功業兮無儔伍，錫齎繁兮莫得數。一命僂兮三命俯，恩彌崇兮孰敢侮。/垂金章兮結綬組，既分茅兮亦祚土。琢貞石兮表忠臣，昭令德兮示後人。

元和元年歲次景戌十月庚申朔十四日癸酉建　吳郡朱士良刻字

---

① "肅"字，張文作"蕭"。
② "策"字張文誤作"榮"。

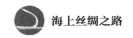

附录二　杨良瑶年表

根据上述碑文，参照唐朝史籍，我们可以列出简要的杨良瑶年表：

肃宗至德年中（756—758），入为内养，充当宦官。

代宗永泰中（765—766），奉命随中使刘崇进招抚慈、隰等州狼山部落叛乱。

永泰二年（766）？回朝复命，授文林郎、行内侍省掖庭局监作。

大历六年（771），加朝议郎、宫闱局丞。

约大历七年（772），奉使宣慰安南都护府（治交州）。

大历八年（773），出使广州。九月遇哥舒晃叛乱，被叛将羁留，求表上闻，借邀王命。杨良瑶巋然不可夺志。

大历十年（775）十一月丁未，路嗣恭克广州，斩哥舒晃。杨良瑶获救归阙。

大历十二年（777），迁宫闱令。

德宗建中四年（783），朱泚率军叛乱，杨良瑶随驾奉天，勤劳匪躬，始终一致。

兴元元年（784）年正月辛丑，吐蕃尚结赞请出兵助唐收京城。庚子，遣秘书监崔汉衡率杨良瑶等出使吐蕃，发其兵救援。二月，迁内侍省内给事。六月，加朝散大夫。

贞元元年（785）四月，赐绯鱼袋，充聘国使于黑衣大食。星霜再周，经过万国。

贞元四年（788）六月，归国后，转中大夫。七月，封弘农县开国男，食邑三百户。

贞元十二年（796），加太中大夫，余如故。

贞元十四年（798）春，奉命为德宗修茸先帝陵寝。八月，赐紫金鱼袋。

贞元十五年（799），奉命处理淮西叛乱。监东都畿汝州军事。

贞元二十一年（805），淮西乱平，恳请归朝，供侍近密。五月，本官领右三军僻仗。

宪宗元和元年（806）七月廿一日，终于长安辅兴里之私第，享年七十一岁。

附录三　后续讨论

拙文《唐朝与黑衣大食关系史新证——记贞元初年杨良瑶的聘使大食》原为提交 2011 年 12 月 4—5 日中山大学"海陆交通与世界文明"国际学术研讨会论文，后整理发布在《文史》2012 年第 3 期（百辑纪念特刊，中华书局，2012，第 231—243 页）。2013 年 6 月，拙文提交给新加坡国立大学举办的一个学术研讨会，但笔者没有到会，文章由会议主办者梅维恒（Victor H. Mair）教授的两位学生译成英文，题为"New Evidence on the History of Sino-Arabic Relations：A Study of Yang Liangyao's Embassy to the Abbasid Caliphate"，2015 年出版了会议论文集，即 Victor H. Mair & Liam Kelley（eds.）, *Imperial China and its Southern Neighbours* （Singapore，Institute of Southeast Asian Studies，2015，拙文在 pp. 239 – 267）。

在此之后，《杨良瑶神道碑》引起更广范围的关注。2013 年，张世民先生又写了一篇文章——《杨良瑶：中国最早下西洋的外交使节》，据张建林先生提供的拓本，对《杨良瑶神道碑》做了进一步校释、研究。[①] 2014 年，萧婷（Angela Schottenhammer）教授用德语出版了一个小册子，名曰《785 年杨良瑶出使巴格达哈里发：早期中阿力量联盟的证据？》（*Yang Liangyaos Reise von 785n. Chr, zum Kalifen von Baġdād. Eine Mission im Zeichen einer frühen sino-arabischen Mächte-Allianz?* Gossenberg：Ostasien Verlag，2014）[②]，在笔者文章的基础上略有阐发，包括对这次出使在中文和中东史料中为何没有明确记载的问题，她认为杨良瑶是秘密出使，所以没有记录，而从相关历史背景和其他文献的信息对证来看，杨良瑶使团应当是派出去了，而且可能是成功的。2015 年（实际刊出时间要晚），萧婷教授这篇文章的英本文"Yang Liangyao's Mission of 785 to the Caliph of Baghdad：Evidence of an Early Sino-Arabic Power Alliance?"在《法国远东学院院刊》上发表，[③] 内容没有什么改动，影响进一步扩大。

---

① 《书法丛刊》2013 年第 5 期。

② 汉译本载张世民主编《杨良瑶与海上丝绸之路——〈唐故杨府君神道之碑〉解读》，第 74—119 页。可惜的是，原文注释用缩略语形式，但汉译本漏掉了文末的参考文献，所以读者只见缩略语，不清楚其史料和许多观点的依据。

③ Angela Schottenhammer, "Yang Liangyao's Mission of 785 to the Caliph of Baghdad：Evidence of an Early Sino-Arabic Power Alliance?" *Bulletin de l'École Française d'Extrême-Orient*, 101, 2015, pp. 177 – 241.

2017 年，张世民主编的《杨良瑶与海上丝绸之路——〈唐故杨府君神道之碑〉解读》一书出版，他把此前有关《杨良瑶神道碑》的所有文章收集到一起，包括萧婷教授文章的汉译本，还特别发表周伟洲先生的新论——《唐〈杨良瑶神道碑〉补考》①。周先生对此前关于杨良瑶出身、事功的考证做了补充，至于杨良瑶出使没有记录一点，他认为杨良瑶当时官品不高，因此其活动似乎没那么重要到史官需要记载下来。他还强调杨良瑶乘坐的应是唐朝自己制作的船只，而不是萧婷倾向认为的阿拉伯船。最后，他对张世民等所用"中国古代最早下西洋"的说法提出疑义，因为从西汉以来就不断有中国使者进入南海和印度洋，所以不能说杨良瑶是第一个下西洋的使者。

同年，英国学者 Stephen G. Haw 发表《占婆的伊斯兰教与虚假历史的伪造》一文，最后对应萧婷的论文和她引述的中国学者的文章，对杨良瑶的出使黑衣大食提出质疑，他根据中文史料对此重要事件没有任何记载，认为这样一个使团是极为反常的，因为在 13 世纪晚期伊利汗国经海路遣使元朝（据《马可·波罗行纪》）和 15 世纪早期郑和下西洋之前，没有任何相似的事件发生过。在唐朝，中国船只绝不可能航行到阿拉伯半岛。另外，他认为 785 年也是不可能的，因为中文史料说 772 年、791 年、798 年有大食使者到唐朝，以后终唐之世再也没有，所以 8 世纪最后三十年，唐朝与阿拉伯人之间联系已经结束。因此，Haw 质疑石碑和碑文的真实性，理由是：张世民、荣新江的论文是中国出版物的通性，都没有讨论碑文的真实性问题，就简单信以为真；没有任何清晰的照片发表，无法判定真伪，所以有待考察；自从石碑发现后三十多年、张世民论文发表后十八年，中间没有任何人提及这方重要的碑铭，直到荣新江 2012 年文章才受到关注，这说明中国的历史学者和考古学者怀疑它的真实性。最后，他质疑为什么碑文内容许多细节没有写出，还说碑中没有提到广州。他说即使碑文是真的，也没有证据表明使团成功完成任务。可能使团是计划了，但没有实施。这样才可以解释为何史料没有记载。②

这位学者对于中文史料不太熟悉，对于中文碑志的写作方式也没有任何知识，从上述杨良瑶年表可以看出，杨良瑶作为皇帝身边的宦官，他的主要职责是

---

① 张世民主编《杨良瑶与海上丝绸之路——〈唐故杨府君神道之碑〉解读》，第 120—132 页。
② Stephen G. Haw, "Islam in Champa and the Making of Factitious History," *Journal of the Royal Asiatic Society*, Series 3, 2017, pp. 1 – 31.

充当使者，去处理周边地区、民族、外交事务。因此，他经历了代宗、德宗时期重要的此类事件，如招抚慈、隰等州狼山部落，奉使宣慰安南都护府，与广州叛将哥舒晃周旋，借兵吐蕃平息朱泚之乱，出使黑衣大食，处理淮西叛乱。除了修葺皇帝陵寝一事之外，都是平叛和外交事务，可见他的出使黑衣大食，也是顺理成章之举。碑文所记的各个事件，都与史籍相符，而且可以相互印证、相互补充。与碑文撰写树立相关的几个人物，也可以在同时代的文献中得到印证。碑文的作者陆邳，元和元年时任翰林待诏。张世民先生已经指出，著名的元和十四年段文昌《平淮西碑》，就是陆邳的八分书；① 他也是长庆二年（822）《唐邠国公梁守谦功德碑》② 和《唐左武卫将军刘德惠碑》③ 的篆额者。碑文的书丹者赵良裔也是翰林待诏，是元和十五年《乘著墓志》④ 的篆额者。篆额者汤陟也是翰林待诏。刻字者吴郡朱士良也非等闲之辈，现在所知他还刻过元和六年的《佛顶尊胜陀罗尼经》，元和十五年的《张夫人墓志铭》⑤。这些人物相互印证，也说明碑文的可靠性。Haw 说 8 世纪最后三十年唐朝和阿拉伯人没有联系，是对 791 年和 798 年大食使者的到来视而不见。他不知道在中国，20 世纪 80 年代初还没有伪造碑志的风气，而即使在最近 20 年，伪造墓志比比皆是，但伪造神道碑者，还很少见到。而一方在 1984 年就发现而且随即收藏到博物馆的碑石，怎么可能是伪造的。他用多少年中国历史、考古学者没有提到它为理由，这是不知道中国 80 年代以来出土的碑志数不胜数，而关心中外关系史的人数并不多。他完全不懂神道碑的写作规则，其中主要是碑主最辉煌的事迹，而不是面面俱到地任何细节都要写出，神道碑是立在墓前让人看的，所以没有必要隐讳什么。最后，Haw 说没提到广州，是不知道"南海"指的就是广州，天宝年间就曾改名"南海郡"。他完全不懂中国文人在写作时需要采用不同的名词，甚至古代的名称来指代当时的地点，不需要一一写实。最后，他对碑文清楚的记载视而不见，非得认为使团没有成功，甚至根本就没有出发。这样理解一篇古代碑文，就没有什么可以讨论的了。《杨良瑶神道碑》的碑石是立在墓地之上的，人人可见，它不是像

① 赵明诚：《金石录》卷九，第一千七百三十八《唐平淮西碑》。见金文明《金石录校证》，上海书画出版社，1985，第 179 页。
② 陈思：《宝刻丛编》卷七；王昶：《金石萃编》卷一〇七。
③ 陈思：《宝刻丛编》卷八。参见张世民主编《杨良瑶与海上丝绸之路——〈唐故杨府君神道之碑〉解读》，第 37 页。
④ 周绍良主编《唐代墓志汇编》，上海古籍出版社，1992，"元和一四二"，第 2049 页。
⑤ 周绍良、赵超主编《唐代墓志汇编续集》，上海古籍出版社，2001，"元和七八"，第 855 页。

萧婷理解的埋在墓里的墓志，而是竖立的丰碑，所以碑文所述事迹必定是真实的。《杨良瑶神道碑》在杨良瑶去世以后立在地上，没有什么秘密可保。从整体上来看，《杨良瑶神道碑》是一方珍贵的历史文献，不容否定。

（附记：本文正文以《文史》2012 年第 3 期所刊拙文《唐朝与黑衣大食关系史新证——记贞元初年杨良瑶的聘使大食》为基础，以《新丝路学刊》2019 年第 3 期所刊拙文《唐朝海上丝绸之路的壮举——再论杨良瑶的聘使大食》做补充，为不影响文脉，后者部分小节改作附录。感谢中国人民大学国学院王子今教授、陕西省文物局副局长刘云辉先生、陕西省考古研究院副院长张建林教授、碑林博物馆馆长赵力光先生在调查《杨良瑶神道碑》时给予的帮助，也感谢碑林博物馆拓工耿师傅的辛勤劳动，感谢罗帅、郑燕燕、陈春晓、郭桂坤同学在本文写作中给予的热情帮助。）

元朝与伊利汗国的海路联系

党宝海

在蒙古帝国各个政权之间，存在亲疏远近的关系。元朝与伊利汗国的关系最为紧密。① 在窝阔台系、察合台系诸王看来，虽然都是成吉思汗的子孙，但元朝和伊利汗国的君主具有更近的血缘，因而两者更容易达成一致或结为联盟。

在《拜住元帅出使事实》中，这一点得到清楚的表述："皇庆二年（1313），仁宗以金印赐丞相孛罗，且俾（拜住——引者注）往哈儿班答王所议事，至中途，遇也先不花王，疑有间谍，执以问，答曰：'今上所遣，不过通岁时问礼，曷有他意？'王左右曰：'使者往来，皆言有启边生事形迹，汝此行，宜得要领，可实言，否则榜掠，汝亦必言。'遂命跪大雪以问，且搜其衣中，无所有，公曰：'王所问，实不知，且王从何所得是议？'王曰：'阿必失哈至，是尝言之。'且曰：'哈儿班答王，上近支也，吾等族属，存与留不可知，后使者至，必有处分。今汝往彼，必生事，速吐情以告我。'"②

察合台汗也先不花的话反映出他对东、西方两个蒙古政权的戒备和不信任。在广义的蒙古帝国之内，实际上存在两个集团，其中之一是由拖雷后裔掌控的元朝、伊利汗国集团，它们比起术赤系、察合台系和较早退出历史舞台的窝阔台系，在血缘和战略利益上，更为亲近，结合得更为紧密。换言之，剖析所谓"蒙古帝国"的内部构造，其中包含两个不同的集团，其中之一是元朝—伊利汗

---

① 韩儒林主编《元朝史》下册，人民出版社，1986，第395—401页；〔日〕四日市康博：《从〈奉使波斯碑〉看元朝同伊利汗国使臣往来》，赵莹波译，《元史及民族与边疆研究集刊》第30辑，上海古籍出版社，2015，第57—71页。

② 袁桷：《清容居士集》卷三四《拜住元帅出使事实》，《四部丛刊初编》影印元刻本，第22叶。

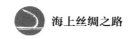

国拖雷家族势力集团，另一个是术赤—察合台—窝阔台家族势力集团。不幸的是，拖雷家族势力集团的两国分别处于亚洲大陆的东端和西端。夹在中间、分隔了两国的则是术赤—察合台—窝阔台家族势力集团，后一集团的国家经常与前一集团中的国家处在战争与和平交替的复杂状态中。术赤—察合台—窝阔台家族势力集团（前期主要是窝阔台汗国，后期主要是察合台汗国）对拖雷家族势力集团的戒备心态甚至敌对行为，是亚洲大陆陆路交通被阻断的重要原因，因为窝阔台汗国（亡于 14 世纪前期）、察合台汗国控制着从元朝到伊利汗国的陆上交通线。

不断爆发的蒙古各汗国之间的战争不时阻断元朝与伊利汗国交往的陆上通道，这就使两国官方、民间都有利用海路往来的强烈需求。本文旨在讨论这两个国家之间利用海路交往的具体状况及其历史影响。

一

元朝与伊利汗国之间的官方交往时常利用海上交通来完成。

元朝的海洋贸易政策、航海技术都是承自南宋。① 但是，南宋的商人一般不会直接航海去波斯湾地区。从宋代的情况来看，中国船只尽管具备了驶往波斯湾的能力，但大部分航船到印度西海岸的故临（今奎隆 Quilon）、古里（今卡里卡特 Calicut）就停下来，若去波斯和阿拉伯半岛，中国商人或使节就要换乘当地小型船只。波斯人和阿拉伯商人一般也从本地港口乘坐小船，然后在印度沿海换乘大船到东南亚和中国。南宋周去非（1135—1189）《岭外代答》记载："广舶四十日到蓝里住冬，次年再发舶，约一月始达（故临国）。""中国舶商欲往大食，必自故临易小舟而往，虽以一月南风至之，然往返经二年矣。"②"大食国之来也，以小舟运而南行，至故临国易大舟而东行，至三佛齐国，乃复如三佛齐之入中国。"③

---

① 详见《元典章》卷二二《户部八·课程·市舶》，"市舶则法二十三条"，陈高华等点校，天津古籍出版社，2011，第 2 册，第 874—875 页。相关研究见陈高华、吴泰《宋元时期的海外贸易》，天津人民出版社，1981，第 86—93、165—173 页；高荣盛：《元代海外贸易》，四川人民出版社，1998，第 198 页；小野裕子「『元典章』市舶則法前文訳注」『東アジアと日本——交流と変容』第 3 号、2006 年、第 1—9 頁。

② 周去非：《岭外代答》卷二《故临国》，杨武泉校注，中华书局，1999，第 90—91 页。

③ 周去非：《岭外代答》卷三《航海外夷》，第 126 页。

由于元朝和伊利汗国的特殊关系，比起宋代，更多的中国船只直航波斯湾。① 尽管相关的记载分散且琐碎，但我们仍能通过几处零星记载，揭示大致的面貌。

第一，元朝著名的孛罗使团很可能是从海路去伊利汗国的。俄国汉学家薄乃德（Bretschneider）注意到，汉文史料记载："阿儿思兰，阿速氏……（其孙）忽儿都答，充管军百户。世祖命从不罗那颜使哈儿马某之地。以疾卒。"② 薄乃德认为，"某"可能是"自"的误写，并假定"哈儿马自"即忽里模子（Hormuz）。他认为"不罗那颜"就是元朝著名的大臣孛罗。③ 余大钧先生采纳了这一观点。④ 事实上，"某"字可能是"其"的误刻。⑤

至元二十年（1283）夏，孛罗、爱薛等使臣奉旨出使伊利汗国。由于当时窝阔台系、察合台系西北藩王对抗元廷，切断了通往西方的陆路交通线，孛罗、爱薛等人很可能经海路抵达波斯南部的忽里模子，然后北上，于伊斯兰历683年夏冬之际（相当于1284年末至1285年初），在波斯西北部阿儿兰（今阿塞拜疆南部）的撒莱·满速里牙见到阿鲁浑汗。⑥ 考虑到蒙古帝国时代驿站的运行效率较高，孛罗等人从霍尔木兹登岸后北上，不久以后与阿鲁浑汗见面是可能的。

伯希和认为，忽必烈时代的"不罗那颜"应是孛罗（Pulād），但他对哈儿马某可能是霍尔木兹持保留意见。他认为，除了第二音节中的 r，两者没有任何相似处；"马某"有时译作 Mahmūd。他指出，没有办法确定"哈儿马某"所指，

---

① 陈得芝已经指出两国的密切关系对航海事业的推动。见陈得芝《元代海外交通的发展与明初郑和下西洋》，《郑和下西洋论文集》第2集，南京大学出版社（后收入陈得芝《蒙元史研究丛稿》，人民出版社，2005，第417—418页）。另参见 Roderich Ptak and Ralph Kauz，"Hormuz in Yuan and Ming Sources，" *Bulletin de l'École Française d'Extrême-Orient*，Vol. 88，2001，pp. 27 – 75。

② 《元史》卷一二三《阿儿思兰传》，中华书局点校本，1976，第10册，第3038页。

③ Emil Bretschneider, *Mediaeval Researches from Eastern Asiatic Sources*, Vol. 2, London, 1888, p. 89, n. 850; p. 132.

④ 余大钧：《蒙古朵儿边氏孛罗事辑》，《元史论丛》第1辑，中华书局，1982，第188—189页。

⑤ 苏继顾先生已提出此说。见《〈岛夷志略〉校释》，中华书局，1981，第367页。

⑥ 〔波斯〕拉施特主编《史集》第3卷，余大钧译，商务印书馆，1986，第193页。王一丹教授在研究孛罗的论文中列举了其他学者关于孛罗到达伊朗时间的不同观点，如1285年末到伊朗说、1286年4月见阿鲁浑汗说等。这些观点均不能成立。详见王一丹《孛罗丞相伊利汗国事迹探赜——基于波斯语文献的再考察》，《民族研究》2015年4期。关于孛罗到达伊朗时间的更多论据，见〔韩〕金浩东《蒙元帝国时期的一位色目官吏爱薛怯里马赤（Isa Kelemechi，1227—1308年）的生涯与活动》，李花子译，《欧亚译丛》第1辑，商务印书馆，2015，第235、251页。

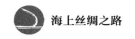

但它不可能是霍尔木兹。①

元代霍尔木兹的汉字译音包括忽鲁模斯、阔里抹思、虎六母思、忽里模子等，② 在大德年间的石刻资料中写为"火鲁没思"。③ 从零散资料来看，霍尔木兹存在多种拼写方式，第一音节的元音为 a 的现象是存在的。④ 那么，"哈儿马某其"中"马"的元音 a 不过是阿尔泰语言元音顺同化的结果；"其"字元代读音为 gi，是 z/s 发音颚化的结果。《元史》中的"哈儿马某"若可校正为"哈儿马自"或"哈儿马其"，那它很可能指霍尔木兹。从当时中亚错综复杂的政治形势、孛罗行程的时间长度以及"哈儿马某〔其?〕"的地名三方面来分析，孛罗使团从海路到伊利汗国的可能性不能排除。

第二，根据来华马八儿重臣不阿里的碑传资料，在至元二十八年（1291）不阿里弃家投元之前，元朝与伊利汗国存在海上遣使活动。据《不阿里神道碑铭》："圣朝之平宋也，公（不阿里）闻之，喜曰：中国大圣人混一区宇，天下太平矣。盍往归之？独遣使以方物入贡，极诸瑰异。自是踵岁不绝，复通好亲王阿八合、哈散二邸，凡朝廷、二邸之使涉海道，恒预为具舟筏，必济乃已。"⑤研究者已经指出，阿八合为伊利汗阿八哈（1265—1282 年在位），哈散为阿八哈之孙合赞（1295—1304 年为伊利汗），朝廷指元朝，二邸指上文提到的亲王阿八合、哈散。⑥ "朝廷、二邸之使涉海道"而途经印度东海岸的马八儿，显然是指元朝的使者西行，伊利汗国的使者东来。这段文字清楚地说明，在至元十五年（1278）忽必烈灭南宋、派遣使者"招谕"海外诸国到至元二十八年之间，元朝和伊利汗国之间存在海路通使。

第三，马可波罗等人从海路护送阿鲁浑汗的未婚妻阔阔真去伊利汗国。《马可波罗行纪》写道："复命备船十二艘，每艘具四桅，可张十二帆。""船舶预备

① Paul Pelliot, *Notes on Marco Polo*, Vol. 1, Paris: Imprimerie Nationale, 1959, No. 194, p. 581.
② 苏继庼：《〈岛夷志略〉校释》，第 367 页。
③ 杨钦章：《元代奉使波斯碑初考》，《文史》第 30 辑，中华书局，1988，第 137 页。
④ 苏继庼：《〈岛夷志略〉校释》，第 367 页。
⑤ 刘敏中：《敕赐资德大夫中书右丞商议福建等处行中书省事赠荣禄大夫司空景义公不阿里神道碑铭》，《中庵先生刘文简公文集》卷四，《北京图书馆古籍珍本丛刊》影印清抄本，书目文献出版社，2000，第 92 册，第 302 页。
⑥ 陈高华：《印度马八儿王子孛哈里来华新考》，《南开学报》1980 年第 4 期（后收入《陈高华文集》，上海辞书出版社，2005，第 362—364 页）；刘迎胜：《从〈不阿里神道碑铭〉看南印度与元朝及波斯湾的交通》，《历史地理》第 7 辑，上海人民出版社，1990（后收入刘迎胜《海路与陆路：中古时代东西交流研究》，北京大学出版社，2011，第 20—31 页）。

以后，使者三人、赐妃、波罗弟兄同马可阁下，遂拜别大汗，携带不少随从及大汗所赐之两年粮食，登船出发。航行有三月，抵南方之一岛，其名曰爪哇（Java）。岛上奇物甚众，后再详细言之。已而从此岛解维，航行印度海十八月，抵其应至之地。"① 据后文，他们的登陆地点为霍尔木兹。② 根据汉文史料，这个船队"取道马八儿往阿鲁浑大王位下"，与兀鲁𫘝、阿必失呵、火者同行的有一百六十人，其中的九十人由元朝支给分例口粮，余下的七十人"是诸官所赠遗及买得者"，元朝"不给分例口粮"。③ 此外，我们还应注意，马可波罗和父亲、叔叔最初是打算走海路从伊朗到元朝的。他们到达霍尔木兹，但最终放弃了海路，选择由陆路来华。④

第四，合赞汗时期那怀、法合鲁丁使团航海来元朝。这是关于元朝和伊利汗国海路交通方面资料最全的一次遣使活动。⑤ 邱轶皓博士对此次出使有全新的研究。⑥ 据邱轶皓文，《瓦萨甫史》有如下记载：

蔑力·法合鲁丁·阿合马（Fakhr al-Dīn Aḥmad）遵从"公正的君王"合赞汗的令旨于697（公元1297—8）年，受命陛见铁穆耳合罕。被安排和他一起（出使）的，是携有君王口谕以及如群星闪亮、似木星般耀眼的纯净无瑕的宝石、（绘有）御制花样的织金袍服、用于狩鹿的猎豹以及其他许多珍宝和货物等等诸如此类和富有万方的皇帝（指元成宗铁穆耳）的威仪及其辉煌壮丽的宫室相匹配（的贡品）的那怀额勒赤（Nuqāy īlchī）。（中略）蔑力·法合鲁丁为他的这次远航准备了船只（jahāzāt）与远洋航行的"粽船"（jūng-hā-yi gasht）。（中略）他们登船（出发）。因为海上航行的危险，各种痛苦的磨难，以及（长途旅行造成的）虚弱，眼看着他们的财富

---

① 《马可波罗行纪》，沙海昂（A. J. H. Charignon）注释，冯承钧汉译本，河北人民出版社，1999，第18章，第61页。
② 《马可波罗行纪》，第198章，第698页。
③ 《经世大典》"站赤三"，收入《永乐大典》卷一九四一八，中华书局，1986年影印本，第7211页下栏。
④ 《马可波罗行纪》，第36章，第114页。
⑤ 国外学者的近期研究，参见四日市康博「元朝とイル＝ハン朝の外交・通商関係における国際貿易商人」森川哲雄・佐伯弘次編『内陸圏・海域圏交流ネットワークとイスラム』（櫂歌書房、2006），第79—91页。
⑥ 邱轶皓：《大德二年（1298）伊利汗国遣使元朝考：法合鲁丁·阿合马·慯必的出使及其背景》，《中央研究院历史语言研究所集刊》第87本第1分册，2016，第67—124页。

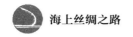

和生命时常悬于一线。①

　　法合鲁丁、那怀使团乘坐两种船只——普通船只（jahāzāt）和"鲸船"（jūng）。普通船只应指法合鲁丁家族所拥有的海船，"鲸船"（jūng）则很可能是航行到波斯湾地区的中国大海船。②

　　和法合鲁丁一起来元朝的合赞汗使者那怀（Nuqāy）额勒赤也见于汉文史料。黄溍《松江嘉定等处海运千户杨君墓志铭》："大德五年（1301），君（杨枢）年甫十九，致用院俾以官本船浮海至西洋，遇亲王合赞所遣使臣那怀等如京师，遂载之以来。"③

　　那怀和法合鲁丁使团在中国停留了四年，然后返回伊利汗国。《瓦萨甫史》记载：

　　　　在居留了四年之久后，因为考虑到（使臣）的意愿，返回的时刻来到了。合罕给了那怀额勒赤许多特殊的礼物，又下令赐予法合鲁丁敕书、牌符和珍贵的礼物；并将一名出身御前贵妇亲族的女子赏赐给了他。在回复合赞大王的诚挚敕书中，表达了在成吉思汗氏族中达成真诚一致的意旨，以及加强友谊的圣谕。因此将原属"赛因·额毡"旭烈兀所有，但自蒙哥汗时代起就留在（汉地）的那部分王室工坊的收入，折算成完全等值的汉地丝绸与袍服，在一名使节的陪伴下用一艘鲸船送回去，并照着蒙古人礼节那样，用成吉思汗箴言的语句以真挚的言辞赠别。（中略）法合鲁丁怀着欣悦之情与使臣们一起坐着二十三艘配有坚固的航海风帆的鲸船，以及另一些装满财宝的私舶（jahāzat-i khāss）动身驶向世界的新国土。不久合罕的使节去世，驶向了逝者的国度。在"如野马般飞驰的风涛间像大山般飞驰"的、被叫作"鲸船"（的大船）沉没了，那怀和他的伴当亦随之而去。在离马八儿两天路程的地方，死神将宿命之轮投向篾力·法合鲁丁生命的殿堂，由其命运

① 邱轶皓：《大德二年（1298）伊利汗国遣使元朝考：法合鲁丁·阿合马·惕必的出使及其背景》，《中央研究院历史语言研究所集刊》第87本第11分册，第81—82页。
② 邱轶皓：《鲸（Jūng）船考：13至15世纪西方文献中所见之"Jūng"》，《国际汉学研究通讯》第5期，北京大学出版社，2012，第329—338页。
③ 黄溍：《松江嘉定等处海运千户杨君墓志铭》，《金华黄先生文集》卷三五，王颋点校《黄溍全集》下册，天津古籍出版社，2008，第513页。

之委付者收回了那匆匆度过虚幻一生的、新制哀痛之衣的主人。……他的墓穴被安排在其叔父的葬地之侧。……其时为704年（1304—5）年末。①

《松江嘉定等处海运千户杨君墓志铭》记载："那怀等朝贡事毕，请仍以君护送西还，丞相哈剌哈孙答剌罕如其请，奏授君忠显校尉、海运副千户，佩金符，与俱行。以八年发京师，十一年，乃至其登陆处曰忽鲁模思云。是役也，君往来长风巨浪中，历五星霜，凡舟楫、糗粮、物器之须，一出于君，不以烦有司。既又用私钱市其土物，白马、黑犬、琥珀、蒲萄酒、蕃盐之属以进，平章政事察那等，引见宸庆殿而退。"② 据此可知，杨枢去波斯湾，由于遇到海难，用了四年时间，而返航则只用了约一年。

第五，在法合鲁丁使团来华前后，元朝曾委托商人出使合赞汗廷。一位佚名的泉州穆斯林商人曾多次前往伊利汗国。1953年福建省泉州市南教场出土两方记事石刻，首尾不全。它们应是一组石刻中间的两方，残留石刻上的文字是："大元进贡宝货，蒙圣恩赐赍，至于大德三年（1299）内，悬带金字海青牌面，奉使火鲁没思田地勾当。蒙哈赞大王特赐七宝货物，呈献朝廷，再蒙旌赏。自后回归泉州本家居住，不幸于大德八年十。"当事人可能是海商，他先是受波斯国之托向元朝呈送贡品，因此受赏，又被委派为元朝使者出使波斯。③ 在他的墓志中，伊朗地区或伊利汗国被称为"火鲁没思田地"。

二

元朝与伊利汗国之间的海路联系，并不局限于官方交往，也体现在伊利汗国统治下的宗教人士与商人从海路来到元朝。已经有学者利用中国东南沿海地区出

---

① 邱轶皓：《大德二年（1298）伊利汗国遣使元朝考》：法合鲁丁·阿合马·惕必的出使及其背景，《中央研究院历史语言研究所集刊》第87本第11分册，第101—102、104—105页。

② 黄溍：《松江嘉定等处海运千户杨君墓志铭》，《金华黄先生文集》卷三五，王颋点校《黄溍全集》下册，第513页。

③ 杨钦章：《元代奉使波斯碑初考》，《文史》第30辑，第137—145页。该文的讨论有参考价值，但对墓主身份的推测不确。由于卒年不同，这位充当使者的商人不可能是马八儿巨商不阿里。参见陈高华《印度马八儿王子孛哈里来华新考》（《南开学报》1980年第4期）、刘迎胜《从〈不阿里神道碑铭〉看南印度与元朝及波斯湾的交通》（《历史地理》第7辑）、四日市康博《从〈奉使波斯碑〉看元朝同伊利汗国使臣往来》（《元史及民族与边疆研究集刊》第30辑）。

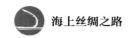

土的元代阿拉伯文、波斯文墓志，研究元代穆斯林移民的社会网络问题。[①]

在 13—14 世纪，福建泉州是世界最大的海港。当地出土了大量属于这一时期的阿拉伯文、波斯文墓志。这些墓志的主人中有相当一部分来自伊利汗国统治下的伊朗地区。我们根据《泉州伊斯兰教石刻》，列表说明（仅收入有明确纪年者，见表1）：

表 1　《伊斯兰教石刻》中可见泉州地区来自伊朗地区的移民

人名	拉丁转写	祖居地	卒年	页码
艾哈玛德·本·穆罕默德·贾德斯	Ahmad b. Muhammad Quds	设拉子	不详，1310—1311 年在世	第 3 页；p. 4
曼苏尔·本·哈吉·葛斯姆·贾杰鲁米	Mansur b. Haji al-Qasim al-Jajarm	贾杰鲁米	1277	第 15 页；p. 30
赡思丁·本·努尔丁·本·易斯哈格·谢赫尔纳撒	Shams al-Din b. Nur al-Din b. Ishaq Shahr-Nasa	谢赫尔纳撒	1325	第 22 页；p. 40
纳鲁旺·巴那·本·葛希姆·伊斯法罕尼	Naluwan Banan b. GhasimIsfahani	伊斯法罕	1358	第 23 页；p. 43
比哈丁·奥姆尔·伊本·艾哈玛德·阿米·塔布里兹	Biha al-Din Umar b. Ahmad al-Ami Tabrizi	大不里士	1363	第 24 页；p. 44
古吐不拉·耶阿孤白·本·凯里姆拉·本·哈基·贾杰鲁米	Ghutub Allah Ya'qub b. al-krm Allah b. Haji Jajarm	贾杰鲁米	1310	第 31 页；p. 56
马哈穆德·本·穆罕默德·本·艾卜·伯设里·吉兰尼	Muhammad b. Abu al-Basli Gilani	吉兰	1351	第 32 页；p. 57

资料来源：陈达生《泉州伊斯兰教石刻》，陈恩明英译，宁夏人民出版社、福建人民出版社，1984。表中的页码以"页"标为该书汉文部分，以"p"标为该书的英文部分，下同。

杭州虽然不是海港城市，但它通过杭州湾紧靠东海，上文提到的航海巨商杨枢家族进行航海活动的基地——澉浦，就是杭州的外港。在 13—14 世纪，也有来自伊利汗国的移民在这里居住。我们利用英国学者莫尔顿（A. H. Morton）的最新研究《杭州凤凰寺藏阿拉伯文、波斯文碑铭释读译注》列表说明（见表2）。

除了这些第一手的石刻资料外，传世的文献史料也说明，在元朝中后期有来自伊利汗国的移民活跃在泉州和广州。摩洛哥大旅行家伊本·白图泰在他的行记

---

① 向正树：《元代中国沿海地区伊斯兰教网络的研究——根据伊斯兰教石刻年代、地理的分析》，《元史及民族与边疆研究集刊》第 30 辑，第 81—94 页。

中记载，他遇到了一些来自伊利汗国统治地域的穆斯林。这些伊朗地区移民的名字和身份见表3。

表2　《杭州凤凰寺藏阿拉伯人、波斯文碑铭释读校注》中

可见杭州地区来自伊利汗国的移民

人名	拉丁转写	祖居地	卒年	页码
赡思丁·马合麻·宾·阿合马·宾·阿比·纳速鲁·亦思法杭	Shams al-Dīn Muhammad b. Ahmad b. Abi Nasr al-Isfahānī	Isfahān	1316	p. 28；第35 页
火者·阿老丁·宾·火者·赡思丁·亦思法杭	Khawāja ' Ala ' al-Dīn b. Khawāja Shams al-Dīn Isfahānī	Isfahān	1327	p. 57；第61—62 页
火者·马合木·宾·马合麻·宾·札马剌丁·哈希姆·呼罗珊	Khawāja Mahmūd b. Muhammad b. Jamāl al-Dīn Qāsim（？）al-Khurasānī	Khurasān	1351	p. 85；第89 页
马合木·宾·马合麻·宾·阿合马·西模娘，又称塔只·麻里	Mahmūd b. Muhammad b. Ahmad known as Tāj Malih, al-Simnānī	Simnān	不详，据墓志风格属元代	p. 100；第105 页

资料来源：莫尔顿（A. H. Morton）释读英译，周思成校注中译《杭州凤凰寺藏阿拉伯文、波斯文碑铭释读译注》，中华书局，2015。

表3　伊本·白图泰行记中泉州、广州地区来自伊利汗国的移民

拉丁转写	祖居地	地点	身份	页码
Tāj al-Dīn	阿达比勒/Ardabīl	泉州	穆斯林法官	p. 894；第 546 页
Kamālal-Dīn 'Abdallāh	伊斯法罕	泉州	谢赫	p. 894；汉译本缺
Sharafal-Dīn	大不里士	泉州	商人	p. 894；第 546 页
Burhānal-Dīn	卡泽龙/Kāzarūn	泉州	谢赫	p. 895；第 546 页
Abū Ishāq	卡泽龙	泉州	谢赫	p. 895；第 546 页
Auhadal-Dīn	希札雷/Sīnjar	广州	谢赫	p. 896；第 547 页

资料来源：*The Travels of Ibn Battuta*, *A. D. 1325 – 1354*, trans. with annotations by H. A. R. Gibb and C. F. Beckingham, London：The Hakluyt Society, 1994, Vol. 4. 汉译本见〔摩洛哥〕伊本·白图泰《伊本·白图泰游记》，马金鹏译，宁夏人民出版社，1985。表中的页码以"p"标为英文译本，以"页"标为汉译本。

这些来自伊利汗国统治区、移居到元朝海港城市并最终在这里长眠的人们，至少他们中间的一部分人，应是从海路来到中国的。

前文提到，作为伊利汗国合赞汗使者到元朝的法合鲁丁实际上是从事海洋贸

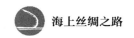

易的巨商。另外，波斯著名诗人萨迪（Saʻdī）在他的作品《花园》"故事 22"中提到了一位商人："他有一百五十头骆驼，四十名奴仆和伙计。一天晚上，在怯失岛，他把我请到自己的屋子里。""他说：'我要把波斯的硫磺贩卖到中国（Chīn），再从那儿把瓷器带到鲁木，把鲁木的锦缎卖到印度，再把印度钢运到阿勒颇，把阿勒颇的玻璃卖到也门，把也门花布卖到波斯。'"① 这位商人在怯失岛活动，很可能是一位海商。

综上所述，在 13—14 世纪，有数量可观的伊利汗国商人和宗教职业者，从海路到达中国，有的甚至在中国定居并终老于此。这从民间层面反映了伊利汗国统治区与元代中国海路联系的加强。

三

在古代，宗教人士掌握书写技能并有良好的文化素养，他们的著作往往保存了丰富的历史信息。关于 13—14 世纪元朝与伊利汗国之间的海路交往，欧洲传教士的著作中有一些间接的记录。

第一，罗马教廷在元朝的大主教约翰·孟帖·科儿维诺来中国，是走海路。② 他在写给罗马教廷的第二封信中说："我——小教友会的教友约翰——于耶稣纪元 1291 年离开波斯的帖兀力思城（Tauris，今伊朗大不里士），并进入印度。我居留印度使徒圣托马斯（St. Thomas the Apostle）教堂十三个月。在那里，我对来自各地的大约一百个人施行了洗礼。（中略）我从印度出发，继续前行，抵达契丹。这是鞑靼皇帝的王国，鞑靼皇帝被称为大汗。"在这封信中，孟帖·科儿维诺提到了到大汗之国的道路："至于前来的道路，我向你们报告，以取道陆路，经过北鞑靼的皇帝阔丹（Cothay）的领土较为安全可靠，如与使者们同行，在五、六个月内即可到达这里。但是，如取道海路，则是最为遥远和危险的，因为这样须航行两段海路，第一段，约相当于阿克儿至普罗文思省（Provence）的距离，而第二段约相当于阿克儿至英格兰的距离，而且，很可能

---

① 邱轶皓：《大德二年（1298）伊利汗国遣使元朝考：法合鲁丁·阿合马·惕必的出使及其背景》，《中央研究院历史语言研究所集刊》第 87 本第 11 分册，第 108 页。

② John Larner, *Marco Polo and the Discovery of the World*, New Haven：Yale University Press, 1999, p. 120；〔英〕约翰·拉纳：《马可·波罗与世界的发现》，姬庆红译，上海三联书店，2015，第 127 页。

在两年以内还不能走毕全程。然而，由于战争之故，长期以来，陆路已不安全，我没有接到罗马教廷、我们的小教友会和西方国家的消息，已有十二年了。"①孟帖·科儿维诺就是选择上述海路来中国的。

第二，鄂多里克来中国也是走海路。他经过波斯，到达距离大陆约5英里远的忽里模子岛。从那里乘船到塔纳（Tana，在今印度孟买的北部），然后乘船到披郎布城（Polumbum，即故临Kulam，今印度西海岸的奎隆）。鄂多立克从这里登上一艘叫作容克（junk）的船，驶向上印度，到一个叫刺桐（Zaiton）的城市，"船上足有七百人，连同船员和商人在内"。②

第三，马黎诺里离开中国，走的是海路。"初，离别大可汗时，得其颁赐诸物及旅费甚多。陆路因有战争，闭塞不通，行旅裹足。故拟取道印度西归。大可汗乃令吾等经蛮子国（Manzi）。蛮子国昔时名曰大印度（India Maxima）。"1345年，"吾等于圣斯德芬祭日（12月26日）离刺桐港。于圣星期（Holy Week）之礼拜三日，抵科伦伯姆城（Columbum，今印度奎隆）"。此后，马黎诺里等人经历多种变故，最终乘船到达波斯湾，登陆后经伊朗、伊拉克、叙利亚、耶路撒冷等地，辗转返回欧洲。③

第四，1320年，天主教多明我会传教士茹尔丹·卡塔拉（Jourdain Cathala或Catalani of Severac）和四名方济各会教徒、一位热那亚商人打算乘船前往中国。茹尔丹的目的地是刺桐城。在途中他们驻留在萨勒特岛的塔纳，茹尔丹决定留在印度，他南下马拉巴尔和奎隆，顺利地开展传教活动。1328年，茹尔丹返回欧洲，撰写了《奇迹》（Mirabilia）一书讲述自己的经历。两年后，他以奎隆主教的身份再次去往印度，并计划将中国纳入新的布道区。茹尔丹虽然并未到达中国，但他的旅行计划说明，当时从西南亚前往中国的海路依然畅通。④

① 《约翰·孟帖·科儿维诺的第二封信》，〔英〕道森编《出使蒙古记》，吕浦译，中国社会科学出版社，1983，第262、264页。
② 《鄂多立克东游录》，何高济译，中华书局，1981，第37—38、48—50页。
③ 张星烺编著《〈马黎诺里游记〉摘录》，朱杰勤校订《中西交通史料汇编》第1册，中华书局，1977，第253—254页。原文见 Cathay and the Way Thither，trans. & ed. by Henry Yule，Vol. 2，"Recollections of Travel in the East，by John de' Marignolli，" London，1866，pp. 354，356。
④ Friar Jordanus，Mirabilia Descripta：The Wonders of the East，translated by Henry Yule，London：The Hakluyt Society，1863，Preface，pp. vi－ix. 又见 John Larner，Marco Polo and the Discovery of the World，op. cit.，pp. 121－122；〔英〕约翰·拉纳：《马可·波罗与世界的发现》，第128—129页。

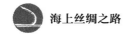

以上这些欧洲传教士，尽管不是元朝和伊利汗国的臣民，但他们作为两国间海上航线的利用者，为我们从一个外来者的侧面展现了 13—14 世纪这条航线的面貌。

此外，伊本·白图泰也对这条航线做了详细叙述，由于他不是从伊利汗国出发的，本文从略。

四

元朝与伊利汗国之间的民间海路交流必然是双向的。然而，由于史料缺乏，对于海路前往伊利汗国地区的元朝民间人士的情况，我们很难开展研究，只能从一些史料进行间接论证。在《元典章》中记载了这样一则资料：

> 大德元年八月，福建行省准中书省咨：江浙行省咨："杭州税课提举司申：'马合谋行泉府司折到降真、象牙等香货官物，付价三千定，该纳税钞一百定。本人赍擎圣旨，不该纳税。'咨请定夺"事。准此。于大德元年五月初七日奏过事内一件："也速答儿等江浙省官人每说将来有：'阿老瓦丁、马合谋、亦速福等斡脱每，做买卖阿休与税钱么道，执把着圣旨行有来。怎生？'么道，说将来有。赛典赤等奏将来，拔赤拔的儿哈是税钱防送，回回田地里的体例。到回回田地里阿，依圣旨体例，休与者。这里做买卖阿，依着这里体例里，教纳税钱阿，怎生？"奏呵，奉圣旨："那般者。"钦此。①

从名字分析，文中提到的几位商人马合谋、阿老瓦丁、亦速福等都是穆斯林。他们持有元朝皇帝颁发的免税圣旨，在"回回地面"享有免税的权利，是元朝的官商——斡脱商人。所谓"回回地面"要遵从元朝的旨令，无疑包括当时的伊利汗国。② 这些具有官方背景的斡脱商人，持元朝圣旨，在"回回田地"享有免税优待。对于"拔赤拔的儿哈"，四日市康博解释为波斯语 Bāj Badraqah 的汉字音写。Bāj 为"税金、岁入、料金"之意，Badraqah 有"护卫、护送"之意。"拔赤拔的儿哈"直译为"税钱防送"。考虑到波斯语特有的耶扎非结构

---

① 《元典章》卷二二《户部八·杂课》，"斡脱每货物纳税钱"，第 2 册，第 906 页。
② 高荣盛：《元代海外贸易》，第 177 页。

（Bāj-i Badraqah），它的意思是"防送的税钱"，即保护费、过路钱。① 邱轶皓援引 14 世纪波斯文史料《书记规范》指出，在伊利汗国，管理乘驿秩序的官员也负责为过往商旅提供保护，并因此收取一定数额的税金，这在伊利汗国已成为驿站管理制度的一部分。商人或商队按收税官所规定的金额缴付税金给管理乘驿秩序的官员，并从后者那里取得票证交财政部。②

上引文书说明，征收道路保护费是回回田地（至少包括伊利汗国）的法令，到回回地区经商，依元朝皇帝圣旨，不必缴纳保护费。此事表明，当时必定有一定数量的元朝商人在伊利汗国统治地区进行贸易，而他们选择的应是海路，因为文件提到的政府机构分别是杭州税课提举司、行泉府司、江浙行省。

没有官方背景的民间商人也有可能到伊利汗国地区进行贸易。这方面的资料更为稀少。从元朝海外贸易的盛况来看，中国商人从事远洋贸易的应大有人在。元末明初的王彝记述元朝安定时期的海上贸易说："方是时，中国无事，干戈包武库中，礼乐之化焕如也。诸国之来王者，且帆蔽海上而未已，中国之至彼者，如东西家然。"③ 具体到元朝通过波斯湾港口与伊利汗国的商贸往来，我们可以从当时中国人所具有的有关西亚、西南亚地区的地理知识、商品知识进行推测。在民间层面，元代中国人对上述地区的了解有显著提高。《大德南海志》提到了"西洋"与中国贸易的国家、地区和物产的名称。④ 商人汪大渊在他的著作中记载了波斯湾沿岸的港口和物产。⑤ 泉州两位海商孙天富、陈宝生因从事远洋贸易而致富，他们"所涉异国，自高句骊外，若阇婆、罗斛与凡东西诸夷，去中国亡虑数十万里。其人父子、君臣、男女、衣裳、饮食、居止、嗜好之物，各有其俗，与中国殊"。⑥ 可惜的是，他们没有像汪大渊那样，留下自己的行记。但可以肯定，元人所能了解到的有关"西洋"地区的地理知识、商品知识，不完全

---

① 四日市康博「元朝斡脱政策にみる交易活動と宗教活動の諸相——附『元典章』斡脱関連条文訳注」『東アジアと日本——交流と変容』第 3 号、2006 年、第 24 頁。

② 邱轶皓：《大德二年（1298）伊利汗国遣使元朝考：法合鲁丁·阿合马·惕必的出使及其背景》，《中央研究院历史语言研究所集刊》第 87 本第 11 分册，第 89—91 页。

③ 王彝：《王常宗集》续补遗卷《泉州两义士传》，《文渊阁四库全书》本，1229 册，第 439 页。

④ 陈大震、吕桂孙编《大德南海志》，《宋元方志丛刊》影印元刻本，中华书局，1990，第 8430—8432 页。

⑤ 汪大渊：《岛夷志略》，见苏继顾《〈岛夷志略〉校释》，第 364 页。

⑥ 王彝：《王常宗集》卷续补遗《泉州两义士传》。相关研究见陈高华《元代泉州舶商》，《中国史研究》1985 年 1 期；王颋：《义充市井——〈泉南两义士〉卷内涵探微》，《西域南海史地探索》，中国人民大学出版社，2010。

来自穆斯林商人，必有一部分得自远航中国人的亲身经历。

随着考古工作的开展，一些主要销往西亚、西南亚地区的元朝产品得以重见天日，这为我们具体讨论元朝与伊利汗国的商品贸易提供了珍贵资料。

2009 年，在景德镇红卫影院工地出土了一批有波斯文字的早期青花瓷器。研究者认为，这批瓷器的烧造时间在 14 世纪，应是目前所见最早的元代青花瓷器。其器形、纹饰都与伊斯兰世界有密切关系，而且在制作上可能有波斯陶工亲自参与。这批青花瓷的发现地位于元代窑业堆积的密集区。在考古文化层的最下层（第六层）出土了较破碎的青花瓷器残片，经拼接、复原，有 15 件高圈足碗，均为圆唇，敞口微敛，弧腹，竹节状高圈足。它们在形制、大小、纹饰方面与西亚地区调酒杯相似，应是为波斯贵族调酒而烧造的。青花料中铁的含量较高而锰的含量较低，是从西亚进口的钴料。釉里红的铜红釉色料中含有砷，明显不同于宋代钧窑和明清时期大部分瓷器的铜红釉色料，其成分与波斯砷铜矿、斜方砷钴矿等混合矿物接近。这些瓷器所用色料应来自西亚地区。它们的主体装饰为青花，局部点缀釉里红。外壁纹饰主要是缠枝花纹，内壁纹饰有缠枝花纹、莲池纹、莲池芦雁纹。有 4 件外壁口沿纹饰中有可辨认的卷草纹，另有 7 件在外壁口沿有文字；内壁口沿纹饰以卷草纹为主。青花的画法与至正型元青花不同，均为线描，甚至在缠枝叶片的浓厚处也是多次用线加工而成；釉里红亦为线描。内壁和外壁口沿的圈线是青花和釉里红的混合装饰，由于烧成温度偏高，多数口沿的圈线只显示青花的颜色。与至正型元青花瓷器相比，这些瓷器青花发色总体较浅淡，但在笔触聚集的部位显得浓艳。纹饰线条均为侧锋用笔，运笔速度慢，所用绘画工具与坯体之间有较大摩擦力，线条多断续而重新连接，没有连笔的痕迹。从用笔的着力点、力度以及起笔、收笔的效果看，纹饰不是用软笔而是用硬笔所画，应出自使用硬笔绘纹饰的波斯陶工之手。其中有 7 件的外壁口沿有一周青花文字和釉里红小花朵装饰，这在元青花瓷器中未出现过，而以文字和小花朵作为装饰的样式在 11—15 世纪的《古兰经》经卷上却常见，属于伊斯兰艺术特有的风格。这些波斯文被确认为与饮酒有关的四行诗，文字书写流畅优美，其书法风格主要流行于 14 世纪，最晚不晚于 15 世纪早期。从文字书写的流畅程度以及书法水平推测，书写者不仅通晓波斯语、懂得抄写波斯文，而且受过良好的教育。这种情况明显不同于后世明代永乐官窑瓷器上的青花波斯文，以及正德官窑瓷器上的青花阿拉伯文，后者系中国工匠临摹而成，用笔生硬，书写多有谬误。研究者认为，这些波斯文可能是波斯陶工亲自书写的。总之，这些青花瓷器与波斯地区有密切关系，是以伊斯兰釉下蓝彩陶器为范本，色料来自波斯，生产过程有来自波斯地区的陶工参与。①

如果研究者的以上分析无误，我们不禁要问，这些波斯的陶工、绘图的色料是怎样来到中国的？那些烧成后的西亚型调酒高足碗又销往何处，通过怎样的途径销售？

景德镇通过密集的河网，与沿海港口相连，而海路运销瓷器比起陆路有天然的优势。② 保守估计，至少有一部分波斯陶工、绘图色料通过海路到达中国，烧成的青花瓷器通过海路销往西南亚和西亚。汪大渊在讲述"甘埋里"等地时提到中国出口当地的货物中有"青白花器"，应当就是此类产品。③ 值得注意是，汪大渊从海外旅行归来是在 1339 年，《岛夷志略》的撰写是在 1349 年。④ 这说明青花瓷器从创制、烧造到量产、出口，是在不长的时间内完成的。

上述内容都还停留在民间交往的层面。事实上，元朝政府在官方层面上也积累了丰富的信息与资料。政府学术机构中地理类的书籍，包括地图得到了很大扩充，其中包括伊斯兰世界的图籍，这为元代中国人地理知识的拓展创造了条件。

元世祖曾下令编纂国家地理总志："至元乙酉（二十二年，1285），欲实著作之职，乃命大集万方图志而一之，以表皇元疆理无外之大，诏大臣近侍提其纲，聘鸿生硕士立局置属庀其事，凡九年而成书。续得云南、辽阳等书，又纂修九年而始就，今秘府所藏《大一统志》是也。"⑤ 这是一项浩大的文化工程。关于地图的绘制过程，有这样一则重要史料："至元二十三年二月十一日嘉议大夫、秘书监扎马剌丁上奏：'在先汉儿田地些小有来，那地里的文字册子四、五十册有来，如今日头出来处、日头没处都是咱每的，有的图子有也者，那远的他每怎生般理会的？回回图子我根底有，都总做一个图子呵，怎生？'"扎马剌丁

---

① 黄薇、黄清华：《元青花瓷器早期类型的新发现——从实证角度论元青花瓷器的起源》，《文物》2012 年 11 期。

② 经典研究见三上次男『陶磁の道：東西文明の接点をたずねて』（岩波書店、1969）。晚近研究见〔日〕森达也《伊朗波斯湾北岸几个海港遗址发现的中国瓷器》，《中国古陶瓷研究》第 14 辑，紫禁城出版社，2008，第 419—429 页。

③ 汪大渊：《岛夷志略》，第 364 页。

④ 汪大渊：《岛夷志略》，"叙论"，第 10—11 页。

⑤ 王士点、商企翁编《秘书监志》卷四《纂修》，高荣盛点校，浙江古籍出版社，1992，第 72 页。

的提案得到了忽必烈的赞同。① 目前我们虽然无法看到《大元一统志》中连缀东西的总图，但从《经世大典地图》的抄绘本仍能看到两种地理学传统交会融合后给地图绘制带来的新面貌。②

以上资料说明，元朝官方有可靠的渠道获得伊斯兰世界的地图学著作和地理知识。朝鲜李朝初期绘制的《混一疆理历代国都之图》以元朝民间人士李泽民、清濬等绘制的地图为基础。这幅地图直观地反映了元人地理知识较前代有了巨大进步。考其基本方法，就是将不同地区的地图斟酌损益，进行拼合改绘。③ 这与元世祖时期扎马剌丁所说的方法基本相同。元代民间人士尚能绘制这样的地图，更何况元朝的官方学术机构。

具体到航海知识，元朝政府也有针对性地进行搜集："至元二十四年二月十六日，奉秘书监台旨，福建道骗［遍］海行船回回每有知海道回回文剌那麻，具呈中书省，行下合属取索者。"④ "剌那麻"是波斯语 rāh nāma 的音译，意为"指路书"，也包括地图、海图。"海道回回文剌那麻"应是用于航海的阿拉伯文或波斯文海道指南或海道图经。⑤ 早在 12 世纪时剌那麻已经用于航海，14 世纪初在地中海地区已被广泛使用的航海图，其内容与剌那麻近似。⑥ 元朝的这则文书说明，具有较高航海技术水平的穆斯林所掌握的回回文（阿拉伯或波斯文）"航海指南"已经引起了元朝政府的重视，特意下令福建道着力搜集这方面的书籍并上报朝廷。

比起宋代，元代中国的远洋航海知识，与西亚、西南亚的直接商贸往来，对当地状况的了解，无疑都有了进步。

---

① 王士点、商企翁编《秘书监志》卷四《纂修》，第 74 页。对这则史料的较早讨论，见韩儒林主编《元朝史》，第 405 页。晚近研究见马建春《元代东传回回地理学考述》，《回族研究》2002 年 1 期；Hyunhee Park, *Mapping the Chinese and Islamic Worlds：Cross-Cultural Exchange in Pre-Modern Asia*, Cambridge and New York：Cambridge University Press, 2012, pp. 103－104。

② 近期研究见马建春《元代东传回回地理学考述》，《回族研究》2002 年 1 期；林梅村：《〈元经世大典图〉考》，《松漠之间：考古新发现所见中外文化交流》，三联书店，2007，第 279—304 页；Hyunhee Park, *Mapping the Chinese and Islamic Worlds*, *op. cit.*, pp. 100－103。

③ 参见刘迎胜主编《〈大明混一图〉与〈混一疆理图〉研究——中古时代后期东亚的寰宇图与世界地理知识》，凤凰出版社，2010，第 6—50 页；Hyunhee Park, *Mapping the Chinese and Islamic Worlds*, pp. 104－110。

④ 王士点、商企翁编《秘书监志》卷四《纂修》，第 76 页。

⑤ 陈得芝：《元代海外交通的发展与明初郑和下西洋》，第 422 页；马建春：《元代东传回回地理学考述》，《回回研究》2002 年第 1 期。

⑥ 马建春：《元代东传回回地理学考述》，《回回研究》2002 年第 1 期。

结 语

由于蒙古各汗国的战争，中亚的陆路交通经常被阻断。这就促使元朝和伊利汗国更多地利用海路。本文讨论了两国的官方遣使、来华的伊利汗国商人及移民、欧洲传教士对两国间海上航线的利用，元朝斡脱商人在伊利汗国的活动，元朝销往伊利汗国地区的特殊商品，元朝民间与官方地理知识的进步，等等。以此说明，在13—14世纪，中国与波斯湾地区的海上交往比13世纪之前有了更大的发展。

早在20世纪80年代，陈得芝先生就撰文指出：研究郑和下西洋，必须了解元代海外交通的发展。[①] 毫无疑问，在船舶制造、船队编组与组织协同、航海技术、对远洋航线的熟悉程度等方面，15世纪初的郑和下西洋是中国古代航海事业的巅峰。我们无意否认宋代对中国古代航海与海外贸易事业的积极贡献，但是，应该看到，元朝与伊利汗国的海路联系所积累的经验、技术、知识，为郑和下西洋在各个方面做了更为直接的准备。

---

① 陈得芝：《元代海外交通的发展与明初郑和下西洋》，第423页。

多种类型，多重身份：15至17世纪前半期东亚世界国际贸易中的商人

李伯重

全球史的兴起，是近年来国际史坛上值得注意的大事。这种"全球史"摒弃了以往"世界史"研究中那种以国家为单位的传统思维模式，主张基本叙事单位应该是相互具有依存关系的若干社会所形成的网络；全球发展的整体趋势，只体现在真正普适于所有社会的人口增长、技术的进步与传播、不同社会之间日益增长的交流三大过程之中；在这三大过程中，最重要的是"不同社会之间日益增长的交流"；彻底颠覆"欧洲中心论"；在考察一个由若干社会参与其中的历史时间的原因时，要充分考虑其发生的偶然性和特定条件性。[①] 这种新的史学潮流出现后，在国际学界获得广泛的认同。

从全球史的视野来研究东亚世界的历史，是我们正确认识历史的重要方法。本文就旨在通过对 15 至 17 世纪前半期东亚世界国际贸易中的商人的研究，跨越现在的国境，来了解当时东亚世界所发生的重大变化。

一　15至17世纪前半期、东亚世界、国际贸易

本文研究的对象是 15 至 17 世纪前半期东亚世界国际贸易中的商人。在这里，首先对本文所涉及的时间、地点和领域进行界定并做相应的说明。

（一）15至17世纪前半期

15 至 17 世纪前半期，在中国是明朝中后期，在朝鲜则是李朝前期。为什么

---

① 刘新成：《全球史观与近代早期世界史编纂》，《世界历史》2006 年第 1 期。

要选择这个时期作为本文研究的时段？这是因为在这个时期，经济全球化的伟大进程开始了。阿达（Jacques Adda）说："全球化经济诞生于欧洲，开始于 15 世纪末，是资本主义兴起的原因与结果。近几十年来以一体化体制出现的世界经济，来源于一个欧洲的经济世界，或者说是一个以欧洲为中心的经济世界。倘若没有日本的有影响力的发展，没有中国令人瞠目结舌的苏醒，人们还将今天的世界经济视为欧洲经济世界的延伸。"①

在欧洲人的"地理大发现"之前，亚洲就已形成了相当发达的国际贸易网络。阿布－鲁霍德（Janet Abu-Lughod）总结说，在 13 世纪及此前很长时期，阿拉伯海、印度洋和中国南海已形成三个有连锁关系的海上贸易圈：最西边是穆斯林区域，中间是印度化地区，最东边是中国的"天下"，即朝贡贸易区。② 这三个贸易圈之间的联系虽然出现很早并且在不断加强，但是从大规模和经常性的贸易的角度来看，这种联系还不十分紧密。而欧洲与亚洲的经济联系，则更加疏松。到了 15 世纪末，欧洲人的"大航海时代"开始，欧洲和亚洲的经济联系有了突破性的进展。费尔南德兹－阿梅斯托（Felipe Fernandez-Armesto）指出："13 世纪中期以后，穆斯林中东衰落，三个新兴的中心——欧洲、印度和中国——成为以后 250 年来世界范围内最富活力和经济繁荣的地区。这三个地区制造并出口工业产品，如纺织品、武器、瓷器、玻璃以及金属器具等。就某些方面来说，穆斯林中东也可以排在第四位，但其实力则相对薄弱。"在这三个地区中，中国和西欧又是最重要的，但彼此之间却没有直接的贸易。因此"从罗马时代开始，欧洲人就一直想打进世界最富庶的交易市场，但一直处于难以突破的不利陆偏远角落的欧洲实在太穷。……哥伦布前往中国的计划，是一个有可能改变世界的扩张行动，到最后会使东方和西方的经济产生联结，进而整合成一个全球的经济体系"。

意义更为重大的是美洲的发现。费尔南德兹－阿梅斯托指出："1492 年那一年，不只基督教国度改头换面，整个世界也脱胎换骨。……我们置身的现代世界绝大部分始于 1492 年，所以对于研究全球史某一特定年代的历史学家来说，1492 年是很显而易见的选择，但实情是这一年却反常地遭到忽略。说到 1492

---

① 〔法〕雅克·阿达：《经济全球化》，何竟、周晓幸译，中央编译出版社，2000，第 7 页。
② Janet Abu-Lughod, *Before European Hegemony：The World System A. D. 1250 - 1350*, Oxford：Oxford University Press, 1989, pp. 251 - 253.

年，最常有的联想是哥伦布在这一年发现了前往美洲的路线，这可以说是改变世界的重大事件。从此以后，旧世界得以跟新世界接触，借由将大西洋从屏障转成通道的过程，把过去分立的文明结合在一起，使名副其实的全球历史——真正的'世界体系'——成为可能，各地发生的事件都在一个互相联结的世界里共振共鸣，思想和贸易引发的效应越过重洋，就像蝴蝶拍动翅膀扰动了空气。欧洲长期的帝国主义就此展开，进一步重新打造全世界；美洲加入了西方世界的版图，大幅增加了西方文明的资源，也使得在亚洲称霸已久的帝国和经济体走向衰颓。"①

到17世纪中期，世界大部分地区已经被欧洲人发现并被纳入全球贸易网络。因此，从15世纪至17世纪中期这两个半世纪被称为经济全球化进程的早期阶段，简称早期经济全球化阶段。

（二）东亚世界

经济全球化的开始，改变了整个世界。本文所说的"东亚世界"，也发生了天翻地覆的巨变。这里，要对"东亚世界"这个概念做一说明。

"东亚"是我们今天最常见到的词语之一，但是"东亚"的范围向无明确的界定。今日国际关系中所说的"东亚"，主要包括中国、日本、韩国三国；而在文化史研究中，"东亚"又往往是"儒家文化圈"的同义词，② 即中、日、韩三国加上越南。这些说法自有其合理性，但也存在一些问题。例如，包括中国、日本、韩国三国的"东亚"，主要是为了区别于包括中南半岛和南洋群岛的"东南亚"，因此往往又被称为"东北亚"。然而，如果把今天的中、日、韩三国称为"东亚"的话，"东亚"就等同于"东北亚"，越南、琉球以及整个东南亚就被排除在外了。然而，更大的问题还在于中国：中国是一个"东亚"国家吗？

在领土和人口方面，中国都是一个无与伦比的巨大实体。费尔南德兹－阿梅斯托说，在近代早期，"中国是当时世界所知最接近全球超级强权的国家，比它所有可能的敌国加起来还要大且富裕。……1491年官方统计的人口数据不到六千万，绝对大幅低估了实际数字。中国当时可能有多达一亿人口，而欧洲全部人口只有中国人口的一半。中国市场及产量的规模与其人口成正比，庞大的经济规

---

① Felipe Fernandez-Armesto, *1492—The Year the World Began*, Harper Collins e-books, 2009. 译文参见〔美〕菲立普·费南德兹－阿梅斯托《一四九二——那一年，我们的世界展开了!》，谢佩妏译，台北，左岸文化，2012，第8、216页。

② 因此之故，"儒家文化圈"也被称为"东亚文化圈"。

模使其他国家望尘莫及"。①史景迁（Jonathan Spence）说，到了明代后期的 1600 年时，"中国是当时世界上幅员最辽阔、人文荟萃的统一政权。其疆域之广，世界各国均难望其项背，当时俄国才开始形成统一的国家，印度则分别由蒙古人及印度人统治，墨西哥、秘鲁等古文明帝国则毁于疫疾肆虐与西班牙征服者。此时中国人口已逾一亿二千万，远超过欧洲诸国人口的总和"。② 就今天的情况而言，中国的陆地面积东西跨越 62 个经度，南北达到 49 个纬度，③ 超过整个东南亚地区④及东北亚主要国家朝鲜和日本的面积总和。疆域广袤的中国，除了与我们今天所说的东北亚、东南亚相邻外，也与北亚（或内亚）、中亚乃至南亚接壤或者邻近。

在中国巨大的领土内，包含了自然条件迥异的地区。黄俊杰认为现在通常所说的"东亚"包括中国大陆、朝鲜半岛、日本、中南半岛等地，主要原因是这个地区的气候、温度等"风土"有特殊性，即属于和辻哲郎所区分的三种"风土"类型（季风型、沙漠型、牧场型）当中的"季风型"地域。⑤ 然而，中国北部（长城以北）和西北部（兰州以西）的广大地区，在自然条件与中亚和内亚更加一致，属于干旱地域；西部和西南部的青藏高原以及云贵高原，大部分地区是高寒地域；东北部的自然条件则与今日俄罗斯的远东地区相似，属于北亚寒冷地域。这些地区的"风土"与中国内地（亦称 China Proper）有很大差异。即使是在中国内地，虽然都属于和辻哲郎所说的"季风型"地域，但中国的南方和北方之间也存在巨大的地域差别，以至于布罗代尔（Fernand Braudel）认为这个差别如此之大，可以说是"两个中国"。如果再进一步，看看中国的南方，那么还可以发现：在自然条件方面，位于最南方的珠江流域，与其说接近位于中部的长江流域，毋宁说更接近其南面的中南半岛。因此从这个意义上来说，中国不仅是一个东亚国家，同时也是一个东南亚、北亚和中亚国家，或者说是东部亚洲各地区（东北亚、东南亚、北亚、中亚）的集大成者。由于中国如此巨大和多

---

① Felipe Fernandez-Armesto, *op. cit.* 译文参照〔美〕菲立普·费南德兹 – 阿梅斯托《一四九二——那一年，我们的世界展开了！》，第 217 页。

② Jonathan Spence, *Search for Modern China*, New York：Norton, 1990, p. 7. 译文参照《追寻现代中国——最后的王朝》，台北，时报文化出版企业股份有限公司，2001，第 15 页。

③ 从东经 73 度到东经 135 度，北纬 4 度到北纬 53 度。

④ 今天的东南亚共有 11 个国家，即越南、老挝、柬埔寨、缅甸、泰国、马来西亚、新加坡、印度尼西亚、菲律宾、文莱和东帝汶，陆地总面积 447 万平方公里。

⑤ 黄俊杰：《作为区域史的东亚文化交流史》，《台大历史学报》（台北）第 43 期，2009 年。

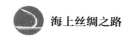

样，中国与亚洲其他部分的交流，也具有全方位的特点，交流涉及的地区也各不相同。①

本文所研究的地区是亚洲大陆东部地区，包括今天所说的东北亚、东南亚和中国三个区域。为了避免误解，使用"东亚世界"这个名词来称之。

（三）国际贸易

所谓国际贸易，就是国家之间的贸易，对于一个国家来说也就是外贸。既然是国家之间的贸易，就不能不谈谈国家。

前面已经谈到，全球史研究的对象是"跨越国境的历史"。进行全球史研究，就必须摆脱"国家"的观念。今天的国家基本上都是民族国家，但是"民族国家"是一个近代的现象。在世界历史的大部分时间内存在的"国家"，并不是今天的"民族国家"。在早期经济全球化时代的东亚世界，除了中国、朝鲜、日本以及安南在一定程度上具有"民族国家"的特点外，其他地区的众多政权都不具备这样的特点。② 至于在海上，那时也尚未有"公海"和"领海"的概念。因此，如果用今天的国家观念去研究那个时期的历史，就会产生对历史的误解。大概是出于这种理由，贡（Geoffrey C. Gunn）将前近代时期的亚洲历史称为"无国界的历史"。③ 本文所研究的东亚世界国际贸易，就发生在这样的历史环境中。

国际贸易之所以不同于国内贸易，是因为涉及国际贸易的各国（或者领土政权），在经济政策、语言、法律、风俗习惯以及货币、度量衡、海关制度等方面都不相同。由于这些差异，进行国际贸易有诸多困难。例如，因为贸易主体为不同国籍，资信调查比较困难；因涉及进出口，易受双边关系、国家政策的影响；交易金额往往较大，运输距离较远，履行时间较长，因此贸易风险较大；除交易双方外，还涉及运输、保险、银行、商检、海关等部门；参与方众多，各方

---

① 例如黄俊杰指出，中国与朝鲜或日本的交流活动，与其说是中朝交流或中日交流活动，不如说是江浙地区与日本的交流，或是山东半岛与朝鲜的交流，更具有历史的实体性。黄俊杰：《作为区域史的东亚文化交流史》，《台大历史学报》（台北）第 43 期，2009 年。

② 例如在北亚和中亚，不稳定的游牧帝国占主导地位。在东南亚，则主要是一种被称为"曼陀罗国家"的国家形式。关于这种"曼陀罗国家"，参见宓翠《古代东南亚国家对中国朝贡原因探析》，《东南亚南亚研究》2014 年第 1 期。

③ 贡氏新出的一本书，书名即 *History Without Borders: The Making of an Asian World Region, 1000 – 1800*（Hong Kong University Press, 2011）。

之间的法律关系较为复杂。因此即使在今天，国际贸易也比国内贸易更困难，同时商业风险也大于国内贸易。至于在前近代时期，情况就更为严峻了。

首先，在交通运输方面，连接东亚世界与外界的主要陆上交通线是著名的丝绸之路，一路上尽是高山、大漠、草原、荒野，大多数地方人烟稀少，许多地方人迹罕至，旅途极尽艰难。马可波罗行经罗布荒原时，从荒原的最窄处穿过也需要一个月时间。倘若要穿过其最宽部分，则几乎需要一年的时间。人们要过此荒原，必须准备能够支持一个月的食物。在穿越荒原的三十天的路程中，不是经过沙地，就是经过不毛的山峰。特别是帕米尔高原，沿高原走十二日，看不见一个居民。此处群山巍峨，看不见任何鸟雀在山顶上盘旋。因为高原上海拔高，空气稀薄，食物也很难煮熟。直到 17 世纪初，葡萄牙传教士鄂本笃（Benoitde Goes）沿着丝绸之路从印度经中亚来中国，旅程依然非常艰险。在翻越帕米尔高原时，由于天气寒冷、空气稀薄，人、马几乎不能呼吸，因此致死者比比皆是，人们只有靠吃蒜、葱或杏干来抵御。他们经过了一段最恶劣的道路，在滕吉巴达克（Tengi-Badascian）山附近损失了大量财物和马匹，在翻越撒克力斯玛（Sacrithma）高山的时候又冻死了许多同伴。在与盗贼、火灾、山岭、风雪相争斗后，1603 年 11 月末，这支商队终于到达目的地——喀什噶尔（Cascar）的都城鸭儿看城。此时距鄂本笃等离开果阿东行，恰为一年。鄂本笃所带的马有六匹死于冻饿困乏。①

陆路情况如此，海路成了国际贸易的唯一另外选项。在亚洲东部海域，海上交通很早就已开始，但是由于造船和航海技术尚未取得重大进步，海船基本上只能做近岸航行。在东海海域，尽管中国和日本之间仅隔着黄海，向来称为"一衣带水"，但是直到唐代，中日之间的航行仍然充满风险。高僧鉴真大师东渡日本，启行六次，失败五次，第六次乘坐日本遣唐使船航行成功，但也备极艰难，海上航行历时两个月，而且同行的船只中，遣唐使藤原清河与学者阿倍仲麻吕乘坐的船先触礁，后又遇偏北风暴而漂至安南，全船 180 余人，死了 170 余人，仅藤原清河与阿倍仲麻吕等十余人幸免于难。

在南海海域，情况要好一些，但是也充满风险。东晋高僧法显在西元 411 年自狮子国（今斯里兰卡）归国，走的就是这条路线。他先乘船穿越马六甲海峡，

---

① 盛丰、伭晓笛：《一次不平凡的远游——记 17 世纪初耶稣会修士鄂本笃的中国之行》，《西域研究》2002 年第 4 期。

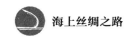

绕行东南亚半岛，然后北上。他登上一艘返航的中国商船，在海上漂泊 90 日，抵达耶婆提国，停留 5 个月等候季风，后搭乘另一商人大船启程返国，在海上颠簸了近三个月，最后才到达了今山东半岛的青州长广郡界。到了宋元时代，海上丝绸之路上的贸易有了重大进展，但依然是一条风险很大的航路。

其次，前近代时期的世界上，各个国家（或政权）的领土往往没有明确的边界（即国界），因此出现许多管辖权不清的地方。不少地区在若干时期甚至没有国家（或政权）管治，成为政治管辖的真空地区。这种情况，使得国际贸易成为高风险的事业。

前近代时期国际贸易中的商品主要是价格昂贵的奢侈品。到了早期经济全球化时代，情况有所改变，但是如波多（Michael D. Bordo）等指出的，16 和 17 世纪国际贸易的一个重要特征，是贸易的商品种类仍然主要集中于那些非竞争性的商品，特别是那些只有某些特定地区才能生产的地方特产。[1] 由于这些商品的特殊性，运到销售地的价格也十分昂贵。这样一来，从事国际贸易的商队更加成为沿途盗匪垂涎的目标。

在丝绸之路沿线，政治状况很不稳定，盗匪横行，洗劫商旅，杀人劫财，乃是常情。即使是治安相对较好的蒙古帝国时代，从马可波罗的记述来看，盗匪依然不少。蒙古帝国瓦解后，中亚地区大多数时期处于混乱状态，成为商旅的高风险地区。海上国际贸易的交通运输情况也非常不理想。由于前近代时期不存在"公海"和"领海"的概念，海岸之外的海域都处于无人管理的状态，因此航行安全也没有保障。特别是连接东亚世界与外界的海上丝绸之路，由多条航段组成，这些航段大都沿海岸或者离海岸不远，容易受到海盗的侵袭，因此海上贸易也充满风险。

最后，在前近代时期的国际贸易中，由于没有国际法和国际公约一类共同的游戏规则，因此一旦商业纠纷出现，在大多数情况下，就只有靠纠纷发生地的统治者的意志来解决，而这些统治者往往对过往商旅横征暴敛，"雁过拔毛"。

因为以上原因，商人只能结成大团伙，方能进行国际贸易。荷兰人白斯拜克于 1560 年奉日耳曼皇帝查理五世之命，出任驻奥斯曼帝国使节。他在伊斯坦布尔见到一位游历中国的土耳其麦沃拉纳教派的伊斯兰传教士。此教士讲了他去中国的经历。他加入了进行丝绸之路贸易的商队（Caravan）。这个商队规模颇大，

---

① Michael D. Bordo, Alan M. Taylor & Jeffrey G. Williamson eds, *Globalization in Historical Perspective*, Chicago: The University of Chicago Press, 2003.

原因是路上艰难险阻，非结大队不可，小群不得通过。他们一直行抵中国嘉峪关后，方得安全，沿途每日有站可停，并供食宿，"取价低廉"，再行多日乃抵北京。① 明末鄂本笃从印度启程前往中国，情况也是如此。他在拉合尔随同商队出发去喀布尔，同行的有 500 人，已有相当的自卫能力，但途中遇到盗匪，多人受重伤，鄂本笃和其他几人逃到树林里才得以脱险。在海上，情况也大致如此。为了对付盗匪和官府的劫掠和勒索，商队必须提高自卫能力和公关能力，成为拥有相当可观的武力和借助政治力量的团体。一方面，携带武器，雇用卫队，以对付小股盗匪；另一方面则寻求沿途各种地方政权的保护，携带大量贵重货品，向官员和地方首领行贿，并忍受沿途政权的勒索。

由于以上情况，前近代和近代早期的国际贸易，不仅与今天的国际贸易迥异，也与当时各国的国内贸易有很大的不同。这种不同当然也使得从事国际贸易的商人自有特色。

二　前近代与近代早期国际贸易中的商人

15 至 17 世纪前半期东亚世界国际贸易中的商人尽管有自己的特色，但他们终究还是商人，是一种前近代时期国际贸易中的商人。因此在讨论关于 15 至 17 世纪前半期东亚世界国际贸易中的商人这个问题之前，我们首先需要弄清什么是商人，什么是前近代时期国际贸易中的商人。

所谓商人（merchant），就是从事商品买卖的人。他们买卖的商品，一般数量较大，可以从中获利。因此《现代汉语词典》对"商人"的解释是"贩卖商品从中获取利润的人"。② 在英文中，几部最权威的词典对 merchant 的解释也与此大同小异。③ 但是这个关于商人的普通定义，并不完全适用于前近代时期的商人。

---

① 杨兆钧：《中土文化交流的历史回顾》，《思想战线》1986 年第 2 期。
② 中国社会科学院语言研究所词典编《现代汉语词典》（第 6 版），商务印书馆，2012。又，中国古代亦称商人为贾人，《现代汉语词典》对"贾人"的解释为"做买卖的人"。
③ 例如，*Merriam-Webster Dictionary* 的解释是 "someone who buys and sells goods especially in large amounts"（http：//www. merriam－webster. com/dictionary/merchant）；*Oxford Dictionary* 的解释是 "A person who buys and sells goods in large quantities，especially one who imports and exports goods"（http：//www. oxforddictionaries. com/definition/learner/merchan）；*Cambridge Dictionary* 的解释是 "a person whose job is to buy and sell products in large amounts，especially by trading with other countries"（http：//dictionary. cambridge. org/dictionary/british/merchant）。

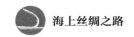

首先，在前近代时期（特别是在古代）世界许多地方，虽然商人也是从事较大数量的商品买卖的人，但是他们具有一种特殊的身份，是一个特殊的社会群体。在西欧古典时代（希腊－罗马时代），商人是一个社会地位低下的阶级。到了中世纪，商人仍然受到主流社会的歧视，往往只有犹太人等被排除于主流社会之外的族群才成为商人。这些人被挤到社会的边缘，即如马克思所言，他们"只存在于古代世界的空隙中，就象伊壁鸠鲁的神只存在于世界的空隙中，或者犹太人只存在于波兰社会的缝隙中一样"。①

依照中国古代的"四民观"，商人也被放于最下的位置。秦汉时期曾实行歧视商人的政策，② 商人被列入"商籍"（或"市籍"），在出仕等方面受到歧视。一直到明代初年，这种"贱商"的传统还可以看到。③ 从这个意义上来说，商人是一种社会地位低下的人，尽管各个时期（特别是明代中后期）情况有很大不同，而且实际情况往往是"法律贱商人，商人已富贵矣；尊农夫，农夫已贫贱矣"。因此前近代时期的"商人"不仅是一种职业身份，而且是一种社会身份。

其次，在今天，商人是专门从事商业贸易活动的人，但是在前近代时期，各种不同的人都可以从事商业，这就导致了"谁是商人"的问题。

首先指出这种情况的人是司马迁。司马迁在不朽名著《史记》中专门设了一篇《货殖列传》，这在中国史籍是空前绝后的。④ 司马迁从先秦至西汉的众多商人中选取了 20 人，为之立传，此外尚有"诚壹致富"的 10 人，则只记其名姓。若并计之，共计 30 人。这 30 人包括如下的几种人：（1）专事商品交换的人，如范蠡、子贡、白圭、刀间、宣曲任氏……他们在市场上，依积著之理，以物相贸，买贱卖贵。（2）既从事商品生产，也从事商品交换的人。如曹邴氏"以铁冶起……贳贷行贾遍郡国"；如程郑"冶铸，贾椎髻之民"；如宛孔氏"大

---

① 《马克思恩格斯全集》第 23 卷，人民出版社，1970，第 96 页。
② 《史记》（中华书局，1959）卷 30《平准书》：汉初"天下已平，高祖乃令贾人不得衣丝乘车，重租税以困辱之。孝惠、高后时，为天下初定，复弛商贾之律，然市井之子孙亦不得仕宦为吏"。
③ 例如洪武二十年规定："农家许着绸纱绢布，商贾之家，止许着绢布。如农民之家，但有一人为商贾者，亦不许穿细纱。"到了正德元年，还重申"禁商贩、吏典、仆役、倡优、下贱皆不许服用貂裘"。参见张海英《明中叶以后"士商渗透"的制度环境——以政府的政策变化为视角》，《中国经济史研究》2005 年第 4 期。
④ 李埏先生对此做出这样的评价："在我国浩如烟海的古代史籍中，记述商品经济者极为鲜见。《史记》有《货殖列传》一篇是绝无而仅有的古代商品经济史专著。"李埏：《〈史记·货殖列传〉时代略论》，《思想战线》（云南大学人文社会科学学报）1999 年第 2 期。

鼓铸……因通商贾之利"。其他冶铁、煮盐……的人，虽未明言从事商品交换，但都是为市场而生产，是不能不交换的。（3）从事服务性行业致富的人。如洒削的郅氏、胃脯的浊氏、马医的张里。列传中但举其姓名，未为之立传。（4）经营借贷的子钱家。其著者如富埒关中的长安无盐氏。李埏先生总结说：中国古代的所谓的商人，不仅指从事"废居""积著"的贾人，也包括从事煮盐、冶铁……兼营产销的企业主，即《史记》所称的从事"货殖""末业"的人们。他们不是一个单纯的集体，而包括了各种各样的人。① 在先前，由于中国尚未统一，上面的商人中，有许多因为从事的是跨国（即跨越诸侯国）的贸易，也可以被视为当时从事"国际贸易"的商人。由此可知，前近代的国际贸易商人，也如同从事国内贸易的商人一样，具有多种多样的身份。

这种情况也出现在中世纪后期和近代早期的西欧。拉布（T. K. Rabb）指出，在近代早期的英国，人们尚未对"商人"（merchant）一词做清晰的界定。即使限制在对外贸易范围内，"商人"这个群体也包括了广泛的内容，从地方商人到伦敦的大商贾，而所谓"地方商人"则包括小贩和手工艺人。②

由此可知，前近代时期的商人包括许多不同类型的人。虽然他们的社会身份和政治地位有很大差别，但是有一个共同点，即从事商品交易并从中获利。在此意义上，他们都可以称为商人。

到了近代早期，情况发生了很大的变化，各种各样的人都卷入商业活动，人数急剧增加，使得商人的种类更为复杂。同时，在近代早期，不仅国际贸易空前活跃，技术（特别是航海技术和军事技术）也取得长足进步和广泛传播，使得国际贸易中的纠纷急剧增加，冲突也日益剧烈。在此情况下，商人进行国际贸易，必须更加依靠武力自卫和战胜敌人，不论这种武力是商人自己拥有的还是借助于国家（或其他团体）的。因此我们可以看到，在这个时期，各地从事国际贸易的商人，都采取不同的方法，把自己变成武装商人。例如，在印度洋的国际纺织品贸易中，位于南印度的凯科拉（Kaikkoolar）商人团体，早在 17 世纪之前很久就建立了强大武装，和竞争对手进行战斗。因此麦因斯（Mattison Mines）

① 李埏：《论中国古代商人阶级的兴起——读〈史记·货殖列传〉札记》，《中国经济史研究》2000 年第 2 期。

② Theodore K. Rabb, *Enterprise and Empire-Merchant and Gentry：Investment in the Expansion of England*, *1575 – 1630*, Cambridge, Mass. : Harvard University Press, 1967, p. 10. 参见何顺果《特许公司——西方推行"重商政策"的急先锋》，《世界历史》2007 年 1 期。

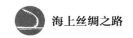

称他们为"武士商人"（Warrior Merchants）。① 更重要的例子是中世纪晚期和近代早期的西欧商人。他们出海贸易，不仅拥有强大的武力，而且往往得到国家的支持，因此不仅自卫，而且劫掠其他国家的商船。因此之故，他们到底是商人还是海盗，一直争议不断。在今天，海盗（Pirates）一词指的是在海上掠夺他人财物的犯罪分子。② 但是在近代早期的英国，海盗（也被称为"海狗"即 Sea Dogs）并未被视为罪犯。③ 若是结合国家权力进行掠夺行为，海盗就称为"探险家"或"商人冒险家"，被视为英雄；而若在与国家权力无关的情况下进行掠夺，则被视为犯罪分子，必须接受法律制裁。类似的情况也出现在其他地方，例如北欧海盗维京（Viking）人、英国诗人拜伦叙事诗中的主角——地中海海盗（Corsairs）、加勒比海上令人闻风丧胆的西印度海盗（Buccaneers），以及日本战国时代广为人知的濑户内海"水军"和东海的"倭寇"等，在性质上也如此。④

由于近代早期国际贸易的特点，只有具有相当实力和规模的商人团体，才能够从事这种高风险的贸易，而且他们与各种形式的政治力量有着密切的关系，寻求这些政治力量的保护，或者利用这些政治力量以谋取最大利益。而在各种政治力量中，最重要的是国家（或者不同形式的政权）。国家政权在中国传统观念中通常被称为"官"，⑤ 而与"官"相对的概念是"私"。⑥ 因此，依据"官""私"这两个概念，这些商人团体大致可以分为以下几类：

1. 官商。这里所说的官商，包括两类：第一，由一个国家的政府（或者一个部族政权）派遣，代表该国（或者该部族）与外国进行贸易的商人；第二，虽非一国政府（或者一个部族政权）派遣，但得到该国政府（或者该政权）授

---

① Mattison Mines, *The Warrior Merchants*: *Textiles*, *Trade and Territory in South India*, Cambridge University Press, 1985, p. 150.

② 根据《联合国海洋公约》（United Nations Convention on the Law of the Sea）第 101 条，"海盗行为"指在"公海"或其他"不属于任何国家管辖权范围"的地域，"基于个人目的，对私人船舶及航空器上之船员或旅客，施以任何非法暴力、留置或掠夺之行为"。因此"海盗行为"就是在"公海"上采取的"暴力行为"与"掠夺行为"。

③ 为了将海盗行为合法化、正当化，英国人发明了"探险家"（Explorers）、"航海家"（Mariners）、"商人冒险家"（Merchant adventurers）等名词来称呼海盗，将进贡王室的海盗船称为"私掠船"（Privateers），将王室涉入甚深的海盗行为合法化。

④ 竹田いさみ《盗匪、商人、探险家、英雄？——大航海时代的英国海盗》，萧云菁译，台北，台湾东贩股份有限公司，2012，第 3 页。

⑤ 由此衍生出"官府""官家""官方"等概念。

⑥ 在文献中，与"官"相对者亦可为"民"。但是从法律的角度来看，"私"可能更为准确一些，因此唐代法律中就有"官有政法，人从私契"的套语。

权和支持进行国际贸易的商人。

2. 私商。这里所说的"私商"，就是不由一国政府（或部族政权）派遣并代表该国进行国际贸易的商人。因此，有些官员未经该国政府派遣而自己私下与外国进行贸易，这时他们也属于"私商"。在"私商"这个范畴中，还可以分出"普通商人"和"海盗商人"两个大类。在国际贸易中，有些商人更多地依靠人际关系网络，通过所涉及地区的政府（或政权）解决贸易中的问题，并获得保护；而另外一些商人则更多地依靠武力自卫或者打击对手。前一类商人，这里称为普通商人，后一类商人则称为海盗商人（这里所说的"海盗商人"也包括陆地上的同类商人）。

3. 军商。这个名词是我本人发明的，指的是商业与军事力量的结合而成的一种特殊的商人组织。麦尼尔（William H. McNeil）说，在 1300—1600 年地中海地区的商业化战争中出现了一种"军事－商业复合体"（military-commercial complex）。因其在战争卓有成效，而后传播到新的领域。① 这种复合体的主要特征，是商人与国家形成了彼此紧密结合的利益共同体，国家为商人提供武力支持，商人则为国家攫取海外财富和殖民地。换言之，商人在国家的支持下，不仅积极开展国际贸易活动，而且用武力建立海外殖民地。在近代早期的东亚世界，情况颇为复杂。一方面，欧洲人将其"军事－商业复合体"带到了东南亚许多地区，建立了殖民地；另一方面，东亚世界的一些海盗商人团伙通过武力，逐渐建立起自己的政权，对其占领下的地方实行统治，并以此为基地开展海外贸易。这种政权基本上处于独立或者半独立的状态，与本国关系颇为复杂，有时对抗，有时合作，而不像欧洲的那种"军事－商业复合体"都是与本国政府密切合作并得到政府的大力支持。因此，在 15 至 17 世纪中期的东亚世界国际贸易中，有两种"军事－商业复合体"，第一种是欧洲人建立的、得到本国政府大力支持的"军事－商业复合体"，第二种则是东亚世界本地人建立的未得到本国政府支持的"军事－商业复合体"。在本文中，我把这两类"军事－商业复合体"中的商人都称为"军阀商人"，简称"军商"。这里要提醒读者：这里所说的"军商"并非"军人经商"或者"经商之军人"之意，而是"军事－商业复合体"。

这种"军商"夺取或者控制了范围大小不一的地区，形成了一种独立或者

---

① William H. McNeil, *The Pursuit of Power: Technology, Armed Force, and Society since A. D. 1000*, Chicago: The University of Chicago Press, 1982, p. 117.

半独立的政治军事实体，但是与以往的征服者夺取新的土地建立的政权不同，这种"军商"政权主要目标是从事或者扩大国际贸易，掌握或者控制国际贸易的霸权。"军商"的这种特殊的性质，只有在近代早期的世界才看得到。

三 15至17世纪前半期东亚世界国际贸易中的商人

在上节中，我们对近代早期国际贸易商人的情况做了归纳性的分析，在本节中，通过一些实例，对15至17世纪前半期东亚世界国际贸易中各类商人的情况逐一进行简要讨论。

1. 第一类"官商"，即由一个国家政府（或者一个部族政权）派遣，代表该国（或者该部族）与外国进行贸易的商人。

这类商人的最典型的例子，见诸明朝与朝鲜的朝贡贸易中。在15至17世纪前半期的东亚世界，只有中国和朝鲜两国是统一并且拥有中央集权的政治制度和官僚体系的国家，因此在某种程度上来说是唯一两个具有民族国家初期特征的国家。[①] 因此之故，两国之间的关系也最为正规化，朝贡贸易具有清楚的国际贸易的特征。从事这种贸易的是外交使团，由国家派遣并且为国家进行贸易，因此是典型的"官商"。关于这些问题，学界已有深入的研究，因此我就不班门弄斧了。这里主要谈谈不同政权之间的朝贡贸易中的官商问题。在这方面，明朝与东北女真人之间的朝贡贸易是很有代表性的。

明代的女真是在明朝宗主权监护之下的半独立地方政权。明朝与女真之间的贸易也主要是朝贡贸易。在女真方面，只有具有特殊的身份的商人才能够从事这项贸易，主要由具有进京朝贡资格的女真各部首领组成。他们既是各部族的首领，又是明朝设置的地方官，而且必须拥有明朝授予的敕书，才能获得从事朝贡制度与马市贸易的特权。这种身份决定了他们所从事的商业活动与政治权力之间有密不可分的关系。[②] 从这个意义上来说，他们也是官商，即由部族政权派遣并代表部族政权从事与明朝贸易的商人。

2. 第二类"官商"，即虽非一国政府（或者部族政权）派遣并代表该国

---

① 另外两个重要的国家安南和日本，在此时期的大部分时间中都未统一，也未建立起中央集权的政治制度和官僚体系。

② 栾凡：《明代女真社会的商人群体》，《社会科学战线》2005年第4期。

（或者该政权），但得到该国政府（或者该政权）授权和支持进行国际贸易的商人。这类商人在中亚（即西域）各国（或地方政权）与明朝的贸易中非常活跃。

明朝与西域各国（或政权）的朝贡贸易具有四个特点：（1）使团人数众多，少则几十人，多则三四百人；（2）进贡的方物数量大，少则几十、几百匹马驼，多则三千，甚至六千匹马；（3）明朝中央政府回赐的物品数额大，赏赐钞锭数由两万、三万至六万余，一次赐绢多达一千余匹；（4）朝贡贸易持续时间长，几乎与明朝相始终。这种朝贡贸易是典型的官方主导的经贸行为。①

在大多数情况下，从事这种朝贡贸易的商人主要是一些与西域各国（或地方政权）统治者有密切关系的商人家族。典型的例子之一是 15 世纪后期和 16 世纪初活跃于丝绸之路上的写亦虎仙家族。写亦虎仙是哈密回回首领，曾充当使臣，周旋于哈密与明朝、吐鲁番之间。弘治十年（1497），哈密地方统治者派遣写亦虎仙等人为使臣，向明朝进贡。写亦虎仙等至京后，礼部悯其流寓之穷，计其驼马方物价值，给赐段绢五千余匹。写亦虎仙熟知明廷给赐规则，对礼部薄减衣服彩段做法不满，在赏赉已毕、买卖已完情况下，仍辗转延住，奏讨不已。②作为哈密的使臣，他不是以加强哈密与明朝的联系为目的，而是以追求财富为目的，充分显示出他的商人本性。这是丝绸之路贸易家族的重要特征。③写亦虎仙家族通过这种朝贡贸易，在甘州、肃州等地积累了大量财富。这种贸易家族与明朝政府、西域地方政权之间的关系非常复杂。写亦虎仙是哈密卫故都督佥事赛亦撒隆之侄，也是哈密人火辛哈即的女婿，他的女儿嫁给了土鲁番速檀（苏丹）阿黑麻的使臣火者马黑木。其岳父火辛哈即也把另一女儿嫁给了阿黑麻的亲信牙木兰；牙木兰又以妹嫁火辛哈即侄亦思马因。这种亲戚复亲戚的关系形成了盘根错节的家族网络。④当时西域的国际贸易主要就是通过这种家族网络进行的。

值得注意的是，写亦虎仙既充当哈密统治者的使臣与明朝交涉，得到明朝的赏赐与官职，又充当明朝甘肃守臣彭泽的使臣，被派往敌对的吐鲁番进

---

① 杨林坤：《论明朝西域朝贡贸易政策的得失》，《中南民族大学学报》（人文社会科学版）2014 年第 2 期。

② 《明孝宗实录》卷一二九，弘治十年九月戊午，台北，中研院历史语言研究所，1962。

③ 张文德：《明代西域朝贡贸易家族的兴衰——以写亦虎仙家族为例》，《学海》2012 年第 1 期。

④ 张文德：《朝贡与入附——明代西域人来华研究》，兰州大学出版社，2013，"结语"。

行交涉。① 其经历表明，在明朝的朝贡贸易体制下，只有充当使臣才能谋取更多的经济利益。他虽是哈密回回首领，但只能在哈密地方统治者忠顺王和都督奄克孛剌名义下作为进贡使臣出使明朝，或者充当明朝使臣出使吐鲁番，从而发财致富。因此这种商人不是普通的商人，而是得到政府支持、具有官方身份的商人，亦即本文所说的第二种类型的"官商"。

3. 第一类"私商"，即主要采取和平手段进行国际贸易的普通商人。在 15 至 17 世纪前半期东亚世界国际贸易中的普通商人，以福建海商为最典型。

早在半个世纪以前，恩师傅衣凌先生就对明代福建海商做了开拓性的研究。他在研究中指出，明代初期，福建海商受着贡舶贸易的支配，仅做被动的、消极的经济活动。经过长期的发展演变，到了成化、弘治时期，他们已不和从前一样了，而是积极地直接参加海上贸易活动，以自由商人的姿态出现，并大大地扩大了活动范围。到了嘉靖时期，民间造巨船下海通番已蔚然成风，导致沿海社会经济出现很大变化，从而引起明朝政府严重关注，在《明实录》就有许多关于这方面问题的记载。② 这种"自由商人"不仅得不到政府的支持，而且往往受到政府的限制和打击，因此是典型的普通"私商"。

因此，海上贸易需要有较大的资本。海船的建造和维修都需要大量资本，③海上航行需要众多船员水手，必须为他们提供生活必需品并支付薪金，在各停泊港口需要支付各种费用，再加上海上贸易是一种高风险的活动，为了应对风险，也需要大量资本作为事实上的保证金。傅衣凌先生认为，在当时的社会条件下，能具备这种财力者，不是地主便是官僚，因此这种私商基本上都是地方上的豪门大姓。④当然也有普通商人采取合作的方式造船和出海贸易，典型的做法是集资造船，合

① 写亦虎仙在交涉过程中向吐鲁番许诺，说明朝将予吐鲁番统治者 1500 匹缎子的赏赐。吐鲁番统治者认为写亦虎仙既为明朝使臣，其许诺可以看作明朝甘肃守臣的授权；即使没有授权，因其使臣身份，他做出的许诺也代表明朝的意思。因此之故，吐鲁番统治者去向明朝索要这些缎子。但这个许诺未得到明朝的认可，以致引发甘肃之变，写亦虎仙也被明朝逮捕。但是他在北京结纳佞臣，得到明武宗的青睐，不仅免罪，而且飞黄腾达。明世宗即位后，他被逮捕，病死狱中。

② 傅衣凌：《明代福建海商》，《明清时代商人与商人资本》，人民出版社，1956。

③ "造船费可千余金，每往还，岁一修辑，亦不下五六百金。"《明世宗实录》卷五十四，"嘉靖四年八月甲辰"条，台北，中研院历史语言研究所，1965。

④ 这类记载颇见于明代史料，例如"成弘之际，豪门巨室，间有乘巨舰贸易海外者"（张燮：《东西洋考》卷七《饷税考》，中华书局，1981）；"湖海大姓私造舰，岁出诸番市易，因相剽杀"（何乔远：《闽书》卷六十四《文范志》，福建人民出版社，1994。此条系记成化间事）。

伙经营。① 这种情况相当普遍，在明代小说中也有反映。② 这些私商出海后，大多是凭借自己的关系网进行贸易。③ 不过，如同前面已经谈过的那样，由于在当时的海上贸易中尚未有国际安全机制，因此商船出海，往往要寻求拥有强大武力的海上武装集团的保护，成为这些武装集团控制的商船。

4. 第二类"私商"，即拥有相当强大的武力、亦商亦盗的商人。

15 至 17 世纪中期东亚世界的国际贸易，由于尚未有国际法规约束，处于一种无序的状态。彼此竞争的商人，或者为了自卫，或者为了打击竞争对手，往往借助武装集团的力量，因此与形形色色的武装集团之间存在一种非常密切的关系。这种关系在海上国际贸易中尤为明显，使得"海商"和"海盗"之间很难有一个明确的区分。

谈到 15 至 17 世纪前半期东亚世界的海盗，大家都会想到肆虐东亚海域的倭寇。关于倭寇问题的研究，学界的研究成果已非常丰富，此处不拟赘述。这里要问的是：当时东亚海域中的"倭寇"和海商之间是什么关系？

依照学界较新的看法，"倭寇"包括"前期倭寇"和"后期倭寇"。前期倭寇主要活动在 14 世纪至嘉靖三十一年（1552），成员基本上是被称为"西日本恶党"的日本人；而后期倭寇（日本通常称之为"嘉靖大倭寇"）是嘉靖三十一年以后活动的海盗，其成员不仅有日本人，也有中国人，甚至中国人可能还占多数。④ 倭寇

---

① 史籍称："闽广奸商惯习通番，每一舶推一豪富为主，中载重货，余各以己货市物往，牟利恒百余倍。"（周玄暐：《泾林续记》，中华书局，1985）"商船则土著民醵钱造船，装土产，径望东西洋而去，与海岛诸夷相贸易。其出有时，其归有候。"（顾炎武：《天下郡国利病书》卷九十三《福建三》，《顾炎武全集》，中华书局，1984）"（海）澄之商舶，民间醵金发舷艎，与诸夷相贸易，以我之绮纨磁饵，易彼之象玳香椒，射利甚捷，是以人争趋之"；"夫一船，一商主司之，即散商负载而附者，安能逃其耳目"（张燮：《东西洋考》卷七《饷税考》）。

② 如《初刻拍案惊奇》卷一《转运汉遇巧洞庭红，波斯胡指破鼍龙壳》所说的故事："有几个走海泛货的邻近，做头的无非是张大、李二、赵甲、钱乙一班人，共四十余人，合了伙将行。"

③ 其情况即如《转运汉遇巧洞庭红，波斯胡指破鼍龙壳》所描绘的那样："忽至一个地方，舟中望去，人烟凑集，城郭巍峨……元来是来过的所在，名曰吉零国。……众人多是做过交易的，各有熟识经纪、歇家。通事人等，各自上岸找寻发货去了。"回国时到了福建，"才住定了船，就有一伙惯伺侯接海客的小经纪牙人，攒将拢来，你说张家好，我说李家好，拉的拉，扯的扯，嚷个不住。船上众人拣一个一向熟识的跟了去，其余的也就住了"。

④ 史称"大抵真倭十之三，从倭者十之七"。这些真倭、假倭相互利用，"倭奴借华人为耳目，华人借倭奴为爪牙，彼此依附"（张廷玉等：《明史》卷三百三十二《日本国》，中华书局，1977）。"倭夷之蠢蠢者，自昔鄙之曰奴，其为中国患，皆潮人、漳人、宁绍人主之也。"〔谢杰：《虔台倭纂》上卷，北京图书馆古籍珍本集刊（10），书目文献出版社，1990〕

的大头目往往是中国人，最有名的就是许栋（许二）、汪直（亦作王直）、李旦（李光头）等。如果对这些人的经历进行仔细分析，可以看到，首先，他们不是单纯的海盗。之所以被称为海盗，是因为明朝的海禁政策致使他们的海上贸易难以进行，导致他们与明朝政府发生冲突。他们本来大多是从事海上国际贸易的商人，而非一开始就是海盗。例如汪直本是徽商，后来参加许栋的海上走私集团。浙江巡抚朱纨发兵攻剿许栋集团，许栋兄弟逃亡，汪直收其余众，进而发展成为海商武装集团的首领。其次，他们的贸易活动范围广阔，囊括了东亚海域，是一种真正的国际贸易。例如许栋与弟许三先在马六甲建立起交易网，然后与留在国内的许四、许一等合伙进行走私贸易。汪直当初南下广东，造巨舰贩运硝黄、丝绵等抵日本、东南亚各地，他本人也"历市西洋诸国"，在阿瑜陀耶、马六甲和中国之间往来，由此结识了才到东南亚不久的葡萄牙人。嘉靖二十年（1541），他和三名葡萄牙人带领上百名番商从暹罗乘船北航双屿港，结果被暴风雨冲飘到日本种子岛，从而和日商建立起贸易关系。由此可见，许多"倭寇"实际上是一些亦商亦盗、从事国际贸易的商人。

在当时，海商和海盗之间并没有明确的界线。二者的角色是经常相互转换的，正如通晓倭寇问题的万历时人谢杰所言："寇与商同是人，市通则寇转为商，市禁则商转为寇。"① 在近代早期国际贸易中，亦商亦盗的海商乃是常见的角色。

5. 第一类"军商"，即得到本国政府支持的"军事－商业复合体"中的商人。

15 至 17 世纪中期东亚世界的海域是一个无法无天的混沌世界，在其中进行国际贸易非常艰难。然而正是在这个时期，国际贸易有了突飞猛进的发展。为了保障国际贸易的进行，一些实力强大的组织企图建立一种国际贸易赖以进行的秩序，创造一个相对有序的国际环境。在当时的国际条件下，只有用武力才能做到这一点。因此之故，就出现了一种"军事－商业复合体"，亦即本文所说的"军商"。

第一类"军商"最典型者，是荷兰东印度公司。1597 年，荷兰第一支远征队成功从东南亚返回国内，荷兰掀起前往东南亚贸易的高潮，被称为"航海狂"时期。② 在此背景下，荷兰东印度公司应运而生，成为早期经济全球化时代最重要的国际贸易机构之一，即如沃勒斯坦（Immanuel Wallerstein）所言："东印度公司的贸易

---

① 谢杰：《虔台倭纂》上卷。
② 〔英〕D. G. E. 霍尔：《东南亚史》上册，中山大学东南亚历史研究所译，商务印书馆，1982，第 362 页。

在 17 世纪时，可能是荷兰的商业扩张中最富有戏剧性和最为辉煌的一个方面。"①

　　荷兰东印度公司②成立于 1602 年 3 月 20 日，1799 年解散，是世界上第一家股份有限公司，主要从事与东亚世界（特别是中国）的贸易。然而，这家公司绝非一个单纯的贸易机构，而是一个拥有强大武力的商业 – 政治实体，也就是上面所说的"军事 – 商业复合体"。

　　荷兰东印度公司从成立伊始就得到荷兰政府的大力支持。荷兰议会授予该公司各种特权，给予它垄断从好望角以东至麦哲伦海峡之间陆地和海域的航海及贸易特权，并授予对所占领地区的统治权（立法、行政权）以及对外宣战、媾和、缔约的权力。公司对外只要以荷兰摄政总督的旗帜代替公司的旗帜，公司的商船即可成为代表国家的战船；而外国商业竞争对手若有激怒公司的行为，也可被该公司解释成对荷兰国家的冒犯。公司所属职员（包括贸易、军事、司法等人员）在就任之前，必须对荷兰议会与公司宣誓效忠，议会有权听取公司报告经营状况，干预公司高级职员的任免。不仅如此，公司的原始股东与政府官员通常属于同一集团，因此范岱克（Paul Arthur Van Dyke）指出，荷兰东印度公司是结合公司与国家共同利益的组织。③

　　东印度公司不仅是一个贸易公司，而且是一个军事 – 政治组织。仿照东印度公司本部的制度，公司在东亚地区建立了东印度评议会，可自行决定贸易政策，并拥有在亚洲自行开战的权力。公司拥有强大的武力，其舰队在广阔的大洋上与葡萄牙、西班牙、英国、中国以及东南亚一些国家或政权进行了多次战争。后世史学家评论东印度公司说，该公司的特点是"左手拿着账册，右手拿着刀剑"，这就是"军事 – 商业复合体"的最好写照。到了 1669 年，该公司不仅是世界上最富有的私人公司，而且是一个强大的海上强权，拥有 150 艘武装商船和 40 艘战船，1 万名士兵。公司以巴达维亚为主要司令部，其次为锡兰、马六甲、爪哇、马来西亚群岛等地，在好望角也筑有驿站，为途经的船舶添加燃料、补给并实施维护修船工作。凭借着强大的武力，早在 17 世纪初，公司便夺取了葡萄牙

---

① Immanuel Wallerstein, *The Modern World-System Ⅱ*: *Mercantilism and the Consolidation of the European World-Economy*, *1600 – 1750*, New York: Academic Press, 1980, p. 47.

② 荷兰文名称 Verenigde Oostindische Compagnie，简称 VOC，即联合东印度公司，英文通称 Dutch East India Company。

③ 〔美〕范岱克：《荷兰东印度公司在 1630 年代东亚的亚洲区间贸易中成为具有竞争力的原因与经过》，《暨南史学》1997 年第 3 期。

占领的香料群岛（摩鹿加群岛）。1619 年，公司在爪哇岛的巴达维亚上空升起自己的旗帜，建立了荷属东印度群岛殖民地，垄断了东方香料贸易。

尽管拥有强大的武力和在殖民地的政治统治权，但是荷兰东印度公司仍然是一家商业公司，公司的一切活动，莫不以牟利为目的。公司经常发动战争，但是开战的理由无关民族、信仰、正义，只有利益而已。在殖民地，公司的所作所为也只是为了利益，以致英国驻爪哇岛总督莱佛尔斯（Stanford Raffles）描述荷兰东印度公司说："它一心只想赚钱，它对待自己的臣民还不如过去的西印度种植园主人对待他们的奴隶，因为这些种植园主买人的时候还付过钱，而荷兰东印度公司一文钱都没有花过，它只运用全部现有的专制机构压榨居民，使他们把最后一点东西都交纳出来，把最后一点劳力都贡献出来。这样，它加重了任意妄为的半野蛮政府所造成的祸害，因为它是把政治家的全部实际技巧同商人的全部垄断利己心肠结合在一起进行统治的。"①

荷兰东印度公司的主要商业活动是购买亚洲（特别是中国）的产品到欧洲销售。因此它在东亚世界的海域活动非常频繁，成为这一地区最重要的商人组织之一。

6. 第二类"军商"，即未得到本国政府支持的"军事－商业复合体"中的商人。这类商人的典型是 17 世纪初期活跃于东亚世界海域的郑氏集团。

荷兰东印度公司是在国家大力支持下，依靠强大的军事和政治力量来从事国际贸易的商人集团。但是在 15 至 17 世纪中期的东亚世界国际贸易中，这类商人集团并不多。相反，拥有强大军事力量的商人集团往往被视为海盗，受到国家的打击。然而，也有个别集团能够在与国家对抗的情况下积攒力量，建立"海商/海盗政权"，亦即具有政权性质的"军事－商业复合体"。

早在元朝末年，这种"海商/海盗政权"就已初露端倪。中国南方沿海的广东和福建商人到了东南亚，在经商的同时，也进行海盗活动。到了明初，这种海盗活动已成了气候。其中最出名的是陈祖义集团。陈氏是广东潮州人，洪武年间逃到南洋，入海为盗，盘踞马六甲十几年，在其鼎盛时期成员超过万人，战船近百艘，活动范围包括日本、台湾、南海、印度洋等地。陈氏自立渤林邦（位于苏门答腊岛）国王，东南亚一些国家甚至向其纳贡。后来陈氏集团与郑和舰队发生冲突，进行激战，陈祖义等首领 3 人被生俘，该集团随之瓦解。

明代中叶以后，中国沿海地区私人海外贸易日益活跃，中国的海盗/海商也

---

① 高岱、郑家馨：《殖民主义史（总论卷）》，北京大学出版社，2003，第 16 页。

成长起来了。为着经济利益，他们与葡萄牙、荷兰等国的海盗/海商之间展开了竞争，角逐于东、西两洋。到了明末，中国的海盗/海商发展达到顶峰，建立自己的"军事－商业复合体"，即郑氏集团。

郑氏集团即郑芝龙、郑成功、郑经领导的商人集团，亦被称为"一官党"，纵横东亚海域数十年，成为 17 世纪世界上的超级海上强权。该集团创始人郑芝龙以海商起家，建立起自己的武装力量，凭借实力与谋略，在东亚各种势力中捭阖纵横，牟取利益。他羽翼未丰之时，和荷兰人合作，攻击西班牙人。而后，又与荷兰人发生冲突。天启七年（1627），他与在台湾的荷兰人发生战争，击败荷军，成为荷兰东印度公司在亚洲商业贸易中最强大的竞争对手，并在马六甲以北的海域占有优势。1633 年荷兰政府决定"对中国发起一场严酷的战争，需派去大批人力、海船和快艇，以获得所期望的自由的中国贸易，同时保证公司在东印度的其他事务不受阻碍"。为此，派遣荷兰在台湾的长官蒲陀曼（Putmans）率领舰队前往福建沿海，联合刘香和李国助两个与郑芝龙对立的海盗集团，进攻郑芝龙的据点厦门，与郑氏武装在金门料罗湾决战。结果荷方大败，史称"料罗湾大捷"。大捷之后，荷兰人不得不每年向郑芝龙缴纳 12 万法郎的保护费，东印度公司的商船才能安全通过中国水域。此后，荷兰不得不放弃在中国大陆口岸直接贸易的企图，只能按照郑氏安排，依赖中国海商提供中国商品。

崇祯元年（1628），郑芝龙接受了明朝的招抚，被授予海防游击之职。郑芝龙虽名为明廷命官，实则保持相对的独立性。[1] 在消灭海上异己力量的过程中，郑芝龙进一步扩大了自己的势力，独揽海洋巨利，中国东海和南海的海上贸易权均控制在郑氏集团手中，"海舶不得郑氏令旗，不能往来，每一舶税三千金，岁入千万计，（芝）龙以此居奇为大贾。……又以洋利交通朝贵，寝以大显。泉城南三十里有安平镇，龙筑城，开府其间，海梢直通卧舶内，可泊船，竟达海。其守城兵自给饷，不取于官。旗帜鲜明，戈甲坚利。凡贼遁入海者，檄付龙，取之如寄。故八闽以郑氏为长城"。[2] 郑氏集团俨然已具有海上政权的雏形。[3] 明亡之

---

① 史称郑芝龙跋扈，"督抚檄之不来，惟日夜要挟请饷，又坐拥数十万金钱，不恤其属"。见中研院编《明清史料》戊编，第一本，"福建巡抚熊残揭帖"，中华书局 1987 年影印本。

② 林时对：《荷闸丛谈》下册卷四，台北，文海出版社，1979。

③ 《靖海志》说：郑氏家族"一门声势，赫奕东南"，特别是郑芝龙"位益尊，权益重，全闽兵马钱粮皆领于芝龙兄弟。是芝龙以虚名奉召，而君以全闽予芝龙也"。见彭孙贻《靖海志》卷一，泰州市图书馆 1981 年据馆藏清乾隆年间抄本传钞，厦门大学图书馆藏。

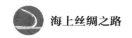

后，郑成功继续经营这支海上武装。他全力支持反清复明事业，1658 年（清顺治十五年，永历十二年）统率 17 万水陆军大举北伐，次年再次率领大军北伐，会同张煌言部队攻克镇江、瓜洲，接连取得定海关战役、瓜洲战役、镇江战役的胜利，包围南京，但是最终以大败收场。此后，郑成功把目标转向被荷兰人占领的台湾。1661 年（清顺治十八年，永历十五年），郑成功亲率大军自金门料罗湾出发，向台湾进军。赤崁城被围困了七个多月，荷军死伤 1600 多人，最后荷兰大员长官揆一（Frederik Coyett）宣告投降。而后，郑成功、郑经父子在台湾建立了与清朝对抗的独立政权。

　　如同荷兰东印度公司一样，郑氏集团也是"左手拿着账册，右手拿着刀剑"。郑氏集团虽然拥有强大的武装力量并建立了政权，但主要是从事国际贸易。据荷兰东印度公司记录，崇祯十二年（1639）驶往长崎的郑芝龙商船多达数十艘。崇祯十四年（1641）夏，郑芝龙商船 22 艘由晋江县安平港直抵日本长崎，占当年开往日本的中国商船总数的五分之一以上，其运载的主要货物有生丝、纺织品、瓷器等。郑芝龙与葡萄牙人、西班牙人也建立了贸易关系。他运往日本的丝织物，有一部分是从澳门购进的，日本的货物也由他运到吕宋，转售西班牙。郑芝龙的船只也经常满载丝绸、瓷器、铁器等货物，驶往柬埔寨、暹罗、占城、交趾、三佛齐、菲律宾、咬留巴（今雅加达）、马六甲等地进行贸易，换回苏木、胡椒、象牙、犀角等。在 17 世纪 20—40 年代，郑芝龙从海外贸易中赚取了巨额利润。1651 年清军进下郑芝龙在厦门的基地，缴获 90 万两黄金，相当于 1000 万两白银。① 这仅是郑氏集团用于国际贸易的流动资本，而非其全部产业。郑成功建立政权后，虽然以"反清复明"为政治诉求，但仍然以国际贸易为主要工作。据估计，1650—1662 年，郑氏集团海外贸易的总贸易额，每年在白银 392 万至 456 万两之间，平均 420 万两；海外贸易所获利润总额，则每年在 234 万至 269 万两之间。② 据魏斐德（Frederic Jr. Wakeman）估计，清朝政府在 1651 年的岁入仅为 2100 万两银。③ 而据格拉曼（Kristof Glamann）的研究，位于巴达维亚的荷兰东印度公司在 1613 年至 1654 年的四十年中所积累的利润仅为

　　① 林仁川：《明末清初海上私人贸易》，华东师范大学出版社，1987，第 128 页。
　　② 杨彦杰：《一六五〇年——一六六二年郑成功海外贸易的贸易额和利润额估算》，《福建论坛》（社科教育版）1982 年第 4 期。
　　③ Frederic Jr. Wakeman, *The Great Enterprise*：*The Manchu Reconstruction of Imperial Order in Seventeenth-Century China*，Berkeley：University of California Press，1985，p. 1070.

1530 万盾（guilder），大约相当于 440 万两银。[①] 相比之下，可以清楚地看到，郑氏集团已经成为当时世界上最大的商业集团。[②]

以上六类商人，就是 15 至 17 世纪中期东亚世界国际贸易中的主要商人，他们在这种贸易都发挥了重要的作用。不过，由于他们的不同身份，他们在这个贸易中的地位和作用也有很大不同。

首先，两种类型的"官商"，在国际贸易中的地位和作用都趋于下降。

明代奉行的朝贡贸易是一种官方贸易，自始至终处于明朝国家的严格控制之下。只有朝贡国（或者朝贡政权）的官商，才能进行这种贸易。朝贡贸易是明朝笼络其他国家的一种手段，出自政治目的。[③] 从事这种贸易的官商，由于是特定国家（或者政权）的代表，其活动完全取决于国家（或者政权）之间的政治关系，不可能进行真正的贸易活动。同时，由于朝贡贸易本身并不遵循等价交换的原则，也不具有现代意义上的贸易性质。明朝在朝贡贸易中实行"厚往薄来"的政策，使得这种贸易成为一个沉重的财政负担，同时贡使团中的商人也经常进行违法活动，[④] 因此明朝政府不得不限制从事这种贸易的商人的人数。[⑤] 由于这种朝贡贸易不是正常的贸易，所以到隆庆初年基本瓦解。与朝贡贸易密切相关的官商也因此走向衰亡。

其次，两种类型的"私商"，在 15 至 17 世纪东亚世界国际贸易中不断发展。

---

① Kristof Glamann, *Dutch-Asiatic Trade*: 1620 – 1740, Copenhagen: Danish Science Press, 1958, p. 248.

② 大上干广等认为日本织田信长 - 丰臣秀吉政权也具有这样的性质［大上幹広・郡宇治・下岸廉・檜塩類・山崎達哉「軍事商業政権としての織豊政権」『大阪大学歴史教育研究会成果報告書シリーズ（大阪）』11 号，第 1—20 頁，http：//hdl. handle. net/11094/51635，2015 – 03 – 15］。但与荷兰东印度公司和郑氏集团不同的是，织田 - 丰臣政权基本上是一个日本领土内的政权，而非从事国际贸易的商人政权。

③ 这一点，在明朝朝廷讨论哈密事件时表现得很清楚："往者都御史陈九畴、御史卢问之具奏，兵部会题，皆欲闭关绝贡，永不与通。以番人之所利于中国者甚多：既绝其贡道，彩币不出，则彼无华衣；铁锅不出，则彼无羹食；大黄不出，则彼畜受暑热之灾；麝香不出，则床榻盘蛇虺之害。彼既绝其欲得之物，则自然屈伏。"（《杨一清集・密谕录》卷七《论哈密夷情奏对》，中华书局，2001，第 1053 页）

④ 例如洪武二十年，暹罗使臣路经温州时，将沉香等物私自卖与当地百姓，按明朝法律，"所司坐以通番当弃市"，但最终"获宥免罪"（《明史》卷三百二十四《暹罗传》）。永乐时，日本使臣"私携兵器鬻民"（《明史》卷三百二十二《日本传》）。

⑤ 在外国来华的贡使团中，商人占有很大的比例，"番使多贾人，来辄挟重资与中国市"（《明史》卷三百三十二《天方传》）。明朝政府很清楚这一点，因此对贡使团人数加以限制。例如嘉靖二十九年规定，日本使团除水夫外，"正副使二人，居坐六员，土官五员，从僧七员，从商不过六十人"（《明会典》卷一〇五《日本国》）。

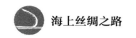

经过"海盗商人"的长期抗争，到了隆庆开禁之后，"普通商人"逐渐成为海上国际贸易的主流。傅衣凌先生认为，虽然"其中颇有很多地方是封建的商业经营"，但是"这一种形式可说是福建海商的最正常的发展路线，脱离政府的束缚，而成为一种自由商人"。① 这种私商，也可以说是近代商人的前身。

最后，两种类型的"军商"，都是在那个混沌世界中力求建立一种国际贸易秩序的商人集团。荷兰东印度公司虽然有母国的大力支持，但是荷兰是一个小国，国力有限，其支持不足以承担在东亚世界建立国际贸易秩序的重任。郑氏集团在盛时的实力差近这个目标，但是其背后不仅没有国家支持，相反还受到强大的清朝国家的致命打击，因此也无法担负起这个历史使命。一直要到 19 世纪中期，拜工业革命之赐，西方才开始以强大的武力实现这个任务。这是一个充满血与火的过程。又过了一个世纪，到了 20 世纪后半期，上述任务才基本完成，使得东亚世界的国际贸易成为和平的和公平竞争的活动。

四 "恶"推动历史：走向近代的开端

通过以上分析，可以得出以下结论。

在 15 至 17 世纪中期，由于早期经济全球化的到来，东亚世界的国际贸易出现了史无前例的大发展。与此相应，从事这种贸易的商人空前活跃，其活动呈现出前所未有的多姿多彩的局面。这些商人具有以下鲜明的特点。

第一，在这个时期的东亚世界，从事国际贸易的商人种类繁多，成分复杂。其中的许多人，同时拥有各种不同身份，在不同的场合，以不同的面孔出现。换言之，他们大多数不是今天意义上的商人，而是一种多副面孔、多种性格的商人。

第二，同之前和之后的商人不同，这个时期东亚世界从事国际贸易的商人，都与包括国家在内的各种不同形式的暴力组织有着程度不等的联系。② 不仅如此，这些商人且往往自身就拥有相当的武力，用以自卫或者攻击对手。因此他们不是今天我们所看到的商人。

---

① 傅衣凌：《明代福建海商》，《明清时代商人与商人资本》。

② 国家本身就是一种有组织的暴力机构。依照韦伯和马克思主义的国家观，政治权威结构把国家建构为独立于社会而存在的组织，具有使用暴力维护这些结构的权利和义务。〔美〕亚历山大·温特：《国际政治的社会理论》，秦亚青译，上海世纪出版集团，2000，第 103 页。

第三，为了创造一种国际贸易赖以进行的秩序，在这个时期的东亚世界，从事国际贸易的商人中的强有力者，采取各种手段（特别是暴力），在国家支持下或者反对下，建立独立或半独立的政权，即"军事－商业复合体"。他们的这种努力在 17 世界前半期取得相当的成就（标志是荷兰东印度公司和郑氏集团），从而在一定程度上保障了东亚世界海上国际贸易的发展。

以上这些特点都是其他时期商人所没有的。正是这些特点，使得这个时期东亚世界国际贸易商人与其他时期的商人有很大不同。

下面还要谈的是，为什么这个时期东亚世界国际贸易商人会有这些特点，以及他们活动的历史意义。

首先，为什么这个时期东亚世界从事国际贸易的商人会呈现出上述特点？一个原因是商人的本性。作为职业特点，商人的本性就是求利。在对利润的追求的驱动之下，商人常常是唯利是图，不择手段去追求发财。柏拉图说："一有机会赢利，他们就会设法谋取暴利。这就是各种商业和小贩名声不好，被社会轻视的原因。"[1] 亚里士多德则说："（商人）在交易中损害他人的财货以谋取自己的利益，这是不合自然而是应该受到指责的。"[2] 西塞罗更认为零售商和各类小商贩都是卑贱的、无耻的，因为他们"不编造一大堆彻头彻尾的谎话就捞不到好处"。[3]

在东亚世界，商人也一直因为其唯利是图、重利轻义而备受指责。这些指责并非毫无根据。事实上，前近代时期的商人大都如此。唐代诗人元稹在《估客乐》诗中，就对当时的商人做了非常生动的描述。在他笔下，商人都唯利是图，不受道德伦理的约束：

估客无往著，有利身则行。出门求火伴，入户辞父兄。父兄相教示：求利莫求名；求名莫所避，求利无不营；火伴相勒缚，卖假莫卖诚；交关但交假，本生得失轻；自兹相将去，誓死意不更。亦解市头语，便无乡里情。

商人的贪欲，使得他们不惮风险，走遍天涯海角：

---

① 〔古希腊〕柏拉图：《理想国》，郭斌和、张竹明译，商务印书馆，1986，第 62 页。
② 〔古希腊〕亚里士多德：《政治学》，吴寿彭译，商务印书馆，1983，第 31 页。
③ 巫宝三主编《古典希腊、罗马经济思想资料选辑》，商务印书馆，1990，第 312 页。

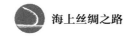

求珠驾沧海，采玉上荆衡。北买党项马，西擒吐蕃鹦。炎洲布火浣，蜀地锦织成。越婢脂肉滑，奚僮眉眼明。通算衣食费，不计远近程。

为了发财，商人更极力攀结权贵，寻求政治权力的庇护：

经游天下遍，却到长安城。……先问十常侍，次求百公卿。侯家与主第，点缀无不精。归来始安坐，富与王者勍。

到了早期经济全球化时代，国际贸易空间空前扩大，而共同的游戏规则却未建立。在这个无限广阔而无法无天的天地里，商人贪婪的本性更是暴露无遗。他们为了利益的最大化，无所不用其极。马克思在《资本论》第 1 卷中引用登宁的话说："资本逃避动乱和纷争，它的本性是胆怯的。这是真的，但还不是全部真理。资本害怕没有利润或利润太少，就象自然界害怕真空一样。一旦有适当的利润，资本就胆大起来。如果有 10% 的利润，它就保证到处被使用；有 20% 的利润，它就活跃起来；有 50% 的利润，它就铤而走险；为了 100% 的利润，它就敢践踏一切人间法律；有 300% 的利润，它就敢犯任何罪行，甚至冒绞首的危险。如果动乱和纷争能带来利润，它就会鼓励动乱和纷争。走私和贩卖奴隶就是证明。"[1] 这是 15 至 17 世纪中期东亚世界国际贸易中商人所作所为的绝佳写照。

这些商人在东亚世界国际贸易中所进行的走私、劫掠、欺诈、行贿乃至殖民统治等种种恶行，在今天受到严厉谴责。然而，这里要说的是，这些今天不能容忍的恶行，恰恰是早期经济全球化时代国际贸易发展所必需的，因此进行这些恶行的商人，从历史的角度来看，或许不应当受到过分的谴责。

黑格尔在《历史哲学》中说："我现在所表示的热情这个名词，意思是指从私人的利益、特殊的目的，或者简直可以说是利己的企图而产生的人类活动，——是人类全神贯注，以求这类目的的实现，人类为了这个目的，居然肯牺牲其他本身也可以成为目的的东西，或者简直可以说其他一切的东西。"[2] 恩格斯对黑格尔的这个观点大加赞同，说："有人以为，当他说人本性是善的这句话时，是说出了一种很伟大的思想；但是他忘记了，当人们说人本性是恶的这句话

---

① 《马克思恩格斯全集》第 23 卷，人民出版社，1972，第 828—829 页。
② 〔德〕黑格尔：《历史哲学》，王造时译，上海书店出版社，2001，第 23 页。

时，是说出了一种更伟大得多的思想。"他进而指出："在黑格尔那里，恶是历史发展的动力的表现形式。这里有双重意思，一方面每一种新的进步都必然表现为对某一神圣事物的亵渎，表现为对陈旧的、日渐衰亡的、但为习惯所崇奉的秩序的叛逆，另一方面，自从阶级对立产生以来，正是人的恶劣的情欲—贪欲和权势欲成了历史发展的杠杆，关于这方面例如封建制度和资产阶级制度的历史就是一个独一无二的持续不断的证明。"不仅如此，恩格斯还认为这种贪欲是文明社会赖以出现的原因："文明时代以这种基本制度完成了古代氏族社会完全做不到的事情。但是，它是用激起人们最卑劣的冲动和情欲，并且以损害人们的其他一切秉赋为代价而使之变本加厉的办法来完成这些事情的。鄙俗的贪欲是文明时代从它存在的第一日起直至今日的起推动作用的灵魂：财富，财富，第三还是财富，——不是社会的财富，而是这个微不足道的单个的个人的财富，这就是文明时代唯一的、具有决定意义的目的。"① 马克思在《1861—1863 年经济学手稿》中也引用 18 世纪初曼德维尔的一段话并给予高度评价："我们在这个世界上称之为恶的东西，不论道德上的恶，还是身体上的恶，都是使我们成为社会生物的伟大原则，是毫无例外的一切职业和事业的牢固基础、生命力和支柱；我们应该在这里寻找一切艺术和科学的真正源泉；一旦不再有恶，社会即使不完全毁灭，也一定要衰落。"② 正是这种道德上的"恶"，造就了早期经济全球化的进行，借不道德的商人之手，把世界各地日益紧密地联系在了一起。

导致弱肉强食的"丛林法则"成为 15 至 17 世纪中期东亚世界国际贸易的惯性原则的一个主要原因，是当时东亚世界的国家（特别是其中最强大的中国）未能充分认识变化了的国际形势，在创建一种国际贸易新秩序方面发挥积极作用。相反，面对蓬勃发展中的国际贸易，东亚世界国家却往往沿袭过去的传统，对从事这种贸易的商人采取限制、苛索乃至迫害的政策，从而迫使商人不得不采取各种手段以求发展，成为集商人、海盗、走私者、外交使臣、政府官员乃至军阀于一身的奇怪人群。

东亚世界国家本来可以在创建一种有效的国际贸易秩序和规则方面大有作为，但是它们的所作所为却与此相悖。蒂利（Charles Tilly）说，国家控制着毁

---

① 《马克思恩格斯选集》第 4 卷，人民出版社，1995，第 233、243、244 页。
② 《马克思恩格斯全集》第 32 卷，人民出版社，1998，第 147 页。

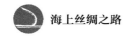
灭手段这种最极端的力量，因此国家可以被视为专门的、唯一合法的保护费勒索者。① 这个说法，对于解释早期经济全球化时代的国家与商人的关系来说是再合适不过的。马丁·路德在 1527 年出版的《论商业与高利贷》中，对当时欧洲国家的这种"唯一合法的保护费勒索者"的角色做了酣畅淋漓的描述："现在，商人对贵族或盗匪非常埋怨，因为他们经商必须冒巨大的危险，他们会遭到绑架、殴打、敲诈和抢劫。如果商人是为了正义而甘冒这种风险，那末他们当然就成了圣人了……但既然商人对全世界，甚至在他们自己中间，干下了这样多的不义行为和非基督教的盗窃抢劫行为，那末，上帝让这样多的不义之财重新失去或者被人抢走，甚至使他们自己遭到杀害，或者被绑架，又有什么奇怪呢？……国君应当对这种不义的交易给予应有的严惩，并保护他们的臣民，使之不再受商人如此无耻的掠夺。因为国君没有这么办，所以上帝就利用骑士和强盗，假手他们来惩罚商人的不义行为，他们应当成为上帝的魔鬼，就象上帝曾经用魔鬼来折磨或者用敌人来摧毁埃及和全世界一样。所以，他是用一个坏蛋来打击另一个坏蛋，不过在这样做的时候没有让人懂得，骑士是比商人小的强盗，因为一个骑士一年内只抢劫一两次，或者只抢劫一两个人，而商人每天都在抢劫全世。""以赛亚的预言正在应验：你的国君与盗贼作伴。因为他们把一个偷了一个古尔登或半个古尔登的人绞死，但是和那些掠夺全世界并比所有其他的人都更肆无忌惮地进行偷窃的人串通一气。大盗绞死小偷这句谚语仍然是适用的。罗马元老卡托说得好：小偷坐监牢，戴镣铐，大盗戴金银，衣绸缎。但是对此上帝最后会说什么呢？他会象他通过以西结的口所说的那样去做，把国君和商人，一个盗贼和另一个盗贼熔化在一起，如同把铅和铜熔化在一起，就象一个城市被焚毁时出现的情形那样，既不留下国君，也不留下商人。"马克思在《资本论》第 3 卷中引用了这段话并指出："占主要统治地位的商业资本，到处都代表着一种掠夺制度它在古代和新时代的商业民族中的发展，是和暴力掠夺、海盗行径、绑架奴隶、征服殖民地直接结合在一起的；在迦太基、罗马，后来在威尼斯人、葡萄牙人、荷兰人等等那里，情形都是这样。"② 在这种情况下，商人只能依靠非经济的手段来进行国际贸易，从而使得近代早期的国际贸易成为弱肉强食的丛林。只有到了近代，随着国际贸易体系的逐渐健全，国际法和国际贸易准则逐渐建立，上述那种与暴

---

① 〔美〕亚历山大·温特：《国际政治的社会理论》，第 259 页。
② 《马克思恩格斯全集》第 25 卷，人民出版社，2001，第 375 页。

力密切结合的贸易以及从事这种贸易的商人，才逐渐变成我们今天所看到的贸易和商人。

在结束这篇文章的时候，再回到司马迁的《货殖列传》来。

李埏先生指出，司马迁作《货殖列传》，在众多的富商巨贾中只选取少许人为之传，其故盖在于标准很高。这些标准主要有三：第一，被选入传的人必须是一不害于政，二不妨百姓，三能取与以时，而息财富的布衣匹夫之人；贵族、官僚，以及武断乡曲、欺压百姓的人是不能入选的。第二，入传的人物须是既富且贤的人。第三，入选者不仅要富而且贤，还须是"章章尤异"的。①

由这些标准可见，司马迁心目中的模范商人，应当是对社会做出了重大贡献、道德高尚的平民商人，而非那些享有特权、唯利是图、使用不正当手段发财致富的商人。然而，司马迁的这种理想的商人，非但他那个时代不多见，到了早期经济全球化时代更是凤毛麟角。历史就是这样，经过长期的发展演变，一直要到了今天，这种商人才成为受到社会尊重的职业人群。

---

① 李埏：《论中国古代商人阶级的兴起——读〈史记·货殖列传〉札记》，《中国经济史研究》2000 年第 2 期。

普鲁士鹰旗在广州：18世纪中期
埃姆登亚洲公司的广州贸易

徐　健

一　18世纪欧洲与中国贸易的国际环境

15、16世纪，葡萄牙、西班牙开创了大西洋贸易的新时代，打通了东西方贸易的新航道。1511年，葡萄牙人在攻克马六甲之后，开始向中国海域渗透。1553年，在离广州不远的澳门半岛，葡萄牙人立下了脚跟。澳门开始成为葡中贸易的核心。

伊比利亚半岛国家在东方的扩张行为招致了西方殖民者的觊觎。1609年，荷兰人格老秀斯（Hugo Grotius，1583－1645）发表了颇具争议的文章《截获敌船辩》，提出了"海洋自由"（Mare liberum）的理论。由此，"海洋自由"成为17世纪以来荷兰和其他欧洲国家在东方自由扩张时所依据的国际法基础。既然荷兰人有航行东方海域的权力，那么英国人、法国人和其他欧洲国家不也同样如此？更何况，遵循英国重商主义代表人物托马斯·孟（Thomas Mun）的一条原则："远处的贸易对本国是最有利的。"那么，航行越远的贸易，利润往往越大。于是，在辽阔的太平洋和中国海域，殖民者纷至沓来，从海上对中国形成包围之势。

1624年，荷兰人在攻打澳门失利后改占台湾。从此以热兰遮城（台南）为贸易据点开展对华贸易，直至1662年郑成功收复台湾后被赶出来。随后，荷兰人又以亚洲总部巴达维亚为基地与到此经商的中国帆船进行间接贸易。1729年，荷兰东印度公司（VOC）开始在广州设立商馆，与中国展开直接贸易。

英国人的情况也大致如此。1637 年，威德尔（John Weddell）欲往广州进行贸易，在果阿获得总督批准前往澳门。但澳门的官员拒绝其登陆。威德尔因此率舰队开往广州，强行闯入珠江，炮轰虎门，激起了"变乱"。几经曲折，1699 年，英国商船"麦斯里菲尔德"号（Macclesfield）抵粤，才与广州建立了正式的商业联系。1715 年，英国东印度公司（EIC）在当地设立了商馆，并逐渐在中国海域独占鳌头。

以荷兰和英国东印度公司为蓝本，法国也于 1698 年柯尔伯（Baptiste Colberts，1619－1683）当政时期成立了一家中国公司，间歇性地来华参与贸易。丹麦与瑞典也接踵而至。其中，丹麦于 1728 年成立新亚洲公司（DAC），而在此前，它已分别于 1612 年、1634 年和 1686 年组建过类似的东印度公司。而瑞典则于 1731 年组建东印度公司（SOIC），直至 1803 年，该公司航行中国参与广州贸易达 132 次。① 丹麦与瑞典均在广州设立了贸易商馆。

西方殖民者大规模涌向中国，在广州开展贸易，是与此间清政府的开放政策尤其是广州的贸易政策密切相关的。1685 年，清政府开放海禁，设广州、宁波、松江和泉州为对外贸易口岸，并设立海关；1730 年，又宣布开放黄埔港。1756 年，清政府限定广州为唯一通商口岸，广州的对外贸易开始活跃。虽然，一直以来清廷因担忧海盗侵扰、海患滋生，确立了日趋严苛的贸易规范、行政命令，以及限人、限地的管理办法，但中国对西方所具有的诱惑力依然不减。何况，清政府在开放口岸不久，担心"来舶无多，税饷亦少"，② 为招徕外船，对外贸虽有限制，但也时常放宽，并不考虑国籍与源地。因此，从整个 18 世纪来看，中国一直是欧洲大国远航贸易的主要对象国。广州的十三行也因此得到了迅速发展。

在这样一个喧嚣热闹的"到东方去"的殖民浪潮里，远远落在后头的德意志人是不可能长期与世隔绝的。18 世纪，尽管政治发展的环境依然不容乐观，哈布斯堡的皇帝执拗地守候着德意志神圣罗马帝国的松散躯壳，历史上"帝国"的模糊理念代替了现代民族国家的意识形态；加之欧洲大国的霸权之争所引发的一系列战争，如三十年战争（1618—1648）、西班牙王位继承战（1702—1713）、奥地利王位继承战（1740—1748）和七年战争（1756—1763）

---

① 阿海：《雍正十年 1732：那条瑞典船的故事》，中国社会科学出版社，2006，第 3 页。
② 梁家彬：《广州十三行考》，广东人民出版社，1999，第 69 页。

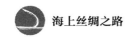

等，使德国深陷其中，成为大国间相互倾轧的最大受害者。但是，也正是在这样的动荡时局中，德意志境内崛起了许多具有主权性质的邦国，其中的一些甚至也希望效法西欧的殖民国家，努力向海外世界扩展，只要机会和条件允许，即尝试改变自己的身份和地位。受到自由进入东方、与中国进行直接贸易前景的鼓励，奥地利以及汉萨同盟城市汉堡、不来梅等，均各自以不同的形式，试图成为中国新的贸易伙伴。1722 年，奥地利成立"皇家特许奥斯坦德（Ostend）贸易公司"，前往广州开展贸易；1731 年，汉堡商人借助"阿波罗"号商船首次实现与广州通商。

普鲁士的埃姆登亚洲贸易公司全名为"埃姆登普鲁士中国广州贸易公司"（Preussische Asiatische Kompagnie in Emden nach Canton in China），正是在这样的国际政治和贸易环境下应运而生的。

二　埃姆登亚洲贸易公司的建立

普鲁士对中国的向往其来有自。早在 1647 年，勃兰登堡的弗里德里希·威廉大选侯（Friedrich Wilhelm, 1640—1688 年在位）便接受凡里尔（Gijsel van Lier）——一位曾任职于荷兰东印度公司的退役将军的建议，欲以波罗的海沿岸小城皮劳（Pillau）为出发港，建立"钦定勃兰登堡东印度公司"，远航中国，但因国内手工业发展落后、资金严重匮乏、缺少优良港湾以及船运业没有任何经验等客观因素而最终放弃。不过，受 17 世纪欧洲"中国风"的影响，大选侯本人因此开始对中国文化投注了极大热情。中国不仅是遥远东方的富裕国度，更是充满了异域情调。大选侯与荷兰东印度公司驻巴达维亚的波尔曼（Christian Poleman）上校一直保持通信，后者以及其他 VOC 的同僚们给他寄来了许多精美的东方瓷器、丝绸、壁纸以及书籍等，为大选侯建立贸易公司的失败找到了心理上的平衡点。于是，在柏林的奥兰吉堡（Orangienburge）宫和夏洛藤堡宫里，很快建立了欧洲最大的中国瓷器厅，收藏了上百件珍贵的中国花瓶、茶杯、碗碟、瓷罐等器皿。第一家中文图书馆也建立起来，1702 年拥有藏书 400 卷，在当时的欧洲首屈一指。

对中国文化的兴趣最初是由东方贸易的设想所推动的，一旦时机成熟，与中国的贸易依然是王国政治的首选。1740 年，弗里德里希二世（Friedrich Ⅱ，1740—1786 年在位）登基。新国王在推行重商主义政策方面远远超过了前任。他以优惠待遇大批引进国外技术人才，以改善国内手工业发展的状况，最大可能地摆脱对外国工业品的依赖。他还野心勃勃地想要迅速打入世界市场，以一个陆地国家的身份尝试海洋贸易，试图改变其长期以来陆路贸易和在欧陆扩张的传统，转向海洋，在贸易和船运运输领域与欧洲海上大国平起平坐。

1744 年夏，作为奥地利王位继承战的结果之一，东弗里斯兰归属普鲁士。这个远离王国核心地区的西部飞地为弗里德里希二世找到了一个比普鲁士的波罗的海港口更适合大西洋航行，也更有发展前景的贸易港口——埃姆登（Emden）。

埃姆登位于东弗里斯兰的埃姆斯（Ems）河口，通往北海，自 15、16 世纪起就是著名的水陆转运港和货栈，有时也是欧洲最重要的船运码头。17 世纪荷兰的独立和发展使该城一度陷入了衰落，沦落为欧洲的二流港口。埃姆登港的确存在一些不利因素，18 世纪，埃姆斯河水拍打着古老城墙的景象消失了，原先弯弯曲曲、四通八达的河道只剩下埃姆登和 Hoek van Logum 之间可以航行，而且还必须在顺风和水位较高的情况下。因此，有荷兰人称港口水深只有 5 步，如遇沉船则几乎无法通行，不完全是不怀好意的无稽之谈。不过，仍然是有办法克服这些弊端的。比如，货物可以先在埃姆登以小船分载，而后在 Hoek van Logum 装上大船，或者在靠近荷兰要塞 Delfzyl 对面的 Dollart 装船。1745 年，埃姆登市市长和议事会申请在该城建立造船厂，疏浚埃姆斯河道，并经由明斯特铺设通往埃姆登的运河航线。可见，交通状况只要用心是完全可以改善的。更重要的是，埃姆登的商人有着从事海上贸易的习惯和热情。况且，这里紧邻尼德兰，靠近英国和北德沿海，也很容易找到富有经验的海员。

在普鲁士国内，除了政治家和商人，舆论的热情也被激发起来了。究竟一个农业国可不可以参与海外贸易？一个没有海军力量支撑的国家是否能够成功地发展海外贸易？对这些问题的讨论产生了结果。1750 年，普鲁士国家法学家、历史学教授泡利（Carl Friedrich Pauli）撰文提出，普鲁士进行海上贸易是有优势的。他认为，荷兰通过贸易实现自由，普鲁士也可以通过地处北海与波罗的海的有利位置，调动国内一切资源，装备帆具、索具和船只，以境内丰富的手工业产品从事贸易。他指出："埃姆登港属深水港，适宜船只出航，谨慎是无济于事的。"当时在普鲁士境内还流传着一本题为《勃兰登堡爱国者及建立普鲁士贸易公司》的小册子。作者据推测是通俗作家苏伊士米尔希（Suessmilch），他在书中激励勃兰登堡的爱国者积极参与海外事业。作者回忆了汉萨城市的辉煌历史，

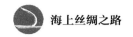

以焕发普鲁士人的自信。他坚信,丹麦和瑞典能做的,普鲁士也可以做到。埃姆登终将会成为安特卫普和汉萨。当然,影响更大的著作还是 1752 年苏尔兰(Johann Julius Surland,1724 – 1758)的《对德意志人印度贸易权利的阐释》①。这位马堡大学的法学教授首先批评了德意志民族在海外扩张中的畏缩和谨慎,而后,他援引格老秀斯以自然法为基础的海洋自由理论称,既然海洋是自由开放的,那么,根据自然法,在不损人利己的前提下,德国人也同样可以与东方进行自由贸易,只要它不损害他国的利益。

经过一番深思熟虑,1750 年 8 月 4 日,弗里德里希二世终于发布谕旨,钦定成立埃姆登亚洲贸易公司。王室责成一位定居埃姆登的来自荷兰格罗宁根(Groningen)的商人斯图阿特(Heinrich Thomas Stuart,1700 – 1769)负责组建公司,计划每年派两艘船在普鲁士保护下前往广州贸易。这是普鲁士历史上第一个专门从事中国广州贸易的公司。

经斯图阿特与王室之间的多次斡旋,1751 年 7 月 8 日,弗里德里希二世最终批准了新公司的特许章程。主要内容包括:授予公司 20 年贸易特许,公司向所有普鲁士公民开放;转口商品免征关税,茶叶、咖啡等海外进口商品则提供优惠关税;公司实行自治,董事局选举、海员及士兵招募、船只装备及货物装载均由公司负责,国王不予干涉。为了推动埃姆登对外贸易的繁荣和发展,同年 11 月 15 日,弗里德里希二世进一步宣布该城为自由港("Porto franco"),对一切进出口的国内外商船和货物免征关税。埃姆登大有被打造成第二个阿姆斯特丹的架势。

正如荷兰与英国东印度公司一样,埃姆登公司也为股份制公司,但是它在更大程度上是一种国家贸易行为而非个体商人的集体行动。为了募集资金,斯图阿特专门刊登了"集资广告",在普鲁士各大城市以及汉堡、不来梅、吕卑克、法兰克福和安特卫普等地设立股票发行点。而普鲁士政府驻外使节也都参加了在国外的推广招募活动。经多方筹措,到 1751 年 5 月 24 日,公司召开第一次股东大会时,亚洲贸易公司已有 482 份股被认购,每股 500 塔勒,股东大多来自安特卫普、鹿特丹、法兰克福、汉堡和埃姆登,其中汉萨城市和法兰克福 129 股,埃姆登则有 76 股。此外,柏林、马格德堡、波茨坦、什切青等认购了 107 股。甚至

---

① Johann Julius Surland, *Erlaeutertes Recht der Deutschen nach Indien zu Handekn*, 1752.

传说法国文豪伏尔泰也认购了股份。① 截至 1752 年 6 月 8 日，公司召开第三次股东大会时，公司总共出售 1722 股，合 861000 塔勒。② 虽然公司资金有一半来自外国，尤其是荷兰，但显然普鲁士市民的参与热情被充分调动起来了。埃姆登贸易公司成了真正意义上的普鲁士的事业。

三 公司商船的埃姆登－广州行及贸易状况

埃姆登公司为进行广州贸易，前后派遣了四艘商船，分别是"普鲁士国王"号、"埃姆登堡"号、"普鲁士亲王"号和"费迪南德王子"号。从 1752 年到 1757 年的六年间，四艘船总共进行了 6 次广州之行，其中"普鲁士国王"号和"埃姆登堡"号各占两次。

"普鲁士国王"号的第一次航行是在 1752 年 2 月 15 日，它从埃姆登起锚，6 个月后抵达了黄埔港。在广州停泊了 4 个月零 15 天后，于 1753 年 1 月 14 日离开广州，6 月 6 日返回埃姆登，前后航行时间 16 个月零 7 天。"普鲁士国王"号第二次航行广州是在 1754 年 4 月 6 日。次年 11 月 28 日，该船从广州起航，1756 年 6 月回到埃姆登。

"埃姆登堡"号的两次广州行则分别是 1752 年 10 月 4 日和 1754 年 12 月 4 日。两次都在广州逗留了 3 个多月。1753 年 5 月 30 日，该船首次抵达广州，停靠在距广州城外 10 公里的黄埔岛。"在那儿，我们的船受到了海关监督的欢迎，他们是由皇帝任命监督关税征收的。和海关监督一起上船的还有许多官员，测量我们船只的大小，称我们携带银币的重量。船长则用西班牙甜酒和小点心招待他们。"③ "埃姆登堡"号第二次达到广州则是在 1755 年夏。

其余的如"普鲁士亲王"号于 1753 年 12 月 31 日离开埃姆登，1754 年夏抵达广州。1755 年春从广州返航，7 月回到埃姆登。而"费迪南德王子"号到达广州则是在 1755 年夏，在广州停留期间，欧洲七年战争爆发。1757 年夏，东弗里斯兰被法军占领。在这种形势下，该船在中国停留了将近一年半的时

---

① Florian Schui, "Prussia's 'Tran-Oceanic Moment': The Creation of the Prussian Asiatic Trade Company in 1750," *The Historical Journal*, Vol. 49, 2006, p. 153.

② Yu Wen-tang, *Die deutsch-chinesischen Beziehungen von 1860–1880*, Bocuhm, 1981. S. 16.

③ Berne Eberstein, *Preussen und China: ein Geschichte schwieriger Beziehungen*, Berlin, 2007, S. 69.

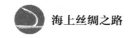

间，1757 年 2 月才从广州离开，并于 1757 年 9 月返回欧洲，被迫停靠英国普利茅斯港。

埃姆登公司的广州贸易基本上沿袭了 18 世纪东西方贸易的结构。由于亚洲市场对欧洲商品几乎没有什么需求，欧洲人出售的少量毛织品也根本无法抵偿他们从亚洲的进口，因此，亚洲贸易不得不以现金形式进行交易。而这在重商主义时代，是要受到批评者的严厉诟病的。当年的荷兰人和英国人，为解决白银的不足和流出，曾借助他们分散在东印度地区的各个贸易商栈，建立起一整套介入亚洲境内国际贸易的办法。譬如，英国东印度公司的贸易结构就是由三个相互关联的部分组成的：一是英国和东印度之间的双边贸易；二是欧洲的内部贸易，以出售东印度商品换取公司远航所需物资、白银以及其他出口商品；三是亚洲在地贸易，① 在英国俗称 "港脚贸易"②。后两者是英国与东印度直接贸易必不可少的补充，因为英—印双边贸易可能会动用大量硬通货，使贵金属在表面上急剧减少，但东印度商品在欧洲市场的再出口如果赚钱，则会为英国带来更多的金银，并使跨洲贸易在经济上成为可能。

然而，普鲁士是东方殖民的后来者，根本没有海外贸易的据点，因此它与中国的贸易只能是直接的跨洋贸易，而且只能以大量白银作为主要的交易手段。为了获得足够的白银，普鲁士向西班牙出口亚麻、柏油、大麻和木材等原材料，而后用换取的白银与中国进行贸易。③ 埃姆登公司六次航行中国，船上装载的货物除了产自柏林的精纺棉布、少量的铅和黄金之外，大量运载的就是铸成银币的西班牙白银。比如，"普鲁士国王" 号的第一次远航，船上装运货物只有 15700 塔勒，而携带的银币则有 216000 枚，约合 70 万古尔登。"埃姆登堡" 号出航时所载银币也接近 200000 枚。④

关于各商船从中国进口货物情况可见表 1。

---

① K. N. Chaudhuri, *The English East India Company: The Study of an Early Joint-Stock Company 1600 – 1640*, London, 1999, p. 4.

② "港脚贸易" 指亚洲内部的国际贸易，英文为 "Intra-Asiatic Trade" 或 "Port to Port Trade"。近代初期它的通行用法称 "Country Trade"，当时中文译成 "港脚贸易"。

③ Florian Schui, "Prussia's 'Tran-Oceanic Moment': The Creation of the Prussian Asiatic Trade Company in 1750," *The Historical Journal*, Vol. 49, 2006, p. 150.

④ Berne Eberstein, *Preussen und China: ein Geschichte schwieriger Beziehungen*, Berlin, 2007, S. 246. Anm. 26.

表1 埃姆登公司四艘商船从中国进口货物情况

商船	"普鲁士国王"号		"埃姆登堡"号		"普鲁士亲王"号	"费迪南德王子"号
	首航	二航	首航	二航		
生丝	3040磅	416.5磅		9579磅		25458磅
药材	33054.5磅	35644磅	114475磅	150665磅	45854磅	89409磅
丝绸	5323包	2431包	3903包	6815包	2474包	1256包
瓷器	138699包	223箱	169箱	400箱	241箱	
		1053捆	1080捆			
		67管	43管	80管	72管	
漆器		22箱		8箱		
彩釉铜器		1箱		14箱	2箱	
彩纸				70箱		
				6捆		

资料来源：Yu Wen-tang, *Die deutsch-chinesischen Beziehungen von 1860–1880*, Bocuhm, 1981, S. 23。

在这些运回的货物当中，茶叶种类比较丰富，主要有武夷茶、工夫茶和松萝。瓷器则以日常生活中的茶具和餐具为主。丝绸类商品多是锦缎，而药材则有中国根、大黄、生姜、珠母、姜黄和八角茴香等。特别需要提及的是，"普鲁士亲王"号运回的瓷器中有很大一部分是埃姆登公司在中国定制的餐具，其上镶有佩戴王冠的王室鹰徽。这类餐具后被称作"普鲁士餐具"，是公司敬献给普王的特殊礼物。可惜，"普鲁士亲王"号回航时在埃姆登港口附近搁浅，这类餐具多被海岸周边的居民获取，很大一部分流入了市场。

公司商船在返回埃姆登后，其销售及盈利情况各有不同。"普鲁士国王"号第一次返航后，其货物清单被印制成册，发往德国与荷兰的各个商业城市。货物在埃姆登公开拍卖时，来自汉堡、不来梅、法兰克福以及荷兰和布拉邦特的商人云集此处，可谓壮观。销售最后所得为439888塔勒，除去前期的投入、保险、船只装备、货物装卸费、大班和船员的薪水等开销，净利润为36716塔勒。这个数字尽管令普鲁士人感觉兴奋，却比预期的要低得多。原因是中国市场上商品收购价被人为抬高了，因为1753年抵达广州的欧洲商船多达27艘，① 创历年之最；

---

① 英国船10艘、荷兰6艘、法国5艘、瑞典3艘、丹麦2艘、普鲁士1艘，总共27艘。H. Berger, *Uebersseeische Handelsbestrebungen unter Friedrich dem Grossen*, Leipzig, 1899, S. 57, 58。但根据《粤海关志》记载，"乾隆十八年来船二十有六"。参见梁廷枏《粤海关志》第7册，广东人民出版社，2014，第151页。显然，两者是有出入的。

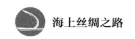

而相反，在欧洲市场上供货量充足又导致了商品价格的严重下跌。不过，在普鲁士，销售状况还算说得过去。卖得最好的是茶叶和瓷器，据说这两种货物比哥本哈根的市场价足足贵了 20%。更何况，为了货物促销，公司还向国王请求批准在普鲁士各省免除茶叶消费税，最终茶叶税降为每磅 3 个格鲁什。① 而同时期英国的茶叶税却高达每磅 5 先令。②

"埃姆登堡"号的货物于 1754 年 7 月拍卖时同样遇到了英国与荷兰商人的有力竞争，但销售状况依然良好。因为在销售时，公司采取了灵活策略。比如，规定在 30 天内购买商品并支付全额价款的，将让利 2%。

以后的几次货品拍卖也各有盈利。弗里德里希二世于 1755 年 8 月 11 日颁布一道饬令，禁止埃姆登公司以外的其他商船在普鲁士销售来自东印度的茶叶和瓷器。这样一来，便保证了公司在国内的销售市场。

最后一艘商船"费迪南德王子"号虽最终停泊普利茅斯，但在英国市场上拍卖所得亦颇为可观。货物拍卖共 734287 塔勒，除去各种消耗和开支，最后盈利 158000 塔勒。③

四 埃姆登公司的广州贸易在普鲁士引发的热情

关于埃姆登亚洲贸易公司在广州的贸易，中方档案未见到任何文字记载。梁廷枏的《粤海关志》记载过第一艘来华贸易的普鲁士商船，但那是在乾隆五十二年即 1787 年。④ 当时的那艘船叫"弗里德里希·威廉亲王"号，是由不来梅商人卡塞尔（Carl Philipp Cassel）以普鲁士的名义航行广州的。在《乾隆帝起居注》中，1753 年即乾隆十八年，倒是记录过一件与德国多少有点关系的事件："四月初二日，西洋贡使来京，刘松龄前往接引，沿途办理一切。"⑤

① Viktor Ring, *Asiatische Handlungscompagnien Friedrich des Grossen. Ein Beitrag zur Geschichte des preussischen Seehandels und Aktienwesens*, Berlin, 1890, S. 119.

② 〔美〕马士：《东印度公司对华贸易编年史》第 1 卷，中国海关史研究中心组译，中山大学出版社，1991，第 158 页。

③ Viktor Ring, *Asiatische Handlungscompagnien Friedrich des Grossen. Ein Beitrag zur Geschichte des preussischen Seehandels und Aktienwesens*, Berlin, 1890, S. 127.

④ 原文为："单鹰在双鹰西北，风俗与双鹰同。市舶用白旗画一鹰。乾隆五十二年进口。"参见梁廷枏《粤海关志》第 7 册，第 135—136 页。

⑤ 中国第一历史档案馆编《乾隆帝起居注》（12），广西师范大学出版社，2002，第 86 页。

《粤海关志》也有相同记录："三月，博尔都葛尔雅（指葡萄牙——引者注）遣陪臣巴哲格等表贡方物。命钦天监监正刘松龄前途导引至京，召见巴哲格等，赐宴并赐敕谕。"①

使臣巴哲格即 Francisco de Assis Pacheco de Sampayo，于 2 月 23 日启程，历经五个月的海上航行，8 月 11 日在澳门登陆。随后，在德国传教士刘松龄（August Hallerstein）②的陪同下，赴京觐见。此外，便再无任何关于普鲁士或德国的记录。其实，清政府对于开放广州贸易本来就是半推半就的，中国经济基本上属于自给自足，对外贸易从来不是经济的命脉。宫廷虽然需要广州作为"天子南库"发挥作用，但更关注的还是社会内部的政治稳定。因此像普鲁士这样在西洋名不见经传的蕞尔小国来华贸易被大清帝国小觑是很自然的一件事。

对此，弗里德里希二世后来多少表示过遗憾。1771 年，伏尔泰将其作品《致中国皇帝的诗》寄给弗里德里希二世，并在诗中将弗里德里希二世与乾隆皇帝做了比较，称两者都为哲学家和诗人，并称呼弗里德里希大王为"中国皇帝"。而弗里德里希则以《中国皇帝的诗》（Verse des Kaiser von China）一文作答。文中，国王写下了这样的句子："您还引证了弗里德里希，而在北京，却无人提起此人。"③读起来颇令人有些伤感。

不过，从德方的材料看，对 1752 年"普鲁士国王"号的第一次远航，广州民间还是有反应的，只是它属于地方性事件，远在北京的宫廷并不在意。对于普鲁士商船的到来，广州老百姓和地方官员的表现是友善的。1753 年 7 月 9 日，东弗里斯兰地区财政委员会主席兰茨（Daniel Lentz）在给国王的报告中对此有过报道：

> 以前曾听说普鲁士的中国人都很高兴能结识我们这个新国家。他们也很愿意赋予我们与其他国家相同的自由贸易权。Hoppe（户部）和总督没有收

---

① 梁廷枏：《粤海关志》第 7 册，第 75 页。
② August Hallerstein（1703 – 1774），耶稣会传教士。1739 年进北京，1746 年官拜钦天监监正，任职达 30 年之久。1753 年封朝廷三品官。
③ 原文是："Sie fuehren denn noch einen Friedrich an, Doch spricht in Peking niemand von dem Mann."

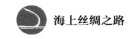

受任何礼物。① 一位官员注意到了悬挂在船头桅杆上的鹰旗，他说："我们以前见过同样的大鸟，② 但我们不相信它能活得长久，因为它有两个脑袋。这个只有一只脑袋的鸟寿命应该会更长些。"③

由此，普鲁士便被中国人称作"单鹰国"，④ 并且这种称呼一直延续到 1839 年。

与中国方面的冷漠和不以为然相比，埃姆登公司的广州贸易在普鲁士却激发了全民的热情。公司商船每一次出航都会形成群众性的欢庆场面，埃姆登的市民及市政代表们纷纷涌向码头，为商船送行。

佛兰德尔商人米歇尔（Jean Francois Michel）是安特卫普 Ertborn 银行驻埃姆登公司的股东代表，曾以 Ertborn 大班的身份，于 1752 年随"埃姆登堡"号航行广州。他在日记中描述了 1752 年 9 月 9 日中午 12 点"埃姆登堡"号起航时的场面：

> 埃姆登的商人、市民和外国人，为了满足好奇心，争相前往观看海员、士兵登船，看货物装船。而船长和船上大班则由埃姆登地方显贵和公司董事局名誉主任梯格尔（Teegel）和德波特（De Pottere）陪同，一道监督着贵重物品的搬运和最后装船。⑤

而商船在起锚前通常也要鸣放礼炮以示作别："早晨 6 点，埃姆登城发射了三次礼炮，每次两响，但因刮着西南风几乎听不太清楚。起锚时又放了一响礼炮。"⑥

1753 年 7 月 6 日，"普鲁士国王"号完成使命顺利返航，在埃姆登再次受到

---

① 埃姆登公司为此次航行专门准备了送给中国海关道和总督的礼物：一个从柏林购买的银茶壶和两块蓝色丝绒面料。H. Berger, *Ueberseeische Handelsbestrebungen unter Friedrich dem Grossen*, Leipzig, 1899, S. 52.

② 1718 年，奥地利奥斯坦德公司的第一艘商船抵达广州港，船头飘扬的旗帜上有双头鹰符号，当时引来了众多中国人的好奇。一些海关官员甚至怀疑像这样长着两个脑袋的鸟究竟能存活多久。奥地利因此被广州人称为"双鹰国"。

③ Viktor Ring, *Asiatische Handlungscompagnien Friedrich des Grossen. Ein Beitrag zur Geschichte des preussischen Seehandels und Aktienwesens*, Berlin, 1890, S. 118 – 119.

④ 普鲁士的旗帜为白底黑鹰，鹰头佩冠，头向右。

⑤ Berne Eberstein, *Preussen und China：ein Geschichte schwieriger Beziehungen*, Berlin, 2007, S. 68.

⑥ Berne Eberstein, *Preussen und China：ein Geschichte schwieriger Beziehungen*, Berlin, 2007, S. 57.

了民众的夹道欢迎。即使远在柏林，人们也奔走相告商船返航的消息。1753 年 7 月 21 日，柏林法院法官皮特（Peter Homfeld）从柏林写信给他的父亲、时任东弗里斯兰办公厅主任的安东（Anton Sebastian Homfeld），报告柏林民众的反应："关于埃姆登公司商船的顺利返航及满载而归，在这里传为佳话。人们碰面时谈论的都是这个话题。"①

关于这个令普鲁士人兴奋的事件，1752 年还在东弗里斯兰首府奥里希（Aurich）匿名出版了一本《赞美诗》（Reimfreye Ode auf die unter dem Schutze Seiner Koeniglichen Majestaet in Preussen errichtete Ost-Indische Handlungs-Compagnie bey Auslauffung des ersten Schiffes aus dem Hafen zu Emden），专门为纪念"普鲁士国王"号首航中国而作。作者后来被证实是戴尔绍（Christoph Friedrich von Derschau，1714－1799），1751—1785 年任东弗里斯兰地区行政长官。他是弗里德里希二世的崇拜者。这首六音部赞美诗共 31 节 124 行，通篇歌颂了国王开创东方航行的丰功伟绩，将埃姆登公司的中国贸易视为重要的世界历史事件。

为了埃姆登亚洲公司的首次中国贸易，普鲁士王家铸币厂还在奥里希打造了特制的银币。这是当时欧洲的通行做法，贸易公司往往会各自铸造货币与其他国家进行交易。以前西班牙人与中国交易用的就是西班牙银币和墨西哥银元。普鲁士银币是在 1751 年 12 月或是 1752 年 1 月、2 月铸就的，恰好赶在了"普鲁士国王"号远航之前。每枚银币重 26.4—26.9 克，纯度 24 克。银币正面的图案为弗里德里希大王的头像，边圈刻有"普鲁士弗里德里希国王"（Fridericus Borussorum Rex）的字样。背面则是由埃姆登公司主事斯图阿特之子设计的公司徽章：一艘在海上航行的船只，其上方是作为国家象征的普鲁士鹰，头戴王冠，左持权杖，右佩刀剑，胸前刻着字母"F、R"，是弗里德里希国王的缩写。船的下方有一匾，上刻字母"K、P、C、D"，为"Koenglich Preussische Asiatische Compagnie von Emden"的缩写。鹰的左右各有两人，左侧为一野蛮人，身上佩带橡树叶编制的花环，手执木棒。这一人物形象源自中世纪的民间信仰，15 世纪以来屡屡出现在欧洲的各种徽章上，也用作普鲁士国家的徽章；右侧站立着一位中国人，腋下夹一卷丝绸，下方摆放着一个捆好的箱子，可能是盛茶叶用的，箱子上放着两个瓷瓶。边圈是一组文字："REGIA BORUSS：SOCIETA S ASIAT. EMBDAE"。这批银币一投入广州市场，立刻为买卖双方找到了一个合适的交换价，比价多少

---

① Berne Eberstein, *Preussen und China：ein Geschichte schwieriger Beziehungen*, Berlin, 2007, S. 55.

图1 埃姆登公司徽章

我们不清楚，但至少普鲁士方面是满意的。① 只是这些银币中的绝大多数在中国都被重新熔铸了。

五 公司的终结

根据米歇尔的记载，1753年6月24日，在广州十三行埃姆登贸易公司租住的商馆门前竖起了一根旗杆，"下午6时，在许多飘扬的欧洲旗帜中，普鲁士鹰旗高高升起"。②

这是普鲁士在历史上第一次将旗帜飘在中国广州的上空。

然而好景不长，埃姆登公司的存在也只有短短的六年，单头鹰在中国的寿命比当年奥地利奥斯坦德公司双头鹰在中国还要短暂。③

公司的终结是内外矛盾合力促成的。首先，公司领导层内部不团结。埃姆登公司的资本有一半来自国外，因此董事部的五名成员中有两名外国代表，分别来自荷兰和英国，其余三人则为普鲁士人。外国董事与普鲁士董事之间、普鲁士董事内部经常会发生重大分歧，在公司决策上无法达成一致。自1752年始，两位外国董事先后被告发营私舞弊，在领导层内引发争议。1755年，两人先后辞职，并冻结了他们在海外银行的资金，令公司陷入了财政困境。随后，公司的荷兰代表又撤走了一批海员，使公司专业人员大大减少，雪上加霜。

---

① H. Berger, *Ueberseeische Handelsbestrebungen unter Friedrich dem Grossen*, Leipzig, 1899, S. 58.

② Berne Eberstein, *Preussen und China: ein Geschichte schwieriger Beziehungen*, Berlin, 2007, S. 70.

③ 奥地利钦定奥斯坦德公司从1722年至1732年，存在了十个年头。在荷兰与英国的商业竞争以及政治打压之下，提前十年结束了它在华贸易的历史。

其次，英、荷等国的竞争和压制。对于埃姆登贸易公司的成立，海上大国如何反应极为重要。普鲁士虽然采取了主动策略，将官方通报分别寄至海牙、伦敦和巴黎，正式告知公司成立的消息，并祈请各国将普鲁士视为友邦，善意对待在欧洲各港口及东印度出现的普鲁士船只及其公民，但是海牙和伦敦方面对新公司仍然抱抵触态度。荷兰表现得较为强烈些，因为埃姆登公司的建立对它影响最为直接，荷兰商人纷纷移居普鲁士，留在本地的也有很多人参加了埃姆登公司，荷兰的资金和专业人员大量外流。荷兰东印度公司董事会主席不得不再次申明禁止荷兰公民，尤其是造船业领域的木材切割工和绳索匠参加外国公司，其中包括埃姆登公司，违规者将受严惩，甚至是死刑。英国对此虽没有做出明确表态，但英国国会却在酝酿起草一份立法，宣布为1747年后建立的任何贸易公司做资产担保为非法行为。显然，这是针对普鲁士公司的。更有甚者，根据1752年的《柏林消息报》，"普鲁士国王"号首航时曾遇到英国方面的刁难。英国东印度公司舰船出面拦截，搜查船上英国公民，并带走了其中的7位英国船员，因为为外国公司提供专业技术是违法的。英国与荷兰政府都非常担心普鲁士在穿越北海后会大规模地参与大洋贸易，对其造成某种威胁。

最后，也是致命的一击直接来自战争。1756年8月，欧洲爆发七年战争，在德意志也被称为第三次西里西亚战争，单鹰国与双鹰国各自参加了以英、法为首的敌对阵营。公司的很多合伙人也参加了战争，并分别属于不同阵营，广州贸易已无继续的可能。尽管兰茨和梯格尔等人一再向国王呼吁，强调保留公司的重要意义，但显然弗里德里希大王已将注意力转向了战场，与奥地利、法国和瑞典作战，无力再给予公司更多的财政支持。1757年，埃姆登城被支持奥地利的法军占领，公司在战火中陷入了覆灭的境地。

公司的四艘船中，"普鲁士国王"号由梯格尔做主，转到荷兰的Delfzyl港避难，改建后参与对法海战。"埃姆登堡"号和"普鲁士亲王"号则被弃置于埃姆登港。"费迪南德王子"号因战火烧至埃姆登，再没有回到它的出发地，而是转到了普利茅斯。

1764年，公司的所有财产，包括不动产和动产一起被拍卖。1765年，仅剩的18塔勒也被分了。埃姆登公司宣告停业。战争结束后，尽管埃姆登商业重新恢复，但只限于传统贸易路线，与中国的贸易始终没有恢复。

埃姆登公司成立的那天，伏尔泰恰好在几周前到达柏林，在给友人的信中，他曾提到，普鲁士亚洲贸易公司的建立，连同弗里德里希二世夺取西里西亚，预

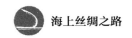

示着一个新的时代，它标志着普鲁士将上升为欧洲的大国。[1] 坦率地说，伏尔泰的评价只对了一半。埃姆登贸易公司在历史上不过是昙花一现，弗里德里希二世虽然实现了弗里德里希·威廉大选侯的中国梦，但这位国王更重视的是西里西亚而不是面向东方的埃姆登。普鲁士后来上升为奥地利之外德意志的第二大国，埃姆登扮演的角色只是次要的。

无怪乎埃姆登亚洲贸易公司在中国会默默无闻了。

---

① Florian Schui，"Prussia's 'Tran-Oceanic Moment'：The Creation of the Prussian Asiatic Trade Company in 1750，" *The Historical Journal*，Vol. 49，2006，p. 144.

商业文明、世界知识与海洋秩序[*]

——反思多维视野下的马嘎尔尼使华事件研究

昝 涛

　　1792 年 5 月 2 日，前驻俄大使、不久前才卸任的马德拉斯总督——乔治·马嘎尔尼（George Macartney，1737 – 1806）勋爵走进圣·詹姆斯宫，觐见英王乔治三世。第二天，他被任命为 "大不列颠国王向中国皇帝派出的特命全权大使"。在精心筹备之后，1792 年 9 月 26 日，马嘎尔尼和 56 名使团成员登上有 64 门大炮的 "狮子" 号军舰，由朴次茅斯港启航。[①] 9 个月之后，也就是 1793 年的 6 月下旬，使团到达中国南部海岸，在那里，马嘎尔尼获悉，乾隆皇帝已经准许使团前往天津。[②] 为了便宜行事，这个意在进行所谓 "商业外交" 的使团，打着为乾隆皇帝祝寿的名义。关于后来故事的各种细节，以往学界已不乏研究，此处不再赘述。但马嘎尔尼使华事件，就像在当时的清廷一样，[③] 在中国近代史的主流叙事中也并不显得有多重要。

---

　*　本文系北京大学历史学系 " '海上丝绸之路与郑和下西洋' 及其沿线地区的历史和文化研究" 项目阶段性研究成果。感谢北京大学历史学系博士研究生董雨、丁雨婷在文献传递方面给予的帮助。
　①　筹备过程可参见〔英〕斯当东《英使谒见乾隆纪实》，叶笃义译，商务印书馆，1963，第二章。
　②　〔美〕何伟亚：《怀柔远人：马嘎尔尼使华的中英礼仪冲突》，邓常春译，社会科学文献出版社，2002，第 85—86 页。
　③　如罗志田教授所言，中英两国对使团一事都非常认真，但还是有不同："毕竟清廷是被动一方，而且似乎不存在非要接待使团不可的愿望。故双方对理解的处理虽同样认真，在整个事件上，显然英方的认真程度要超过中方。若从乾隆帝及其廷臣的观念看，也许这一使团不过好像天上下了一场偏东雨，来得快去得也快，原非什么引起持久注意的大事。" 罗志田：《译序》，〔美〕何伟亚：《怀柔远人：马嘎尔尼使华的中英礼仪冲突》，第 28—29 页。

20 世纪末，美国学者何伟亚（James L. Hevia）出版了其专著《怀柔远人：马嘎尔尼使华的中英礼仪冲突》（*Cherishing Men From Afar：Qing Guest Ritual and the Macartney Embassy of 1793*，以下简称《怀柔远人》）。《怀柔远人》认为，18 世纪下半叶的中英两大帝国是两个并行的、皆具扩张意识的帝国；英国在亚洲的扩张势力与清朝权威是势均力敌，而不是以强凌弱；两个帝国各有各的普遍主义倾向，都以竞争性的等级关系和政治主张为依托。何伟亚认为，这两种帝国模式的区别实质上揭示了不同概念框架和意义生产实践的差别。在上述认识的基础上，《怀柔远人》深入细致地研究了马嘎尔尼使华过程中的礼仪冲突问题，这也是该书最具学术价值的部分，其重要结论是：马嘎尔尼使华过程中出现的礼仪冲突，不是传统中国的朝贡体制与"现代"欧洲外交政治之间的冲突，尤其不应怪罪于传统中国的文化中心主义。这样，何氏就驳斥了由费正清（John K. Fairbank）提出的经典分析模式，即所谓的中国传统"朝贡体制"必然在近代历史上引起传统（中国）与现代（西方）的冲突，何氏认为"朝贡体制"论夸大了这种对立。何氏更为强调的是英国作为海上帝国与中国作为陆上帝国的平等对视，以及它们在 18 世纪末各自面临的特殊历史挑战。

《怀柔远人》出版后，在中美两国的汉学和历史学界引发了较长时间的激烈论争，双方均有重量级人物参加。李伯重教授将相关论争视为美国史坛的公案之一，称之为"何伟亚事件"。[①]

笔者无意再介入这场早已"硝烟"不再的论争，作为相关领域的外行，目下之所以还要讨论它，主要是因为，在一定程度上，以何伟亚为代表的后现代取向不只是扭转了人们评价马嘎尔尼使华事件的视角，亦影响到对中国近代历史甚至中国文明史本身的认知。在后现代史学的影响下，一些"现代主义的"认知路径几乎已被当成错误的范式，而这种趋势当然并不局限于中国史领域。很可能，后现代立场给仍在踟蹰行进的中国现代化历史进程造成了某些认识上的混乱和迷惑。人们尽可欣赏其精妙的后现代阐释"技术"，但在价值上，有些问题还是需要澄清的。作为一个外国人的何伟亚教授，当然可以陶醉在他们以精妙的理论、绚烂的修辞所编织/建构的"史实"之中，但作为中国学人，一方面，笔者

---

① 李伯重：《"何伟亚事件"和"亚伯拉罕案件"——从"人口史风波"谈学术规范、学术纪律与学术批评》，杨玉圣、张保生主编《学术规范读本》，河南大学出版社，2004，第250—256页。

愿意看到本国专家就史学领域的相关问题与之进行讨论，另一方面，却又在读完《怀柔远人》后感到如鲠在喉，既不易在价值取向上淡然处之，更不能就其所引发的历史观/认识论问题置之不理。本文选取比较文明研究视野，考察马嘎尔尼时代清朝和英国在商业、外交及世界意识方面的观念差异，并探讨马嘎尔尼文本所呈现的中国经验之复杂性。

一　围绕"现代主义"的批判与反驳

何伟亚认为，欧美学界热衷在叩头问题上纠缠不休的现象是资产阶级启蒙运动及其"国际法"学说的产物。这套学说同"宾礼"一样，规定了什么才是代表主权国家的特使互相会见时应采用的"适当"身体语言。正是根据同样一种平等国家的外交话语，乾隆那著名的《致英王乔治三世书》被诠释为天朝对于历史现实彻底而傲慢的拒斥。后世持现代主义立场研究该问题的学者大多延续了这种观点，甚至可以说是延续了马嘎尔尼的启蒙主义观点，而法国作家佩雷菲特（Alain Peyrefitte）被视为此类典型。①

在为其专著所写的"中文版序"中，何伟亚总结了在自己的研究之前人们是如何看待马嘎尔尼使华的："前此的研究把清廷方面的资料当作中国孤立主义和错误的优越感（中国中心主义）的例证……英国使团已经被中国和西方的历史学家制造成西方现代性的代表。""大多数历史学家（包括海峡两岸的中国人）把乾隆皇帝的回应诠释为中国孤立于真实世界的一个主要实例，有些人甚至进而认为中国由此错失了一次现代化的机会。"② 这便是经典的现代主义解释。

在《怀柔远人》的最后一部分，何伟亚又有专节讨论不同形式的现代主义诠释。何伟亚在总结中国知识精英如何解释马嘎尔尼时，注意到蒋廷黻（1895—1965）在 20 世纪 30 年代的解释，当然，蒋是中国早期现代化史观的重要代表人物。20 世纪后期，戴逸教授对此问题的解释也基本上延续了蒋的思路，即强调使团失败的主要原因在于文化误解，并突出了传统与现代之间的冲突。③ 何伟亚发现，这跟 20 世纪五六十年代的美国汉学家的观点是一样的。如果何伟亚对 20

---

① 〔法〕佩雷菲特：《停滞的帝国：两个世界的碰撞》，王国卿等译，三联书店，1993。
② 〔美〕何伟亚：《怀柔远人：马嘎尔尼使华的中英礼仪冲突》，"中文版序"，第 3、4 页。着重号为引者所加。
③ 〔美〕何伟亚：《怀柔远人：马嘎尔尼使华的中英礼仪冲突》，第 244—246 页。

世纪前期中国现代化问题的争论这一思想史比较了解的话，可能会理解得更为深刻。①

而何伟亚认为，在冷战期间，无论是美国的现代化研究、区域研究，还是中国学者用马克思主义观点重建中国历史的努力，都存在"净化"和"造伪"的问题，以文明和民族作为恒定的历史分析单位，以直线式的因果关系组织事件，将历史发展分割成黑白分明的各个阶段。"他们所赞同的对马嘎尔尼使团的阐释，完全是现代化的，并且有违或漠视清廷统治者的想法和信仰。"②

何伟亚还特别提到改革开放时代的中国意识影响了人们对马嘎尔尼事件的看法，他总结道，在中国倡导改革开放的时候，马嘎尔尼使团成为有益的警示，即中国一定不能重蹈清廷的覆辙。③

何氏似乎对某种左翼立场更为同情，即认为这种现代主义的、民族主义的立场，忽视了原来被长期坚持的帝国主义解释，也就是把英国视为帝国主义的代表；而现代主义的解释则把英国树立成了先进的代表，这减轻了英国的侵略责任。④

在何氏看来，不管是哪种现代主义的解释，无论是左的还是右的，都是现代人的观念被强加给了马嘎尔尼和乾隆时代；中国知识分子想把中国置于全球文明史之中的努力，被何伟亚解释成了"污染"，因为中国知识分子和政治精英的思想意识被西化了，也就是说，清代以后的中国知识分子，采用了殖民者的知识框架，所以才会出现传统与现代、先进与落后两分法的解释。⑤

最近，在讨论不同历史视野下的乾隆八十寿辰时，葛兆光教授总结了不同历史观——道德史观、阶级史观、革命史观、经济史观对这一历史的认识。⑥ 与何氏的讨论结合看，这些历史观都是现代的，甚至可以说多数是殖民者的，从而遮

---

① 罗荣渠主编《从"西化"到"现代化"——五四以来有关中国的文化趋向和发展道路论争文选》，北京大学出版社，1990；林被甸、董正华：《现代化研究在中国的兴起与发展》，《历史研究》1998 年第 5 期。
② 〔美〕何伟亚：《怀柔远人：马嘎尔尼使华的中英礼仪冲突》，第 251 页。
③ 〔美〕何伟亚：《怀柔远人：马嘎尔尼使华的中英礼仪冲突》，第 247 页；戴逸：《失去了的机会》，朱雍：《不愿打开的中国大门——乾隆时期的中英关系》，江苏人民出版社，1989，"序言"。
④ 〔美〕何伟亚：《怀柔远人：马嘎尔尼使华的中英礼仪冲突》，第 248—249 页。
⑤ 〔美〕何伟亚：《怀柔远人：马嘎尔尼使华的中英礼仪冲突》，第 249—252 页。
⑥ 葛兆光：《朝贡圈最后的盛会——从中国史、亚洲史和世界史看 1790 年乾隆皇帝八十寿辰庆典》，《复旦学报》（社会科学版）2019 年第 6 期。

蔽了人们对中国历史的认识。

在中文版序言中，何氏拒斥上述"现代主义的"诠释路径："我的感觉是清廷所拒绝的乃是蕴含在马嘎尔尼描述礼物时所赋予其的优越性。"① 何伟亚坚持把马嘎尔尼使团使华视为"两个扩张性帝国之间的政治的而非文化的遭遇"。② 也就是说，他不赞成中国中心主义和以中国为中心的世界秩序这样的观念，"尤其考虑到清朝的建立者是满人而非汉人……如果欧洲与亚洲的接触，不是被看做生机勃勃的扩张性的西方对停滞的闭关自守的东方，而是被视为两个扩张性的帝国——满族多民族帝国和大英多民族帝国的遭遇，那么……"③

在某种程度上，罗志田教授也呼应了何伟亚的观点："应注意的是，马嘎尔尼访华时英国的工业革命不过刚刚起步，鸦片战争后中国了解到的（对时人特别是后来的史家越来越具有象征意义的）先进西方工艺产品如轮船、火车、电报及快速连发枪等，对乾隆帝和马嘎尔尼同样都是未知事物。换言之，近代象征西方'先进'或'优越'的'船坚炮利'，那时基本不存在。故当时不仅中英双方国家实力大致相当，即使在技术层面，通常认知中'现代/西方'与'传统/中国'那样的对立性区分也还不明显（只要查一下一般的自然科学年表，即可知马嘎尔尼访华时'西方科学之先进'不过尚在形成之中）。"④ 不过，罗先生的落脚点似乎不在价值观的问题，而是回到了传统史家的本职立场：且不管何氏的研究是什么样的理论或价值取向，更重要的是看它是否真正地扩大或促进了对具体问题的认识与理解。

周锡瑞（Joseph Esherick）教授曾对何氏的著作进行了猛烈批评，称之为"望文生义"之作。⑤ 而后，也有学界"大咖"相继出来为何氏辩护，针对周的批判，艾尔曼、胡志德撰文予以驳斥。⑥ 除了具体的文献和史实问题，与本文最为相关者，是周锡瑞激烈批判的、否定英国现代性的取向。周教授质疑了何氏所

---

① 〔美〕何伟亚：《怀柔远人：马嘎尔尼使华的中英礼仪冲突》，"中文版序"，第4页。
② 〔美〕何伟亚：《怀柔远人：马嘎尔尼使华的中英礼仪冲突》，"中文版序"，第3页。
③ 〔美〕何伟亚：《怀柔远人：马嘎尔尼使华的中英礼仪冲突》，"中文版序"，第2页。
④ 罗志田：《译序》，〔美〕何伟亚：《怀柔远人：马嘎尔尼使华的中英礼仪冲突》，第27页。
⑤ 〔美〕周锡瑞：《后现代式研究：望文生义，方为妥善》，《二十一世纪》1997年12月号。
⑥ 艾尔曼、胡志德认为周锡瑞的批判只是指出了一些无伤大雅的细节，不能整体上驳倒何伟亚，尽管也承认《怀柔远人》有一些瑕疵，但认为它在整体上是立得住的，而且充分肯定其重要学术贡献。〔美〕艾尔曼、胡志德：《马嘎尔尼使团、后现代主义与近代中国史：评周锡瑞对何伟亚著作的批评》，《二十一世纪》1997年12月号。

秉持的后现代理论的有效性：后殖民研究不仅批判了西方和日本的帝国主义对中国的军事、政治、经济上的剥削，还批判了源于西方的殖民文化，如现代性、理性、科学、技术等；任何亚洲人，只要提倡这些事情，就是在"盗用殖民者的智识构架"，这种后殖民取向傲慢地批判中国学者是"彻底的现代主义者，对清代统治者的关怀和信仰抱有敌意或表示蔑视"；他们的研究似乎是在建议中国人应把他们的头脑和愿望退回到清代（或在安全的异国情调之中）而非对西方现代性的渴望，这种批判的效果，便是禁止亚洲和其他第三世界民众以必要的智识和政治工具进行现代化，并使他们的国家强大到足以反对帝国主义。①

在上述意义上，周教授无法接受何氏提倡的后现代式研究之价值取向。如仇鹿鸣所论，周锡瑞这样的汉学家在批判西方帝国主义的同时，"对于中国文化及其近代命运抱有深切的同情，对于中国近代以来不懈追求的现代化目标表示理解与敬意。而何伟亚这一代学者，在理论上更多地受到了后现代思潮的影响，比之于他们的前辈，他们在理论上更具有反思西方中心论的自觉，但在另一方面他们对于中国文化同情之了解的成分也要远远小于他们的前辈。……中国研究在何伟亚手中似乎更多的是一种充满异国情调的观察，中国经验的价值只是在于证明或者证否西方理论的有效性，至于周锡瑞那代人所倾注感情的中国文明的现代出路并不是他们考虑的对象"。②

罗威廉亦曾批评"后殖民主义"的观点，倡导对中国历史的同情理解："后殖民主义"观点指责 20 世纪初中国的政治精英，说他们总是认为中国应当走欧洲式的民族国家道路，这一思想便成为中国民族主义力量的部分原因。罗威廉冷静地指出，这一说法"貌似合理且引人入胜，但必须记得，晚清的中国精英们没有这样奢侈的后见之明。对于越来越多的人来说，为了能在即将到来的战争中存活，把他们的政体重建成强大的西式民族国家，确为当务之急"。葛兆光说："这才是同情理解历史的态度。"③

至于何伟亚关注的"殖民者的知识框架"问题，早在 20 世纪 30 年代，戴望舒在讨论土耳其与俄罗斯的现代命运时，就表达过类似的无奈："至于那反对外国军队之干涉的斗争，土耳其和俄罗斯也是在同一个时期，在同一个精神之中，

---

① 〔美〕周锡瑞：《后现代式研究：望文生义，方为妥善》，《二十一世纪》1997 年 12 月号。
② 仇鹿鸣：《作为学术事件的〈怀柔远人〉》，高全喜主编《大观》第 5 期，法律出版社，2011。
③ 葛兆光：《推荐序》，〔美〕罗威廉：《哈佛中国史》第 6 卷，李仁渊、张远译，中信出版社，2016，第 11 页。

以同样的方法进行的，并获得同样的成功的。这共同的斗争的最后目的和深切的意义也是一样的，便是：确定平等的集团之统治，实现莽原中的民族之最初的同时也就是本质的思想。这便是当我们解决了这事实（即政治的观念和术语都是来自西欧，因而不能包括东方的实况）所产生的困难的时候所发现了。这便是现在西部亚洲和俄罗斯的民族，带着多少有点明显的自觉心，顺从着一种相同的命运，所追求的远远的目标。他们在他们的年少力强的肩上肩负着西欧的经验、学问和现实等的巨大遗产，而西欧人对他们的精神，却总不能了解，不能接近；他们用了西欧的遗产在广大的莽原上建筑一个新的世界，而西欧人却不能想象那新世界的法则、形式和行动状态。"①

此类说辞或许会激发某种民族主义情愫，但除了在不同知识框架下穿梭并不断地对话与批判，现在哪里还有纯粹的、非殖民者的、非现代的知识框架作为替代性选择呢？这已是世界历史发展的一个结果，也可能是无奈。但正是世界史的发展，才使得比较文明研究成为可能与需要。下面，笔者通过比较文明研究的视角讨论马嘎尔尼来华时中英商业观念和世界意识的差异。

二　差异之一：商业/外交观念之比较

马嘎尔尼来华之目的是搞外交、改善东印度公司的对华商贸条件。何伟亚指出，其商业关注的优先性值得商榷。通过比照相关文献，笔者对此基本赞同，但仍不能否认，尽可能地扩大商业利益是使团的重要目标。

首先，我们从商贸关系的角度看一下马嘎尔尼出使的背景。

对 18 世纪的英国来说，与中国的贸易当然重要。当时，来自中国的茶叶已经成为英国的大众消费品，是英国重要的进口货物。到 18 世纪 90 年代的时候，英国已经从中国进口了大约 2000 万磅的茶，在下一个十年，这个数字达到了 2500 万磅。茶是英国东印度公司获利最多的货物，其所向英国政府缴纳的税收，占了总税收的 6%—7%。在英格兰，有很多人对于中国的贸易感到不满。英商进入中国只能通过广东港，当地的限制极多；支付茶叶进口方面也出现了大量的问题，主要是白银流失，为此英国必须让更多自己的货物进入中国市场。在当时的英国商界，人们开始讨论是否能够在中国获得一个完全由英国人自己控制的港

---

① 戴望舒编著《现代土耳其政治》，商务印书馆，1937，第 143—144 页。

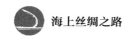
口，这样有利于英国货物的流通。英国的大臣们希望能够通过直接与中国的朝廷谈判来解决相关问题。此为马嘎尔尼使华的历史背景。①

东印度公司主席培林（F. Baring）于1792年9月8日致马嘎尔尼的信中提到，希望马嘎尔尼使团能够尽力给中国人留下好印象，那么，就会在广州产生最美的效果，"在他处或能获得一居留地"，而最重要之目标是"获取在广州以北各埠贸易之特许"。② 至于垄断对外贸易的广州公行，培林的信中也有提及，但他说，公行对于东印度公司的贸易也是有好处的，不一定必须寻求废除之，"广州之公行对吾人有害与否，公司职员仍有怀疑者。虽称专利之权操于少数人之手，但事实上吾人仍可与任何华人买卖，初不限于公行之人，不过仍须托其名而贸易耳"。③ 此外，他们希望马嘎尔尼能搜集各类商业情报，还提到希望他能够对清廷声明，其他国家也有讲英语的人（如美国人），举止颇为接近，且也航行于中国海，但那些说英语的不一定都是英国人，这些人如果有不轨之举，而中国人又无法分辨的话，东印度公司的商务和职员反受其累。④

那么，商贸在当时的英国处于何种地位呢？有学者指出，英国当时具有的观念是：自由和商品交换是自然权利。⑤ 何伟亚也提到，在当时的英国有一种见识："为了确保商品流通和经济增长，君主负有道义上的责任去保障商品和货币毫无阻碍地流动。为达此目的，对内要促进公众努力工作，建立公正的制度以防止社会成员彼此侵犯财产权，保卫国家安全，对外要促进和保护与其他国家的商品和货币交换。商业外交正在于促进这样的互利合作。"⑥ 诚如布罗代尔所言："只有当资本主义同国家权力结为一体，并成为国家本身时，资本主义才能赢得胜利。"⑦

英王乔治三世给乾隆的信也表达了对商业的关注，体现了英国人的特点，即

① P. J. Marshall, ed., *The Oxford History of the British Empire*, *the Eighteenth Century*, New York：Oxford University Press, 1998, p. 582；〔美〕罗威廉：《哈佛中国史》第6卷，第128、130页。

② 朱杰勤译《中外关系史译丛》第1辑，海洋出版社，1984，第198页。

③ 朱杰勤译《中外关系史译丛》第1辑，第200页。

④ 朱杰勤译《中外关系史译丛》第1辑，第208页。

⑤ *An Embassy to China：Beijing the Journal Kept by Lord Macartney during his Embassy to the Emperor Ch'ien-lung, 1793 – 1794*, Edited with an Introduction and Notes by J. L. Cranmer-Byng, Longmans, 1962, p. 5.

⑥ 〔美〕何伟亚：《怀柔远人：马嘎尔尼使华的中英礼仪冲突》，第84页。

⑦ 〔美〕麦克尔·哈特、〔意〕安东尼奥·奈格里：《帝国——全球化的政治秩序》，杨建国、范一亭译，江苏人民出版社，2003，第1页。

深信"相隔遥远的国家之间的商品交换是互利的好事"。英王指出，派遣君主的使臣可以有一个作用，就是克服那些商品交换的障碍和误解，最终达到互利互惠。故马嘎尔尼出使之目的在于"建立一种密切关系，并创设一种制度以便通过思想和商品的自由交流来防止未来的冲突"。①

比较来看，中国当时的主流商业观念是什么呢？显然，清王朝并不具有前述英人的商贸观，这似也是常识，清统治者将商贸理解为政治的和文化的。在整理马嘎尔尼日记的导论中，J. L. Cranmer-Byng 也提到中国人的商贸观，他引用了费正清的朝贡体系论，并将其解释为与中国的地理环境有关的古老文化的特质。② 不过，较近的历史研究证实，以朝贡贸易体制来解释中国的世界秩序模式，是有问题的："朝贡贸易模式未必是错的，但确实被过度放大，而历史学家则持续找出哪些的确是说得通的，哪些不是。"③

我们还可以根据马嘎尔尼使团副使乔治·斯当东回国后编写的著作来看一下，这是根据访华人员的记录编写的，于 1797 年亦即使团回国 3 年后出版，其中当然难免带有事后心态，也就是更多地将责任归咎于中国，其所比较的中英之间对待商贸的不同态度，虽有夸大和简化之嫌，但仍值得参考。

"到远方各国从事贸易一向是受到历代英王的鼓励和支持的。""但我们独往独来和自由行动的精神——这些都是由于我们的政治制度所自然产生的——在中国的骄傲武断的官员们看来往往认为是放肆，特别是这些行动出之于从事商业的人，而商业在中国被认为是最低级的行业。""中国官吏和商人等级悬殊。""在此种情形下，中国方面的传统的排外偏见和它的长期闭关自守是成正比例的，而且目前丝毫没有任何改变。……由于他们对自己文化的高度优越感，这种狭隘的观念已经形成为一种思想体系。任何其他国家的一些在中国人看来是比较野蛮的情况，都在中国方面引起警觉来加强限制所有在华的欧洲人，借以避免其在中国人当中发生不良影响。""中国政府绝不重视对外贸易，认为可以随意限制对外贸易。""中国方面在广大中国人民当中进行的教育却说：允许外人通商并不是为了互利，而只是由于外国人需要中国产品，这样是符合中国传统道德所教导的

---

① 〔美〕何伟亚：《怀柔远人：马嘎尔尼使华的中英礼仪冲突》，第 62—63 页。

② *An Embassy to China：Beijing the Journal Kept by Lord Macartney during his Embassy to the Emperor Ch'ien-lung*, *1793 – 1794*, p. 5.

③ 〔美〕罗威廉：《哈佛中国史》第 6 卷，第 121 页。

人道主义的。"①

相对而言，清王朝虽并不孤立于世界贸易之外，且还从外贸中获利颇多，尤其是皇室，但在相关问题上，它确持较保守之立场，也就是所谓"天朝物产丰饶，不需外夷货物"。在清王朝立场上，它不乏保持自身生活方式的道义理由，乾隆帝更是拥有"十全武功"，② 可以傲视世界。这些都是它得以自洽者，亦暂不会妨碍其生存。但它确又有着不同于英国之世界观。何伟亚就清王朝之世界观说："清廷最关心的，是在一个多主制、多权力中心的世界上，如何以适当方式建构最高权力。清廷运用礼仪技巧，建立宇宙 – 道德优势，并在时间和空间上拓展其帝国权力。""清统治权并不是一个预先设定的各领土之间关系的架构，相反，它是借复杂的对话来建构的。这些对话包括某些藩王具有实质意义的称号，和清帝为了取得最高君主地位而必须做出的声称，同时，作为最高君主，清帝还必须怀柔远人。"③

对中国商人和官僚阶层之互动的研究，或可撬动以往对传统之"士、农、工、商"四民秩序的僵化理解，但仍不能否认，在中国的统治阶层中并没有形成对近代国家进步的商业财富机制之明确理解，若说部分地有，亦是建立在权力和功利之基础上，而不是建立在法治和文明的基础上，马嘎尔尼使团观察到之广州官员的管理即是证明，遑论对商贸扩展所带来的进步开化之体认。这一重要差异，在乾隆和英王各自的信中亦有体现，④ 不过，正如罗志田教授所言，何伟亚对乾隆帝对贸易的心态"过于轻描淡写地滑过去了"，他认为，乾隆帝说天朝物产丰饶，不需外夷货物一类"话语"，更多是具体针对马嘎尔尼使团而不是阐述一般的外交原则，罗教授认为这"似不十分站得住脚"。⑤

从马嘎尔尼一方看，其访华目的之一就是搞"商业外交"，甚至是扩张其帝

---

① 〔法〕斯当东：《英使谒见乾隆纪实》，第 18、22—24 页。

② 按照乾隆自己说的是："十功者，平准噶尔二，定回部一，打金川为二，靖台湾为一，降缅甸、安南各一，即今之受廓尔喀降，合为十。"对这些"武功"的赞扬和宣传，不只是本国人在做，连欧洲来访的传教士们，也以其艺术造诣参与其中。李景屏：《乾隆与法国大革命》，《文史知识》2010 年第 4 期。

③ 〔美〕何伟亚：《怀柔远人：马嘎尔尼使华的中英礼仪冲突》，第 57 页。

④ 关于乾隆给乔治三世的信，除了何伟亚的相关论述，其英文译本还收入 J. Mason Gentzler, ed., *Changing China: Readings in the History of China from the Opium War to the Present*, New York: Praeger Publishers, 1977.

⑤ 罗志田：《译序》，〔美〕何伟亚：《怀柔远人：马嘎尔尼使华的中英礼仪冲突》，第 28 页。

国霸权，他的使命是要向乾隆帝解释"与大英帝国建立更为密切的联系并促进商品流通增长能带来的长远利益……如果可能，这类对话中产生出来的任何谅解，都可以形成一项友好条约或同盟条约"。"还有人建议马嘎尔尼力争获得帝国敕令以扩展与中国海岸其他港口的商业往来。最后，东印度公司负责人向马嘎尔尼建议，如果公共领域的花言巧语未能打开商业大门，则可以注意收集茶叶、棉花和丝绸制品的信息，以便能把它们运往英国的殖民地印度，那里匮乏上述产品。"① 故马嘎尔尼使华之目的其实就是帮助英商打开中国市场，因此，他在不得已离开北京之前发挥主观能动性，② 提出了一些商业外交方面的要求，并希望签订条约：

> 第一，请中国允许英国商船在珠山（即舟山——引者注）、宁波、天津等处登岸经营商业；第二，请中国按照从前俄国商人在中国通商之例子，允许英国商人在北京设一货栈买卖货物；第三，请于珠山附近划一未经设防之小岛归英国商人使用，以便英国商船即行收歇，存放一切货物且可居住商人；第四，请于广州附近得一同样之权利，且听英国商人自由往来不加禁止；第五，凡英国商货自澳门运往广州者，请特别优待赐予免税；第六，请允许英国商船按照中国所定之税率切实上税，不在税率之外另外征收。③

17 世纪中期的《威斯特伐利亚条约》后，国家成为世界体系的主要作用者，欧洲确立了主权国家的交往原则，主权神圣不可侵犯，国家不再是君主的私人领域，而是一个公共实体，它不再是一个贡物的消费者，而是为了国家利益集中并富于创业精神地有效利用资源的代理机构，现代国际秩序即在这些原则的基础上生成。《威斯特伐利亚条约》决定了中国和欧洲国家从此走上不同的道路。④ 在此意义上，马嘎尔尼来访华时的行为和思维方式，就需要放在这一长时段的近代历史视野下来考量。但马嘎尔尼来时，甚至到 19 世纪中叶，清王朝并不具备此

① 〔美〕何伟亚：《怀柔远人：马嘎尔尼使华的中英礼仪冲突》，第 85 页。
② 此亦很可能跟其要回报使团所获得的东印度公司大量资助有关。
③ *An Embassy to China：Beijing the Journal Kept by Lord Macartney during his Embassy to the Emperor Ch'ien-lung*，*1793 – 1794*，p. 150；〔美〕何伟亚：《怀柔远人：马嘎尔尼使华的中英礼仪冲突》，第 195 页。
④ 〔美〕卜正民：《哈佛中国史》第 5 卷，潘玮琳译，中信出版社，2016，第 254 页。

类意识。有学者指出，"最初，清朝君臣没有条约观念和意识，考量条约关系的参照物，除天朝体制意识之外，主要是中国古代的盟誓实践。遭受一系列武力打击后，他们被迫接受强权政治下的国际关系秩序，同时从国际法角度对近代条约有了新认识"。即便在康熙二十八年（1689），清政府应俄国要求，与之订立了平等的《尼布楚条约》，这也并不表示中国人具备了近代国际关系的意识，在很大程度上仍然基于"天朝"的"怀柔远人"观念，这也是其处理对外关系的基本理念之一。一般认为，直到鸦片战争后，清政府的这一观念才开始发生变化，并试图在条约关系中维护自己的权益和平等地位。①

比较而言，奥斯曼帝国进入近代条约体系的时间要比清王朝早得多，但其亦是通过军事战败而习得。由于实力相差悬殊，奥斯曼人根本不认为欧洲国王能够与其平起平坐，而是长期将欧洲的君主视为与奥斯曼人的宰相（Grand Vizier）同等地位。苏雷曼大帝在致其盟友法国国王的信中说："我是众苏丹的苏丹，众王之王，大地上王冠的授予者，神在大地上的影子……你，法国人的王，法国这块领土的王……"② 直到 1606 年的 Zsitva-Torok 条约，奥地利的统治者才被高门（Porte）承认有皇帝（Nemçe Chasarı）的地位。③ 在马嘎尔尼来华一百年前，奥斯曼帝国已经被迫纳入欧洲之条约体系。1699 年，军事上战败的奥斯曼帝国被迫与多个欧洲国家签订了《卡尔洛维茨条约》（The Treaty of Carlowitz）④，这是奥斯曼与欧洲关系的转折点，其力量已大不如前，从攻势转为了守势，奥斯曼人第一次接受其他国家与其具有平等地位。⑤ 伯纳德·刘易斯指出，该条约在奥斯曼帝国乃至伊斯兰文明史上有重要意义，尤其是在外交上，奥斯曼帝国不得不认真地开始学习谈判，而以前，土耳其人对条约的理解极为简单，那都是由土耳其人陈述其内容，被打败的对手不得不接受之；《卡尔洛维茨条约》是奥斯曼人第一次不得不去努力学习外交术，通过政治谈判等手段来解决军事失利导致的问题，土耳其人还不得不委身去求助于在伊斯坦布尔的外国使节（英国人

① 以上参见李育民《晚清时期条约关系观念的演变》，《历史研究》2013 年第 5 期。
② 转引自 Roderic Davison，*Turkey*，New Jersey：Prentice Hall，1968，p. 47。
③ Bülent Arı，"Early Ottoman Diplomacy：Ad Hoc Period，" in Nuri Yurdusev ed.，*Ottoman Diplomacy：Conventional or Unconventional*，Basingstoke：Palgrave，2004，p. 42.
④ 关于条约的内容和历史背景，参见 Caroline Finkel，*The History of the Ottoman Empire：Osman's Dream*，London：John Murray Publishers，2005，pp. 319 – 323。
⑤ Ahmet Reşit，*Hukuk-ı Umumiyye-i Düvel*，Istanbul，1932，p. 87.

与荷兰人）。①

如果把马嘎尔尼提出的要求与 1842 年的《南京条约》相比较，不难发现，有很多要等到半个世纪之后才成为现实的内容，马嘎尔尼早已提到。如罗志田教授所言，人们对于马嘎尔尼使华这一事件的诠释，是"将此事件与半个世纪后的中英鸦片战争及再以后众多的中外冲突和不平等条约联系起来考察，从后来的结局反观作始之时，的确有'几同隔世'的感觉"。②

跟弗兰克否定资本主义的现代性相似，何伟亚的研究否定了现代国际体系的"现代性"，他将马嘎尔尼使华期间出现的所谓"礼仪之争"视为两个同等水平之帝国建构的平等遭遇，进而否定了最早出现于欧洲的、由国际法所定义的国际关系准则。何氏认为，这种国际关系是一种已经自然化的权势话语，"它作为欧洲人全球扩张的典型产物，从 16 世纪一直存在至今。自然化是指它已经被接受为民族国家处理国际关系的一种通行方式。这种霸权是葛兰西（Gramscian）意义上的，是指那些在其传统中并没有这样的外交方式的国家，不论愿意与否，都不得不按照外国（本例中是欧美）定下的规则参与国际交往"。③ 认可威斯特伐利亚体系之现代性，并不等于可以嘲笑乾隆帝。但对历史我们总要寻找某种解释的进路，"理性"与"礼仪"的比较，尽管不是充分有效的，但总不能说完全错误或无效。

中英之间在文化和世界意识上的重要差别是显而易见的，其背后是两种不同的思维方式，而这种差别是否就必然是先进或落后，乃是价值判断问题，多少会有后见之明，但只要涉及解释和比较，就难免带有后人之眼光，因为历史的分析是活着的人与过往之间的往复对话。即便不苛求乾隆时代的价值观和世界观，也仍不能否认，是当时已经出现在西方，且不仅仅是作为个案的主权平等原则，成了此后国际关系的准则，非西方不得不去适应这"三千年未有之大变局"。

当然，从中国中心视角看，《怀柔远人》希望如其所是地阐释当时人们行为的原因，这对我们认识一个更为真实的清朝外交和中央政治本身是有帮助的。它

① Bernard Lewis, *What Went Wrong: Western Impact and Middle Eastern Response*, Oxford University Press, 2002, pp. 18-19。不过，到 1774 年时，欧洲人仍批评奥斯曼人不具任何国际法概念。〔德〕于尔根·奥斯特哈默：《亚洲的去魔化：18 世纪的欧洲与亚洲帝国》，刘兴华译，社会科学文献出版社，2016，第 47 页。
② 罗志田：《译序》，〔美〕何伟亚：《怀柔远人：马嘎尔尼使华的中英礼仪冲突》，第 1 页。
③ 〔美〕何伟亚：《怀柔远人：马嘎尔尼使华的中英礼仪冲突》，第 29 页。

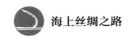

揭示出，清朝使用精心建构的"宾礼"仪式将周边国家纳为藩属，现在，又透过这套礼仪的视点来对待马嘎尔尼使团。《怀柔远人》指出，清朝的外交政策是有自身逻辑的，恪守这一外交政策的清朝君臣对自己的政治优势有充分自信。当然，他们只能按照自己的理念行事。但这只是一种视角的解释。即便是以中国为中心的视角，也存在复杂性。

东亚朝贡体制所建立的表面上的秩序与和平，首先，其范围并不能被用于解释全部的中外关系；其次，即便处在朝贡体制内的主体，其理论与实践之间也存在多样性以及大量的内在问题。葛兆光教授以亚洲史视角对乾隆八十大寿这一历史时刻的分析，已清晰地揭示出这一点。葛教授认为，"这是所谓前现代也就是传统帝国时代的最后一次，也是最盛大的一次朝贡圈盛典……如果仅仅从中国历史的角度看，似乎这确实是一场喜庆的宴会，也是万国来朝的盛事"。但按葛教授的研究，如果放在亚洲史甚至是世界史的视野下看，情形就非常不同了："这个以大清帝国为中心的朝贡圈，实际上并不像乾隆帝想象的那样稳定和坚固……首先，朝贡圈内各国之间实际上并无认同感，在经济利益上彼此算计，在文化上互相鄙夷；其次，在面对大清帝国时，政治上只是表面臣服，而在文化上日益疏远……"① 葛教授是从朝鲜和安南的官方史书与使臣笔记中发现了这些迹象。

基于上述，即便是要批判西方中心论，坚持以中国视角看历史，② 也并非没有问题，因为中国视角下的那个朝贡秩序，也并非和谐一律，毕竟它同时存在中心—边缘视角下的朝贡秩序内的差异性这一问题，而对这个问题的进一步追问就是，这一建立在中心之强大基础上的朝贡秩序，未尝不能说也蕴含着来自边缘的关于自强和平等的追求。③ 所以，若说基于主权原则的现代条约—国际体系全系西方对于非西方的强加，未免过于简化。而就这个历史问题的反思，或许对于建立未来东亚地区的新型国际秩序也有所启示。

一个是要求通过磕头来实现自身秩序的清朝，一个是需要通过彰显平等主权来实现自身利益的英国，两个不同的世界的差异是和后世的发展有关联的，它们不是处于真空中的不同，也无法一直平行着各走一边，而终究是要相交、竞争的，马嘎尔尼使团事件本身即为体现。

① 葛兆光：《朝贡圈最后的盛会》，《复旦学报》（社会科学版）2019 年第 6 期。
② 就马嘎尔尼使华来说，关于外交和政治维度下中国视角的集中呈现，参见中国第一历史档案馆编《英使马戛尔尼访华档案史料汇编》，国际文化出版公司，1996。
③ 且不乏中心和边缘平等交往之历史案例。

三　差异之二：世界认知与意识之比较

何伟亚颇重视的另一个视角是马嘎尔尼所代表的那个系统的世界知识和意识问题。如何氏所言，马嘎尔尼的阅读表明他是一个近乎典型的知识广博的绅士，他对东方和中国抱有浓厚兴趣。马嘎尔尼通过阅读关于中国的各种知识，形成了对中国的认识，并对其行为产生了影响。比如，他之所以精心准备各种能够体现英国先进成就的物品，以吸引中国人的注意，很可能是因为他通过阅读总结出来中国人常在"外在表现"的基础上来评价一个人。何氏认为，对中国的这些看法构成了使团中礼仪部分许多重要文件的内容。[1]

只不过何伟亚更关注的是孟德斯鸠式的"东方专制主义"的"偏见"。他说，马嘎尔尼所理解的中国形象是18世纪流行的欧洲尤其是英国"制造"的中国形象。而这个形象经历了从崇拜中国风到贬低中国的演变。16世纪开始的关于中国的描述，主要出自耶稣会士、航海者和欧洲各国使团成员，呈现的是高度理想化的中国，各方面都很美好。18世纪中期法国还出现了儒学热，中国受到推崇。当然，也出现了对夸大中国优点的抵制，比如英国人当中的古典主义者就极力捍卫希腊和罗马的纯洁，赞赏英国的价值和品味。[2]对中国事物的指责体现为指责赞赏中国者为"暴发户和女人"，而中国艺术风格还被指责背离自然与真理，因而不符合艺术标准，中国风格缺乏的是简单、有序和对称。最终，这种批评发展成对中国的整体批评，他们得出结论说中国人不能准确地再现自然界或社会生活的现实。[3]

18世纪的进步历史观与现实世界的变化尤其是科学的发展有关。这一历史观的主要主张是：进步是物质性的，表现为市场商品的巨大增长和足以代替人力的技术，体现在从世界各地流入英国的财富上。"进步也意味着另外的东西：它表明了在过去的基础上的快速发展，摆脱了教会、礼仪与典礼、迷信与魔幻、风俗与习惯等等的支配，有了飞跃。它还表明了一种转变：从前的世界，人们只了解了它的表象，而现在，正确的道德、美学和科学鉴赏力形成了彻底的男性也即

---

① 〔美〕何伟亚：《怀柔远人：马嘎尔尼使华的中英礼仪冲突》，第60页。
② 〔美〕何伟亚：《怀柔远人：马嘎尔尼使华的中英礼仪冲突》，第71页。
③ 〔美〕何伟亚：《怀柔远人：马嘎尔尼使华的中英礼仪冲突》，第72页。

理性的眼光。以此眼光观察世界，就会揭开从前被欺骗性外表所掩盖的秘密。"何氏认为，这种观念变化影响了英国知识贵族对中国的再评价，比如休谟认为，自孔子以后，中国的科学进步很小甚至没有进步，这与不能突破过去的成就有关。①

就上述思潮，何伟亚的解释也值得关注。一方面，他认为这是典型的欧洲中心论；另一方面，他指出，中国的这种不同"惹恼了"英国人，因为中国拒绝欧洲的渗透和理性，继续在欧洲中心主义所构想的世界之外运行，甚至中国的这种自给自足和不融入，也可能导致了欧洲人的敬畏感和挫败感。他认为，在马嘎尔尼使团的记录那里，这些感情都有体现。他引用了马嘎尔尼使团成员斯当东的记述，欧洲人开始把那些曾经被赞扬的达官贵人视为改善中英关系的障碍，因为这些人身居高位，却不能正确认识世界，并且鄙视商业和商人，傲慢又武断。也就是说，在马嘎尔尼时代已经开始出现一个被否定的中国。②

何伟亚的分析方式是拉开与文本的距离，并将这种叙述视为一个特定历史的产物，是特殊的，拒绝其内涵的自我加冕的普遍性，从而对其解构与批判："正是对中国尤其是中国人的过去的否定，产生了'西方'，它将一个活生生的真实存在的中国作为负面的形象，用以建构英国民族优越感并昭示英国人超越了过去的全球秩序。"在这里，何伟亚几乎完全照搬了萨义德的口吻。③

何氏强调，那些欧洲的观念包括启蒙构成了马嘎尔尼中国叙述和理解的权威性背景。首先，他指出了当时的旅行写作和调查记录所秉持的自以为是的客观性，实际上是存在知识等级的。④ 他把使团理解为18世纪晚期大英帝国独特的文化产生模式。也就是说，当时的大英帝国存在某些对于民众来说不证自明的原则，而使团也代表并再生产了这些原则。

但把上述分析加诸马嘎尔尼，说马嘎尔尼对中国缺乏同情之理解，是不公道的，⑤ 后文会更多讨论马嘎尔尼笔下中国之复杂性，这里我们先以马嘎尔尼的

---

① 〔美〕何伟亚：《怀柔远人：马嘎尔尼使华的中英礼仪冲突》，第73页。
② 〔美〕何伟亚：《怀柔远人：马嘎尔尼使华的中英礼仪冲突》，第75、76页。
③ 〔美〕何伟亚：《怀柔远人：马嘎尔尼使华的中英礼仪冲突》，第76页。
④ 〔美〕何伟亚：《怀柔远人：马嘎尔尼使华的中英礼仪冲突》，第88、89页。
⑤ 关于这方面的反例，可以参见 An Embassy to China: Beijing the Journal Kept by Lord Macartney during his Embassy to the Emperor Ch'ien-lung, 1793 – 1794, pp. 39, 43 – 44。近来的研究也从文本分析的角度注意到马嘎尔尼对文化差异的自觉与平衡态度，参见 Greg Clingham, "Cultural Difference in George Macartney's An Embassy to China, 1792 – 94," in Eighteenth-Century Life, Vol. 39, No. 2, April 2015, pp. 1 – 29。

"中国观察"中的一个例子来说明。马嘎尔尼在 1793 年 8 月 11 日的日记中提到了中国航海技术落后，多年来不曾效法更为先进的欧洲人。但是，他在"中国观察"的"航海"部分中又纠正自己说："但是，我现在必须在很大程度上收回我的评估，因为我已经几次在中国河流与运河上的航行中进行了观察，我必须承认，我认为他们的船和其他的工具通常是用来方便乘客与经商的，中国船夫们的做法是为了达到这些目的而经过仔细考量的，而且很可能优于我们的任何自负的建议。"① 这虽不能用来完全否定何氏的分析，但至少提醒我们应避免简化马嘎尔尼。

通过考察乔治三世给乾隆的信，何伟亚发现乔治三世力图证明与中国皇帝之间的平等关系。此信首先阐明，为了和平与繁荣之目的，愿与世界上的文明国家交往，并了解它们，也称赞了中国的极度繁荣和制度优良。② 笔者认为，这可能是真的，也可能只是措辞。实际上，马嘎尔尼和英王所要传递的信息，就是告诉乾隆英国人的某些关心，而这与英国人的国民性有关系，即"英国人对世界的好奇心、了解其他民族的道德习俗的热望、国王发起的旨在收集知识的航海、乔治三世庇护下的传播这类知识的组织机构、与像中国这样的伟大帝国建立善意联系的兴趣"。③

如果我们把上面那套关注话语权力的后现代式分析拿掉，就可以辨识出，关于中国乃至整个世界的认识，反映的也是欧洲人的世界知识与意识，"18 世纪中期左右，法国人或德国人对中国的了解，已经凌驾于对某些欧洲边陲国家的认识之上"。在这背后，传教士发挥了长期的作用。④ 在 18 世纪，帝国主义的野心还不存在，1800 年以前，欧洲人多以传教士、旅行研究者、外交人员和武装商人的身份出现在亚洲。⑤ 在 18 世纪的欧洲，国别上的细微差异被启蒙运动的全欧参照空间弭平，思想的影响路线往往已非双边的：法国人孟德斯鸠的英国图像在德国造成重大影响；对亚洲的辩论，同样在全欧洲展开，当时的学者懂多种语言，对不能驾驭多国语言的同代人来说，那些来自亚洲国家内容丰富的一手报

---

① *An Embassy to China：Beijing the Journal Kept by Lord Macartney during his Embassy to the Emperor Ch'ien-lung，1793 – 1794*，p. 274.
② 〔美〕何伟亚：《怀柔远人：马嘎尔尼使华的中英礼仪冲突》，第 62 页。
③ 〔美〕何伟亚：《怀柔远人：马嘎尔尼使华的中英礼仪冲突》，第 69 页。
④ 〔德〕于尔根·奥斯特哈默：《亚洲的去魔化：18 世纪的欧洲与亚洲帝国》，第 118 页。
⑤ 〔德〕于尔根·奥斯特哈默：《亚洲的去魔化：18 世纪的欧洲与亚洲帝国》，第 13 页。

道，在短期内被译成多种语言。① 到 18 世纪后期，欧洲人已经可以自信地宣称：
"我们现在几乎认识了所有文明的及未开化的民族，对它们进行比较的时候已然
到来。""近代没有其他任何重要文化创造出胜过欧洲文化因为对遥远异国感到
好奇而发展出来的科学。不过，这种知识扩张和欧洲帝国主义与殖民扩张的过程
不能分开来谈。这种知识的认知和帝国扩张的特质是紧密结合的。"② 马嘎尔尼
就处在这样的文化和世界知识/意识的滋养之下。

对比来看，中国这边对英国的认识是非常欠缺的。直到马嘎尔尼到来，清王
朝还不能完全说清楚英吉利是什么，他们只有最近才获得的碎片化的知识。按照
东印度公司主席在信中的说法："况清廷对于外国，一向未能分别清楚。"另一
个例子就是，马嘎尔尼在 1793 年底给东印度公司的第一封信的末尾补充说："吾
已设法使总督不致将英国人与美国人混淆，广州人已知分别美国人，称为'花
旗'（Yankee）矣。吾已将英美二国旗示总督以资分别。"③

而清王朝的世界意识，或者说地理知识，是建立在大陆型帝国的内向性，④
以及主要关注与自身的安全有直接关切的威胁这一基础之上的，这与前述英国的
世界意识是颇不同的。在中国这边，所谓"对世界的好奇心、了解其他民族的
道德习俗的热望、国王发起的旨在收集知识的航海、传播这类知识的组织机构"
基本上还不存在。

早期，关于清王朝世界知识之缺乏的解释，主要是认为，当时中国正处在乾
隆盛世，尤其是在内亚边疆上新近取得的军事胜利，使其看不上马嘎尔尼代表的
英国及其带来的东西；这种自大使其认识不到自身的虚弱和英国的强大；而中国
的文化传统也阻碍了其对世界的认知。具体说就是，中国的地理位置使其很少面
临致命的外来压力去进行根本的文明变革，而这个社会还有一个稳定的士大夫阶
层，他们是维持现状的力量，其观念也是好古而不是求新的，这阻碍了中国发展
出近代科学。⑤

近年来，关于清王朝对外政策和世界意识的研究更加深入，马修·莫斯卡

① 〔德〕于尔根·奥斯特哈默：《亚洲的去魔化：18 世纪的欧洲与亚洲帝国》，第 21—22 页。
② 〔德〕于尔根·奥斯特哈默：《亚洲的去魔化：18 世纪的欧洲与亚洲帝国》，第 10、18 页。
③ 朱杰勤译《中外关系史译丛》第 1 辑，第 208、220 页。
④ 鈴木董『大人のための世界史ゼミ』山川出版社、2019、第 208—210 页。
⑤ *An Embassy to China：Beijing the Journal Kept by Lord Macartney during his Embassy to the Emperor Ch'ien-lung，1793 - 1794*，p. 274.

（Matthew W. Mosca）在 2013 年出版了《从边疆政策到外交政策：印度问题与清代中国地缘政治的转变》①一书，对推进我们关于晚清中国的世界观和对外政策的认识很有帮助。

莫斯卡探讨的问题之一就是：在 1757 年清朝击败准噶尔后，领土达到最大规模，之后，它判断自身安全得到了较大程度的保障，历史似乎终结了。但问题是，同时大英帝国在南亚站稳了脚跟，欧洲进入活跃的帝国竞争阶段，大清为何会在世界历史的转折期做出如此保守的判断？通过关注世界认识这个问题，莫斯卡发现，清王朝的世界观和情报处理系统是重要因素。清王朝延续了历史上中国王朝的特点，对于内亚边疆更为熟悉，获取情报也更容易。征服准噶尔后，再看内亚边疆，的确是安全得到了保障。在此情况下，当然首先是要确保新领土的安全与内部的和平，其对于搜集外邦情报的热情也降低了许多，大清的情报搜集更为关注那些有直接威胁的地方，而英国带来的威胁性质不同。

莫斯卡认为，清朝人没有大局观，只有碎片化的、区域性的看法，大部分认为是双边的问题，只要不影响自身的安全，就尽量保持中立，也就是只考虑最近的威胁。在具体的处理方式上，是让地方官员负责地方事务，而地方官员对中央的影响很大，他们会在过程中予以操纵，以满足自身和地方的利益，一般都是采取明哲保身的极简主义，也就是尽量大事化小、小事化了，报喜不报忧，主要是怕被问责。另外，那种谁提出问题谁处理的习惯，也让官员对问题采取了一种"多一事不如少一事"的态度，一般都是只有到问题实不可解时才会提出来。而中央却较少注意到这种情况。再加上当时的地理学知识在术语和语言等方面都是碎片化的，偶尔有较新的认识，也多不被人知；非精英的实用知识没有渠道进入决策系统，政治精英往往也对此持怀疑态度。莫斯卡认为，要改变清朝的地理世界观是最为困难的，因为这需要在不同的区域与学者团体间传递一致的地理认识，而这种认识又必须跨越不同语言与文化的障碍才能达成。②

与本文有直接关系的是莫斯卡一书的第四章，从廓尔喀之役与马嘎尔尼出使中国探讨清廷对于英属印度的了解。从这一部分可以看出，清廷在实现对英帝国的认识方面是多么捉襟见肘。在西藏的战争和马嘎尔尼来华正好巧合，都是在

① Matthew W. Mosca, *From Frontier Policy to Foreign Policy*：*The Question of India and the Transformation of Geopolitics in Qing China*, Stanford：Stanford University Press, 2013, pp. 35 – 37.
② 相关表述参考了蔡伟杰《为什么清政府没能即时识别大英帝国崛起——清朝从边疆政策到外交政策变迁》，https：//www.douban.com/note/320368584/，2020 年 1 月 1 日。

1793 年，大清不得不去确认马嘎尔尼代表的英吉利是什么。最迟至 1796 年，清廷才认识到，原来在西藏事务中遇到的披楞①与马嘎尔尼代表的英吉利是一伙人。通过不同的情报系统，清廷能够确认两者之间的明确关系，但是，这种理解仍然是很模糊的，对其对外战略没有影响。在后来的几十年中，朝廷还是对孟加拉的披楞与广州的英吉利采取了分散政策。② 也就是说，披楞与英吉利的关系并未被清廷放在大英帝国的全球扩张脉络下理解，因此，并未对清廷造成如准噶尔一般的强大危机感，其地缘政治的世界观亦未改变。③

当然，客观来说，"如其所是地"研究乾隆时代的中国，避免某些现代主义解释的"污染"，是符合历史学的气质和追求的。即便不考虑这个问题，也不能说乾隆是一个对外界一无所知的人。有学者说，他是"那个时代最老奸巨猾、最成功的权力政治人物之一……他向传教士详细打探欧洲的政治情况……虽然对欧洲所知不多……可以看出他世界观的文化局限。皇帝绝非目光短浅的世故之人"。④ 而若与同时期的奥斯曼帝国比较，乾隆对一些西洋重要事务的态度和认知，所差者可能主要还在于距离所造成的知识匮乏。比如，就法国大革命而言，清王朝也不是完全不知道，很可能还影响了乾隆对外国人的态度，也就是警惕性提高了。他将法国大革命解读为民众的叛乱，并很自然地更加注重维护自身的统治。⑤ 站在统治者的角度，这没有什么问题。即令对长期参与欧洲事务的奥斯曼帝国来说，它对法国大革命的认识，也没有什么"现代性"可言。1792 年 1 月

---

① 在英藏外交文书中，关于英属印度的称呼主要是波斯语 Farangi，该词源自阿拉伯语对法国人的称呼，在印度则用来称呼欧洲人，藏语形式则从原本的外来语 Phe-rang 变成本土语 phyi-gling，意为外国人。西藏对于英属印度的看法影响了清廷在廓尔喀之役中的官方用语。1793 年英属印度与清廷在廓尔喀之役中首次直接接触。1792 年"披楞"一词首次出现在清朝官方文书中。披楞其实是 Farangi 之藏语形式 Phe-rang 的汉文翻译。Matthew W. Mosca, *From Frontier Policy to Foreign Policy*：*The Question of India and the Transformation of Geopolitics in Qing China*, pp. 129 – 139. 相关表述参考蔡伟杰《为什么清政府没能即时识别大英帝国崛起——清朝从边疆政策到外交政策变迁》, https：//www. douban. com/note/320368584/, 2020 年 1 月 1 日。

② Matthew W. Mosca, *From Frontier Policy to Foreign Policy*：*The Question of India and the Transformation of Geopolitics in Qing China*, p. 19.

③ 蔡伟杰：《为什么清政府没能即时识别大英帝国崛起——清朝从边疆政策到外交政策变迁》, https：//www. douban. com/note/320368584/, 2020 年 1 月 1 日。

④ 〔德〕于尔根·奥斯特哈默：《亚洲的去魔化：18 世纪的欧洲与亚洲帝国》, 第 88—89 页。

⑤ "1789 年（乾隆五十四年）爆发的法国大革命，使得乾隆出使法国的计划终成虚话，留下的不仅是震惊、遗憾，还有心灵深处的起伏跌宕。"但对于类似的反对皇权的叛乱，乾隆绝不是路易十六。李景屏：《乾隆与法国大革命》,《文史知识》2010 年第 4 期。

18 日，苏丹塞里姆三世的秘书阿合麦德·艾芬迪（Ahmed Efendi）在日记中说：
"奥斯曼王朝必须根据血缘关系与近邻关系对法国的叛乱者进行远征……很快，
真主就会让法国革命像法国病（指梅毒）一样蔓延到奥斯曼帝国的敌人们出现
长期的纷争，这就会为天朝（奥斯曼帝国）创造有利的结果。"① 之后，奥斯曼
帝国长期对法国大革命持负面评价，直到 19 世纪后半期的改革时代，在立宪派
的倡导下，法国大革命才获得一个比较正面的评价。

我们不宜以后世的、非历史的眼光苛求乾隆帝及其时代，在这一点上，何伟
亚的进路没有问题。只是，在比较文明研究的视野下，更容易看清乾隆的世界知
识和认识在多大程度上受制于其世界观和知识体系。至于法国大革命对于马嘎尔
尼使团的命运产生了多大影响，还不易评估。在 1793 年 12 月 23 日致东印度公
司的第一次公函中，马嘎尔尼提到："但又未必彼等因厌恶法国革命，而忽然迁
怒于与西方有关事物。"②

如果仅仅将马嘎尔尼视为一个外交官，或者一个带着启蒙 - 欧洲中心主义傲
慢视角的英国绅士，可能就会忽视他和他的团队在这次看起来失败了的外交活动
中的收获。尽管很多认识比较肤浅，但并非错误，更非全然基于他固有的成见，
而是基于他和他的团队的亲身经历、访谈、观察和思考，甚至可以说，那是在一
手资料基础上对乾隆统治末期的中国进行的"区域与国别研究"。马嘎尔尼在日
记中也提到了这样的知识收获之重要性："我们现在掌握了中国东北海沿岸的地
理情况，了解了黄海，而之前欧洲人从未航海至此。"也就是说，使团的一个重
要收获是关于中国知识的增长，结果是英国的官员们对中国的虚弱等情况的了解
也增加了，包括如何应对中国。③ 而中国从马嘎尔尼的这次来访所获几乎是零。
因此，西方学者在很长时间里也认为，中国错失了一个"现代化的机会"，④ 不
管是在地理知识、军事技术还是外交能力上。

在马嘎尔尼的时代，英国人对中国、对东方、对世界的兴趣和认知，是清王

---

① Ahmed Efendi, Ⅲ. *Selim'in Sırkâtibi Ahmed Efendi Tarafından Tutulan Rûznâme*, ed. by V. Sema Arıkan, Ankara, 1993, pp. 59 - 60. 转引自歴史学研究会編『世界史史料——帝国主義と各地の抵抗：南アジア・中東・アフリカ』（岩波書店、2009），第 112 頁。
② 朱杰勤译《中外关系史译丛》第 1 辑，第 211 页。
③ *An Embassy to China: Beijing the Journal Kept by Lord Macartney during his Embassy to the Emperor Ch'ien-lung*, 1793 - 1794, pp. 47 - 48.
④ *An Embassy to China: Beijing the Journal Kept by Lord Macartney during his Embassy to the Emperor Ch'ien-lung*, 1793 - 1794, pp. 35 - 36.

朝难以望其项背的。马嘎尔尼及其代表的那个英国"圈子",是充分认识和了解中英贸易的,在此基础上他们力图寻求改变贸易条件。而对清王朝方面来说,它并不具备这样的世界知识,当然也可以说它暂时没有这个需要。

四　中国经验之复杂性

当我们把中国历史与文明的多元性和复杂性作为思考的方向,也就是要指向一个问题:是否有一个本质意义之中国?循此,我们就不能不去更多地从不同视角关注全球史视野下之中国,关注中国历史经验之复杂性。

从学术史的角度说,这至少有三个重要的进路,一是所谓"内亚转向"(the Inner Asian turn),其特征是关注历史上的种族或族群认同之建构,具体到清朝,则是重视"满洲"认同在满族人征服中国之后的历史建构,认为清朝是以满人为中心的王朝,与之前的大部分王朝(尤其是明朝)有根本之不同,"清朝有意识地将自己视为一个普世帝国、多民族的政体",当然不只是清朝,历史之中国的内亚性问题已经被做了更多讨论;第二个是与"内亚转向"相关的,更具世界史视野的"欧亚转向"(Eurasian turn),这一转向最终是把欧亚大陆视为一个整体,强调欧亚大陆不同部分沿着可相比较的轨迹发展,而又导向不同的历史进程,于是,清帝国被视为同时期诸多欧亚大陆帝国之一(同类型的还有奥斯曼帝国、莫卧儿帝国、罗曼诺夫王朝、拿破仑帝国),更加关注它们之间的相似性而非差异;[1] 第三个进路是关注海洋或南洋之中国,从而有可能呈现一个以南海为中心的世界历史中的中国,[2] 同时也是一个底层、边缘和海洋 – 商业的中国,这一点下文将重点讨论,此处先姑且悬置。

何伟亚也希望讨论中国经验之复杂性。在他的书中,第二章题为"多主制:清帝国、满族统治权及各领土之间的关系",实际上,这是他充分吸收和利用"内亚转向"之所谓"新清史"的结果。很明显,在这一章的开头,他明确批判"把清帝国视为中国历史中的一段"的一贯做法,说这种中国中心主义的视角无法看清满族统治的本质,"模糊了清与早期东亚若干帝国构建(imperial formations)

---

① 〔美〕罗威廉:《哈佛中国史》第6卷,第6—10页。
② 〔美〕卜正民:《哈佛中国史》第5卷,第9章。

之间的差异"。① 不过遗憾的是,其关于清朝之"非华夏"特性的讨论,并没有
与他后面讨论"宾礼"的主体部分有机结合起来,相反,诚如罗志田教授所言,
清朝对其内亚边疆的管理是通过新设立的理藩院,这里并非"宾礼"之范围,
而是蒙、藏、回特定"教化"之区域,亦非传统意义上的华夏之教,体现了
"模糊而带多重性的认同"。而英国等朝贡主体归礼部主客司管辖,也就是何氏
所最关注的"宾礼"所涉及的范畴,而宾礼又"几乎全是传统华夏文化的产
物",所以,何氏这本以研究乾隆时代之"宾礼"为主的书,非要强调清帝国的
内亚性和多元性,是有逻辑问题的,因为这里导向的不是"满清"与一般意义
上的"中国"之"异",而是"同",而理解"宾礼"的问题,还应该回到费正
清讨论的"朝贡体制"上来。②

由于何伟亚过于迷恋对马嘎尔尼作品的后现代式话语分析,其聚焦的更多
是文本之中的权力关系,相对忽视或轻视了文本与事实之关系,从而忽视了中
国现实之复杂性这一问题。另外,何伟亚更多关注的还是朝廷和国家意义上的
礼仪问题,这样一个中央-上层视角,也使他难以看到马嘎尔尼记载中所提到
的非中央国家视域的复杂现实。这样,他的后现代/后殖民志向最终无法得到
伸张。

何伟亚在很多方面将马嘎尔尼定格为一个带着英国"公共领域文化价值观"
来观察和记录中国的人,连对中国腐败的观察都被认为是将英国政治的腐败投射
到了中国之上。针对这种解释,罗志田教授进行了反驳。③《怀柔远人》在提及
马嘎尔尼对蝉和长城的详细记述时,也做了最精妙的后现代文学文本的批判性分
析,比如,何氏认为马嘎尔尼过于关注长城砖头尺寸和墙的厚度的记载,而对它
的历史和目的不去谈及,"博物学家努力做到以客观立场观察世界,但马嘎尔尼
的这种努力最终却被操纵和控制的欲望所代替"。④

何伟亚提到令马嘎尔尼宽慰的事,即马嘎尔尼发现许多中国官员对外国人并
无敌意,同样令人鼓舞的是,"他能区分中国人"。"至于较低阶层的人们,他们
都倾向于进行商业交易;在我们泊船的每一处,看来没有什么比看见我们的船经

---

① 〔美〕何伟亚:《怀柔远人:马嘎尔尼使华的中英礼仪冲突》,第31页。
② 罗志田:《译序》,何伟亚:〔美〕《怀柔远人:马嘎尔尼使华的中英礼仪冲突》,第18—
  22页。
③ 罗志田:《译序》,〔美〕何伟亚:《怀柔远人:马嘎尔尼使华的中英礼仪冲突》,第24页。
④ 〔美〕何伟亚:《怀柔远人:马嘎尔尼使华的中英礼仪冲突》,第91—92、100页。

常停在他们的港口更让他们高兴的了。"① 何伟亚认为，马嘎尔尼的这些评论，再现了他到中国来时随身携带的关于财富和国际商业往来的种种预设，"这里再次出现了熟悉的分类：政府首脑，难对付的官员和心理上易于接近的较低阶层"。这里指的是，如马嘎尔尼所言，在坦诚和合乎情理的基础上，与某些"好中国人"对话是可能的。不幸的是，这些好中国官员的地位太低，不能立即帮助使团。而围绕在年事已高的皇帝身边的又是一些猜疑和嫉妒的官员。②

关于所谓"好中国人"这个问题，何伟亚只是对马嘎尔尼日记做了文本分析，却忽视了一点，那就是文本所反映的现实。我们应该可以接受何伟亚对礼仪问题的精妙论述，但他以此来生发出的对现代主义阐释的过度批判，则令人难以接受。包括他对中国经验的解释，实际上仍然只是更多地关注了北京/中央，而忽视了中国社会与文明的复杂性。他又把马嘎尔尼对这种复杂性的深入观察，轻易地归入了所谓启蒙时代的"分类学"里去，这使他无法同情地理解中国普通人（包括沿海商人）的关切与感受、地方/边疆官吏的目标与策略。不过，他对皇权确有同情之理解。

马嘎尔尼在日记之外还有数篇"中国观察"。在"航海"这部分，他提到了一个中国商人希望采纳更为先进的欧洲造船技术中的案例。"至于那些能够远途航行到巴达维亚、马尼拉、日本或者交趾的不同类型的船，我了解到，广东的中国人经常有机会在那里看到我们的船，所以，他们不会对这些优势无动于衷，而不久前的一个大商人让人给他按照英国模型做了一艘大船，但是，户部（Hoppo）③ 官员对其进行了评估，不仅迫使他放弃了自己的计划，还罚了他一大笔钱，因为他的行为背离了帝国古代的模式，而帝国官员认为，后者一定比那些来此贸易的欧洲野蛮民族的做法更加明智和优越。"④

这可能是比"好中国人"记述更有代表性的例子。马嘎尔尼接着评论说，清廷所极力灌输给民众的优越感和自足感，实际上是要约束中国民间那种对于欧洲技巧的精明的追求；而清廷似乎也认为，允许欧洲人传播其带来的新事物是危

---

① An Embassy to China：Beijing the Journal Kept by Lord Macartney during his Embassy to the Emperor Ch'ien-lung, 1793 – 1794, p. 153.

② 〔美〕何伟亚：《怀柔远人：马嘎尔尼使华的中英礼仪冲突》，第118—119 页。

③ 洋人对"粤海关监督"的称呼。

④ An Embassy to China：Beijing the Journal Kept by Lord Macartney during his Embassy to the Emperor Ch'ien-lung, 1793 – 1794, p. 275.

险的，而帝国的臣民应该总是非常乐于学习的，因为没有什么警告能够阻挡人们的实际需求。①

遗憾的是，何伟亚在其第二章介绍清帝国的时候，虽有专节讨论海疆，但仍然是国家视角下的叙事。而马嘎尔尼关于"好中国人"的记载，虽然只占他诸多关于中国社会之亲历、观察和记载的一小部分，但也是不应忽视的。在一个专制集权的社会里，这样的声音和现象多是难以被听到和呈现的，因为他们处于社会的底层和边缘。我们可以说，马嘎尔尼所发现的就是中国社会之复杂性，当他记录和评论这些问题的时候，他呈现的中国也不是一个本质意义上的存在，而是注意到了皇权之外的中国、边缘的中国、底层的中国甚至是农耕－大陆中央文明之外的海洋－商业的边疆中国。中国商人自古以来并不缺乏世界知识，缺少的是政府的认可与支持；他们只能生活在农耕中心主义的大陆文明秩序之下，因而，他们的海外拓展又常是悲壮的（包括下南洋）。对复杂多元的华南社会及其历史记忆、生活经验（尤其是与本文关系更为密切的商业方面）的关注，也许会让我们发现不同于传统叙述的中国故事。

历史的研究也发现，底层和边疆官员出于地方的利益，往往会令中央的政策在执行时打折扣。"1717 年，康熙皇帝对旅外的清朝子民可能参与颠覆活动产生了戒心……下诏严令商人及其家人居留海外的时间，逾时者则禁止归国，且命令当时留在南洋（东南亚）的华人三年内要返国，否则永不得回国。东南沿海的官员顾虑到海上贸易对这些区域的重要，以及体认长久旅居海外的需要，总是故意拖延这些法规的执行。"之后，地方官员又主动推动这种政策的转变，到乾隆时代这些法规逐渐放宽，乃至形同虚设。②

马嘎尔尼关于底层与边缘中国的叙述暗示了另一种情景，即在皇权专制和重农抑商之下，与传统权力的博弈、对抗，以及对商业财富、海外经验的追求也一直是绵延不绝的。而这里面或许隐藏着近代中国通往世界秩序的入口。一种以中原/北京/北方为中心的视角，或许难以发现和触碰这个问题。比如，在传统的主流中国制度－价值体系中，"荷兰法学家格劳秀斯（Hugo Grotius，1583－1645）早先定义为'海洋自由'的那些国家行为，被中国审判官指控为'海上强盗'"。③

———————————

① *An Embassy to China: Beijing the Journal Kept by Lord Macartney during his Embassy to the Emperor Ch'ien-lung, 1793－1794*, p. 275.

② 〔美〕罗威廉：《哈佛中国史》第 6 卷，第 124 页。

③ 〔美〕卜正民：《哈佛中国史》第 5 卷，第 254 页。

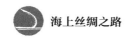

而在这方面，华南研究（或华南学派①）与南洋研究的成果可能会给我们更多启发。有学者指出，郑和下西洋之前就存在一个南洋的网络；郑和将普通人的世界空间，纳入了国家话语的体系之中，尽管其记述是站在国家角度的语言，背后却是普通人的生活空间世界。② 即便是通过国家视角的叙述，也可以打开对南洋普通人生活空间的理解。"如此，我们便可构想南海世界经济体：由于来自北方的中国商人和来自南方的穆斯林商人的有组织渗入，在 15 世纪后半期形成了一个具有一定程度自发性的而又内部相互协调的贸易区域。中国人扩大在这个区域的参与，应部分归功于郑和下西洋，但这个世界经济体并不是国家支持的航海所能创造的。只有贸易超越了朝贡才使得这一切发生。"③

海洋秩序有着不同的规则，需要的人也是不同的。正所谓"海门以出，洞沫粘天，奔涛接汉，无复崖埃可寻，村落可志，驿程可计也"。④ "那些没有出洋经历的人，只会把海洋看作一个充满危险和无序的混乱空间，但是，中国舟师……的感受则不同……'澄民习夷，什家而七'，并不畏惧在东西洋上与外国人从事贸易活动。"也就是说，近代早期世界并不是欧洲人凭一己之力创造的，世界贸易在 1500 年之后发生了重大转变，这主要是由于新航路开辟和美洲的开发，欧洲人进入了原先就存在的商业网络，并将原本松散的区域性的联系转变成了全球性的贸易网络。⑤ "商业积累、残酷激烈的竞争、炫耀性消费，以及对规范和传统的不满和反抗，无论在中国还是欧洲，这些都改变着社会习惯和态度，并把两者都卷入了一个共同的历史进程，即我们今天所说的全球化。"⑥

在上述进路下，中国与世界关系的历史，就不只是通过"宾礼"所观察到的那样。作为海洋－边疆社会的底层商人社会的失语现象，或许也可以得到一定

---

① 赵世瑜：《我与"华南学派"》，https：//www. chinesefolklore. org. cn/web/index. php? Page = 2&NewsID = 13819，2020 年 1 月 9 日。

② 万明：《十五世纪印度洋国际体系的建构：以明代"下西洋"亲历者记述为线索》，http：// finance. sina. com. cn/roll/2019 – 03 – 23/doc – ihtxyzsk9805563. shtml，2020 年 1 月 9 日。

③ 〔美〕卜正民：《哈佛中国史》第 5 卷，第 215 页。

④ 〔美〕卜正民：《哈佛中国史》第 5 卷，第 254 页。

⑤ Ronald Findlay and Kevin H. O'Rourke, "Commodity Market Integration, 1500 – 2000," in Michael D. Bordo, Alan M. Taylor and Jeffrey G. Williamson, eds. , *Globalization in Historical Perspective*, The University of Chicago Press, 2003.

⑥ 〔美〕卜正民：《哈佛中国史》第 5 卷，第 255 页。

程度的纠正。① 这样看，马嘎尔尼作为一个外来者所发现的底层和边疆中国社会之场景，就不只是权力话语下的启蒙主义分类那么简单了，毋宁说，作为一个在18世纪末渡海而来的英国人，马嘎尔尼所观察到的中国社会，仍然需要我们去重新发现。进而，关于近代之被迫开放、加入全球化的申论，在某种程度上，就仍是一种国家立场的叙事，是封建专制国家和统治者立场的叙事，换作华南社会与东南沿海的角度，从商品社会、市场经济、海外经验、市民－契约社会的发展等角度来说，可能就是另外一回事了。而关于中国历史的某些叙事，也就打开了多种可能性。

综上，对于如实理解中国历史，何伟亚教授力图克服某种启蒙－现代主义的宏大叙事带来的对历史原貌的遮蔽，他的这个努力部分地是成功的。但是，他也忽视了历史解释的其他向度，一是对中国进行比较文明研究，他拒绝了对世界历史发展趋势的探讨，把文化相对主义推向了极端；二是他忽视了马嘎尔尼文本所呈现的中国文明和社会的多元特性，实际上也就遮蔽了对中国文明复杂性更加多维度的探讨，而这本是后现代想要实现的东西。后现代研究图式拒绝理论预设和意识形态陷阱，但在实际的操作中，往往又会把它们从后门放了进来。

---

① 关于明清时期商人旅行及相关作品，参见吉田ゆり子・八尾師誠・千葉敏之編『画像史料論——世界史の読み方』（東京外国語大学出版会、2014），第 298—303 页。

"巨龙入海":中国海岸城市带 与亚欧地缘政治再探讨[*]

徐 勇

中国历史上的中心城市,多分布于距海岸较远的大陆内地。但是,自 19 世纪以来的两百年间,由于国际与国内诸多因素的综合作用,在海岸线上出现了众多的居住有数十万乃至数百万人口的中、大及特大城市,构成一个蔓延 1.8 万公里的海岸城市带。当今中国最大的城市不在于内地,而位于海岸线上。中国海岸地带开发与滨海城带的形成,激活了海洋因素的动力作用,促动了国内社会经济文化与国际外交诸方面的深刻变化。也有新世纪的日本媒体从"中国威胁论"角度,称之为中国的"巨龙入海"。① 可知这是一个具有多方面影响作用的、富有研究价值的课题。本文的一些探讨,期待方家与读者指正。

一 近代中国海岸城市带的发展概观

中国是一个兼具陆、海双重优越地理条件的国家,符合德国地缘战略学家豪斯浩弗 (Karl Haushofer) 设想的大国发展条件,"最理想的是一个国家要具有在陆域和海域彼此相当的力量,能够使它对陆地的控制成功地转向对海洋的

---

* 本文原系2010年12月日本中央大学"21世纪亚欧之地缘政治学"会议论文,在国内刊载《北京大学学报》(哲学社会科学版)2011年第6期。收入本书时有较多修订。

① 自 2010 年 7 月 29 日至 8 月 18 日,日本『每日新聞』在总标题「海をゆく巨龍」之下连续载文,描述中国在海洋领域的实力增长构成了对于日本的"威胁",并批评中国要"占领"钓鱼岛、收回琉球群岛。

控制"。① 但是在诸多自然与社会条件作用之下，历代国家政权推行陆域为本、重农抑商国策，致使海岸地带开发问题严重滞后，长达 1.8 万余公里的海岸线，在历史上所发挥的主要是边疆海防的区分与屏障作用，未能像地中海那样产生具有代表意义的海洋文化，也未能出现支配内地社会经济的临海大城市。

按 1982 年 2 月 8 日国务院批准公布，首批国家历史文化名城共 24 个，其中滨海城市有杭州、泉州、广州三城，占比约 12.5%。其后至 2009 年增补历史文化名城共有 110 座，滨海城市除上述三市外，另有上海、天津、宁波、福州、漳州、潮州、临海（台州）、青岛、雷州等 9 座，占比不足 11%，较 1982 年略有下降。再者，这些获得承认的海岸历史名城，其数量、规模与影响，均不及内陆城市。三千年间国家政治经济中心西安、洛阳、北京、成都等名都名城，以及主要都城间的交通路线，均位于大陆腹地。

至明清两代制定历史上最为严厉的锁国政策，更严重束缚了海岸地域的发展活力。不过明清期间亦曾推进过海岸地带的开放政策。1567 年福建巡抚涂泽民上疏开海禁被采纳，其后"尽管海禁派的言论还是时有所闻，但肯定海贸的意见一直是官僚阶级的主要思潮"。② 康熙经台海一战收复台湾，清廷于 1684 年宣布开放广州、漳州、宁波、云台山（连云港）口岸，是为自主的口岸开放。但是乾隆二十二年（1757）发布上谕，将通商口岸四口收缩为一口，保留广州一口对外交往。这一段上百年的"闭关锁国"，严重束缚了经济贸易交通，沿岸社会经济萎缩不展。当时正是西方工业化的突进时期，中国终于落伍于世界。

1842 年 8 月 29 日，在下关江面的英军"皋华丽号"军舰之上，清廷被迫签订中英《江宁条约》（《南京条约》），向英国赔款，割让香港岛，开放"大清沿海之广州、福州、厦门、宁波、上海等五处港口，贸易通商无碍"。③ 1858 年《中英条约》《中法条约》又规定增开牛庄、登州、台南、淡水、潮州、琼州等沿海口岸，以及长江的汉口等城镇为通商口岸。晚清中国终于被迫结束锁国状态，按不平等条约方式揭开了开国序幕，从而出现了海岸线上的首批口岸城市。

19 世纪与 20 世纪的中国，充满了连续不断的动乱与战争，内地居民向海

---

① 〔英〕杰弗里·帕克：《二十世纪的西方地理政治思想》，李亦鸣等译，解放军出版社，1992，第 64 页。

② 张彬村：《十六—十八世纪中国海贸思想的演进》，中国海洋发展史论文集编辑委员会编《中国海洋发展史论文集》第 2 辑，台北，中研院中山人文社会科学研究所，1985，第 46 页。

③ 《中外旧约章汇编》第 1 册，三联书店，1957，第 31 页。

岸、边陲地区的迁移加速，为海岸地区输送了源源不绝的劳动力与各类资源，加之海外资金与技术的传输，海岸城市迅速发展。辛亥革命推翻帝制、建立民国，海岸线与海岸城市的规划建设被提上新的议事日程。孙中山的《实业计划》规划了 3 个世界级大港、4 个二等港、9 个三等港、15 个渔业港共计 31 个港口城市。① 但民国时期战乱连绵，其规划无法实施。

至 1949 年中华人民共和国成立，国内战争得以结束，在内陆方向交往苏欧国家也获得了显著成就。但由于总体格局受限于冷战环境，共和国前三十年的国家开发战略，颠沛于"一边倒"以及"大三线"建设等政策制定及其调整过程，连续以居守内陆为政策主干，无力开发海岸地带。更有甚者，海岸方向自北而南先后处于朝鲜战争、两岸对峙以及援越作战的战时或临战态势，一直是非安全的防御界限而非建设性的开发地带。

真正的深刻而健康的转折和发展，出现在 20 世纪 80 年代改革开放之后。邓小平做出和平与发展是时代两大主题的科学论断，4 个特区及 14 个沿海城市相继开放，促成一条别具特色的城市带沿海岸线迅速崛起。20 世纪末香港、澳门相继回归，标志着以环渤海城市群及长江三角洲、珠江三角洲城市群为支撑的海岸城市带一气连贯，正式迈开了传统中国全面跨入海洋时代的坚实步伐。

再回头看看历史上中国中心城市的移动轨迹。由黄河流域养育出的农业文明及其中心城市，自有其必然的地理及历史缘由。受惠于中原大陆的土地、降雨、交通诸多地缘条件，有如黄仁宇所说"因为黄土之纤细，可以供原始的工具耕耘，如木制的犁及锄"，一条 15 英寸等雨线，使"中原农业茂盛，人口繁殖"，再加上能够运输货物、润泽土地的黄河，② 是为前近代中原城市繁盛发展的决定性因素。但黄河流域过度的开发，改朝换代的兵荒战祸，加上周期性的寒冻等自然灾害，使中原的人力和技术源源不绝地转向地形复杂多山，但雨水更加丰沛、物资更加富饶的南方，促成了唐宋以降华东、华南各地经济文化的迅速发展。这是中国海岸地带开发的内在的基础性条件。

中原社会经济文化的领先发展及其扩展与移动的潮流，必然促成大陆文化与海洋环境的深度结合，其重要结果是在 19 世纪以来的两百年间，由近代西方工

---

① 中山大学历史系孙中山研究室等编《孙中山全集》第 6 卷，中华书局，1985，第 254—335 页。
② 参见黄仁宇《中国大历史》，三联书店，1997，第 21—22 页。

业文化的东渐，在海岸线上与移动中的中华社会经济文化潮流相交会，终于改变了原有的小城、渔村或滩涂面貌，出现一座座海岸城市。这些海岸城市转而拉动内陆城镇，产生链动式的双向发展效应，加速了"在整个近代，无论在经济上、文化上都处于中国近代化的先行地位"。① 换言之，传统的国家中心城市及其核心区域，上千年不间断向东、向南扩展和转移的态势，在近两百年间促动了海岸地带的飞速变迁。

近两百年间崛起的"海岸城市带"，是分布于海岸线上的城市集合体，它们既有别于内陆腹地，也不同于近海的大陆型城市。它们是海洋与大陆交会的产儿。其性格特点在"双核城市"现象之中表现鲜明。如北京距海仅两百余公里，贵为首善之区，拥有作为首都的政治经济交通等优越条件，但是为应对海洋交通的新问题，不能不依靠天津的海口功能，于是天津从 19 世纪开始崛起，迅速发展为北方海岸线上的特大城市。再者，南京作为历史悠久的千年古都，水陆经济与交通俱为便利，亦可沿长江下游的黄金水道入海，但万事皆备唯缺直接靠海，终由上海取而代之。上海凭借包括南京在内的广阔腹地，在两百年间崛起为长江三角洲都市龙头，并为中国最大沿海城市。类似的还有沈阳与大连、济南与青岛的"双核城市"现象。

双核城市和其余海岸城市自北而南绵延布列，固然深刻显示了海岸城市和内地城市的绵密关系，同时也从外观上生动表现了海岸城市的线性及其实际包含的近海一二百公里幅宽的带状态势。

综合当代"海岸城市带"人文地理诸多特征，其经济及人口诸比重所占的分量日益增加。按笔者初步统计，1994 年全国建制市已达 622 个，② 而同期海岸中等城市 60 余座。主要有丹东、瓦房店、大连、营口、盘锦、锦州、葫芦岛、秦皇岛、唐山、天津、黄骅、东营、潍坊、滨州、龙口、威海、烟台、荣城、青岛、日照、连云港、盐城、启东、南通、张家港、上海、宁波、海门、台州、瑞安、温州、福州、莆田、石狮、晋江、泉州、厦门、漳州、东山、汕头、汕尾、惠州、深圳、广州、中山、东莞、珠海、新会、阳江、湛江、北海、防城等。进入 21 世纪之后，还不断有新的建制市与经济特区，例如渤海湾的曹妃甸以及珠江口的南沙等相继在海岸线上矗立起来，蓬莱也由国务院宣

---

① 张仲礼：《沿海城市与中国近代化》，上海人民出版社，1996，第 18 页。
② 《中国城市统计年鉴（1995）》，中国统计出版社，1996，第 3 页。

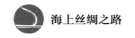

布为历史文化名城。

中国海岸城市与沿海地区人口，伴随全球的城市化现象与日俱增。1992 年联合国环境与发展大会估计，全世界距海岸线 10 公里的沿海地区，居住着 60% 的人口；1993 年世界海岸大会估计，21 世纪发展中国家将有 75% 的人居住在沿海地区。而中国改革开放以来，人口从中西部内地向沿海集中移民的表现尤为明显，其中进入海岸城市的迁移率又高于通常意义的朝向东部沿海的迁移率。据统计 1997 年全国沿海地区净迁移率为 7.89%，而进入（以大连、上海、广州等最大的 14 座计）海岸城市的净迁移率为 10.66%。①

中国人口今后还将持续地向沿海迁移，沿海中又主要是向海岸城市迁移。海岸线上大中城市人口比重将进一步扩大。目前包括海岸城市在内的沿海地区人口比重约为 40%，专家估计"中国达到中等发达国家水平时，将有 8 亿至 10 亿人居住在沿海地区"。② 而且，海岸城市的人口文化素质，高科技技术人员比例远高于内地和临边城市。据多年统计，内地考生大学毕业后返回内地工作仅占三分之一左右，大部分去了东南沿海城市，形成为 20 世纪 80 年代以来持续不断的"孔雀东南飞"现象。

近年来国家大力推进西部开发政策，对于大专毕业生以及新生代农村劳动力的就业取向，发挥了不可低估的调节作用，但并未根本改变上述新生代人口多数流向沿海大中城市的趋势，由此将继续汇聚"马太效应"，强化沿海及海岸城市的人口素质与智力水准的重心地位。

国家对于海岸地带的城市规划并未终结，沿海新城的发展尚有极大空间。③与发达国家相比，美国 21600 公里海岸线，约每 180 公里有较大城市一座；日本约 30000 公里海岸线，约每 30 公里就有 5 万人口的海岸城市一座。④ 而目前中国的海岸城市按前述数据，平均间距在 300 公里以上。这样的数据差异，显示了在中国海岸线上城市规划空间仍然具备。已经过去的两百年的崛起，是超越历史记

① 依据国家统计局人口与就业统计司编《中国人口统计年鉴（1998）》（中国统计出版社，1999）第 387 页数据计算。
② 刘容子、张海峰：《海洋与中国 21 世纪可持续发展战略（之二）》，《海洋开发与管理》1997 年 2 月。
③ 参见徐勇《中国海岸城市带的形成与发展规划——兼论其地缘战略与文化意义》，《战略与管理》2000 年第 2 期。
④ 转引自董鉴泓《中国东部沿海城市的发展规律及经济技术开发区的规划》，同济大学出版社，1991，第 15 页。

录的人类社会城市化成就，但中国的海岸城市这篇大文章，仍然是大有可为，正等待着人们包括中国人以及有兴趣关注该方向的东、西方各界人士，从事新的学理研究，并付诸新的规划与建设实践。

二　从晚清塞防与海防抉择看当今海陆通联发展之平衡问题

在 19 世纪西力东渐之际，晚清政治家曾提出"塞防"与"海防"诸多战略构想，以应对巨大的外来压力。当时的所谓"塞防"，简言之是为应对来自北方与大陆西北方向的压力；所谓"海防"，是为应对海岸线上或来自海洋方向的压力。这样的"塞防"与"海防"的选择与实践，无论是"并重"的主张或是选择其中一个为主方向，都是基于安全因素的判断而做出的防御性战略选择。而这样的判断与选择，迄今不仅继续存在，且以更多样方式、更深刻程度，影响着人们的思考理论以及国家的政策实践。由于各时期认识与实践的特殊性，其表现有很大的差异。

中华人民共和国成立之后一段时期，出自当时的政治外交因素，提出并实行"一边倒"政策。而从地缘战略角度观察，"一边倒"就是依托大陆腹地以获得安全保障，而以海洋为非安全方向，并以海岸线作为区隔与边缘的政策。其后由于中苏关系交恶，大陆腹地安全因素缺失，"一边倒"政策终止。迫于北方环境恶化，中央政府转而关注西南方向，在六七十年代实施诸如"大三线"建设等开发政策，在西南内地寻求安全支撑，海岸方向仍处于备战态势。故以海岸线为"率土之滨"即边缘界限的被动型内守战略的推行，其史实的存在与教训是十分清晰的。

综观新中国成立以来中央政府对于包括海岸带在内的国土规划建设，其指导理论及其实践进程，需要多方面的总结与研究。50 年代曾沿袭战争年代根据地政权的建立态势，划出了六大行政区。80 年代中期改革开放步伐加快，制定了新的国家发展规划，将全国划分为东部、中部、西部三大地带，这一区划显著突出了东部沿海的地域特色。到 1996 年 3 月，八届全国人大四次会议提出在全国建立七个大经济区，即长江三角洲及沿江地区、环渤海地区、东南地区、西南和华南部分省区、东北地区、中部五省地区、西北地区。其指导原则是："按照市场规律和经济内在联系以及地理自然特点，突破行政区域界限，在已有经济布局

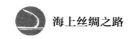

的基础上，以中心城市和交通要道为依托。"① 这一构想并未统筹规划整个海岸地带问题，似乎又回到了新中国成立初期的六大区格局。

在同期政府机构调整过程中，曾新建国土资源部，既设国家海洋局归属其下。虽然是强调发挥理论规划的指导作用，观照既有经济区域的相互联系与互动，也特别强调了中心城市和交通要道的地位意义，但问题在于东部的沿海特色未能得到充足表现，有关沿海地区特别是海岸城市的管理与开发问题，被分别切割、纳入各大区或各省市范围，未能得到通盘整合，管理海洋事务的机构多头管制，行政地位低下，依然滞后于海岸城市及海洋大业的实际发展形势。

显然，上述数十年间，国家层面的海洋政策尚处于缓慢的探索过程，还需要在相当的时段之内持续关注、统筹规划，方能付诸实际运作。其间先后出现的各大区或东、西部规划等方案，折射出了中国人对于包括海岸城市在内的海洋问题，尚缺乏主动的开发兴趣与行动认识，中国的海洋开发大业一直处于蓄势待发状态。

从根本上说，无论人们的认识与理论是否跟上，重大的局势转换总是客观存在的。在80年代改革开放之后，中国的建设与发展中心，终于获得国家行政的规划与支持而从内陆转移到了海岸线上。深圳等4个特区及14个沿海城市相继开放，取得了巨大的建设成就，带动了整个的海岸地带欣欣向荣、蓬勃发展。其间如前所述，其阶段性的飞跃促动，是20世纪末香港、澳门相继回归，中国海岸线主权行使获得统一，海岸城市在中国乃至于整个亚太城市体系中的存在地位及其通联关系，得到了真正的改善。同时，为中央政府持续推进海岸与海洋开发政策，铺垫出又一条可靠而坚实的通道。

21世纪以来，国家先后推出亚欧大陆桥经济发展合作构想与"一带一路"倡议，较快更新了西部的开发局势，也从新角度显示出海岸城市地带的重心地位，及其所发挥的全方位引领作用。概言之，中国的社会经济文化发展的崭新态势，是在港澳回归之后的新世纪，终于从传统的大陆形态跨入海洋时代，并能兼顾陆海通联，正在逐步建设平衡而优质的发展机制。

对于海岸城市带存在与发展态势的研究，其表述概念的梳理也可以促进深入的思考。中国数千年大陆农业文化所产生的意识思想，对于海洋与城市问题不能

---

① 李鹏：《关于国民经济和社会发展"九五"计划和2010年远景目标纲要的报告》，人民出版社，1996。

不发生惯性的束缚作用。19、20 世纪的租界、租借地等殖民势力，曾分割并掠取中国海岸线与海岸城市的权益，并影响着人们的思考与叙事的方式。旧有的意识惯性，都是当今发展需要加以调整或改变的问题。迄今人们较多使用"环渤海""华南经济圈"等表示圆环、圆方状的"圈""区"概念，而不太使用"带"的概念。日本学者滨下武志描述中国等东亚国家近代化过程中的经济关系，也使用"地域圈"，即圆环状的"环渤海圈""环日本海圈""环黄海圈"。①不过在近年的发展战略研究中，也有了视角问题的新探讨。皮明庥指出："由地缘、经济、文化等因素构成了城市群、城市带、区域城市体系，如沿海城市、沿江城市、西部城市、边疆城市等，可以进行整体研究。"②

对于海岸城市带的描述，诸如"圈""块"等大区规划表述，与"带"状描述的比较与分析，关系到地缘战略规划的认识与决策问题。笔者认为，"海岸城市带"的说法，首在其形象为"带"状而非"圈""环"状，可以更好地表象海岸线上的城市集合体，有助于认识与考察当今中国与东亚国际关系，对于香港、澳门回归之后所凸显的完整的带状形象，自然是更为切合实际的研究视角。

再是，海岸城市带的存在形态与开发方式，可以在诸多考察与比较之中加深认识。值得借鉴的是，战后日本的"国土规划"，先后经过四次国土综合整治，形成了由东京、名古屋、大阪、神户等临岸城市构成的"太平洋海岸城市带"，是为战后日本经济开展重大成就。1960 年制定《国民所得倍增计划》，亦有"太平洋ベルト地带构想"的基本术语，其关键词ベルト即 belt（带）。③"太平洋海岸带"这样的关键词，在战后日本国土开发过程中发挥的战略指导作用，应该给予我们深刻启示。

认识"城市带"概念所包含的实际意义，是客观的必然要求。海岸城市带的规划建设与实际成就，正促动着中国内地与海岸地带的巨大发展，同时带来了对于欧亚大陆腹地与亚太海域两大方向交往的诸多变化。特别需要强调的是，海岸城市带绝不只是关联海洋方向，而是正在深刻促动海岸线与大陆腹地的交流与合作，带来欧亚大陆自身的地缘整合。

---

① 〔日〕滨下武志：《近代中国的国际契机——朝贡贸易体系与近代亚洲经济圈》，朱荫贵、欧阳菲译，中国社会科学出版社，1999，第 6 页。
② 皮明庥：《城市史研究略论》，《历史研究》1992 年第 3 期。
③ 见（日本）"新国土轴研究会"东西交流会议《新国土轴をつくる——21 世纪の国土设计》，1996 年 9 月，第 8 页。

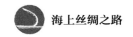

　　海岸城市带崛起，亚欧大陆腹地的开发大局随之展开。90 年代初以连云港、日照为起点的连通欧亚大陆的铁路大动脉开通，1992 年正式启动国际集装箱运输业务。又新开辟了数十条与中亚地区的空中航线。其间又一重大政治与外交事项，是 1996 年 4 月 26 日，中国、俄罗斯联邦、哈萨克斯坦、吉尔吉斯斯坦、塔吉克斯坦五国元首为商谈反恐等事项，在上海举行首次会晤。2001 年 6 月 14—15 日在上海第六次会晤，同时乌兹别克斯坦以完全平等的身份加入"上海五国"。次日，6 国元首会晤并签署《上海合作组织成立宣言》以及《打击恐怖主义、分裂主义和极端主义上海公约》等文件，上海合作组织（简称"上合组织"）正式成立。中亚五国除土库曼斯坦外，均加入了上合组织。

　　上合组织成员国总面积近 3018.9 万平方公里，占亚欧大陆面积的 3/5；人口 15 亿，占世界总人口的 1/4。其成立宣言指出："确信在 21 世纪政治多极化、经济和信息全球化进程迅速发展的背景下，将'上海五国'机制提升到更高的合作层次，有利于各成员国更有效地共同利用机遇和应对新的挑战与威胁。"又强调："'上海合作组织'各成员国将加强在地区和国际事务中的磋商与协调行动，在重大国际和地区问题上相互支持和密切合作，共同促进和巩固本地区及世界的和平与稳定。在当前国际形势下，维护全球战略平衡与稳定具有特别重要的意义。"①

　　上合组织的成立，促动了多方位的交流与合作关系，建立了国家元首、总理、总检察长、安全会议秘书、外交部长、国防部长、经贸部长、文化部长、交通部长、紧急救灾等部门的领导人、国家协调员的会议机制。各成员国国防部还于 2007 年 6 月签署了上合军演协定，规定联合军演的目的，是打击恐怖主义、分裂主义和极端主义等"三股势力"，维护地区的和平、安全及稳定。2010 年 9 月在哈萨克斯坦成功举办了"和平使命—2010"军演。亚欧大陆桥的开通以及上合组织的建成，是中国西部开发与安全战略发展的划时代的进步。

　　如果说上合组织的成立尚属区域性的规划建设，那么随后的"一带一路"倡议，无论思维方法与实践范围，都有全方位的格局提升表现。其提出与推进虽不到 10 年，但诸多重大战略举措都已取得实效，有如 2014 年包括中国、

---

　　① 参见 http：//baike. baidu. com/view/2316. htm? fromenter = % C9% CF% BA% CF% D7% E9% D6% AF。

印度诸国共同成立亚洲基础设施投资银行的运行；再有中欧通过陆路直接交往，铁路运输发展迅猛，据截至 2019 年底的统计，运输网络覆盖了亚欧大陆的主要区域，通达欧洲 15 个国家的 44 个城市，中欧班列累计开行数量已近 2 万列。

综合考察自港澳回归的新世纪以来，在中国西部方向由上合组织进至于"一带一路"倡议发展大局的全面推进，加之改革开放后的海洋经济的拉动，内陆社会民生诸领域的开发与建设机制得以整合，终于促动出了飞跃性变化，收获了前所未见的西部成效。亚欧腹地方面的连接与开发成果，也与海岸方向相互呼应，促动沿海方向持续提升其全方位的建设效应，包括提升其安全战略范围的应对能力。显然，东西部之间的深切关系及其双向联动的函数效益，确实值得更充分的关注。

由海岸城市带的形成与发展所联动的中国西部以及欧亚腹地的深刻变化，以及"一带一路"倡议的全面推进，至少有如下方面值得重视：

第一，中国海岸城市带的发展，结束了共和国此前的"一边倒"以及"广交会"贸易等单方向的战略摸索状态，联动地改善了内地与西部传统的对外交往，转而建设日趋成熟的东西部互动机制。

第二，海岸城市建设是海洋经济发展的动力与根据，包括海水养殖、海底矿产、海上旅游等在内的海洋农、工、服务诸业，技术含量高，集约性强，产销环节关系密切，对市场依赖性大，没有一定规模的临岸城市难以促动。海洋经济愈加发展，则海岸城市越快发展，越能发挥辐射作用，惠及内地与欧亚大陆腹地。

第三，与传统中国的内地城市相比较，海岸城市所拥有的海洋资源，以及运量大、成本低的海上交通等优势条件，可以促成历史上中心城市所不具备的发展速度。该类城市在通过海洋方面与海外交往的同时，可以依托腹地或内地城市，持续获得新的海洋发展动力，真正促成社会经济力量的全方位改善与提升。

第四，海岸城市带的发展将继续加快中国人口的城市化速度。海岸城市的规划与建设，坚持可持续发展方针以指导人口迁移，保护内地生态环境，是国家社会发展与国土规划的战略性课题。

基于上述判断，中国的海岸城市建设的数量、质量正在持续提升，接近美、日发达国家水平，特别是新世纪以来陆海双面优势的积极整合，是真正的中国

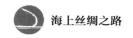
"巨龙入海"，正在为"现代化城市与工业布局带来极大改善，数千年传统的农业性质亦将产生根本性的巨大飞跃"。①

三　中国海岸城市带之历史文化与地缘政治思考

中国海岸地域开发与海岸城市带的形成，特别是改革开放之后的迅猛发展，其根本动因在于社会经济的发展因素，是中外人力与物力和平交流的结果。但其内在的地缘关系，却不能不直接关联到欧美地缘政治学家的诸多战略考量，需要研究者给予充分的关注。

其中，英国的麦金德曾提出陆权与海权的观点，指出欧亚大陆的"心脏地带"将成为最重要的战略地区，并提出著名的"麦氏三段论"：谁统治了东欧，谁就能控制大陆心脏地带；谁控制大陆心脏地带，谁就能控制世界岛（欧亚大陆）；谁控制了世界岛，谁就能控制整个世界。美国的尼古拉斯·斯皮克曼在20世纪40年代对"麦氏三段论"提出质疑，做出相反的论断："谁统治边缘地带，谁就能统治欧亚大陆；谁统治欧亚大陆，谁就能控制世界的命运。"

不能不说上述两种论断有各自的思想依据，而本文关注的要点在于，斯皮克曼具体地强调了中国海岸地带的重要性："在亚洲对势力均衡的威胁，过去是来自控制大陆沿海地区海道的国家。日本在这次大战中战败后，大陆沿海地区海道的控制权将不再掌握在它的手里了，中国将成为这个地区最强大的国家。"② 斯氏的理论研究，服务于美国的全球战略的论证需要，为其提供理论指导与思想信念，其目标很明确："美国的民族利益在于保证决不让任何一个单独的强国来统一边缘地带。"③

显然，20世纪战略家们的多种论证，均从内陆与海洋两个方向着眼，所肯定的多是东亚海岸线特别是中国海岸线所具有的重大地缘政治与战略意义。而自改革开放以来，中国的海岸地带城市开发以及新世纪以来的亚欧大陆桥、"一带一路"倡议诸多政策，优先注重经济的开发与发展问题，其实施却不能不与斯皮克曼等倡导的扩张型海洋战略相冲撞，值得做出更广阔深入的比较性思考。

---

①　徐勇：《中国人的海洋时代：太平洋热与边缘海经略》，《战略与管理》1997年第1期。
②　〔美〕尼古拉斯·斯皮克曼：《和平的地理学》，刘愈之译，商务印书馆，1965，第108页。
③　〔英〕杰弗里·帕克：《二十世纪的西方地理政治思想》，第133页。

多有研究论著强调中国传统政治文化的大陆特色或"黄土文明"。晚清重要人物李鸿章一方面大力建设北洋水师，另一方面强调中国的地缘战略特点是"陆多于水"。其实，综合考察历史上的亚太交往关系，多学科的研究成果业已证明东方文明的发展与传输，不乏深厚的海洋特质。大陆海岸线和东亚岛屿甚至大洋之外，历来就有多种多样的往来。其中，具有悠久历史意义的交流线路，北边经由朝鲜半岛进入日本列岛，南边是顺着东海黑潮线路由台湾、琉球连接日本列岛。这北、南两条海陆通道，沟通了前近代的中、朝、日与琉球国的人与物的圈状交流。在东南亚方向，亦有多种方式的从华南地区连接台湾、菲律宾、爪哇等海洋岛屿，以及中南半岛的南方交流线路。综合看来，这南北两向均是依傍于大陆岸线的、以汉字文化为特征的环状组合格局。

亚太地区（含东北亚与东南亚）的海洋交通，是传统东方文明的海洋传输通道，它维系并发展了上千年繁荣的人与物共存关系。上述多方向路径的海陆通畅，即为文明的和平发展的保障，其断裂即意味着矛盾与冲突。故疏通亚太陆海交流线路，使之重新成长为敦和睦邻的连接线，当是东亚、东南亚国家的共同任务。

具有几千年和平交流与文明发展的亚太地区，在经历了19、20世纪两百年创痛之后，终于出现了从未有过的大陆海岸城市带，刷新了工业化时代后的世界格局。地缘政治方面的促动成果，在七八十年代是海峡两岸的缓和与交流，以及中韩两国建交及其关系的稳定发展、中日邦交恢复与经贸关系的深度融合。大陆海岸城市带的形成，极大地改善了传统的亚太交流路径，经由韩国南方口岸，联结了由东京、阪神、北九州等城市群构成的日本海岸经济带。东盟共同体的形成与发展，重新构筑了亚太新经济共同体的基本格局，开辟了全球化新通道。

就国家统筹政策的制定与实施情况而言，海岸地带的建设与规划并未终结。大陆海岸城市带的崛起，新面对的还有东海、南海方向潜在与公开的冲突危机，这是一个很严峻的现实问题。正是中国海岸地带经济发展与和平交流政策，可以真正遏制该地域冲突，保障和平。这一保障功能，植根于其本身所蕴含的以经济发展为基础的和平性质。中国海岸城市带的形成与发展，是在继承传统和平文化的基础上，以内在开发为主体，主动地利用外资，从而实现内外平衡的现代化的发展模式。这与18世纪以来西方工业文明的，即以实力为后盾扩张海外空间，以之积累原始资本的强权或暴力模式相比较，具有完全不同的发展取向。

鉴于多个世纪以来一直存在的欧洲工业化时期的原始资本野蛮对外掠夺、美

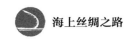

国建国后的西部武力扩张，以及近代日本军国主义的对外掠夺战争的诸多惨痛历史，需要充分注意发展模式的比较性研讨。还是以紧邻的日本为例，近代日本思想家中江兆民，通过笔下的南海先生等三醉人问答，以及两次世界大战期间石桥湛山提出"小日本主义"，都倡导使用和平手段、实践经济贸易立国模式。但只能是在战败投降之后，依托世界反法西斯盟军的管制力量，摒弃军国主义的掠夺政策，日本经济才和平崛起。

相较之下，只有中国数十年来特别是近 40 年的海岸城市带的壮阔勃兴，才是真正的和平飞跃发展模式。"天之道，利而不害"（《老子》），不使用流血的掠夺与强力欺压的手段，大力推进完全而彻底的、和平条件下的政治与经济文化交往，是中国海岸城市带形成与发展的基本经验及其未来远景之所系，也应该是人类文明发展应有的基本方向。

近期东亚及全球国际关系之中，尚存诸多矛盾因素，有的试图遏制中国海岸城市带的发展势头，这必然要妨碍东亚和平。其障碍因素之一，来自美国的战略企图，如斯皮克曼的论述："美国的民族利益在于保证决不让任何一个单独的强国来统一边缘地带。"① 这种强势的控制论沿袭至今，被作为美国在东亚的战略理论基础。战后美军驻日最高司令麦克阿瑟与当今美国战略安全部门都强调，美国战略边界不在北美洲的西海岸，而是在亚洲大陆的东海岸。90 年代布什与克林顿政府先后制定"东亚战略新构想"或"新太平洋共同体"，要求最大限度确保美国在东亚的利益，由海军方面制定"前沿存在……从海到陆"的前进式新战略。② 而今美国政府再唱前朝曲，强调美国军事力量在东亚海域的控制与领导权，并辅之以单方面的贸易保护主义，试图继续遏制中国的海洋大业。其实质仍然是日本政治家石桥湛山所反对过的，也是中江兆民笔下南海先生所批评的"豪杰君"式暴力与霸道政策。

有比较才能有真知，从无对外征服掠夺的和平崛起，传承了中华文明"以和为贵"的传统光彩。中国海岸城市带的形成发展，绝非单一的内力或外力所能左右，它是中国社会和城市现代化与世界进步交会的必然进程。可以肯定的是，和平合作推进中国海岸城市带的建设，能够化解东亚的危机因素，促成太平

---

① 〔英〕杰弗里·帕克：《二十世纪的西方地理政治思想》，第 133 页。

② 〔美〕多尔顿：《"前沿存在……从海到陆"战略》，转引自靳希民主编《当代国外军事名著精选》上卷，军事谊文出版社，1995，第 678、680 页。

洋时代的新兴格局。

大陆海岸城市带的勃兴，与中国的西部以及欧亚大陆腹地的发展具有天然的联动关系。晚清历史上的海防与塞防之议，主要是着眼于危机形势条件下的被动防卫的方向选择，但也随时提醒人们注意战略性发展方向选择的必要性质。而今的"一带一路"倡议，应该是超越于传统战略讨论，综合考虑西部发展与亚欧大陆平衡交际主题。换言之，"一带一路"倡议的提出与实践，单眼看是为亚欧大陆腹地之发展动向，双眼看则是海岸城市带全方位发展的必然结果。兼具陆海两大地缘优势的中华文明，经由海岸城市带与西部地域开发的双向整合，实现和平方式的"巨龙入海"，可谓前景无限。

中国海岸城市带之崛起，可谓神速，然殊属不易，至今仍在推进之中。由清中叶的自主开港尝试，经过 19 世纪被迫的口岸割让，再到 20 世纪的整合与规划，最后是 80 年代的全面开放，香港、澳门相继回归，为其锦上添花。傍附于大陆的海岸边缘，焕然为亚太与亚欧大陆的黄金发展线，和平而健康地推进着人类文明。于斯时纵目，东西海陆，强国比邻。再读梁任公之太平洋放歌：酒罢诗罢，但见寥天一鸟鸣朝阳。这确是一部流血的、曲折的，又经历了涅槃的壮阔史诗。

朝鲜的清钱通用与革罢

——宗藩体制下市场的整体性及其局限

王元周

  滨下武志认为，在传统时代，以中国为中心的朝贡贸易体系形成了一个"亚洲经济圈"。① 陈尚胜则针对滨下武志的"朝贡贸易体系论"，提出了"互市贸易体系论"。② 不管怎样，都说明国际贸易的发展使亚洲市场在近代以前即具有整体性特征，其中一个重要指标就是白银的流通。明清时期，白银流通体系的形成推动了东亚乃至全球贸易的发展，中国输出商品，而美洲和日本的白银大量流入中国，东亚交易体系因此发生很大变化。到 19 世纪上半叶，白银外流而导致其价格上涨，则进一步引起中国整体秩序的变动。③ 白银价格上涨会引起银钱比价的变化，导致银贵钱贱。其实，在白银流通的同时，也存在铜和铜钱的国际流通。银钱比价的变化在某种程度上说也是白银（银元）和铜（铜钱）流通不均衡所引起的。然而，目前学术界对于铜，尤其是铜钱的国际间流通相对较少关注。日本、安南、琉球等地铜钱也曾在中国部分地区流通，中国和朝鲜铜钱也流通到日本。但是铜和铜钱在国际流通上的规模和作用远不及白银和银元。铜和铜钱在国际流通上所遇到的阻碍，除其自身价值不及白银和银元外，也是由于铜钱由官府铸造，而银锭和银元则可以来自民间。那么，明清时期中国和周边国家如

---

① 〔日〕滨下武志：《近代中国的国际契机》，朱荫贵、欧阳菲译，中国社会科学出版社，1999，"中文版前言"，第4—7页。

② 陈尚胜：《东亚贸易体系形成与封贡体制衰落——以唐后期登州港为中心》，《清华大学学报》2012 年第 4 期。

③ 林满红：《银线：十九世纪的世界与中国》，林满红、詹庆华等译，台北，台湾大学出版中心，2014，"繁体中文版自序"第 9 页。

何看待铜钱铸造权，如何看待铜钱的国际流通，是值得探究的问题。朝鲜一直被视为中华秩序下最典型的藩属国，朝鲜也认为明清两朝皆将其视同内服。从 17 世纪后期开始，朝鲜一直有人主张通用中国铜钱，并曾两次正式移咨清朝礼部，请求清朝允许朝鲜输入和流通中国铜钱，但是没有得到清朝的准许。最后在兴宣大院君执政时期，在没有得到清朝正式允准的情况下，朝鲜大量输入和流通中国铜钱。所以，朝鲜的清钱请贸与流通，为今人观察朝贡贸易体系下宗藩之间的经济关系，以及当时两国人的认识提供了一个很好的样本。

—

朝鲜半岛在高丽时期主要以米、布为媒介进行商品交换，布发挥着货币的功能，但是很不方便。高丽后期也曾铸造铁钱和铜钱，还曾铸造银瓶，但是都不成功。到了朝鲜朝初期，又有人提出铸钱问题，太宗却根据河崙的建议实行钞法，然而也不成功。太宗十五年（1415）一度铸造铜钱，不久即因发生旱灾，民心动摇而停铸。世宗即位后，虽然积极维持楮货之流通，也在考虑恢复布币或铸造铜钱问题。世宗六年（1424）曾铸造朝鲜通宝，次年开始行用，初与楮货兼行，不久废除楮货，专用钱币。但是民众不习惯用钱，钱币通行不久即严重贬值，因此又有人主张废除钱法。世宗二十七年（1445）又恢复楮货，铜钱逐渐退出市场。恢复楮货之后，楮货仍难以流通，到成宗时期（1470—1494），都城之外几乎见不到楮货，京中诸司征赎也不收楮货而收布物。到中宗时期（1506—1544），楮货已废，专用布币。而布的质量越来越差，徒费女工，毫无所用，因此又有人主张恢复钞法或钱法。中宗十年（1515）决定恢复楮货，可是到中宗十五年（1520）就几乎不用了。此后，朝鲜朝中大臣们的主张仍难以统一，有的主张用常布（三升布），有的主张恢复楮货，也有人主张铸钱。仁祖时期（1623—1649）曾两度铸钱，第一次因后金入侵而停顿，第二次也在开铸不久之后又停废。孝宗元年（1650）又决定用钱，到孝宗七年（1656）再次停废。显宗十一年（1670），兵曹判书金佐明请准于军门设铺子，先试用铜钱。[1] 直到肃宗时期（1675—1720）才通用铜钱。

---

[1] 《显宗实录》卷二十三，显宗十一年十二月初三日丙戌，韩国国史编纂委员会 1957 年影印本（以下简称"国编影印本"）第 38 册，第 43 页。

朝鲜之所以迟迟未能通用铜钱，主要是因为朝鲜缺铜。铜主要依靠从日本输入，数量有限，价格也较高。所以在仁祖时期，就有人主张从中国直接输入铜钱。仁祖五年（1627）五月，金堉以接伴使从事官到甑山，见沿路各邑因李适之乱而损失严重，"海西则延白一半独完，关西则三县仅免。而使命之行，络绎不绝，夫马供亿之费，独自当之，不过数月，此亦有溃散之形，况黄、凤、瑞、平，被掠尤甚，比之于此，则万分悬绝"，因此于这年六月上疏请用铜钱。他说："我国物产不多，不通诸国之货，只用米布，更无游行之货，公私俱乏者，诚以此也。顷者欲用铜钱，而因乱中止，诚可惜也。"①

仁祖二十一年（1643），金堉护送元孙到沈阳，次年（1644）八月，在《辞辅养官东还后加资疏》中请于使行往来时用车，并请先行在两西用钱，又请派人用白银在北京购钱，以保证铜钱的供给。② 他说："且令沿路各官，设店用钱，奉命使臣之外，其余医译、禁军，持草料而往来者，并令就食于店中，官给钱以偿店主，而又令民米布柴草纳官之物，或代以钱，则民必买之于诸店，而公行如此，则私者亦效之矣。我国曾欲用钱而不得行者，以其欲尽用于国中，故深僻之地，或不知其为便。且铸钱不易，不得行也。今若只行于两西一路，行旅络绎之地，则必可行矣。臣窃闻户曹尚多所铸之钱，请罄其所储，分送两西，而令饷臣以银买钱于北京而继之，则千百万贯之钱，可以即致于西路矣。松京则方用钱如中国，若使海西效之，关西又效之，则岂有难行之理哉？行旅便其不斋粮，店主喜其多得钱，农民乐其不费米，计莫善于此也。"③

仁祖二十五年（1647），金堉出任开城留守，见铜钱流通范围已经从开城扩展到附近的江华、乔桐、丰湍、延白等地，"虽不能遍行国中，用之于两西，则两西之民，必有所利益，而行旅不赍粮矣"，更加相信铜钱可以通行，所以又于这年十二月再次上疏请允许两西用钱。他认为："今使两西监、兵使，先出营储，设冶铸钱，各以意见方便设策，散之民间，或罚征赎锾，或代纳租赋，则不烦号令，而钱自行矣。两西道臣，皆年富才谞，锐意国事之人也。过去之时，臣与之言此事，皆以为可行，惟在国家许令为之而已。方今公私虚竭，民力已尽，凶年则不免死亡，乐岁则浪费米布，此乃无游货之所致也。昔宋臣张载，欲买田

---

① 金堉：《论两西事宜疏》（丁卯六月），《潜谷先生遗稿》卷四《疏札》。
② 《万机要览·财用编》四《钱货》，"沿革"。
③ 金堉：《辞辅养官东还后加资疏》（甲申八月），《潜谷先生遗稿》卷四《疏札》。

一区，以试井田之法。本府用钱，实已试之井田也。三代以下久废之井田，尚欲行之，天下通行九府之法，岂独难行于我国哉？臣受恩深厚，无所报效，便民益国之事，百尔思量，敢以一得之愚，再申前说，伏惟圣明垂察。"①

到孝宗元年（1650）三月，金堉以陈慰进香正使出使中国。在这次使行中，金堉用剩余的盘缠在中国购入铜钱15万文。回到义州，听说孝宗已经决定用钱，就上疏请求允许将这15万文中国铜钱分发给平壤、安州等地试用。此事得到孝宗的许可，这可以说是清钱在朝鲜通用之始。② 孝宗二年（1651），金堉升任领议政，不久改任左议政，在许积和李时昉的协助下，正式开始铸造常平通宝，并允许私人铸钱。孝宗三年（1652），因正言李万雄、安邦俊等人攻击大同法，金堉辞去左议政之职，铸钱之事也受到影响，如岭南随即停止铸钱。孝宗五年（1654），金堉再次升任领议政，决定在京中行钱，并鼓励各处搜集民间破铜，或筹集资金购铜铸钱。金堉认为，只要公私一同铸钱，则"辽沈之贸，亦不必为也"。③ 但是这次行钱亦不成功。为了促进铜钱在西路的流通，金堉下令将常平厅与宣惠厅铜钱七十贯和白银二千两交给吏胥郑文豪、李承训两人去转贩取利，而京畿监司要将他们治罪。孝宗七年（1656）十月，金堉上疏为其陈冤，并引咎请辞领敦宁府事之职。金堉在其辞职疏中说："详究其本，罪实在臣。臣若不差遣，罪从何出？臣知有国，不知有身。知有古，不知有今。徒欲国家之安，而不知一身之危。徒欲古道之行，而不知今世之难。大同行钱，动辄得谤，事垂成而反败，功未就而罪重矣。"④ 虽然郑文豪等之罪得免，但铜钱铸造也随之停止。金堉有《罢钱》诗云："孤忠许国出于天，独夜忧深泪进泉。终始陷民皆我罪，只当缄口不言钱。"⑤

根据禹夏永《千一录》的记载，肃宗元年（1675），朝鲜正式向清朝提出请求，希望清朝允许其输入铜钱。当时咨文中称："本国地硗，银锡无产，民无所资，公私匮乏，若用钱货可以小纾，许令贸钱，俾成恒例。"结果清朝礼部在回咨中拒绝了，理由是《大清会典》规定，将铜铁等物卖与夷人图利者，依军器

---

① 金堉：《两西请用钱疏》（丁亥十二月开城留守时），《潜谷先生遗稿》卷四《疏札》。
② 《孝宗实录》卷四，孝宗元年（1650）六月二十五日丁未，国编影印本第35册，第437页。
③ 金堉：《请令湖西山邑铸钱札》（甲午），《潜谷先生遗稿》卷五《疏札》。
④ 《孝宗实录》卷十六，孝宗七年四月十二日庚申，国编影印本第36册，第53页。
⑤ 金堉：《潜谷先生遗稿》卷二《诗·七言绝句》，第41B。

出境之罪枭首示众，所以不便同意朝鲜贸取清钱的请求。① 禹夏永的记载大概来自《通文馆志》。《通文馆志》并说明是专差行司直安日新到北京向清朝礼部咨请此事，② 但《肃宗实录》中未见关于此事的记载。此次请贸失败之后，朝鲜也未做进一步的努力。肃宗元年（1675）十月到北京的谢恩使昌城君李佖等人，以及这年十二月二十一日到北京的进贺兼冬至使权大运等人都没有再提清钱请贸的事情，权大运等人倒是向清朝礼部呈交了倭情咨文。③ 虽然这次没有成功，但为后来提出类似的请求确立了先例。

在清朝拒绝朝鲜从中国输入铜钱的请求之后，朝鲜即决定自己铸钱。肃宗四年（1678）正月二十三日，肃宗引见大臣、备局诸臣，商议用钱事。大臣许积、权大运等人都主张用钱，群臣入侍者也皆认为用钱为便，于是肃宗命令户曹、常平厅、赈恤厅、御营厅、司仆寺、训练都监共同铸造常平通宝。④ 而这时期也正值日本铜输入朝鲜的全盛时期，为朝鲜大量铸钱提供了可能性。经过十几年的努力，铜钱终于在朝鲜半岛流通起来。随着铜钱日益通行，对铜的需要量也不断增加。⑤ 但是，从肃宗二十三年（1697）起，日本铜的输入急剧减少，铜价上涨，铸钱利润下降，甚至不能弥补购铜的花费。由于不能稳定铸造铜钱，到肃宗朝后期，市面上已经感到铜钱流通量不足，铜钱价格上涨。要降低铜钱价格，必须加铸铜钱，而铸钱又面临原料不足和可能亏损的问题。所以，从肃宗朝后期到英祖时期（1724—1776），朝鲜当局始终对加铸铜钱持迟疑态度。也正是在这种背景下，为解决钱荒问题，英祖时期又有大臣建议通用清钱。

英祖十七年（1741），朝鲜西北关东地区发生大饥荒，饥民聚集到汉阳，朝廷派艺文馆提学闵应洙监管赈济。为了筹集经费，又有人主张铸钱，灵城君朴文秀则主张输入清钱，与朝鲜叶钱并行。英祖十八年（1742）十月二十三日，在昼讲席上，特进官朴文秀极言钱贵之害，他援引肃宗朝故事，建议移咨清朝礼部，请求清朝允许朝鲜输入中国铜钱。后来他在为自己的主张辩护时说："肃庙初年，名臣硕辅岂不若今朝，而皆以贸用燕钱至于移咨，此非臣创出之言也。"⑥

---

① 禹夏永：《千一录》（下），国朝货制，比峰出版社，1982，第 79 页。
② 《通文馆志·乾》卷九，"纪年"，肃宗大王元年乙卯。
③ 《肃宗实录》卷五，肃宗二年二月二十日壬申，国编影印本第 38 册，第 323 页。
④ 《肃宗实录》卷七，肃宗四年正月二十三日乙未，国编影印本第 38 册，第 379 页。
⑤ 원유한：《조선후기 화폐사》，도서출판 혜안 2008 년，제 86 쪽。
⑥ 《英祖实录》卷五十五，英祖十八年六月初四日辛卯，国编影印本第 43 册，第 58 页。

朴文秀不仅建议输入清钱，也认为朝鲜应该自己加铸铜钱，建议禁止朝鲜国内臣民使用铜器，收集国内铜器用于铸钱。英祖答应就此事与大臣商议是否可行。① 但是朝中大臣大多持反对态度，领议政金在鲁也是反对者之一。当英祖就此事征求中央和地方重要官员的意见时，金在鲁说："朴文秀请得燕钱，欲与我国钱并行，而若以彼钱合铸，则此无异潜商。又令并行，则愚民何以知彼我之分乎？必易生事矣。若禁我国钱而专用彼钱，则货权在彼，初虽设行，未必有弊。臣与诸宰商议，则皆以为难矣。"英祖大体上也同意他的看法，认为："钱权有二，则有大弊矣。"② 负责赈济饥民的闵应洙也持反对态度。闵应洙认为："我国自有钱币，未尝沾溉于他国。皇朝虽处以内服，曾未有此议，况今欲禀命于彼乎？"③ 很明显，闵应洙强调朝鲜应该流通不同于中国的铜钱，维持独立的货币体系，而且这种必要性也因对清朝的态度与对明朝不同而显得有必要。洪直弼在为闵应洙作神道碑铭时，强调闵应洙的态度对英祖的影响力，认为英祖主要是听从了闵应洙的意见。④

其实，英祖自己也不想增铸铜钱，更不想输入清钱。他命令汉城府判尹赵尚䌹征求京城五部坊民的意见。英祖十八年（1742）六月十六日，赵尚䌹报告说："臣招集坊民，反复问之，皆以为大、小钱不可互用，燕钱、新钱亦不宜参错。众口一谈，牢不可破矣。"⑤ 这里所说的燕钱即清钱。于是，英祖以顺应民情为由，不同意输入清钱。

二

既然决定不从中国输入铜钱，就只能专注于铸钱。英祖、正祖时期，有四五十年几乎每年都铸钱，累计达数百万两。但是随着货币经济的发展，物价上涨，对铜钱的需要量更大了，钱荒现象反而日益严重。在这种情况下，正祖十六年（1792），朝鲜再次正式移咨清朝礼部请求购钱。

但是，这次的背景与英祖时期有所不同。这次主张输入清钱的主要势力是译

---

① 《英祖实录》卷五十五，英祖十八年四月二十三日壬子，国编影印本第43册，第56页。
② 《英祖实录》卷五十五，英祖十八年六月初四日辛卯，国编影印本第43册，第58页。
③ 洪直弼：《右议政谥文献闵公神道碑铭并序》，《梅山先生文集》卷三十三《神道碑》。
④ 洪直弼：《右议政谥文献闵公神道碑铭并序》，《梅山先生文集》卷三十三《神道碑》。
⑤ 《英祖实录》卷五十五，英祖十八年六月十六日癸卯，国编影印本第43册，第59页。

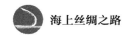

官，而译官提出这样的要求又与朝贡贸易的变化有关。

朝鲜朝初期，禁用银货。译官随使臣出使中国时，如果携带白银渡鸭绿江，罪至于死。"壬辰倭乱"时，中国军队在朝鲜的军粮、军赏皆使用白银，因此白银开始在朝鲜流通。① 朝鲜与日本讲和，倭馆重新开市之后，中国货物自朝鲜流通于东莱府，与日本商人交易，故日本丁银输入朝鲜者极多，公私所需皆以此为用，各衙门亦多购置丁银，而使行、敕行则禁止使用朝鲜自己出产的矿银，专用丁银。但是到了英祖时期，因中国商人直接到日本长崎贸易，朝鲜在中国与日本之间的中介贸易日益衰退，日本丁银输入朝鲜的数量也逐渐减少。一开始各衙门尚有存银，每当接待敕使时，户曹仍可申请用于支敕、赠给物种折银，如丁银不足，也参用矿银。其实，朝鲜所产的矿银也在减少。朝鲜与中国的朝贡贸易主要以白银结算。按照惯例，译官赴燕可带包银，堂上官三千两，堂下官二千两。如果译官自己不能筹集到这么多包银，则可以招揽商贾出银，译官取一成之利，以为盘缠、交易之资。朝鲜国内白银减少，则会导致燕行商人无法筹集到足够的包银，只能以杂货折银充包，而筹集到足够多的货物也不容易。商人筹集不到足够多的货物，燕行贸易难以维持，译官大受损失，连生计也受到威胁，有的甚至因此转了行。

在这种情况下，译官们请求允许他们输入清钱，让清钱在朝鲜国内与朝鲜自己铸造的叶钱（常平通宝）一同通用。译官主张输入清钱，是因为输入清钱可以获得巨额利润。据朴趾源估算，在中国关外，纹银1两可兑换铜钱，折合朝鲜叶钱相当于11两4钱1文，所以输入清钱可获十倍之利，除去运输等费用，也有五六倍的利润。② 正因为利润丰厚，所以几十年来译官们一直希望朝鲜通用清钱。

正祖十六年（1792）的冬至兼谢恩正使朴宗岳、副使徐龙辅和书状官金祖淳，以及备边司堂上、司译院提调曾商议此事，但未有定论。十月初六日，正祖又征求司译院提调徐有防，译官李洙、张濂、金伦瑞、金在和等人的意见。李洙极力主张输入清钱，张濂也同意输入清钱，同时主张岁币作贡，以为输入清钱与岁币作贡两便。张濂提出的岁币作贡办法是："至若岁币，则原贡绵布三千零匹，价米共六千余石。就将四千余石，属本廛人，使之措备应支，其余一千八百

---

① 《万机要览·财用编》四《金银铜铅·银》。
② 朴趾源：《贺金右相履素书》，《燕岩集》卷二，烟湘阁选本。

石，以八百石渐次报本，以一千石作馆生（医、译等杂歧未出身而供该衙门役事者之通称）聊赖之资，则本院有均被之惠，市民无失业之叹，岁币作贡便。"正祖反对岁币作贡，认为岁币之贡久属廛民，不可勒夺，还是输入清钱比较可行。正祖又命令议政府讨论此事，议政府也认为输入清钱可行。于是正祖下令准备咨文，交给冬至使朴宗岳等人带到北京，正式向清朝礼部请求允许朝鲜输入清钱。① 同时，由司译院拟定贸钱节目，计划每年利用节使、历行机会，分两次输入铜钱 10 万两，各衙门如有额外需求，还可以自该衙门筵禀或状闻后，代为购置。清钱既已输入朝鲜，则不得重新带到中国，否则依朝鲜钱潜越之律，处以极刑。②

这份咨文是南公辙起草的。为了让清朝能允准朝鲜的购钱请求，除了程式化地颂扬清朝皇帝的柔远之泽、字小之仁外，也从货币理论上论述了宗主国与藩属国之间货币可以通用。咨文说："盖此钱币之为物，自是天下泉流之货，而其制则揭以年号，其义则著于通宝，凡在奉正朔、执壤仪之伦者，固宜遍蒙厚生之利，咸奏贸迁之效。"甚至提出两国之间各种货物都可以贸易，白银也可以随便交易，而唯独铜钱不能通用，反而是一种不正常的现象。咨文说："况念小邦幸厕岁贡之列，民生日用，皆资上国，通其有无，罔遗巨细，以至服饰、器物、药饵、畜产，许以关市，换以土宜，无不旁达而毕臻，独此钱货之尚未通行于车书混一之世者，不但小邦之向隅，岂非昭代之缺典乎？且夫银货之于钱币，彼此轻重，不啻相悬，而银货无滞于交易，钱币犹阻于流行。贱价朝京之时，虽有通用之例，只行于在途留馆之日，莫需于出关归国之后，乃以均被雨露之地，若有皇服内外之限，一国臣庶，用是为郁，咸愿闻于皇上，行之国中。"③

正祖的决定受到一些官员的反对。反对派分为两类：一类从义理出发，坚持尊周大义论，因排斥清朝而反对输入清钱，其代表人物是朴允默。朴允默在担任奎章阁校正时，受到正祖的赏识和信任，"以常服，但着巾，出入卧内，每朝代书诸阁臣答封书"，④ 所以他的意见影响较大。朴允默在给冬至兼谢恩副使徐龙辅的送行诗中写道："礼义遗风最我东，清钱何事欲相通？纵云丑物能饶国，泾

---

① 《正祖实录》卷三十六，正祖十六年十月初六日辛未，国编影印本第 46 册，第 343 页。
② 《正祖实录》卷三十六，正祖十六年十月初六日辛未，国编影印本第 46 册，第 343 页。
③ 《正祖实录》卷三十六，正祖十六年十月初六日辛未，国编影印本第 46 册，第 343 页。
④ 李裕元：《春明逸史·存斋》，《林下笔记》卷二十六，成均馆大学校大东文化研究院 1961 年影印本，第 665 页。

渭千年奈混同。"① 另一类则是从国家立场或经贸关系出发考虑这一问题。值得注意的是，这一派恰恰是由当时的北学派代表人物构成的，如洪良浩、朴趾源都是输入清钱的坚决反对者。时任平安道监司的洪良浩听说朝廷决定输入清钱，十月十九日上疏表示反对，认为输入清钱会导致朝鲜失去货币控制权。他说："夫钱者，有国之宝源，生民之命脉。上操其权而下受其利，既不可以假人，亦不可以求假于人也。"所以，洪良浩不能认同南公辙在咨文中所阐述的观点，认为藩属国不能通用宗主国的货币，朝鲜应该通用自己的铜钱。他强调："夫我国所用通宝，自是一王之制，如衣冠、物采，各有典章，不可与他国相混也。"②

有意思的是，清朝也没有认真考虑藩属国是否应该通用中国铜钱的问题。其实中国境内曾经也有日本、安南等国铜钱在沿海地区流通。乾隆十四年方观承奏请查禁，因当时正赶上银贱钱贵，朝廷未加深究，于是宽永钱流通日多，江淮以南米市盐场行用宽永钱甚多，每银一两所易制钱内，其中掺杂的宽永钱往往几乎达到一半。到乾隆十七年七月清廷方下令查禁。当时乾隆皇帝对日本铜钱上铸有"宽永"年号也很介意，说："夫制钱国宝，且系纪元年号，即或私铸小钱挽和行使，其罪止于私铸，若别有宽永通宝钱文，则其由来不可不严为查究。"③ 而中国铜钱在藩属国流行，则没有这样的问题，反而可以增加宗主国与藩属国的整体性。可对于朝鲜请贸中国铜钱问题，清廷既没有从经济上深究之，也没有从政治上深究之，根本没有认真思考藩属国是否应该通用中国货币的问题。

朴宗岳等人辞陛启程前，正祖十六年（1792）十月二十一日，正祖召见备边司堂上及三使臣，对朴宗岳说："唐钱事，曾有所教，依此观势善处，而彼人若问我国行钱之事，则不必隐讳，以自箕子时行钱，至今仍用，据实直言可也。"④ 朴宗岳等人于十二月二十二日抵达北京，随即将请贸清钱的咨文递交给清朝礼部。据朴宗岳等人给朝鲜国内的报告，他们在递交咨文以后，多方打探消息，次年（1793）正月十八日在圆明园得知，清朝朝廷内部意见不统一，总理礼部的阁老王杰将朝鲜的请求上奏，结果遭到呵责。听到这一消息后，朴宗岳等

---

① 《存斋集》卷一《诗》，《奉呈阁学士徐公副价之行》，第 10a 页。

② 《正祖实录》卷三十六，正祖十六年十月十九日甲申，国编影印本第 46 册，第 349 页。

③ 王先谦：《东华续录》，乾隆三十六，王先谦、朱寿朋：《东华录、东华续录》第 4 册，上海古籍出版社，2008，第 397 页。

④ 《正祖实录》卷三十六，正祖十六年十月二十一日丙戌，国编影印本第 46 册，第 350 页。

觉得此事可能不成，赶紧写了一份呈文送到王杰处。正月十九日回到玉河馆后，又送交礼部一份。正月二十四日礼部领宴，朴宗岳等人见到了王杰和礼部尚书常青、纪昀，以及侍郎铁保、僧保住等人，在与他们的谈话中认识到清朝不同意朝鲜输入清钱。朴宗岳等人感到绝望，觉得此事已无可挽回，也就不再继续努力。二月初一日，朴宗岳等人正式收到礼部的回咨，清廷果然拒绝了朝鲜的请求，而且告诫朝鲜不要再直接上表提出这样的请求，到时候即使皇帝降旨交礼部议处，礼部也会加以驳斥。①

清朝这次拒绝的理由还是《大清会典》上有关禁止铜铁出口的规定。另外提到，《大清会典》中还规定，洋船换买铜钱数目过多，恐有贩销之弊，令守口官弁，严加稽查，如有奸商图利，多载钱出洋者，即拿治罪。所以清朝担心一旦允许朝鲜购置铜钱，他国亦将仿效。由于国际贸易的发展，清朝已不能仅从与朝鲜一国的关系出发来考虑问题，不过这也反映清朝始终没有将铜和铜钱与白银和银元同样看待，既然白银和银元可以在国际间流通，铜和铜钱应该也可以。而且这种逻辑是将朝鲜与其他国家同等看待，并未考虑到宗藩体制内部的问题。清廷不仅对朝鲜与其他国家一视同仁，而且对朝鲜移咨清朝礼部请贸铜钱有责备之词，在告诫朝鲜不要径直上表请贸铜钱后，还表示"不但不能允从，且该国王冒昧陈请，天朝法制森严，并恐因而获咎"，并进而劝告"该国王嗣后务宜谨遵定制，毋得恃恩妄有渎陈，自干未便也"。②

朴宗岳接到清朝礼部的回咨后，对这种责备朝鲜国王之词深感不安，遂呈文礼部，表示他们不敢将这样的回咨带回国，请求礼部加以修改，但多次交涉未果。最后礼部侍郎铁保私下劝朴宗岳等人不要再争执了，他向朴宗岳等人透露："此岂在下之人如是遣辞，直由于万不获已之至，有所受辞而然，实非本部所敢擅改。"这大概是说礼部如此行文，是上级甚至皇帝的决定，所以礼部也无权修改。在这种情况下，朴宗岳等人只好放弃努力，接受了回咨。二月二十二日，他们在北京向国内报告此事时，对未能促使清朝接受朝鲜的请求，反而导致国王受到责备，深表内疚："臣等诚不足以感动人心，知不足以斡运事机，毕竟咨事未得承准，回咨辞意，又如彼乖常，莫非不能事事之致，惶陨恶蹙，

---

① 《正祖实录》卷三十七，正祖十七年二月二十二日乙酉，国编影印本第46册，第377页。
② 《正祖实录》卷三十七，正祖十七年二月二十二日乙酉，国编影印本第46册，第377页。

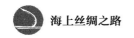

无地自容。"①

此事在朝鲜国内也引起了风波。朴宗岳等人还在北京就修改回咨与礼部交涉时，已经将礼部回咨原文送回朝鲜国内。朝鲜收到清朝礼部的回咨后，二月二十二日，正祖询问大臣、诸宰是否需要回咨礼部称谢，左议政金履素、知中枢府事李命植、左参赞郑民始等以为礼部咨文不过提醒朝鲜国王遵守清朝法禁，并非接到皇旨，所以不必再移咨称谢，而判中枢府事蔡济恭、金钟秀等认为不可无称谢咨文，最终正祖还是接受了蔡济恭、金钟秀等人的意见，命令撰写回咨，对礼部的劝诫表示感谢。

但是此事并没有到此完结，朝鲜国内仍议论纷纷。二月三十日，右议政金履素在次对时就此事发表意见，他没有责怪朴宗岳等使臣，而是将责任推到译官身上，埋怨译官们不善于周旋，没有在呈递咨文之前先探明情况，导致使臣贸然呈递咨文，结果陷入如此尴尬的境地。② 当初正祖同意请贸清钱，也只是抱着试试看的心理。③ 而且，主张移咨礼部请贸清钱者虽然援引肃宗朝之先例，但是肃宗朝毕竟也没有成功，所以这次清朝拒绝朝鲜的请求，正祖也不感到意外，反而对清朝固守《大清会典》的做法持赞赏态度。在听了金履素的一番议论之后，正祖替使臣和译官辩解说："伊时出于为译辈救弊之计，而已料其见格矣。大抵恩数自恩数，纪纲自纪纲，一边施恩于赐酒之际，一边防塞于请钱之事，可见彼中纪纲矣。"④ 正祖很愿意接受礼部的意见，认为朝鲜没有必要再直接上表请贸清钱，他希望给礼部的回咨要妥善措辞，解释清楚朝鲜请贸清钱一事并不是贸然行事。⑤

<h2 style="text-align:center">三</h2>

清钱真正在朝鲜半岛广泛流通是在 19 世纪 60—70 年代兴宣大院君执政时期。关于清钱流通的决策，目前能够找到的只有几条内容相似的史料，见于《高宗实录》，也见于《日省录》《箕营关牒》《黄阁考事》《龙湖闲

---

① 《正祖实录》卷三十七，正祖十七年二月二十二日乙酉，国编影印本第46册，第377页。
② 《正祖实录》卷三十七，正祖十七年二月三十日癸巳，国编影印本第46册，第379页。
③ 《正祖实录》卷三十六，正祖十六年十月十九日甲申，国编影印本第46册，第349页。
④ 《正祖实录》卷三十七，正祖十七年二月三十日癸巳，国编影印本第46册，第379页。
⑤ 《正祖实录》卷三十七，正祖十七年二月三十日癸巳，国编影印本第46册，第379页。

录》等。① 根据《高宗实录》的记载，高宗四年（1867）六月初三日，议政府启曰："当百钱向既撤铸矣，新旧参互，见方流布。而即闻小钱之积置市肆者，由来甚多云。虽未知缘何流出，而以其法禁所在，徒归吹炼铸器之资者，还涉无谓。今若一体通用，则公私去来之际，亦有纾力之方。以此意知悉中外，俾得从便行用何如？"② 议政府的这一建议得到高宗和大院君的许可，清钱从此在朝鲜境内开始作为货币流通。从议政府的启请中也可以看出，当时朝鲜国内已经积存了不少清钱。议政府说他们不知道清钱是如何从中国输入朝鲜的，而一般研究者则认为是译官输入的。③ 此事虽应与使行贸易有关，但是否为译官所输入，也没有直接史料来证明。纯祖七年（1807）曾发现有私商从中国输入铜钱。④ 此后也一直有朝鲜商人私自输入清钱，不过不是作为货币使用，而是熔化为铜，以铸造铜器。朝鲜市场所积存的中国铜钱，大概就是这样来的。

韩国学者一般认为，这时期允许清钱通用，是为了弥补"当百钱"停用所带来的财政损失。最早提出这一观点也许是元裕汉。他在1960年代发表的几篇论文都持这种观点，如1967年发表的《当五钱考》一文就有非常明确的表述，认为大院君允许清钱通用的动机与铸造"当百钱"相同，即用廉价的清钱来弥补"当百钱"停用所带来的损失。⑤ 但是，允许清钱流通在"当百钱"停铸之后、停用之前，所以很难说是为了弥补"当百钱"停用所带来的财政损失，顶多可以说是为了弥补"当百钱"停铸所带来的铸钱利润损失。而从议政府的启文来看，已经输入朝鲜的清钱掌握在私商手中，允许清钱流通，对于朝廷来说并不能直接增加收入，只是有助于缓解钱荒。朝廷有可能从允许清钱通用之后新输入的铜钱中，获利，但是具体情况如何，并不清楚。当时人们的解释也比较含糊。高宗后来在宣布清钱停用的教书中，只是说："清钱之当初通用，是不得不然之事。"⑥ 朴珪寿也说："清钱通用，盖出一时权宜。"⑦ 从当时情况来看，清

① 元裕漢：《李朝後期 清錢의 輸入·流通에 대하여》，《史學研究·金聲均教授華甲紀念論文集》（21），1969，第155頁。
② 《高宗实录》第8册第4卷，国编影印本第1册，第266页。
③ 元裕漢：《李朝後期 清錢의 輸入·流通에 대하여》，《史學研究·金聲均教授華甲紀念論文集》（21），第155頁。
④ 《备边司誊录》第198册，纯祖七年八月十八日。
⑤ 元裕漢：《當五錢考》，《歷史學報》35·36合辑，1967年12月，第316頁。
⑥ 《日省录》，高宗十一年一月初六日。
⑦ 朴珪寿：《清钱革罢后措画救弊议》，《瓛斋先生集》卷六《献议》。

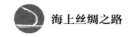

钱通用，也许只是为了缓解钱荒问题。

另外，元裕汉在论述清钱通用的影响时，特意提到清钱的价值只有朝鲜铜钱的二分之一。① 又说清钱的实质价值只有朝鲜叶钱的三分之一，因此认为清钱是劣币，而朝鲜叶钱为良币，清钱流通导致劣币驱逐良币，因而能够很快流通到朝鲜半岛除了岭南和关北之外的大多数地方。② 后来的学者大多沿袭了元裕汉的观点，如安外顺在 1997 年发表的论文《大院君的经济政策——有关财政确保》仍沿袭了元裕汉的观点，说清钱的金属价值不到朝鲜叶钱的一半。③ 但是无论是元裕汉，还是后来的学者，都没有做具体分析。清代中国制钱的重量为一钱二分。④ 朝鲜叶钱的重量，肃宗时规定为二钱五分，英祖十八年（1742）改为二钱，二十八年（1752）改为一钱七分，三十三年（1757）改为一钱二分。所以到英祖三十三年以后，朝鲜叶钱与清朝制钱的重量其实是一样的。而且，此后铸造的朝鲜叶钱其实多不遵守一钱二分的规定，有的只有数分，重量比清钱更小，所以俗称"小泉"。

再从铜钱的金属成分来看，清朝制钱在康熙时期是铜六铅四，乾隆五年（1740）年以后加锡百分之二，大体上仍维持了铜六铅四的比例。如嘉庆四年（1799）铸钱用铜 52%、白铅 41.5%、黑铅 6.5%。嘉庆年间铸钱大体上维持了这一定例，只有嘉庆十年（1805）改为铜 54%、黑铅 8%、白铅 36.5%、高锡1.5%。⑤ 朝鲜叶钱金属成分构成是生铜 73%、锡 13.5%、常镴 13.5%，常镴为锡和铅的合金。虽然朝鲜叶钱中铜和锡的含量比清朝制钱要高，但是用的是生铜。即使不考虑生铜、熟铜的问题，也不能说清朝制钱的金属价值只有朝鲜叶钱的一半不到。而且，朝鲜叶钱的金属成分比例不一定始终能得到遵守，有的叶钱是用未经精炼的赤铜铸造的，含砂率较高，铸造时还加了很多铅，又脆又薄，很容易破碎，质量比清钱差多了。

① 元裕漢：《李朝後期 清錢의 輸入・流通에 대하여》，《史學研究・金聲均教授華甲紀念論文集》（21），第 155 頁。
② 元裕漢：《當五錢考》，《歷史學報》35・36 合辑，1967 年 12 月，第 316 頁。
③ 안외순：《大院君의 經濟政策——財政確保와 關聯하여》，《東洋古典研究》第 8 辑，1997 年 5月，第 406 頁。
④ 清代制钱重量多有变化。顺治元年定为每文一钱，二年改为一钱二分，八年改为一钱二分五厘，十四年改为一钱四分；康熙二十三年改为一钱，四十一年改为一钱四分；雍正十一年改为一钱二分。参见彭信威《中国货币史》，上海人民出版社，1958，第 522—524 页。
⑤ 彭信威：《中国货币史》，第 525 页。

其实，两国铜钱的价格差异主要是银钱比价不同造成的。钱银比价在清朝大体上是稳定的，嘉庆以前是钱贵银贱，嘉庆以后由于白银外流，出现银贵钱贱。清初白银一两可兑换制钱七八百文。而朝鲜在肃宗四年（1678）开始铸造常平通宝时，定以钱四百文值银一两。① 由于这时期常平通宝的重量是清朝制钱的两倍，所以银钱比价与中国的水平大致相当。但是在朝鲜发行铜钱初期，由于流通面不广，大量铜钱集聚京城，导致铜钱价格下降，市价只有官定价格的一半，一两白银可以兑换八百文铜钱。② 而到铜钱流通开来以后，钱价又逐渐上涨。到肃宗朝（1675—1720）后期，由于钱荒现象已经十分严重，铜钱价格几乎与白银相当。③ 清朝嘉庆年间（1796—1820），白银一两在中国大约可兑换铜钱一千文。依照前面提到的朴趾源的估计，如果朝鲜叶钱与中国制钱以相同的价格流通的话，则用朝鲜叶钱兑换白银，再拿白银到中国关外兑换清钱，将清钱运回朝鲜，与朝鲜叶钱以相同币值流通，可获十倍的毛利，去掉运费等支出，也有五六倍的利润。这种现象，在高宗朝决定通用清钱时也仍然存在，只是相差没有那么悬殊而已。同治九年（1870）至十一年（1872）白银一两在中国约合制钱 1856 文，以后略有下降。④ 光绪八年（1882），银一两在中国可兑换制钱一千六百文，而在朝鲜只能兑换叶钱七百五十文。⑤

正因为从银钱比价上看，两国铜钱价格悬殊，所以朝鲜如果通用清钱，输入清钱才有暴利可图。当年朴趾源就针对译官们主张通用清钱一事说："彼象译辈徒知目前之利，而不识经远之谟。数十年来，日夜所愿，惟在通用。是何异于随矢立的，溲足救冻哉？"⑥ 从这种意义上来说，清钱能在七八年间流通到朝鲜的大部分地方，不能完全用劣币驱逐良币来解释。清钱流通期间，朝鲜物价上涨，也同样不完全是通用清钱的结果。

而且，输入朝鲜的铜钱不都是译官们利用使行机会输入的，应该也有人通过走私贸易直接输入铜钱。朝鲜通用清钱以后，中国商人可以直接用铜钱与朝鲜商民进行交易，因此私越国境而从事走私贸易的商民有所增多，其中有朝鲜商人，

---

① 《肃宗实录》卷七，肃宗四年正月二十三日乙未，国编影印本第 38 册，第 379 页。

② 《肃宗实录》卷九，肃宗六年二月初三癸亥，国编影印本第 38 册，第 432 页。

③ 《肃宗实录》卷五十八，肃宗四十二年十月二十七日癸丑，国编影印本第 40 册，第 617 页。

④ 彭信威：《中国货币史》，第 587 页。

⑤ 金昌熙：《书钱银流通议后》，《石菱集》卷三《题跋》，第 17a—18a 页。

⑥ 朴趾源：《贺金右相书》，《燕岩集》卷二。

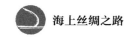

也有中国商人。朝鲜高宗十一年（1874）正月二十八日，义州府尹黄钟显说："潜商之弊，前亦有之，而不至如此之多者，以物易物，卖买之际，自有难便之端，故有所顾忌，不敢狼藉矣。近日钱货通用之后，潜商辈以物直卖，而受钱直用，故潜商尤多，而莫可禁止。"①

从朝鲜国内反对清钱通用的舆论来看，也没有人因清钱是劣币而加以反对。反对最激烈的仍是从义理出发，而不是从经济出发来看待这一问题。固守尊周大义论的朝鲜士大夫，将清钱称为胡钱，并因此而反对通用清钱。高宗四年（1867），任宪晦听说朝廷决定通用清钱，遂感叹道："不惟不能攘，是自率而入于夷也。"② 针对李宪植来信提到的清钱盛行情况，任宪晦引用肃宗朝为救荒而从中国输入粮食却引起朝野震动的往事，说明输入清钱也于义理不合，也会受到抵制。他说："昔崔锡鼎首论请彼谷，以致辱君杀民，海州士人全万举有诗曰：'闻道燕山粟，东输五万斛。莫馈海西民，首阳薇蕨绿。'时人义之。知乎此，则可知用不用之孰为得之也！"③ 任宪晦的儿子艮得当时只有五岁，也知道从义理上抵制清钱，不愿用手触碰清钱，即使别人强行将清钱塞到他手上，他也会将清钱扔到地上，哭着跑开。艮得因此受到在野儒生们的普遍赞誉，被称为"大明处士"，艮得也愿意以此自处。④ 这虽然是一个极端的例子，但也说明儒生们对清钱的抵制态度造成很大的社会影响。

宋秉璿的考虑既有政治性，也带有经济性。他担心清钱流动会导致朝鲜与中国的交往扩大，从而损害朝鲜的独立性，并导致财富外流。他说："钱者，所以通有无，出变化之物。钱之所往，人必随至，亦理也。从此各国殊俗接踵并至，而国液内渴，民力外殚，势将至末如之何矣。"⑤ 高宗十年（1873）崔益铉等人要求废除清钱时，仍主要是从义理角度论述其理由的。这年十月十六日，崔益铉上疏攻击大院君的执政政策，并没有提到清钱。⑥ 十月二十九日，掌令洪时衡上疏声援崔益铉，才明确提出清钱革罢问题。十一月三日，户曹参判崔益铉再次上

① 《承政院日记》，高宗十一年正月二十八日壬辰。
② 申箕善：《师友问答》，《阳园遗集》卷十五《问答》，第6b页。
③ 任宪晦：《答李宪植（丁卯）》，《鼓山先生文集》卷六《书》，第30a页。
④ 任宪晦：《书天地间文字卷后示艮儿》，《鼓山先生文集》卷九《题跋》，第50b页（总第226页）。
⑤ 宋秉璿：《随闻杂识》，《渊斋先生文集》卷十七《杂著》，第34b—35a页。
⑥ 崔益铉：《掌令时言事疏》，《勉庵先生集》卷三《疏》。

疏，方根据金平默的建议，明确提出应该废除清钱。① 除了说清钱流通导致百物尽竭之外，也主要是从尊周大义论来立论的。他将清钱称为"胡钱"，宣称："胡钱之用，华夷之别乱矣。"并进一步强调："臣窃惟严华夷之辨，守忍痛含冤之意，是孝庙及宋先正传授心法，与孔朱同功者也。观先正禁贸房中物货之事，则今此胡钱之用，亦所以忘会稽臣妾之耻，昧阴阳向背之分，而反政害事，固已甚矣。"②

　　除了儒生们的抵制外，金泽荣认为民众对清钱的不信任也是受到"当百钱"的连累，因为大家都认为清钱也许同"当百钱"一样，不会长期流通，不久就会被废除。他说："当百之轻，虽愚者知其必废也。至于清钱之贱而废者，当百之废为之疑阶，此皆已然之效，难平之权。"③ 所以人们在收到清钱以后不愿久留，不论物货价格高低，都要尽快换成货物，富户则进一步大量储存叶钱，从而导致清钱价格下降，物价相对上涨。④ 朴珪寿还怀疑这背后可能有商人在捣鬼。因为在哲宗朝曾允许私商铸钱，政府收税，而高宗即位后大院君禁止私铸，私商失去了铸钱之利，希望恢复以前的制度。所以，他们不仅抵制"当百钱"，也反对输入清钱，主张继续加铸叶钱，因而煽动起民众对清钱的不信任情绪。⑤ 所以，物价上涨，清钱贬值，与其说是清钱的质量问题，不如说是信任问题。

　　高宗亲政之后宣布革罢清钱，其实也同恢复万东庙祭享一样，具有政治上的象征意义。所以宋秉璿听说朝廷下令停用清钱，即在诗中称赞说："华夷无别俗相讹，圣化今朝若决河。市客争传米价细，哄儿夸说饧钱多。几家铜臭因风散，余橐鲸文掷地磨。八域交通回旧宝，从兹可喜物情和。"⑥ 但是实际上废除清钱并没有带来宋秉璿所期望的效果。清钱革罢导致朝鲜各级官厅所存清钱成为无用之物，带来巨大的财政损失。同样也有损民众的利益。高宗当初说下令革罢清钱是为了维护民众的利益，防止物价进一步上涨，结果却正好相反。在清钱革罢之后，物价反而上涨得更厉害，所以高宗也不得不承认清钱"果难禁"。⑦ 他说：

① 《答崔用九鸿锡》（甲戌十一月），《重庵先生文集》卷九《书》。
② 崔益铉：《辞户曹参判兼陈所怀疏》，《勉庵先生文集》卷三《疏》。
③ 《钱币论》，《韶濩堂文集（定本）》卷七《论》，《合刊韶濩堂集》。
④ 《承政院日记》2795册（脱草本130册），高宗十年十一月十四日己未。
⑤ 《清钱革罢后措画救弊议》，《瓛斋先生集》卷六《献议》。
⑥ 宋秉珣：《闻革破胡钱谩题一律（甲戌）》，《心石斋集》卷三，第13a页。
⑦ 《承政院日记》第2805册（脱草本第130册），高宗十一年九月二十日己未。

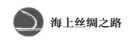

"清钱革罢，出于为民之意，而仅闻物价尚尔倍蓰云，甚为可骇矣。"① 朴珪寿也感叹清钱革罢之后"公货则竟无需用之资，民财则未见流通之利，此为目下切急之忧也"。②

关于清钱革罢对朝鲜财政和民生的影响，金成憓已有比较详细的论述。③ 这里需要补充说明的是，"当百钱"和清钱的先后停用，给朝鲜带来了严重的财政危机，而朝鲜正是在这种情况下迎来开港，从而为朝鲜应对近代的新局面增加了困难。而且，废除清钱没有促使朝鲜产生近代国家的货币主权观念。1876 年签订的《朝日修好条规》附录第七条仍允许日本货币在朝鲜通商口岸流通，不仅允许日本商民使用朝鲜叶钱，还允许叶钱出口。④

结　语

白银与铜钱在 18—19 世纪的朝鲜扮演了不同的货币功能，白银主要用于国际贸易，而铜钱用于国内赋税征收和市场交易。这种分别，限制了朝鲜市场融入以中国为中心的朝贡贸易体系的程度，也使朝鲜国内的银钱比价较少受到国际银价变动的影响。然而，由于朝鲜本身产铜有限，其铜钱价格也受到国际铜贸易的的影响，价格较高。中国和朝鲜铜钱价格的差异，使朝鲜输入中国铜钱，使之与叶钱并行，成为有利可图的事情。但是，铸造铜钱是重要的获利手段，朝鲜士大夫多强调铸钱利权应掌握在官府手中，而从中国输入铜钱则对译官和走私商人有利，利益之争导致铜钱无法像白银那样主要由民间供给，译官和商人输入中国铜钱的行为受到另一部分士大夫的强烈反对。另一方面，清钱的输入和流通也受到长期存在的尊明排清意识的影响，意识形态也成为宗藩经济一体化的重要障碍。而且，作为宗主国的清朝也没有认真思考如何适应国际形势的变化，重新定位与藩属国朝鲜的经济关系。对朝鲜反复提出的流通中国铜钱问题，清朝皆引用《大清会典》中有关禁止铜铁出口的规定轻率地拒绝了。事实上，中国与朝鲜的朝贡贸易已经相当自由，栅门搜检早已流于形式，大院君执政期间清钱的大量输

① 《承政院日记》第 2800 册（脱草本第 130 册），高宗十一年四月二十五日丁酉。
② 《清钱革罢后措画救弊议》，《瓛斋先生集》卷六《献议》。
③ 김성혜：《고종 친정 직후 清錢 관련 정책과 그 특징》，《역사연구》22，2012 年 6 月，169 − 202 쪽。
④ 金玉根：《朝鲜王朝财政史研究》Ⅳ，一潮阁，1997，第 62—63 页。

入也说明思想已经落后于形势。所以，有意思的是，朝鲜反对输入清钱的士大夫担心因此会失去货币主导权，而清朝根本就没有掌握朝鲜货币主导权的想法。朝鲜流通和废除中国铜钱，其实都与清朝无关，朝鲜废除中国铜钱而加剧了自身的财政困难，增添了开港后形势的困难。滨下武志说亚洲的"国际契机"不仅存在于"西势东渐"，也存在于中国与亚洲已经建立的各种关系，尤其是朝贡关系和朝贡贸易关系之中。如果说确实存在这种"国际契机"，无论是中国还是朝鲜，当时都缺乏觉悟。

"他者"与"自我"的双重建构：
日本武士道论视野中的中国儒学

唐利国

武士道论是日本在塑造民族认同的过程中逐步确立起来的一套极其重要的话语体系，其核心理念是以武士为日本人的代表，通过论述所谓武士特有的伦理道德来构建国民的自我认同，塑造日本的国家形象。这一话语体系虽经战败投降的冲击，却随着战后日本民族主义的再度兴起而复活，经过一番改头换面，至今依然发挥着不容忽视的影响力。本文不拟全面探讨此话语体系的历史功罪，而是计划设定一个具体视角来透视其历史发展脉络。视角的设定源于一个稍加留心便不难发现的事实：致力于论述武士道的日本人，几乎无一例外地会花费大量笔墨谈论中国和中国文化，尤其是儒学。这一看似奇妙的现象，其原因并不复杂。众所周知，日本自古以来便处于中华文明的强大辐射之下，因此，当日本人开始摸索建立近代民族国家，尝试建构近代性"自我"之际，中国与中国文化，尤其是儒学，就成为一个重要的资源。如同当代日本著名的思想史家子安宣邦所指出的："中国及其文化是日本及其文化成立的重大前提。……中国对日本来说一个巨大的他者。"①

那么，致力于建构本民族自我认同的日本武士道论者，在展开关于武士道的历史叙事时，究竟如何处理儒学这一来自中国的"他者"呢？据笔者陋见，学界尚未见有人从这一视角出发进行深入研究。本文因篇幅有限，不拟进行面面俱到的论述，而是选取近世—转型期—近代三个历史时期的代表人物——山鹿素行

---

① 〔日〕子安宣邦著，赵京华编译《东亚论：日本现代思想批判》，吉林人民出版社，2004，第78页。

（1622—1685）、吉田松阴（1830—1859）和井上哲次郎（1855—1944），尝试对其各自的思想展开过程进行实证考察和比较分析，以求更加准确地理解日本武士道论者的中国观的渊源流变及其历史意味。

一 山鹿素行：儒学价值观与"中国"的剥离

关于近代日本民族主义的原型，学界一般会追溯到日本近世初期即 17 世纪发展起来的所谓日本中朝（中华）主义，即主张日本而非中国才是中华（中朝）。山鹿素行的武士道论典型地体现了这种观念，其完成于宽文九年（1669）的《中朝事实》，称日本为"中华""中国""中朝"，称中国为"外朝"。此书被视为日本中朝主义的代表作品。[①] 然而，素行生活在幕藩体制日趋稳定的时期，那无论如何也不是一个充满危机的时代，更谈不上来自民族外部的威胁。在这样的背景下，所谓民族主义精神的勃发，多少有些令人费解。一个未必无理的推测是：也许所谓的近世民族主义在很大程度上不过是近代民族主义在自我溯源时的历史投影。此问题头绪过于繁多，在此姑且不论。但是，这一质疑提示了另一个不应忽视的问题：山鹿素行的日本中朝主义，既表现为基于日本特殊主义的武士道论，又表现为基于现世普遍主义的儒学。这两种不同类型的言说，在素行的学问体系中，究竟是以怎样的逻辑圆融无碍地结合在一起的呢？

日本学者一般比较强调"作为武士的山鹿素行"的社会立场对其学说的构建发挥了巨大的影响。[②] 的确，带着身为"日本武士"的自觉，素行从"为士

---

① 与本文关系密切的有关山鹿素行的研究，参见劉長輝『山鹿素行：「聖学」とその展開』（ぺりかん社、1998）；中山広司『山鹿素行の研究』（神道史学会、1988）；玉懸博之『山鹿素行の歴史思想——その歴史的世界と日本歴史の像』日本東北大学大学院文学研究科日本思想史学研究室編『日本思想史研究』〔（通号27）、1995 年〕；玉懸博之『素行歴史思想の核心をなすもの——その神代観をめぐって』日本文芸研究会編『文芸研究』〔（通号137）、1994 年〕。其中玉懸博之的两篇论文，均收入其所著『近世日本の歴史思想』（ぺりかん社、2007）。

② 田原嗣郎「山鹿素行と士道」田原嗣郎編『日本的名著 12 山鹿素行』中央公論社、1971、第 37 頁。此外，和辻哲郎认为素行的独创性不在于古学的主张，也不在于日本中朝主义，而在于武教的实践主义。他对素行古学的评价是："素行的强项在于把儒教从佛教以及道教的形而上学的影响中解放出来，由此明确其人伦之教的本质，将其作为武士阶级的意识形态来发挥作用。"〔和辻哲郎『日本倫理思想史』（下）岩波書店、1990、第 187 頁〕相良亨认为山鹿素行是"近世武教的儒学之第一人"（相良亨『武士道』塙書房、1968、第 155 頁）。坂下敏子认为武教是素行思想的根本〔坂下敏子「山鹿素行の士道論」大阪大学文学部編『待兼山論叢（日本学）』（18）、1984 年〕。多田显认为素行的"兵儒一致的思想"，是"站在武士

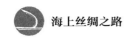

（指武士——引者注，下同）之道，其俗殆足用异俗乎"的考虑出发，① 模仿中国儒家的《小学》，编写了适应日本武士固有风习的《武教小学》。然而，素行之所以撰写《武教小学》，还有一个非常重要的理由："俗残教弛，则自陷溺异端，人心之危也。"② 在素行生活的 17 世纪的日本，儒学传入虽已颇有时日，但社会影响力尚属有限，主要在学者之间流传。接受了儒学的学者，逐渐萌发将儒学应用于社会教育和政治实践的愿望，并不断有人为此而努力，素行正是其中之一。如果忽视了"作为儒学者的山鹿素行"即"作为普遍主义者的山鹿素行"的思想性立场，便无从理解其致力于以儒学指导武士行动的强烈愿望。

素行站在儒家的立场上，激烈批判当时日本的政治、思想状况，并提出了自己的建议："风俗不正，虽属治平，其末有弊。唯改风变俗，天下悉一道德而异端邪说不行，则君臣父子之道明，上下尊卑之分正，人人以天地之德为德，万代无夷狄之风俗也。"③ "本朝圣学学校之法不兴，师道不立之故，人虽偶思志道学德，皆不入佛门则不得其便。""人既泥着于所习之气，一度陷入异端，而后离真道德弥远也。……是异端之惑世诬民，蛮国之耶稣乘弊而入之所以也。""教化苟能熟，异端之邪说其谁用之乎。不拒而异见可止，不禁而异端可去。"④

为了教化日本人，素行积极提倡"设学校立道学"，实行"六艺"等儒家教学。他坚信："如何可求修身，不若学问……所谓学问者，学圣人之教而问也。"⑤ 素行强调，在学问的等级序列中，"圣学"即儒学才是"武门之学问"的根本。对此，素行具有遗书性质的《配所残笔》中的最后一条即第 28 条，有一段总结性的议论：

立场来论儒学"［多田顕「素行学の本領——山鹿素行の社会経済思想研究序説」『千葉大学教養部研究報告』（A）（6）、1973 年 12 月］。内山宗昭认为《武教本论》是从把兵法技术作为根本的问题意识出发，把儒学的教学观念和方法引入兵学［内山宗昭「山鹿素行の教学観——武教の成立を中心に」『工学院大学研究論叢』（27）、1989 年］。

总之，根据前田勉的总结，日本学界的通说是：山鹿素行出于武士的意识，不能接受"中国读书人官僚"的学问朱子学，而发展出自身独特的"武门之学问"（前田勉『近世日本の儒学と兵学』ぺりかん社、1996、第 140—141、135 頁）。

① 広瀬豊編『山鹿素行全集思想篇（第一巻）』岩波書店、1941、第 500 頁。
② 広瀬豊編『山鹿素行全集思想篇（第一巻）』、第 500 頁。
③ 広瀬豊編『山鹿素行全集思想篇（第五巻）』岩波書店、1941、第 25 頁。
④ 広瀬豊編『山鹿素行全集思想篇（第五巻）』、第 24—25 頁。
⑤ 広瀬豊編『山鹿素行全集思想篇（第四巻）』岩波書店、1941、第 27 頁。

我等存圣学之筋目者，为修身正人、治平世、功成名遂，故我等今日出生于武士之门也。于身有五伦之交际，故于一己之心得作法之外，五伦之交，共于武士身份勤之，其上于武门又多有大小之事。小事云者，至于衣类、食物、屋作、用具之用法，皆有武士之作法也。更有武艺之修习、武具马具之制法用法。大者有天下之治平礼乐、国郡之制，有山林、河海、田畠、寺社、四民、公事诉讼之处置，有政道、兵法、军法、阵法、营法、城筑、战法，此皆武将武士日用之业也。然虽自己一身修得武门之学问，验之实事而无功者，无圣学之筋也。此故，于右之种种，工夫思案者有之，勘以旧记故实者亦有之。然则，此外至于工夫、默识、静坐等，其暇不可有之也。虽然，非谓此种种之业当一一尽习之。如前所言，能知圣学之定规铸型、入规矩准绳时，见事能通，闻事则明，则无论何事来时，既已明白思虑其种种，故逢事无屈。此为大丈夫之意也。实可谓心广体宽也。此学积时，则知惠日日新，德自高，仁自厚，勇自立，终可至无功无名、无为玄妙之地。如此则自功名入而功名亦无，唯尽为人之道而已矣。孝经云："立身行道，扬名于后世者，孝之终也。"①

在素行看来，所谓"武门之学问"是指武士的各种专业知识技能，如果没有"圣学"即儒学的根基，仅仅"修得武门之学问"，不会有真正的功效。实际上，他认为武士并不需要修习全部"武门之学问"，只要能够掌握"圣学"的基本原则即所谓"定规铸型""规矩准绳"，即可事事应对自如。

基于自身对儒学和"武门之学问"的关系的理解，素行创立了被称为"山鹿流兵学"的学问体系。在形式上，素行把儒学作为兵学的一个组成部分而纳入。他声称，孔子、孟子等"诸先圣先贤皆兵法之大家也"。② 这种观点引起了时人的质疑：孔孟等人并无兵法之教，亦无兵书传世。素行解释道，"当世之四书、六经者，皆此（即兵书）也"，因为"正士法，养义，治天下，治国，皆士之本也"。③ 素行的基本理念是，以儒学为根据，重新解释兵学，将作为战斗技术的日本传统兵学发展为包括修身治国等学问在内的近世兵学。素行的武士道论，构成了山鹿流兵学中关于修身治国的内容的核心，在近世日本产生了巨大的

---

① 山鹿素行『配所残笔』田原嗣郎（ほか）编『日本思想大系 32 山鹿素行』岩波书店、1970、第336—337页。
② 広瀬豊编『山鹿素行全集思想篇（第十一卷）』岩波书店、1940、第319页。
③ 広瀬豊编『山鹿素行全集思想篇（第十一卷）』、第319页。

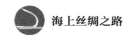

影响。相比之下，其兵学中关于筑城列阵等纯军事学的内容，反倒由于近世日本长期保持和平状态，基本上成了纸上谈兵。

即便儒学是一种非常高明的学说，日本自身是否具有接受儒学的条件呢？当时日本还是有人对此颇有疑问："学校之设，教化之广，实治世安民之要，而是亦成周井田之法所行也。如本朝则难设广乎？"素行回答说："学校之设，教化之广，难用于本朝乎。此事若以今俗而言，然乎。但，考之以令之所出、记录之所载，本朝至中古亦有其遗意。然及于战国而治教不详，其弊至于今日，更非今世之过也。"素行进一步宣称，日本风俗天然与儒家理想相通，甚至远胜中国，一旦推广儒学，便可立收成效："本朝风俗自然淳朴，虽不晓道学之名，然于君臣、父子、兄弟、朋友、夫妇之道，同于禽兽之行迹者，虽四方之边鄙亦希。此天照大神之神德遍及于四方之末也。……以是言之，本朝之风俗远过异朝之处多矣。若圣学之化广、教导之节详，风俗可速正也。"①

为了强化同时代日本人接受儒学的信心，素行着力论证日本自古便有着适合儒学传播的土壤。为了推广儒教，他特地援引日本旧来的神道观念，尤其是日本人对天皇的祖先天照大神即太阳神的崇拜为助。这种思路方便实用，也构成了其日本中朝主义思想的形成契机。不过，在此必须强调的是，素行之日本中朝主义的提出，并非像近代日本的天皇主义者们所宣传的那样，纯粹是出于对天皇的赤诚。事实上，素行信奉儒家的德治主义，他认为："以德为者长久也。以力为者不久，以智为者背风俗，以时为者为眼前之利而不得全其始终。尤可审思之义也。"② 他赞同儒家有德者得天下的政治理想，认为："天下之兴亡者在德之厚薄……所谓德之厚薄，由其

① 広瀬豊编『山鹿素行全集思想篇（第五卷）』、第45—46 頁。
② 広瀬豊编『山鹿素行全集思想篇（第五卷）』、第358 頁。有学者认为素行的兵学强调诡道，因而和朱子学的王道对立（前田勉『近世日本の儒学と兵学』）。但是在素行而言，诡道只是霸术的一种，必须在符合王道的前提下，正确地运用。毕竟，山鹿流兵学最重要的特点就是在于根据儒家的德治主义等理念来修正日本的传统兵学。素行在《君道十一·治谈上》之《论兴亡》中告诫君主："其上思仅以智力而世有兴亡者，皆为王霸之术，名利之人弊慕此而至也。慕是之心深，则或乱纲纪，或背名分，蔑上弑君之基也。德之所归，如水之就下，火之向上，更无专智力之事。然则兴亡之实在于德。古人云：智可以得天下乎，曰不可也。力可以得天下乎，曰不可也。然则孰可以得天下乎，曰德焉而已。何谓德，曰不行一不义，不杀一不辜，是也。智者遇之，而其智无所用，力者遇之，而其力无所指。"（『山鹿語類』卷第十一、広瀬豊编『山鹿素行全集思想篇（第五卷）』、第357—358 頁）也有学者认为山鹿素行所强调的"德"不是道德，而是治国之能力与实绩［尾藤正英「山鹿素行の思想の転回（上·下）」岩波书店编『思想』第 560、561 号、1971 年 2 月、3 月］。但是，如同素行在此处所强调的，"何谓德，曰不行一不义，不杀一不辜，是也"，"德"之第一要义显然是道德修养。

身所积之德，天下之万民归服之，遂为天下之主，是依德而兴也。"① 因此，与近代日本的尊皇论者批判武士篡夺天皇权力的历史不同，素行认为武士取代天皇统治日本是正当的："武家颇得王道也。天下归有道不归无道，同水之终下流。"② 而且，他认为武家的统治优于天皇的统治："本朝王代虽有未治之边夷，当武将之御天下，无所谓不顺，世甚静谧，恶逆之狼乱不起。"③

面对孕育了儒学的中国，日本人不免会产生某种自卑感。出于确立日本人自信心的考虑，山鹿素行有不少刻意地抬高日本而贬抑中国的言论，其论证的根据主要有两点。第一，中国被夷狄所侵直至灭亡："凡外朝其封疆太广，连续四夷，无封域之要，故藩屏屯戍甚多，不得守其约，失是一也；近迫四夷，故长城要塞之固，世世劳其人民，失是二也；守戍之徒，或通狄构难，或奔狄泄其情，失是三也；匈奴、契丹、北房易窥其衅，数以劫夺，其失四也；终削其国，易其姓，而天下左衽，大失其五也。"④ 第二，中国有王朝更替："夫外朝（中国）易姓，殆三十姓，戎狄入王者数世。春秋二百四十余年，臣子弑其国君者二十又五，况其先后之乱臣贼子，不可枚举。"⑤ 在素行看来，日本历史上不存在外族入侵，天皇的血脉也不曾断绝，这都是日本比中国优越的表现。此种中日比较虽然绝非公允，却遵循了一种普遍主义的价值标准，认为儒学的原理是通用于中日两国的。素行只是剪裁取舍甚至歪曲捏造各种似是而非的史实，用来展开自己的论证而已。

对素行而言，贬低中国不是目的，抬高日本、强化日本人接受中国儒学时的信心，才是其用心所在。翻检《素行全集》便不难发现，其中贬低中国的言论并不甚多，与近代日本的武士道论者往往大肆污蔑中国的做法形成鲜明对比。既然推崇儒学，过度贬低儒学的源地中国，显然也非上策。因此，素行的中国论或者中日比较论，首先是在中日平等或者相近的基础上展开的。他认为："四海之间，唯本朝与外朝共得天地之精秀。神圣一其机。"⑥ 然后，他强调日本比中国

---

① 広瀬豊編『山鹿素行全集思想篇（第五卷）』、第 356 頁。
② 広瀬豊編『山鹿素行全集思想篇』对这段议论有删节，应是为了迎合近代日本盛行的皇国观念。本稿转引自村冈典嗣『大教育家文庫6 素行・宣長』岩波書店、1938、第 128 頁。
③ 広瀬豊編『山鹿素行全集思想篇（第五卷）』、第 406 頁。
④ 広瀬豊編『山鹿素行全集思想篇（第十三卷）』岩波書店、1940、第 21—22 頁。
⑤ 広瀬豊編『山鹿素行全集思想篇（第十三卷）』、第 42 頁。
⑥ 広瀬豊編『山鹿素行全集思想篇（第十三卷）』、第 21 頁。

优越："外朝亦未如本朝之秀真也。"① 又如，他认为日本和中国都是处于"天下之中"："万邦之众，唯本朝及外朝得其中。"② 但是，与中国相比，日本是"天下至中"，更加"中天之正道、得地之中国"。③ 尤其是，当谈到古代中国的时候，素行便会强调中日两国其实是一致的："凡外朝（指中国），三皇、五帝、禹、汤、文王、周公、孔子之大圣，亦与中州（日本）往古之神圣，其揆一也。故读其书则其义通，无所间隔，其趣向犹合符节。采挹斟酌则又以足补助王化矣。"④ 此处的崇古倾向，明显是儒家三代观的体现。

关于素行的日本中朝主义的真正的思想立场，其实近代日本不少学者也有所觉察。日本思想史研究的重要开创者之一村冈典嗣便曾论道：山鹿素行的日本主义或者说是中朝主义，实际上是通过王霸论来论证武家政权取代公家政权的合理性。"武家主义和否定王朝政治，是其中朝主义的实质。"⑤

另一位著名学者和辻哲郎更是进一步揭示了素行思想的儒学本质。他认为，山鹿素行的日本主义代表作《中朝事实》，致力于从"受到儒教影响以前的日本"探求"圣教的事实"，力求证明日本在周公孔子之道传入之前，事实上已经实现了这个道。然而，山鹿素行所收集的这些资料，实际上都是《日本书纪》中儒教影响之下的文字，不仅不能用来把握儒教影响之前的日本，反而恰恰是儒教影响的证据。和辻还进一步指出，《中朝事实》的特征在于"这本书鼓吹不掺杂神道宗教色彩的、纯粹的人伦立场的尊王论。……对素行来说，立于诸侯之上的王和日本的天皇是一样的。这样的儒教的尊王论，通过水户学和赖山阳，体现在幕末的勤王家身上，以尊王攘夷论的行事推动一世。尊皇论之中，恐怕这个是主流"。⑥ 和辻热烈拥护天皇崇拜的传统，厌恶儒学对日本思想的影响，反对山鹿素行的理性主义倾向，认为其武士道论没有体现日本真正的传统。

和辻哲郎对于山鹿素行思想价值的评论，虽然令人无法苟同，但是其关于素行思想事实的判定，体现了惊人的洞察力。的确，儒家普遍主义精神构成了素行思想的基石，日本中朝主义的提出，亦服务于其引入儒家思想以规范武家政治的

---

① 広瀬豊編『山鹿素行全集思想篇（第十三巻）』、第21頁。
② 広瀬豊編『山鹿素行全集思想篇（第十三巻）』、第18—19頁。
③ 広瀬豊編『山鹿素行全集思想篇（第十三巻）』、第22頁。
④ 広瀬豊編『山鹿素行全集思想篇（第十三巻）』、第64頁。
⑤ 村岡典嗣『大教育家文庫6　素行・宣長』、第130頁。
⑥ 和辻哲郎『日本倫理思想史（下）』『和辻哲郎全集（十三）』岩波書店、1943、第199—200頁。

根本目的。实际上，素行本人甚至以中国圣人道统的正统继承者自居。他在其《圣教要录》的《小序》中借弟子之口道："圣人杳远，微言渐隐，汉唐宋明之学者诬世累惑，中华既然，况本朝乎？先生（指山鹿素行）勃兴二千载之后，垂迹于本朝，崇周公孔子之道，初举圣学之纲领。"① 口气虽然狂妄，却淋漓尽致地传达了素行自身思想认同之终极归属。而素行一般使用"士道"而不是"武士道"这一用语，也同样传达了他对作为儒家"士君子"的理想人格的向往。

二 吉田松阴：儒学普遍主义与日本特殊主义的交错

吉田松阴是日本向近代转型的时期最著名的武士道论述者和实践者。当时日本遭遇西方的冲击，面临生死存亡的危机。历史背景的差异，决定了他面临着与山鹿素行完全不同的时代课题。为了探求维护日本独立的道路，建构日本的民族主义成为其迫在眉睫的任务。那么，吉田松阴在塑造本民族的自我认同时，又是如何处理中国儒学这一无法回避的"巨大的他者"呢？

吉田松阴自幼修习山鹿素行所开创的"山鹿流兵学"，他也一直以素行的继承者自居，但实际上由于历史环境的变化，松阴对素行的学说也做出了许多关键性的修正。② 关于武士道的论述，便是如此。松阴集中论述武士道的主要著作《武教小学讲录》，便是以阐述山鹿素行的《武教小学》的形式，展开自己的议论。讲义一开篇，松阴就把素行的士道论总结为"士道"与"国体"两个部分，并分别加以解释。所谓"士道"，松阴认为："学真武真文，修身正心，治国平天下，是士道也。"③ 在"士道"方面，松阴和素行所论并无太多不同。松阴从儒家普遍主义向日本特殊主义的倾斜，主要表现在其关于所谓"国体"的阐发中。松阴"国体"论的核心在于强调日本的独特性。他认为："国体云者，神州（指日本）有神州之体，异国（指中国）有异国之体。读异国书，徒以异国之事为善，却贱我国，羡异国，学者之通患，是不知神州之体异于异国

---

① 田原嗣郎（ほか）编『日本思想大系　32　山鹿素行』、第340頁。
② 参见唐利国《论吉田松阴对山鹿素行武士道论的重新解释》，《华中师范大学学报》2008 年第 3 期。
③ 山口県教育会编『吉田松陰全集（第三巻）』（定本版）、岩波書店、1935、第98頁。

之体故也。"①

与素行相比，在松阴的思想体系中，国体论开始占据更加核心的位置。因此，松阴刻意抬高日本中朝主义在素行思想中的重要性。据山鹿素行《中朝事实》自序："愚生中华文明之土，未知其美，专嗜外朝之经典，嘤嘤慕其人物，何其放心乎？何其丧志乎？抑好奇乎？将尚异乎？夫中国之水土，卓尔于万邦，而人物精秀于八纮，故神明之洋洋，圣治之绵延，焕乎文物，赫乎武德，以此可以比天壤也。今岁谨欲纪皇统、武家之实事，乃睡课之烦，翻阅之乏，冬十一月小寒后八日，先编《皇统》之小册，令儿童诵焉，不忘其本。未知武家之实纪，其成在奚日。"② 由此可知，《中朝事实》和《武家纪事》在素行看来是并立的，《中朝事实》并非具有特别的地位，只是所叙史事在先，因而首先完成而已。《武家纪事》日后成书于延宝元年（1673）。但吉田松阴刻意强调《中朝事实》的重要性。如他论道："至于国恩之事，先师（指山鹿素行）生于满世俗儒贵外国贱我邦之中，独卓然排异说，穷上古神圣之道，撰《中朝事实》，考之可知其深意。"③

松阴国体论的提出，其实是对幕末日本所遭遇的来自西方的文化冲击的一种回应。他曾如此评论兰学者，尤其是医学者出身、从事西方兵学翻译的人："夫恂恂然畏西夷如猛虎，滔滔乎好奇异如美玉者，盖都下（江户）之俗习也。……夫以兰学名家，以翻译为务者，概医家者流也。医而讲兵书，非其专攻，胸中无所素持焉。且非欲明其道，穷其术，以裨补国家，徒取代其耕耳。……然而妄意译其书，一向炫其术，驱陋劣无识、好奇喜异之徒从之，终至侯伯搁其家法，而专仿彼。实可长太息矣。江都兰学家之渊薮也，号大家名家者极多矣。大家名家者异口同谈，夸说夷之人物制度，以炫其术，则信者益笃，疑者终信。确乎不惑者，无一人焉。于是乎其俗习成矣。"④

松阴也深知学习西方文化已是势在必行，比如关于西洋兵学，他认为："西洋之术不合于吾之处虽多，虚怀而听之，间或亦有可取之处，且有助于知彼。更

① 山口県教育会編『吉田松陰全集（第三巻）』（定本版）、第99頁。
② 「中朝事実」広瀬豊編『山鹿素行全集思想篇（第十三巻）』岩波書店、1940、第226頁。
③ 山口県教育会編『吉田松陰全集（第三巻）』（定本版）、第97頁。
④ 「未焚稿（與人書）」、山口県教育会編『吉田松陰全集（第一巻）』（定本版）、岩波書店、1936、第358—359頁。

无成沟界于其间之理，窃望互相讨论研究。"① 但是他又在嘉永二年（1849）所作指导长州藩军事演习的《操习总论》中强调："欲令无识者知不必借西夷，此操习之意也。"② 这种看似自相矛盾的态度，可以从以下议论中得到解释："盖本邦之炮源出西洋。而论其道、传其术者未尝夸说其之所出。古人有深意也。凡知其道则慕其人，知其人则慕其国与世者，人之情也。儒者之艳汉，医者之艳兰，其理一也。夫艳外国者，寓不测之祸。某故谓古人之有深意也。"③ 松阴的意见显然是：第一，要让"有志之士"知道应该学习西洋兵学，不应该有门户之见；第二，要让"无识者"认为不必学西洋，以免丧失民族自信心，出现"夷学日明，陷外国画中益深"的危险局面。④

松阴这种不妨谓之"偷学"的微妙的文化民族主义心理，随着局势的变化，也逐渐体现在其对待汉学的态度上。在《武教全书录》中，他一面极力推崇山鹿素行对崇拜中国的日本学者的批判，一面却又把《武教小学》中"学者为格物致知，而非为效异国之俗也"等议论，具体总结为两点：第一，中国贬抑外国，自称"中国"，看到这种情况，日本人应该"悟尊我（内——原文小字注）贱外之理，知我邦之当尊为中朝"；第二，"汉土尊先王，重宗庙社稷，见之，悟报本敬祖之理，知尊我自天七地五（指天神七代、地神五代）以来代代之圣帝"。⑤ 他反对所谓日本俗儒模仿中国，自己却又模仿中国自称"中朝"和重视宗庙社稷的做法。这种一面积极借助中国的思想资源，一面却又努力和中国划清界限的文化民族主义心态，随着西方的冲击所导致的民族危机意识的高涨得到强化。

如松阴所叹："君不见满清全盛甲宇内，乃为幺麼所破碎。"⑥ 连强大的清朝都被西方列强打败了，如何才能保证日本不重蹈覆辙呢？松阴如此理解清朝失败的原因："满清为夷所侵，瓦解土崩，无足论者也。终出金请和而后止，然其间不见复有唱义焉者，何其不振之甚也。盖由纲纪废弛，而贤才不用，操习不熟尔。鸣呼前车之覆，后车之戒，虽吾邦亦不可不戒也。"⑦ 同时又分析日本有着

---

① 山口县教育会编『吉田松陰全集（第一卷）』（普及版）、岩波书店、1940、第 249 页。
② 山口县教育会编『吉田松陰全集（第一卷）』（普及版）、第 287 页。
③ 山口县教育会编『吉田松陰全集（第二卷）』（普及版）、岩波书店、1939、第 203 页。
④ 山口县教育会编『吉田松陰全集（第二卷）』（普及版）、第 204 页。
⑤ 山口县教育会编『吉田松陰全集（第三卷）』（定本版）、第 100 页。
⑥ 山口县教育会编『吉田松陰全集（第七卷）』（定本版）、岩波书店、1935、第 175 页。
⑦ 山口县教育会编『吉田松陰全集（第一卷）』（定本版）、岩波书店、1936、第 336 页。

清朝所没有的长处："吾邦自有可恃者而存焉。封建之侯伯也，世禄之将士也。是以其所守之土地，则祖宗之土地也。其所养之将士，则祖宗之将士也。其忠义思报豢养之恩，其敢勇愿试练熟之艺，比之满清郡县之吏、调募之卒，强弱之分，不啻霄壤，是所以可恃也。"① 他又将这种世代追随的武士之间的忠诚心，类比于日本人对所谓"万世一系"的天皇的忠诚，借以论述日本必然不会亡国的道理："吾国皇统绵绵，与天壤无穷；下至邦国茅土之封，与山河无竭。故天下有难，亿兆臣民，皆当死之；邦国有难，封疆臣民，皆当死之。亿兆臣民，不可皆死，则皇统与天壤无穷；封疆臣民，不可皆死，则茅土与山河无竭。"②

然而，松阴如此汲汲于论证日本人的忠诚心之足以倚靠，其实正暴露了他的忧虑之情。面对西方的威胁，松阴写道："可忧者，人君无效死弗去之志，臣民无亲上死长之心焉耳。"③ 幕府和平开国，更进一步印证了松阴的担忧："群夷竞来，虽可谓国家之大事，但不足深忧。可深忧者人心不正也。苟人心正，百死以守国，其间虽有成败利钝，未至遽失国家。苟人心先不正，不待一战而举国从夷。然则今日最可忧者，岂非人心之不正乎？近来接对外夷之际，有失国体之事不少。事之至于此，皆因幕府诸藩之将士，其心不正，不能为国忠死。"④

松阴尤其担心随着日本开国，西方国家的良好的政治运作会赢得日本民众的认同。比如，针对美国人开港通商的要求，松阴论道："其吞噬我国之形，固已著矣。……以吾度之，我邦乞丐甚众，彼必起贫院，弃儿甚众，彼必设幼院，疲癃残疾，贫贱不能治疗者甚众，彼必造施药医院，是下手一着，已足结愚民之心矣。次之，募识字作文之徒，雇博物才技之流，于是知利不知义，知书不知道之人，翕然附同，蚁聚而蝇集矣。而幕内贪婪之吏，其心为夷狄所得已久矣，其患之更切更大，尚有甚于此者。……设立贫幼医诸院，以勾诱其地方之人民。……呜呼夷计至此，天下之亡，尚待旋踵哉？"⑤ 对清朝对外开放城市状况的消极观察，更强化了松阴的这种忧虑："余观清国之事。诸生多寓玛港香港，而未闻有变者。闽南滨海，人心浇薄，无复幽燕雄杰之气。五港开市，船舶辐辏，岂为含

---

① 山口县教育会编『吉田松陰全集（第一卷）』（定本版）、第 336 頁。
② 山口县教育会编『吉田松陰全集（第二卷）』（定本版）、岩波書店、1934、第 10 頁。
③ 山口县教育会编『吉田松陰全集（第二卷）』（定本版）、第 99 頁。
④ 山口县教育会编『吉田松陰全集（第三卷）』（普及版）、岩波書店、1939、第 162—163 頁。
⑤ 山口县教育会编『吉田松陰全集（第四卷）』（定本版）、岩波書店、1934、第 13—14 頁。

薮自累之鼠哉。"①

松阴所设想的抵制西方入侵的对策，便是其国体论："闻近世海外诸蛮，各推举其贤智，革新其政治，骎骎然有凌侮上国之势。我何以制之？无他，明前所论我国体之所以异于外国之大义，阖国之人为阖国死，阖藩之人为阖藩死，臣为君死，子为父死，其志苟确乎不变，何畏诸蛮乎？"② 为了论证无论在任何情况下，日本人都应当效忠于以天皇为象征的日本，忠诚问题便构成了松阴国体论的核心。当试图确立其国体论之际，松阴首先展开了对中国儒家忠诚观念的批判，尝试建立日本特殊主义的忠诚观念。

松阴国体论中对儒家忠诚观念的修正，主要集中于两点。第一点有关"君道"。他批判中国儒家有德者为君主的观念，强调日本的君主即天皇是不可变更的。按照儒家的观念："君道者治天下万民而安之，此其职也。失其职时，别有当其器者代而治职，此亦自然之理也。"③ 松阴则坚持尊皇论，无论如何也不能赞同儒家的君主观。因为，其不但可以用来论证将军取代天皇统治日本的合理性，也可以用来论证西方人取代日本人统治日本的潜在合理性。松阴敏感地认识到了这一理论风险："凡皇国之所以为皇国者，以天子之尊万古不易也。苟天子可易，则幕府可帝，诸侯可帝，士夫可帝，农商可帝，夷狄可帝，禽兽可帝。则何以别皇国与支那、印度乎。"④ 因此，松阴认为，中国人择贤为主，是一大缺点。他论道："在汉土则君道自别也。大抵聪明睿智，杰出于亿兆之上者，为其君长。以此为道，故尧舜让其位于他人，汤武放伐其主，无害于圣人。我邦上自天朝，下至列藩，袭千世万世而不绝，决非汉土（指中国）等所可比。"⑤ 如此，松阴实际上否认了更迭君主的正当性。这种观念表面上似乎极端保守，但在幕末日本特殊的历史条件下，却有着一箭双雕的奇妙效果：既否认了西方人统治日本的潜在合理性，也否定了取代天皇统治日本的幕府政权的合法性。对于松阴而言，修正儒家的忠诚观念，可以说是势在必行。

松阴对儒家忠诚观念的第二点修正与第一点密切相关，是关于"臣道"的。松阴批判中国儒家"君臣义合"的观念，强调日本人作为臣下永远不可改变效

① 山口県教育会編『吉田松陰全集（第八巻）』（定本版）、岩波書店、1935、第368—369頁。
② 山口県教育会編『吉田松陰全集（第三巻）』（普及版）、岩波書店、1939、第20頁。
③ 山口県教育会編『吉田松陰全集（第三巻）』（普及版）、第530頁。
④ 山口県教育会編『吉田松陰全集（第三巻）』（普及版）、第548頁。着重号为笔者所加。
⑤ 吉田松陰著、広瀬豊校訂『講孟余話』岩波書店、1983、第16頁。

忠对象。松阴国体论的代表作品是《讲孟余话》（1856），该书起首便摆出一副非圣的姿态，激烈批判孔子和孟子离开出生之国而求仕于他国的行为。这在幕末的日本，堪称惊世骇俗。其核心观点是：圣人之道虽然不谬，圣人之行却大谬不然。松阴写道："呜呼，我父母何国之人也，我衣食何国之物也，读书、知道，亦谁之恩也。今以稍不遇于主，忽然而去之，于人心如何耶。我欲起孔孟，与论此义。"① 他认为："中国人……谓君臣以义合，道合则服从，不合则已。三谏不听则去其国。鲁人仕于楚国可也，邹人仕于齐国可也。然可谓虽云义内不知仁义同根之真义。"② 所以他强调日本人的为臣之道与中国不同："汉土之臣如临时雇佣之奴婢，择其主之善恶而转移者，固其所宜也。我邦之臣既为世代侍奉之臣，与主人同死生共休戚，至死绝无可弃主而去之理。"③

如上所述，松阴通过将儒学价值观与"圣人"的剥离，实现了对儒家忠诚观念的修正，其观点可以简单地归结为：君不可易，臣不可去。松阴将天皇视为日本的绝对权威，否定"君臣义合"，其实意味着日本人作为一个民族是天然的和不可选择的。这是一种典型的以血缘为中心的民族主义。然而，尽管松阴极力批判儒家的忠诚观念，最终却无法摆脱对中国儒学的依赖。津田左右吉曾经指出，日本人"即便是反抗和敌视中国思想者，在其主张的根底处也潜在这种来自中国古典的知识，并为其所制约"。④ 松阴便是如此。其国体论主要是以阐释中国古代儒家经典《孟子》的形式展开的，这一事实本身就意味深长。松阴依然保持着对中国圣人的敬意："近世修西洋究理之学者，以孔子不知日食而谤圣人，以天动地静之说议《周易》，又至于学儒者以是等为圣人之耻。其所谤所耻皆琐事小节，其于道无轻重者通也。"⑤ 松阴坚信自己的《讲孟余话》是对孟子思想的准确理解，书中结尾处写道："要而言之，皆圣道之精微，紧切身心者，而孟子所以传天下后世也。"⑥

但儒学本质上是一种具有强烈的现世普遍主义精神的学说。松阴一面承认儒家原理的普遍性，一面又试图论证日本的特殊性和优越性，其间实有难以克服的

---

① 吉田松阴著、広瀬豊校訂『講孟余話』、第 16 頁。
② 吉田松阴著、広瀬豊校訂『講孟余話』、第 147—148 頁。
③ 吉田松阴著、広瀬豊校訂『講孟余話』、第 16 頁。
④ 津田左右吉『支那思想と日本』岩波書店、1938、第 66 頁。
⑤ 吉田松阴著、広瀬豊校訂『講孟余話』、第 236 頁。
⑥ 山口県教育会編『吉田松陰全集（第三巻）』（普及版）、第 513 頁。

矛盾之处。在其《讲孟余话》中，有一段特别著名的关于"道"之"同""独"（即普遍性与特殊性）的议论：

> 孟子论道可谓精密。请敷衍其详。道者天下公共之道，所谓同也。国体者一国之体，所谓独也。君臣父子夫妇长幼朋友，五者天下同也。如皇朝君臣之义卓越于万国者，一国之独也。……然道者总名也，故云大小精粗皆是道。然则国体亦道也。然如一老先生所说，道者天地间有一理，其大原自天出，我与人无差，我国与他国无别云云，论皇国之君臣与汉土之君臣为同一，余所万万不服也。况孟子已明明乎论此理乎。大抵五大洲有公共之道，各一洲有公共之道，皇国汉土诸属国有公共之道，六十六国（指日本诸藩国）有公共之道，皆所谓同。至其独，则一家之道，异于邻家也。一村一郡之道，异于邻村邻郡也。一国之道，异于邻国者也。故一家者守庭训，一村一郡者存村郡之古风，居一国者奉国法，居皇国者仰皇国之体。然后可学汉土圣人之道，可问天竺释氏之教，皇国之事自勿论也。如水府之论（指水户学），汉土实与日本气风相近，道亦大同。但至于欧罗巴米利坚利未亚诸洲，以土地悬隔而气风不通故乎，人伦之大道亦有失其义。①

引文开头处所谓"君臣父子夫妇长幼朋友，五者天下同也。如皇朝君臣之义卓越于万国者，一国之独也"，在松阴稍早一些的作品即著名的武士道训条《士规七则》（1855）中，有着逻辑完全一致的表达："1. 凡生而为人，宜知人之所以异于禽兽。盖人有五伦，而君臣父子为最大。故人之所以为人，忠孝为本。2. 凡生皇国，宜知吾所以尊于宇内。盖皇朝万叶一统，邦国士夫，世袭禄位，人君养民，以续祖业，臣民忠君，以继父志。君臣一体，忠孝一致，唯吾国为然。"② 显然，松阴认为，儒学所教导的忠孝等五伦，是生而为人者应该遵守的普遍规范；日本的特殊性并不在于有着另外的规范，而在于"事实上"比其他国家更好地遵守了这些规范。到此为止，松阴的观点与素行是完全一致的。

---

① 吉田松阴著、広瀬豊校訂『講孟余話』、第272—273頁。日本著名学者桥川文三曾说，吉田松阴这段话，"即使是在以后明治、大正、昭和连续不断的各种形式的国体论争中，也是最有生气、最富热情的议论，我认为非常值得尊重"（橋川文三「国体論の連想」『橋川文三著作集』筑摩書房、2000、第136頁）。

② 山口県教育会編『吉田松陰全集（第二巻）』（定本版）、第13頁。

　　然而，这样的结论不能令松阴满意，他还要进一步把日本的国体提升至"道"的水平，与中国的圣人之道同列。松阴自幼在修习兵学的同时，也接受了儒学的教养。他本来也明白，儒家的"道"的概念，是一种普遍适用的规范性的道理，所以他会说："道者天下公共之道，所谓同也。"但是，假如承认日本和中国有着共同的应该遵守的"道"，就很有可能会导致否定松阴所主张的日本特殊性。实际上，信奉朱子学的长州藩大儒山县太华便曾激烈批判松阴的国体论思想，其依据正是："道乃天地之间一理，其大原出自天。我与人无差，我国与他国无别。"① 前引松阴这段文字中所批判的"一老先生"就是山县太华。其实，在《讲孟余话》的其他地方，松阴自己也曾很自然地写道："一本者天地之常理，皇国之大法，而汉土圣人之至教也。应就事事物物熟考之。"② 这意味着就根本的道理而言，作为自然法的"天地之常理"，与针对日本人而言的"皇国之大法"，以及中国儒家的"圣人之至教"，三者其实是一致的，同为"一本"。松阴真正的论辩对手，可以说并非山县太华，而是其自身。他必须首先说服自己逃离儒家普遍主义观念，才能够更加自由地转向日本特殊主义的立场。

　　松阴的处理方法是，在承认"道者天下公共之道"的同时，又强调中日两国分别有着不同的"道"，即所谓"一国之道，异于邻国者也"。"道"作为一种规范性的理念，和"道"在不同国家或者地区的具体表现，这是两个不同层次的概念，但在松阴的论述中被统一表述为"道"。尽管存在明显的概念混乱，松阴总算由此而到达了其最终的结论：中国圣人所揭示的"道"已经不再意味着最高的、普遍的，因而也是唯一的、绝对的道，而是和日本独特的"道"（即"皇国之体"）成了并列的东西。至于比中国和日本各自的"道"层次更高的"天下公共之道"（或谓"五大洲公共之道"）的具体内容是什么，松阴不置一词，仅将其视为一个总称而已（即"道者总名也"）。对松阴而言，能够将日本的"皇国之体"与中国的"圣人之道"区别开来，任务就算完成了。如此，松阴关于"道"之"同"与"独"的议论，在保持着"同"的形式的同时，重心最后其实是落在了"独"上："然则强谓天地间一理，可谓与实事不通。以同独之义可推究之。"③ 他似乎忘记了自己在两个月之前的另一作品《七生说》

---

　　① 山口县教育会编『吉田松陰全集（第三卷）』（普及版）、第528页。
　　② 山口县教育会编『吉田松陰全集（第三卷）』（普及版）、第140页。
　　③ 吉田松阴著、広瀬豊校訂『講孟余話』、第274页。

（1856）中，起首便道："天之茫茫，有一理存焉……君子者，心与理通，体灭气竭，而理独亘古今，穷天壤，未尝暂歇也。"①

有趣的是，在勉强做出上述对中日之道的区分之后，松阴却再次补充道：中日之间，"气风相近，道亦大同"。这种认识上的摇摆，反映了他尚未彻底摆脱儒家普遍主义精神的影响。毕竟，当时松阴民族主义的矛头所向，主要是危及日本独立的西方列强，而非中国。松阴之急于自别于中国，目的是摆脱中国文化的巨大影响，建构日本的民族认同，探索日本不会像清朝那样败于西方列强的道理。实际上，除了国体论之外，涉及具体的道德教诲，松阴仍然必须依赖儒家学说，所以他会强调："居皇国者仰皇国之体。然后可学汉土圣人之道。"这也是为什么其国体论最重要的作品即《讲孟余话》会以阐述儒家经典的形式展开。

在上述比较抽象的思辨中，松阴或许还可以强行通过，但是，当涉及具体问题的时候，其逻辑上的自相矛盾之处就变得难以遮掩了。例如，在非常关键的忠诚问题上，他虽然批判中国儒家的忠诚观念，提倡绝对的"从一而终"的伦理，却无法真正把自己的逻辑贯彻到底。他一方面坚决反对长州藩的人离开长州为其他藩服务，强调"防长（指长州藩）之臣民应死生于防长"；② 另一方面却又批判长州藩执政者"非藩内之人断不延见"的陋习，主张"开怀招集天下之士于萩下（指长州藩）"。③ 当他的论辩对手山县太华尖锐地质问："于此所谓天下之士，其所指如何乎？前之文，有'士离生国仕他国，虽孔孟不可谓之贤'之论。"④ 松阴对此只好置若罔闻，只是一味申述自家观点："是固然，然已失君臣之义，尚何说焉。故孔孟之事，决不可行诸皇国也。"他甚至翻脸痛骂山县太华："横议天子，附和武臣，老先生其丧心耶？抱忠义之心者，不堪其愤恨。"⑤

随着对儒家思想的否定，松阴也开始根据其国体论的忠诚观批判、贬低中国。这与他逐渐形成了通过侵略朝鲜和中国来对抗西方的战略设想互为表里。松阴认为："汉土虽具存圣人之典籍，而王政已扫地。"⑥ 其史论中有言："唐初，政治维新，贤才汇进，实光于前后。然其人大抵事周历隋负窦去王，其臣节尽缺

---

① 山口県教育会編『吉田松陰全集（第三卷）』（定本版）、第24頁。
② 吉田松阴著、広瀬豊校訂『講孟余話』、第54頁。
③ 吉田松阴著、広瀬豊校訂『講孟余話』、第25—26頁。
④ 山口県教育会編『吉田松陰全集（第二卷）』（定本版）、第503頁。
⑤ 山口県教育会編『吉田松陰全集（第二卷）』（定本版）、第523頁。
⑥ 山口県教育会編『吉田松陰全集（第三卷）』（普及版）、第54—55頁。

矣……今读其史，丑秽溢纸，使人反耻之。中国人夸诩张大，以为盛时，悲夫。"① 松阴又道："中国人常自尊为中华，贱外国为犬羊，而一变为蒙古，再变为满洲，所谓中华之人，盖不能平矣。然其俗以统一为大，丕炎（指曹丕和司马炎）以下，大义所不容，明教所不恕者，至于其统一寰区，则举以为天子不疑。……忠孝之训，虽载诸空言，不能施于实事。"② 伴随着这种蔑华意识的，是其侵略亚洲的主张："为今之计，和亲以制二房，乘间富国强兵，垦虾夷，夺满洲，来朝鲜，并南地，然后拉美折欧，则事无不克矣。"③ 松阴的本民族自利主义逐渐压倒了儒家的普遍主义精神，这一点与其"先师"素行形成了鲜明的对比。素行曾如此批判丰臣秀吉对朝鲜的侵略行为："若我无德正之处，无服下之文德，则纵令遍遣兵士于南蛮西戎，祸必起于萧墙之内。况征者，正也。以我之正，正人之不正，是为征。秀吉有何正以正高丽之不正哉。"④ 而松阴却极其推崇丰臣秀吉："可谓以不世出之才，为未曾有之举。"⑤

　　松阴尚处于过渡时期，门下弟子在批判其具体的政治判断的同时，更进一步放弃了松阴所部分保留的儒学理想主义。⑥ 主导了倒幕维新运动的松阴门下，缺乏能够提供自我反省、自我批判的思想工具，倾向于单纯地为了实现既定目标而灵活地选择实用手段，从而初步形成了脱离儒学规范主义束缚的日本型政治现实主义。⑦

---

① 山口県教育会編『吉田松陰全集（第三卷）』（定本版）、第 147 頁。

② 山口県教育会編『吉田松陰全集（第二卷）』（定本版）、第 10 頁。

③ 山口県教育会編『吉田松陰全集（第二卷）』（定本版）、第 22 頁。

④ 広瀬豊編『山鹿素行全集思想篇（第十一卷）』、第 296 頁。

⑤ 山口県教育会編『吉田松陰全集（第三卷）』（定本版）、第 65 頁。

⑥ 关于在近代转型期日本儒学理想主义的式微，参见松浦玲『日本における儒教型理想主義の終焉（一）—（四）』（岩波書店編『思想』第 571、577、592、630 号、1972 年 1 月、1972 年 7 月、1973 年 10 月、1976 年 12 月）。

⑦ 如丸山真男所论：倒幕维新志士的这种"兵学的即军事的现实主义"，虽然"有利于渡过强权政治的惊涛骇浪"，但是，"由于其政治现实主义的范畴来自军事现实主义，也带有负面影响，即无法把握政治社会的复合性，尤其缺乏对理念、理想的适当定位，仅仅从军事性力量关系的角度看问题，结果导致'精神主义'和'战略战术主义'的分裂"。而且，这种日本型政治现实主义虽然有助于发挥"自发性和能动性"，"却未必有利于培养设定新目标的能力、在多元化目标之间进行选择的能力等自主决定的能力。然而，把政治领导集团和军事领导集团区别开来的，正是后一种能力"［丸山真男『丸山真男講義録（第五冊）·日本政治思想史（1965）』东京大学出版会、1999、第 252 頁］。需要补充说明的是，丸山真男在此所谓的"兵学"指的是军事学，与吉田松阴所用的兵学概念相比，意义较为狭窄。

三　井上哲次郎：儒学普遍主义精神的解体

井上哲次郎是在近代日本提倡武士道最早、最重要的人物之一。在新与旧、外与内等各种因素相互激烈碰撞的过程中，如何建立和确保天皇制国家的自我认同和国民统合，是明治维新后历届政府所面临的重大课题。井上的武士道论正是在此背景下应运而生的一套学说。①

笔者曾有文章论述：井上哲次郎为构建符合近代天皇制国家需要的意识形态，采取了一个分两步走的战略：首先是为配合明治政府意识形态政策的转换，立足于"东洋对抗西洋"的思想构图，充分借助以儒学为主的东洋传统思想资源，论证包括日本在内的东洋传统在面对西洋文明时的固有价值甚至优越性；然后为适应日本在近代世界强权政治舞台上的军事崛起所带来的重新"定位"本国文化的需要，刻意区别于来自中国的儒学，构筑了一套关于所谓日本特有的武士道传统的学说，以论证日本在东洋（以至世界）的特殊性和优越性。井上之"抬高'东洋'"，关键目标在于借助儒教复活传统道德；而且他并未满足于此，又试图进一步使日本在文化上"称霸'东洋'"，为此而构筑了其武士道论。②

对井上而言，儒学同样是其不可或缺的资源。因此，他的某些言论，形式上也秉持着某种普遍主义精神。比如，他批判福泽谕吉对儒学的批判，说："即使支那灭亡，儒教中的真理的光芒永远不灭。"③ 又如，他认为康德的《实践理性批判》的中心问题是"普遍适用的道德律"，即所谓"无上命法"（即"绝对命令"），而儒教中有着同样的旨趣。《中庸》所讲"君子动而世世为天下道，行而世世为天下法，言而世世为天下则"就有这种旨趣，"这不仅讲时间上的普遍适

---

① 关于井上哲次郎的研究成果多集中于其哲学思想、儒学史研究以及国民道德论等方面，如下崇道《论井上哲次郎儒学观》，《东疆学刊》2004 年第 3 期；陈玮芬等：《明治儒学的意识形态特征：以井上哲次郎为例》，刘岳兵主编《明治儒学与近代日本》，上海古籍出版社，2005；中村春作「近代の"知"としての哲学史——井上哲次郎を中心に」日本哲学史フォーラム（論壇）編『日本の哲学』第 8 巻、2007 年 12 月；磯前順一「井上哲次郎の"比較宗教及東洋哲学"講義——明治 20 年代の宗教と哲学」岩波書店編『思想』第 942 号、2002 年 10 月；等等。

② 参见唐利国《论井上哲次郎的武士道论的成立》，《历史教学》（高校版）2008 年第 16 期。

③ 井上哲次郎「武士道を論じ、併て『瘠我慢説』に及ぶ」秋山梧庵編纂『現代大家武士道叢論』博文館、1905、第 67 頁。

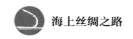

用，也意味着空间上的普遍适用"。陆象山、王阳明也都以不同的语言讲"同样的普遍适用的道德律。后世之人以'理'为其通用的称呼。'理'即理性"。①

然而，其貌似普遍主义的言论，不过是必要时的策略。其实，一切普遍主义思想，均被井上规定为某种特殊的日本精神的操作对象："我国民精神不是只被动接受，而是有着同化的力量，使外来思想与自己合为一体。换而言之，我国民精神有将输入的新思想消化而为己有的力量。无论何种伦理学，单是输入的话，并不足以扎根我国土地，深入感化人心。将其嫁接于我国民精神，然后才可以期待有理想的结果。"② 而且，这种神秘的"我国民精神"，被井上描绘成古已有之的东西，显然，这是为了强调日本精神的形成早在中国文化传入日本之前。井上论道："日本自太古以来，一直有着日本民族特有的性质、思想和感情。作为国家，天照大神的诏敕造就了日本民族成立的基础。这种好像是成了日本的脊梁骨的东西，可以说是大精神、大骨头的东西，自古以来一直存在。当儒教或者佛教一旦与其接触时，便不再是单纯的儒教、佛教……"③ 于是，外来的思想文化都被井上降低为单纯的工具性的知识："无论是儒教还是佛教，都是为了发展日本民族的特有精神的必要工具，即成为日本民族的大精神、大骨头的营养，使日本民族愈益发展壮大。这都东西全都同化于日本了。"④

与素行和松阴之依然立足于儒学不同，井上的武士道论最终归结到日本的神道。他一方面承认在日本武士道的发展史中，有着各种来自中国的学问的影响；另一方面却又强调神道或者皇道才是日本武士道的根本。有种观点认为"武士道完全是渊源于支那的东西，与神道没有一点儿关系"，井上说："这绝非事实。毕竟与神道大有关系，所以离开神道则日本的武士道其实无法成立。此武士道是日本民族的一大长处，这一点在今日已经非常明了。此武士道精神与前面提到的其他日本的元素（即日本民族的纯洁性、万世一系的帝室和祖先崇拜的存续等）结合在一起发展起来，为神补之而有禅宗、宋学等等之物。也就是说，武士道是种种德教、宗教等结合而形成的产物，虽然其教义非常单纯，但是其元素其实非

---

① 井上哲次郎『井上哲次郎選集』潮文閣、1942、第 29—30 頁。
② 井上哲次郎「武士道を論じ、併て『瘠我慢説』に及ぶ」、秋山梧庵編纂『現代大家武士道叢論』、第 62 頁。
③ 井上哲次郎「我祖国本来の主義を忘るる勿れ」秋山梧庵編纂『現代大家武士道叢論』、第 454 頁。
④ 井上哲次郎「我祖国本来の主義を忘るる勿れ」秋山梧庵編纂『現代大家武士道叢論』、第 456 頁。

常复杂，绝非出自一物，但是核心的东西的确存在于其中，那就是日本民族的特质，是祖国本来的精神，那构成了其基础。正是因为这种祖国本来的精神存在于我民族之中，所以当儒教、佛教从外国传入，总是能够咀嚼之、消化之，使之成为日本的东西，并且更加发展。儒教、佛教等都是东洋文明的精华，日本民族将其全部作为自己的东西而发展起来，之所以能够如此，全在于我们有着祖国本来的精神。祖国本来的精神可以说是武士道的骨节。"① 1942 年 5 月，井上为自己监修的《武士道全书》写《武士道总论》，认为从山鹿素行到吉田松阴的武士道系谱，"可称为皇道的武士道或者神道的武士道"。他写道："这是文献数量最多的（武士道流派）。此亦理所当然，本来武士道就是'神之道'在战斗方面的表现，这在本质上是纯日本的东西。"②

至于中国文化对日本思想的影响、儒学对武士道的影响，井上则尽量抹杀。比如，虽然他也认为："到了德川时代，阳明学多少也影响了武士道。阳明学和武士道性质非常相似，有非常容易调和的地方。因此，阳明学派的人往往倾心于武士道，论述武士道，奖励武士道，这绝非偶然。"③ 但他又特别批评另一位著名的武士道论者新渡户稻造认为武士道接受了阳明学说的观点，声称："阳明学……与武士道的发展无任何关系"，并赞美武士道"笃于实行，与王学（即阳明学——引者注）相比，有优无劣"。④

在淡化中国文化对日本的影响、编织日本自生的传统即所谓武士道的传统的同时，井上越发肆意地贬抑中国本身。他继承并刻意凸显了素行和松阴的一个观点，即认为朝代更迭是中国的缺点："清国基本上没有发展起来武士道，本来古时也并非没有类似武士道的东西，比如宋末明末等的时候，也有志士殉节而死的，例如文天祥就是其中之一。还有，像来我国的朱舜水那样的人，也让人觉得很有武士道的精神，但是，在支那（原文如此）朝廷屡屡变更，所以武士道不能持续发展。"⑤ "中国是革命之国，在这一点上不如日本（指日本皇室'万世一

---

① 井上哲次郎「文明史上より見たる日本戦捷の原因」秋山梧庵編纂『現代大家武士道叢論』、第 358 頁。
② 井上哲次郎『武士道の本質』八光社、1942、第 40—41 頁。
③ 井上哲次郎「文明史上より見たる日本戦捷の原因」秋山梧庵編纂『現代大家武士道叢論』、第 357 頁。
④ 井上哲次郎『日本古学派之哲学』富山房、1902、第 124—125、126 頁。
⑤ 井上哲次郎「時局より見たる武士道」秋山梧庵編纂『現代大家武士道叢論』、第 179—180 頁。

系'的神话），所以素行称日本为中华、中国、中朝。……《中朝事实》一书，阐明了日本的国体，即使今天来看也是非常有力的作品。"①

与素行和松阴进行中日比较的标准主要是忠诚问题相比，井上进行的评判标准是散乱而随意的。尽管经过种种修正，素行和松阴都还程度不同地秉持着儒家立场，而井上已经彻底丧失了儒学的普遍主义精神，却并未形成一种新的普遍主义。在他看来，所有的思想都只是为了满足某种实用目的的工具，他可以自由自在地根据自己贬抑中国的需要选择合用的比较标准。例如，他未经任何理论分析而直接把民族血统的"纯洁性"作为一个比较标准，声称日本民族是单一的，所以是纯洁的，而把中国历史上的多民族交错融合，看作中国人的缺点所在："支那有着四千年以上的历史，但是支那不是自古至今维持一个纯洁的民族性，屡屡有其他民族侵入。其中特别严重的是蒙古建立了元朝，满洲人建立了今日的清朝，民族有很大变化。日本历史上一次也没有这样的大变动，所以民族性比较纯洁地持续下来了……"② 井上还随心所欲地运用一些具有某种"近代性"的标准来进行贬低中国、抬高日本的比较。比如，他引用近代以来逐渐形成的"卫生"的观念，声称日本有重视清洁的传统，而"不见支那有清洁之教，""支那民族之不洁非常有名，他们处于非常不洁的状态中"。③ 又如，他在引用了某些近代神话学的知识之后，便信口开河地说日本的神话有趣，而中国神话无趣，以此作为贬低中国人的根据："支那民族一开始就无趣，一开始出场就已经是拙劣的。"④

子安宣邦曾经指出，正是因为"中国及其文化是日本及其文化成立的重大前提"，所以，"不通过对中国的彻底他者化，日本就无法主张其自立性"。⑤ 的确，日本人塑造其民族自我认同的过程，就是一个不断将中国及中国文化"他者"化的过程。但是，需要注意的是，将中国"他者"化并不是这一过程的全部。日本民族主义的建构者，在特定的历史语境中，有时也会将原属"他者"

① 井上哲次郎『武士道の本質』、第29頁。
② 井上哲次郎「文明史上より見たる日本戦捷の原因」秋山梧庵編纂『現代大家武士道叢論』、第346頁。
③ 井上哲次郎「我祖国本来の主義を忘るる勿れ」秋山梧庵編纂『現代大家武士道叢論』、第443、444頁。
④ 井上哲次郎「我祖国本来の主義を忘るる勿れ」秋山梧庵編纂『現代大家武士道叢論』、第440頁。
⑤ 〔日〕子安宣邦著，赵京华编译《东亚论：日本现代思想批判》，第78页。

的内容，悄悄地化为"自我"的一部分。其中最具代表性的便是山鹿素行对原本属于"他者"的中国儒学价值观的处理。

作为一名信奉儒学的武士，生活在17世纪日本的山鹿素行需要同时完成两个看似矛盾的任务：既要引入中国儒学的价值观，又要建构日本文化的主体性。素行并未试图否定近世日本人对儒学的某种抗拒情绪，而是通过创造性的重新解释，淡化其对于引入中国儒学的阻碍。他在将中国"他者"化的同时，也将儒学"自我"化。而这一操作得以进行的前提，在于其将中国与儒学原理的刻意剥离。素行声称，日本虽然没有孕育出儒学，却自古以来就比中国更好地实现了儒学的价值。于是，儒学价值观非但不是中国的专属之物，日本甚至拥有先占权。日本学习儒学，不是学习来自外国的学问，而是复兴古已有之的传统。立足于儒学普遍价值，高度颂扬古代日本，构成了素行言论的基本特点。其日本中朝主义并非独立于儒学的价值体系，而是从属于儒学普遍价值的日本特殊论，日本的特殊性仅仅在于其事实上（尽管是充满虚构的事实）的特殊性。也正是因此，素行并未厚诬中国，其贬低中国、抬高日本的言论，仅限于为了方便将儒学引入日本。对素行而言，"他者"的自我化，成为建构"自我"的必要前提。

到19世纪中期的日本，内忧外患俱来，吉田松阴急于解决眼前的危机，并将希望寄托于摆脱儒学，提倡基于日本特殊主义的国体论。对素行而言，中国圣人之道＝普遍绝对的道＝日本上古神圣之道；对松阴而言，中国圣人之道不再是普遍的道，而是与日本国体即日本之道同格并列的不同的东西。素行是在承认中国和日本共通之处的前提下，试图论证日本在事实上更加优越；而松阴则从一开始就试图强调中国和日本之间有着不同的价值原理。然而，借助普遍主义的儒学，建构特殊主义的日本民族主义，导致松阴思想中有着难以克服的结构性矛盾。其国体论已经开始尝试挣脱儒学，但是儒学价值观依然制约着他的思考，其知识理性和政治目标有着难以统一之处，充分体现了思想转型期的过渡性特点。尽管充满矛盾与错乱之处，松阴在建构日本民族的自我认同的方向上，开创了一个新的局面：素行只是在事实的层面上抬高日本，松阴则尝试在"道"的层面上抬高日本。与此相应，在建构甚至虚构中国这个"他者"的方向上，松阴是一个重要的起点，成为近代日本蔑华思想的重要源流。而素行本来只是批判日本人的慕华思想。

从近世武士道论者的代表山鹿素行，经过幕末过渡时期的吉田松阴，发展到近代武士道论者的代表井上哲次郎，日本武士道论者的儒学观、中国观终于完成了其最终形态。井上作为近代日本官方意识形态的代表性论客，他对无论外来思想，抑或传统思想，都是将其作为一堆零散的部件，根据自己的需要而随意取舍组合。儒家普遍主义的丧失，与本民族自利主义的泛滥，使得井上为服务于日本扩张主义的需要而更加肆意地污蔑中国。中国文化这一无法回避的"巨大的他者"，先是被利用，而后又被抛弃。"他者"与"自我"的双重建构，最终演变为双重的"虚构"。然而，通过贬损"他者"而建立起来的这个近代日本的"自我"，不知不觉间彻底丧失了残存的普遍主义精神，丧失了自我反思、自我批判的最后的可能性。

从"大陆政策"到"大东亚共荣圈":
近代日本亚太政策的演变与特征

臧运祜

　　九一八事变以后,中国政府代表 1932 年在致国际社会的"说帖"中,关于"日本侵略之程序",指出:

　　　　自上年九月十八日以来,日本以武力侵占东三省,原不过为其统治太平洋区域(如非统治亚洲全部)程序中之一阶段。此项程序由其明治时代之政治家所制定。①

　　太平洋战争爆发后,中国政府在 1941 年 12 月 9 日发表的《对日宣战文》中,又首先指出:

　　　　日本军阀夙以征服亚洲,并独霸太平洋为其国策。②

　　上述两段文字,记录了当年遭受日本战争侵略最剧的中国,对于日本对外政策的认识。它同时昭示人们:日本在从九一八事变到太平洋战争的"十五年战

---

①　《参与国际联合会调查委员会中国代表处说帖》(Memoranda, Submitted by the Chinese Assessor to the Commission of Enquiry of the League of Nations, April-August, 1932),商务印书馆,1932,第 33 页。

②　《抗战以来中国外交重要文献》,祖国社,1943,第 71 页。

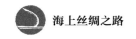

争"期间，开始全面实施明治时代所制定的对于亚太地区的侵略政策。①

从这一见解出发，结合中国史学界的相关研究，② 笔者拟围绕从"大陆政策"到"大东亚共荣圈"的演变过程，对于近代日本亚太政策的演变进行粗略的考察，并简要总结其若干历史特征。

从1868年的明治维新到1945年的战败投降，近代日本对于亚太地区的政策，经过了近百年的盛衰历程。按照政策的决策、政策内容的变迁与调整以及政策的实施过程，近代日本亚太政策的演变，经历了下述三个历史阶段。③

---

① 日本当年发动的战争被命名为"大东亚战争"，其确定的"大东亚"（Great Asian）地区，在地理范围上，与今日学界所称"亚太"（Asian-Pacific）地区颇有吻合之处，此处不详论。关于当今学界"亚太"概念的考论，参见陈峰君《当代亚太政治与经济析论》，北京大学出版社，1999，第3—17页。此外，日本当年发动"大东亚战争"之际，官方特别是海军方面也主张称其为"太平洋战争"。而现在日本学界对于"十五年战争"的称谓，也有"亚洲—太平洋战争"或"亚洲太平洋战争"之说。木坂顺一郎「アジア・太平洋戦争の称呼と性格をめぐって」『竜谷法学』第25卷第4期、1993；副島昭一「日中戦争とアジア太平洋戦争」『歴史科学』第102号、1985年。

② 关于近现代日本亚太政策的研究，中国史学界迄今主要分别围绕近代日本的"大陆政策"、"南进政策"与"大东亚共荣圈"，以及抗日战争时期的日本侵华政策等方面，进行相关的研究。参见李玉、汤重南、林振江主编《中国的日本史研究》，世界知识出版社，2000，第178—191、231—240页；李玉、夏应元、汤重南主编《中国的中日关系史研究》，世界知识出版社，2000，第266—291页；宋成有：《日本史研究综述》，《世界历史》2000年第1期。但尚未有关于其亚太政策的系统而全面的专著。笔者目前唯见李巨廉、王斯德主编《亚太地区反对日本法西斯侵略的斗争（1931—1945）》，上海远东出版社，1995，对此有所论述。日本史学界的相关研究，也大致如此。如山根幸夫等编『〈増補〉近代日中関係史研究入門』（研文出版、1996）亦有相关论述。

③ 关于近代日本亚太政策的演变过程，中国史学界迄今并未明确划分历史阶段。胡适先生在1936—1937年主张把日本独霸西太平洋（东亚）的历史阶段划分为：1914—1921年的"第一期"，1921—1931年的"第二期"，1931年九一八以后的"第三期"（胡适：《日本霸权的衰落与太平洋的国际新形势》，《独立评论》第230号，1937年4月）。笔者对于胡适先生之"第三期"的见解，不能同意。米庆余先生把近代日本的"大陆政策"划分为四个阶段：一是雏形阶段（1868—1874），二是形成阶段（1875—1890），三是实践与发展阶段（1891—1936），四是崩溃阶段（1937—1945）（米庆余：《近代日本"大陆政策"的起源及其形成期的特征》，《日本史论文集》，辽宁人民出版社，1988）。笔者认为这对于划分近代日本亚太政策的历史阶段，有一定的借鉴意义。熊沛彪先生在一篇论文中指出，关于日本称霸东亚政策的起始问题，中国学界普遍认为在明治维新时期或一战时期既已确立；日本学界则一般认为至太平洋战争爆发，日本帝国并未确定和推行称霸东亚的政策；本人认为自明治维新至九一八事变，日本称霸东亚的野心"无法转变为全面付诸实施的国策"，该政策是从九一八事变才开始实施的（熊沛彪：《对日本称霸东亚政策形成的再认识——近代东亚国际体制与日本"东亚新秩序"政策的确立》，米庆余、王晓德编《近现代亚太地区国际关系研究》，天津人民出版社，2001）。笔者对此说暂存疑。

一 明治时代的45年间（1868—1911）是日本 亚太政策的基本形成阶段

上述中国政府代表"说帖"所揭明治时代政治家所制定的日本对外政策之程序，在日本首相田中义一1927年7月25日上日皇的奏章（即所谓"田中奏折"）中，有比较明确的表述：

> 惟欲征服支那必先制服满蒙，如欲征服世界，必先征服支那。倘支那完全可被我国征服，其他如小中亚细亚及印度南洋等，异服之民族必畏我敬我而降于我，使世界知东亚为我国之东亚，永不敢向我侵犯。此乃明治大帝之遗策……①

上述所揭文献均可证明，在明治时代，日本的亚太政策已基本形成。

明治时代的近半个世纪中，日本在形成资本主义、向帝国主义过渡的过程中，一方面不断争取摆脱欧美列强的民族压迫，并于1911年最终完成了不平等条约的修改；另一方面，又在"脱亚入欧"的口号下，以资本—帝国主义和殖民主义的对策，推行对于亚洲近邻的弱小国家的侵略政策，继侵占琉球、中国台湾之后，于1910年最终吞并朝鲜，从南北两个方向奠定了进一步实施以"大陆政策"为主的亚太政策的基地。

在日本封建社会的中后期，亚太地区以中国明代为中心的"华夷秩序"处于全盛时期，日本也曾在明朝初年唯一一次主动、明确地加入这一国际体系。② 但到了安土·桃山时代末期，丰臣秀吉在统一日本之后不久，就发动了两次侵略朝鲜的战争，日本第一次使"华夷秩序"遭受了史无前例的挑战。③ 此后，日本再一次游离于"华夷秩序"之外，在德川幕府时代构筑起了被称为"大君外交"

---

① 《惊心动魄之日本满蒙积极政策——田中义一上日皇之奏章》，《时事月报》1929年第1期，第3页。关于"田中奏折"的真伪问题，中日史学界颇有争议；但对于其内容，殆无异议。参见中国人民抗日战争纪念馆编《田中奏折探隐集》，北京出版社，1993。
② 何芳川：《"华夷秩序"论》，《北京大学学报》（哲学社会科学版）1998年第6期。
③ 黄枝连：《天朝礼治体系研究》中卷《东亚的礼义世界——中国封建王朝与朝鲜半岛关系形态论》，中国人民大学出版社，1994，第421—425页。

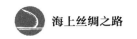

的东亚国际秩序，把日本装扮成小型的"中华帝国"。①

1853年，当第一个"将亚洲和太平洋的政治问题作为一个整体来观察"的美国人培里率舰叩关之后，② 日本的"大君外交"体制早于"华夷秩序"而解体了。但日本在前近代时期苦心经营200余年的"大君外交"体制，无疑为其近代的亚太政策奠定了基础。比如，在日本人中，"想把朝鲜置于日本统治之下的情绪，一有机会就要爆发出来"。③

随着日本的被迫开国和逐步走向半殖民地，幕末改革派先驱们在"攘夷"思想下产生了对外扩张的主张。这些主张，成为近代日本亚太政策的思想源流。例如，经世家佐藤信渊在《宇内混同秘策》（1823）中描述的征服"满洲"、吞并中国，进而征服世界，建立以"皇国"日本为首的世界帝国的战略思想，到了明治维新以后，就受到西乡隆盛、大久保利通等人的特别重视。据一位学者的研究，佐藤的这个"秘策"，对于100年后的前述"田中奏折"，也产生了重要影响；而后者提出的日本征服"满蒙"—中国—世界的侵略方针，在思路和措辞上，几乎是前者的仿写本或转抄件。④ 再如，佐藤之后，吉田松阴（1830—1859）以言传与身教，对于明治维新的许多重要领导人，都产生了更大的影响。⑤ 这位背离"华夷"观念的先驱主张日本要"乘隙收满洲而逼俄国，侵朝鲜而窥清国，取南州而袭印度"，⑥ 以实现丰臣秀吉未果的"宿志"。

以1888年颁布宪法为标志，明治20年代末期，日本已基本上完成了维新的任务。⑦ 这期间，日本迅速加入了列强在亚太地区的角逐，开始了对"华夷秩序"的正式挑战。1871年《中日修好条规》的签订，使日本在亚太地区获得了与中国并列的大国地位，并为打破"华夷秩序"创造了条件。在国内"征台论"

① 〔日〕信夫清三郎：《日本外交史》上册，天津社会科学院日本问题研究所译，商务印书馆，1980，第17—28页；纸屋敦之『大君外交と東亜』吉川弘文馆、1997。但也有一些中日学者认为，"大君外交"只不过是日本式的"华夷秩序"或"华夷秩序"的变种。

② 〔美〕泰勒·丹涅特：《美国人在东亚——十九世纪美国对中国、日本和朝鲜政策的批判的研究》，姚曾廙译，商务印书馆，1959，第234页。

③ 〔日〕信夫清三郎：《日本政治史》第1卷，周启乾译，上海译文出版社，1982，第12页。

④ 宋成有：《未雨绸缪：江户时代经世派对近代日本世界战略的先期探索》，《北大史学》第1辑，北京大学出版社，1993，第62—63页。

⑤ 李季石：《明治维新的先驱——吉田松阴》，《世界历史》编辑部：《世界历史》增刊《明治维新的再探讨》，中国社会科学出版社，1981，第96—106页。

⑥ 广濑豊『吉田松陰の研究』武蔵野書院、1943、第211頁。

⑦ 关于日本明治维新的下限问题，中国史学界有争议，笔者取此说。

盛行之下，日本于 1874 年进犯中国台湾，这是明治政府也是近代日本的第一次对外战争；在"征韩论"高潮之下，1876 年日本强迫朝鲜与之签订了《江华条约》，这是近代日本自身还受制于西方列强的不平等条约之时，在亚太地区第一次签订强加于朝鲜的不平等条约。在以该条约否定了中国与朝鲜的宗藩关系之时，日本也决定废止琉球王国对中国的朝贡关系，1879 年在琉球废藩置县。琉球王国的覆亡，是近代日本在"华夷秩序"上撕开的一角，"这是所有朝贡的属国一个一个地被割去的一个序幕，如安南、朝鲜、缅甸"。①

总之，明治初期日本的侵台、逼签《江华条约》及吞并琉球之举，表明了近代日本亚太政策的走向是伙同欧美列强打破"华夷秩序"，进而建立日本的亚太霸主地位。19 世纪 80 年代，日本"亚洲主义"的盛行以及以福泽谕吉为代表宣扬的"脱亚入欧论"，均是上述政策在思想界的反映。而福泽谕吉在启蒙思想下散布的对于亚洲近邻国家的赤裸裸的侵略扩张论，不但充当了明治政府的谋士与帮凶，而且对近现代日本产生了恶劣影响。②

19 世纪 90 年代，日本开始向军事封建帝国主义过渡。明治初期的上述政策，得到了继续贯彻。1891 年 2 月 16 日，山县有朋首相在国会发表关于日本国策的演说时宣称："日本帝国之国是，自维新以来，已断然确立，不曾有变。"③而在此前（1890 年 12 月 6 日），山县首相在国会发表了关于施政方针的演说，其中提出的关于日本"主权线"与"利益线"的主张，④ 标志着近代日本"大陆政策"的形成。

1894 年的甲午战争和次年《马关条约》的逼签，可视为近代日本亚太政策的正式实施。日本在北方，侵占了中国辽东半岛，并推翻了中国对朝鲜的宗主权；在南方，割占了中国台湾，并规定将琉球永久划归日本领土。这不但建立了北进亚洲大陆的跳板，也拉开了近代日本南进的序幕。

三国干涉还辽之后，日本"大陆政策"的实施在北方遭遇俄国，乃改取

---

① 〔美〕马士：《中华帝国对外关系史》第 2 卷，张汇文等译，商务印书馆，1960，第 301 页。
② 张可喜：《冰冻三尺，非一日之寒——日学者著书论证日本右倾化思想总根源》，《参考消息》2001 年 6 月 28 日，第 12 版。对于福泽谕吉的思想，战后日本以丸山真男为首的学者进行了片面的美化。参见〔日〕丸山真男《日本近代思想家福泽谕吉》，区建英译，世界知识出版社，1997。最近，有位日本学者安川寿之辅先生出版了《福泽谕吉的亚洲认识——重新研究日本的近代史形象》一书，提出了上述新的看法。
③ 内阁百年制度史编纂委员会『歴代内閣総理大臣演説集』大蔵省印刷局、1986、第 10 頁。
④ 『山県有朋意見書』原書房、1976、第 201—204 頁。

"北守南进"之策：一方面对于北方的俄国"卧薪尝胆"，另一方面开始以台湾为据点，向中国华南地区及南洋扩张"利益线"。十年之后，日本终于对俄国开战，以1905年的《朴次茅斯条约》，使俄国承认朝鲜为日本的"保护国"，"南满"权益转归日本，北纬50度以南的库页岛（日本称"桦太"）割让给日本。并在北京再次签约，迫使中国政府确认了上述转让。

经过甲午战争、日俄战争，日本以朝鲜（1910年正式吞并）、"南满"以及台湾的"战果"，确立并初步实施了"大陆政策"，掀起了"南进"的第一次高潮，从而基本形成了其亚太政策。

日本亚太政策的形成与实施，与19世纪末20世纪初的欧美列强在该地区发生了碰撞。为了获得西方列强的支持，日本通过与英、美、法、俄等国签署一系列协定与密约，以承认列强在亚太地区的权益为筹码，换取这些国家对日本在亚太地区上述既得利益的承认。而当日本的羽翼渐丰之时，日本最高统治集团也已经在极秘密的情况下，确立了作为日本国防国策的《帝国国防方针》和《帝国军队用兵纲领》（1907）。它规定了日本在日俄战争后的"施政大方针"是：保护日俄战争中的"满、韩权益"，向亚洲南方及太平洋彼岸扩张民力；为此，日本将不惜对俄、美、法这三个"假想敌国"开战。①

到1911年明治时代结束时，日本在摆脱了欧美列强不平等条约的枷锁，成为亚太地区与之并列的帝国主义列强的同时，也在与列强的角逐中，基本形成了本国的亚太政策。这些政策，作为明治时代的政治遗产，被后来的日本最高统治集团奉为圭臬。近代日本的亚太政策，就是沿着明治维新以来的这条错误的外交路线走下去的。②

二 大正至昭和初年（1912—1930）是日本亚太政策的初步实施阶段

当1911—1912年明治、大正时代交替之际，日本对内完成了产业革命、对外完成了不平等条约的修改，成为在亚太角逐的六大列强之一。此时，中国发生了革

① 防衛厅防衛研修所戦史室『戦史叢書 大本営陸軍部〈1〉：昭和十五年五月まで』朝雲新聞社、1967、第158—162頁；防衛厅防衛研修所戦史室『戦史叢書 大本営海軍部・聯合艦隊〈1〉：開戦まで』朝雲新聞社、1975、第112頁。
② 王芸生：《日本明治维新以来一条错误的外交路线》，《历史研究》1965年第2期。

命和内乱，欧洲列强正酝酿大战。这为日本实施亚太政策提供了"天赐良机"。

1911 年中国辛亥革命爆发后不久，西园寺内阁于 10 月 24 日决定了《对清国政策》，并上奏明治天皇。这份由"阁议"决定的对华政策提出：日本要"等待对我方最有利的时机，根本解决满洲问题；今后应特别致力于在中国内地扶植势力，并设法使列强承认我国在该地区的优势地位"。① 这是近代日本第一次提出将"满洲"与中国分离，而确立在中国内地"优势地位"的方针，表达了日本要独霸中国的意图。它表明日本要加速实施"大陆政策"。

第一次世界大战在欧洲爆发后，日本积极准备参战，于 8 月 23 日借口《日英同盟》对德国宣战。通过战争期间的协定与密约，日本获得了英、俄、美三大国对其在华"优势地位"的认可，为独霸中国创造了外部条件。与此同时，明治时代"大陆政策"制定者的元老们举荐了大隈重信内阁，实施对华政策。日本迅速出兵并占领了山东省之后，1915 年 1 月 18 日，驻华公使日置益按照日本政府的训令，向中华民国临时大总统袁世凯提出了一系列对华要求，即"二十一条"。② 这是日本灭亡中国、变中国为其殖民地的政策要求。当时中国外交官就上书袁世凯，指陈道："日本在中国，北有南满，中有汉口，南有福建，若复代德而居山东之地位，握京津水陆交通之咽喉，其形势最可惊骇"；其中之第五号条款"直以朝鲜、埃及待我"。③ 按照这些要求，日本逼签了"大正四年条约"，基本实现了其对华政策的目标。袁世凯之后，日本又选中了以段祺瑞为首的皖系军阀，变换手段，继续维持了在华霸权地位。④

第一次世界大战期间，日本在以中国为主实施"大陆政策"的同时，又借口对德国宣战，出兵占领了太平洋赤道以北的原德属南洋群岛，并派出海军参加协约国的对德作战，以换取英、法对其占有上述地区的支持。战后，日本获得了在南洋群岛进行"C 式委任统治"的合法权力，从而在台湾之后，获得了又一个"南进"的基地。被日本称为"内南洋"的南洋群岛之获取，使自明治初期兴起的近代日本的"南进论"在大正时代再次掀起高潮，并在一定意义上具备了实质性的内容。⑤

① 外务省『日本外交年表並主要文書』上卷『文書』原書房、1978、第356—357页。
② 王芸生：《六十年来中国与日本》第 6 卷，三联书店，1981，第74—76页。
③ 王芸生：《六十年来中国与日本》第 6 卷，第77、81页。
④ 章伯锋：《皖系军阀与日本》，四川人民出版社，1988。
⑤ 矢野暢『「南進」の系譜』中央公論社、1965、第68—69页。

在第一次世界大战接近尾声之际，日本伙同美国积极干涉苏俄革命，并迅速出兵西伯利亚，占领了贝加尔湖以东地区，独占了中东铁路与西伯利亚铁路，在各地扶植了亲日的傀儡政权。此后，日本又一再制造借口，延缓撤军，长达六年半以上。此次出兵西伯利亚，战争时间之长，超过了后来的"大东亚战争"，它暴露了日本以朝鲜、"满洲"为基地，北进亚洲大陆的野心。

总之，第一次世界大战前后的日本，"乘欧洲大战之机，占领了德属南洋群岛、构成对美国的战略有利态势，确立了与中国密不可分的关系，在苏俄远东地区及北满洲设置了安全地带、加强了大陆国防态势"，① 在以中国大陆为中心的南北两个方向上，初步实施了亚太政策。

一次大战之后，"太平洋问题"成为世界性问题。欧美列强重返亚太，以美国为首，与日本展开了角逐，并构筑了亚太地区国际关系的新秩序——华盛顿体系。20 年代，日本被迫采取收缩战略，加入这个体系，在亚太政策上基本奉行了对于列强的合作与协调路线，即所谓"币原外交"。

但是，对于此前在亚太地区的既得权益，特别是在华权益，日本是竭力予以维护的。在山东交还中国之后，日本坚持不废除"二十一条"，并极力保护、扩展"满蒙权益"。华盛顿会议之前，日本原敬内阁于 1921 年 5 月召开了"东方会议"，主要决定了对于中国奉系军阀张作霖的政策：在"满蒙"扶植日方势力；对于张作霖在东北三省建立势力，予以直接、间接的援助。② 1927 年 4 月组阁的田中义一，一度推行与币原外交不相协调的"田中外交"。6—7 月召开的第二次"东方会议"，确定了把"满蒙"从中国本土分裂并在"满蒙"实施"积极政策"的方针。③ 为了贯彻这一方针，当南京国民政府第二次北伐奉系军阀之时，田中内阁时期于 1927—1928 年不惜三次出兵中国山东，并在济南制造了惨案，开始了向华盛顿体系的挑战。④

1929 年田中内阁垮台后，日本继续实施第二次"币原外交"。但此时开始的世界性经济危机带来的亚太地区国际政治的变化，使华盛顿体系开始动摇。随着

---

① 防卫厅防卫研修所战史室『戦史叢書　大本営陸軍部〈1〉：昭和十五年五月まで』、第 234 页。
② 外务省『日本外交年表並主要文書』上卷『文書』、第 524—525 页。
③ 外务省『日本外交年表並主要文書』上卷『文書』、第 101—102 页。
④ 申晓云：《济案——"九一八"前日本挑战华会体系初探》，（台北）《近代中国》第 146 期，2001 年。

"币原外交"的破产，按照"田中奏折"的程序，从中国的"满蒙"地区开始，彻底打破束缚日本的华盛顿体系，建立以日本为主的"亚太新秩序"，成为日本亚太政策的必然选择。

三 "十五年战争"期间（1931—1945）是日本亚太政策的全面实施阶段

1931 年的九一八事变，开始了日本变中国为其殖民地的阶段。由此，日本先征服"满蒙"，再经由华北事变，以"中国事变"征服全中国，最后以"大东亚战争"建立"大东亚共荣圈"，在"十五年战争"期间全面实施了亚太政策。

在近代日本亚太政策史上，九一八事变无疑具有"承前启后"的意义。1941 年 9 月在九一八事变十周年纪念之际，东条英机（时任近卫内阁陆相）在演讲中就宣称：

> 作为皇国重大使命的建设大东亚新秩序的先驱，不言而喻应是满洲事变。[1]

日本发动九一八事变，不仅是从对华关系的角度，也是从亚太地区以中国为主的国际关系的角度出发的。早在华盛顿会议后不久，日本军部就于 1923 年 2 月第二次修改了《帝国国防方针》、帝国所需兵力及军队用兵纲领，规定了在亚太地区依次对美、中、俄三国作战的方针；[2] 1926 年军部又制定了对中、美、俄三国的作战计划，该计划沿用至 1931 年 8 月为止。[3] 石原莞尔、板垣征四郎等人在事变前夕的鼓惑，就体现了军部的上述战略思想。在事变即将结束的 1932 年 8 月 27 日，斋藤内阁制定的《从国际关系出发的处理时局方针》，也围绕着日本"治理满蒙"这个政策核心，确定了对于中国、美国、苏联等亚太大国的政策方针。[4] 可见，从九一八事变开始实现的"满蒙"政策，只不过是日本全面实施亚太政策的新开端。

九一八事变后，日本加快了征服中国和南进的步伐，并以华北政策为中心，

---

① 高鸟正『直面大東亚战争——東条首相演説集』改造社、1942、第 162 页。
② 防衛厅防衛研修所战史室『战史丛书 陸軍軍备战』朝雲新聞社、1979、第 93 页。
③ 防衛厅防衛研修所战史室『战史丛书 大本营陸軍部〈1〉：昭和十五年五月まで』、第 301—302 页。
④ 外務省『日本外交年表並主要文書』下卷『文書』、第 206—210 页。

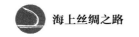

策划了 1935 年的"华北事变"。

在此期间，1934 年 4 月 17 日，外务省情报部部长天羽英二发表的关于中国的国际援助问题的声明，暴露了日本企图独霸中国的"东亚门罗主义"政策：

> 如果中国采取利用其他国家排斥日本……的措施，或者采取以夷制夷的排外政策，日本就不得不加以反对。……各国……对于中国欲采取共同行动，即使在名义上是财政的或技术的援助，必然带有政治意义……因此，日本在原则上不得不对此表示反对。①

作为日本南进先锋的海军，于 1935 年 7 月在海军省内部设立了"对南洋方策研究委员会"，组织海军的有关官员，研究日本对于"外南洋"地区将要实施的政策。该地区包括今东南亚地区及南太平洋的一些岛屿，具体是：荷属印度、泰国、菲律宾、英属马来、英属婆罗洲、英属新几内亚、所罗门群岛、吉尔伯特群岛、法属印度支那、葡属帝汶、新南群岛（中国南沙群岛）。② 这表明日本在一次大战之后，又在计划新的南进目标了。

二二六事件之后，日本在迅速走向军事法西斯主义的过程中，军部第三次修改国防方针，于 1936 年 6 月 30 日确定了日本"南北并进"的国策大纲。在其影响下，广田弘毅内阁于 8 月间先后制定了《国策基准》《帝国外交方针》《对华实行策》《第二次处理华北纲要》等一系列文件。特别是在《国策基准》中，第一次明确了日本的亚太政策是"确保帝国在东亚大陆的地位，同时向南方海洋发展"，并规定了日本相应的"大陆政策"与"海洋政策"的内容。③ 它标志着近代日本亚太政策的正式确立。④

---

① 外务省『日本外交年表並主要文書』下卷『文書』、第 284 頁。
② 土井章『昭和社会经济史料集成　第一卷　海军省資料（1）』お茶の水書房、1978、第 292 頁。
③ 外务省『日本外交年表並主要文書』下卷『文書』、第 344—345 頁。
④ 中国共产党领导人毛泽东于这年的 7 月 16 日在陕北告诉美国记者斯诺："日本的大陆政策已经确定了……我们确切地知道，就是扬子江下游和南方各港口，都已经包括在日本帝国主义的大陆政策之内。并且日本还想占领菲律宾、暹罗、越南、马来半岛和荷属东印度，把外国和中国切开，独占西南太平洋。这又是日本的海洋政策。"（《毛泽东一九三六年同斯诺的谈话》，人民出版社，1980，第 111 页）毛泽东 1938 年 5 月发表《论持久战》时，又在文中抄录了他的上述谈话，以证明其当时论点的正确性（《毛泽东选集》第 3 卷，人民出版社，1991，第 443—446 页）。

日本在七七事变之后发动的"中国事变"，开始了全面实现"大陆政策"的阶段。伴随着日军侵华战争之初的胜利，近卫内阁不失时机地于1938年11月3日提出了建设"东亚新秩序"的政策目标。由天羽声明暴露的"东亚门罗主义"，到第二次近卫声明提出的建设"东亚新秩序"，日本的亚太政策目标逐步明确。那就是以"中国事变"的解决为契机，全面实现其亚太政策。12月16日，日本政府设置"兴亚院"，作为具体的政策执行机关；22日，近卫发出了招降汪精卫的第三次声明。26日，蒋介石发表了斥责上述《近卫声明》的讲话，内称：

> 敌人从前一向百计遮掩的所谓"明治遗策"和"田中奏折"的内容，都证明了。……日本的政策，现在已由他的大陆政策扩充到海洋政策，由他的北进政策改进到南进政策，简言之，日本现在的侵略政策，是大陆与海洋同时并进，双管齐下了，在吞并中国的企图中，同时更要推翻国际秩序、独霸东亚、驱逐了欧美的势力。①

汪精卫集团叛国投敌后，日本于1940年11月30日与之签订的一系列条约及伪满洲国与之签订的"共同宣言"，标志着近代日本"大陆政策"的最终实现。这是日本全面实施亚太政策的重要阶段。中国政府外交部在12月1日发表对于日汪签约的声明，指出：

> 日方此举，实为企图在中国及太平洋破坏一切法律与秩序，而继续其侵略行动进一步之阶段。②

与此同时，在深陷中国战场、解决"中国事变"遥遥无期之际，日本趁着德国在欧洲战场的一时胜利，在"不要误了公共汽车"的口号下，由第二次近卫内阁于1940年7月26日决定了建设"以日本为中心、以日满华的坚强结合为基础"的"大东亚新秩序"的基本国策目标。③ 不久，这一目标又由松冈洋右外相概括为建设"大东亚共荣圈"。

---

① 中国第二历史档案馆编《中华民国史档案资料汇编》第5辑第2编《外交》，江苏古籍出版社，1997，第59页。
② 中国第二历史档案馆编《中华民国史档案资料汇编》第5辑第2编《外交》，第84—85页。
③ 外务省『日本外交年表並主要文書』下卷『文書』、第436—437页。

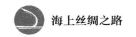

为此，日本迅速开始了武力南进，并最终于 1941 年 12 月与美、英、荷开战，由东条英机内阁主持，进行了包括"中国事变"在内的"大东亚战争"。

东条英机 1942 年 1 月 21 日发表的演说，称"建设大东亚共荣圈的根本方针"，是日本的"百年大计"；在 2 月 16 日的国会演说中详细表述了日本的"大东亚政策"与美、英之不同。① 2 月 28 日的大本营政府联席会议，决定了日本建设"大东亚新秩序"的地区是"日、满、华以及东经 90 度至东经 180 度之间、南纬 10 度以北的南方各地区"，"其他地区则随着形势的发展而确定"。② 上述地区后来被称为"大东亚共荣圈"的"核心圈"。

为了全面实施"大东亚政策"，东条内阁在内部设立了"大东亚建设审议会"，作为秘密的决策机构；设置了"大东亚省"，下设"满洲事务局""中国事务局""南方事务局"，作为政策执行机构。这两个机构一直到战后才废止。还于 1943 年11 月纠集各傀儡政权的代表，在东京召开了"大东亚会议"，并发表了《大东亚宣言》，以对抗"开罗宣言"，向国内外宣示"大东亚共荣圈"的"建成"。

但在世界和亚太地区反法西斯斗争不断取得胜利的形势下，日本的"大东亚战争"迅速战败。昭和天皇于 1945 年 8 月 14 日，仿效 50 年前明治天皇"忍气吞声"接受三国干涉还辽的做法，在御前会议上决定了"停战"。③ 随着日本的投降，"大东亚共荣圈"彻底崩溃，近代日本亚太政策以失败告终。

通过对上述政策演变过程的纵向考察，关于从"大陆政策"到"大东亚共荣圈"的近代日本亚太政策的历史特征问题，④ 笔者认为可以概括为以下几点：

第一，从政策内容的构成上看，是以侵华的"大陆政策"为主体。

---

① 内阁百年制度史编纂委员会『歴代内閣总理大臣演说集』1986、第 303—311 页。

② 参謀本部『杉山メモ——大本営・政府連絡会議等筆記』（下）、原書房、1978、第 42—43、88 页。

③ 外務省『終戦史録』終戦史録刊行会、1986、第 696—697 页。

④ 关于近代日本亚太政策的特征，无疑应当从历史的横向比较中进行总结：一是要将日本对亚太地区的政策与它对世界其他地区（例如欧洲地区）的政策进行比较；二是要将日本的亚太政策与其他列强（主要是美国）的亚太政策进行比较。但是，由于近代日本亚太政策构成了其对外政策的绝大部分（东条英机 1942 年 10 月称："帝国的外交中，大东亚圈占九成。"矢野暢『「南進」の系譜』、第 164 页），而且近现代美国的对亚太政策已有一些专著 [国際關係研究会編著『美国の太平洋政策』東洋経済新報社、1942；王玮主编《美国对亚太政策的演变（1776—1995）》，山东人民出版社，1995]，因此，笔者仍然是以传统的纵向的"历史研究法"为主，并参考"政策研究法"及"社会科学研究法"而进行总结。关于对外政策的上述研究方法，参见〔美〕杰里尔·A. 罗赛蒂《美国对外政策的政治学》，周启明等译，世界知识出版社，1997，第 4—5 页。

　　近代日本亚太政策的内容，包括北进的"大陆政策"和南进的"海洋政策"两部分。在内容上，亚太政策经过了比较长时期的演变过程。明治初期还只是提出了有关的思想，接下来相当长的时间内，主要形成的是以侵华（包括东北的"满蒙"、华北、华中以及华南的台湾等）为主的"大陆政策"。关于南进政策（或称"海洋政策"），自明治初期以来进行了长期的探索与准备，一次大战期间形成了"内南洋"，30 年代中期开始转向"外南洋"；1936 年 8 月明确向"南方海洋扩张"的国策，而真正意义上的"南进"，则是在 1939 年占领中国海南岛之后开始的。而且日本把本属于中国华南范围的台湾、海南两岛，作为其南进的基地。亚太政策在内容上确立的标志，应是 1936 年 8 月 7 日广田内阁"五相会议"决定的《国策基准》；而 1940 年夏由第二届近卫内阁确立的建设"大东亚共荣圈"国策，不过是正式的综合性表述，且是为南进开道。因此，无论是从政策内容的形成时间上，还是从政策内容各部分的比重上，以侵华为主的"大陆政策"，始终是近代日本亚太政策的主体。①

　　第二，从政策内容的实质上看，是以殖民主义为主。

　　近代日本的亚太政策，当时被涂饰了许多的光圈。但战后半个多世纪以来，其实质尤其是作为其集中体现的"大东亚共荣圈"，早已被世人和学界所认识，无须赘述。② 作为一个后起的"资本—帝国主义"国家，近代日本的亚太政策，综合了早期殖民主义、资本主义与帝国主义的内容，可以说是一个"大杂烩"。但从其内容与方式上看，又是以落后于 20 世纪时代潮流的殖民主义为主。③ 仅从对亚太地区的统治方式而言，日本在吞并了琉球王国后，将其改为本国领土的"冲绳县"；在侵占中国台湾、朝鲜之后，实行的是"总督制"；从俄国、德国手中夺取了辽东半岛和胶州湾之后，分别设立了"关东厅"和"青岛民政署"；在占领或攫取了德属南洋群岛、库页岛南部之后，分别设置了隶属于日本内阁的"南洋厅""桦太厅"；对于中国的伪满洲国，则在内阁设置了"对满事务局"；全面侵华之后，又设立了"兴亚院"；太平洋战争之后，在内阁设立了"大东亚

---

①　关于日本的亚太政策（"大东亚政策"）与对华政策的关系，重光葵外相 1944 年 8 月 19 日在御前会议上曾有一番解释。他宣称：对华政策是日本"大东亚政策"的根本和出发点。参谋本部所藏『敗戦の記録』原書房、1989、第 43—47 页。

②　赵建民：《"大东亚共荣圈"的历史与现实思考》，《世界历史》1997 年第 3 期。

③　中国近年的相关研究，参见张洪祥主编《近代日本在中国的殖民统治》，天津人民出版社，1996；梁志明主编《殖民主义史·东南亚卷》，北京大学出版社，1999。日本近年的研究，参见大江志乃夫等编『近代日本と与殖民地』（岩波書店、1992—1993）。

省"；还有 1927 年起设置的"拓务省"。从这些隶属于日本政府的决策与执行机构来看，近现代日本对亚太地区实行的是殖民主义的统治。1942 年 9 月 1 日东条内阁决定设立"大东亚省"后，2 日中国政府发表的谈话中就指出："大东亚省在性质上，可以明确视为大东亚殖民地省。"

第三，从政策实施的程序上看，是以"渐进"为主。

日本在明治时代基本形成了以"大陆政策"为主的亚太政策之后，在第一次世界大战前后进行了初步的实施，从九一八事变开始的"十五年战争"，则全面实施了亚太政策。近百年的历史过程表明，日本亚太政策的实施程序，是以"渐进"为主要特征的，其间伴随着以"速决"为特征的若干战争。这主要是因为日本作为一个后起的"资本—帝国主义"国家，在国力上不足，难以持久抗衡欧美列强并支撑其庞大的侵略企图的迅速实现。① 从亚太政策的实施程序上，近现代日本采取的是"分期征服"的方针：第一期，征服台湾；第二期，征服朝鲜；第三期，征服"满蒙"；第四期，征服中国；第五期，征服世界。② 日本对于亚太地区的侵略扩张政策，也总体上呈现出步步为营的"蚕食"特征。北进：朝鲜—中国南、北满洲—库页岛南部、西伯利亚东部—中国华北、内外蒙古—中国内陆；南进：琉球—中国台湾—内南洋—中国华南及海南岛—外南洋（东南亚—南亚、澳洲）。而且上述过程经常交叉实施。这种施策上的被迫与渐进性，与政策本身的庞大与超前性，经常产生矛盾，体现于近现代日本亚太政策的全过程，从而导致近百年的日本外交是追随外交、协调外交、大国外交三种形态的循环。③

第四，从政策实施的手段上看，是以不断的武力征伐为主。

如同一切列强一样，近代日本实施其亚太政策，可以采取政治（外交）、经济、军事、文化等多种手段。但是在亚太地区，由于近代日本经济力量相对落后、文化上并不具备其宣称的先进性，再加上其独特的国内军政体制（即所谓"双重外交"），所以作为军事手段的战争，成为日本实施亚太政策的主要选择。日本军国主义的特性表现于亚太政策的施策上，就是以不断的武力征伐为主要手段。从 1874 年侵略台湾到 1945 年战败投降，日本在实施亚太政策的主要过程

---

① 龚德柏：《一九四二年的日本国力》，重庆，商务印书馆，1943。
② 此说在中国的最早概括，见于登载"田中奏折"的《时事月报》1929 年第 1 卷第 2 号的一幅漫画，但文中并未明确表述此语。
③ 米庆余：《日本百年外交论》，中国社会科学出版社，1998，第 1 页。

中，伴随着一系列的战争。仅从对中国来看，在 19 世纪末到 20 世纪中的半个世纪内，将近 70% 的年份是日本在对中国行使武装侵略。[①] 在"大东亚战争"期间，日本的这一特点暴露无遗；它苦心经营近百年的"大东亚政策"，最终也亡于这场战争。从"战争是政策的继续"这个普遍的规律出发，[②] 这一特点也反证了近代日本亚太政策的侵略本质。

第五，从政策目标的追求上看，主要是在与欧美列强的竞争中，建立亚太地区的国际"新"秩序。

亚太地区步入近代前后的国际秩序，可以称为以中国为首的"华夷秩序"。当日本江户时代构筑的"大君外交"体制，因被迫开国而很快瓦解后，"脱亚入欧"的日本，迅速加入西方列强共同打破"华夷秩序"的行列。19 世纪末 20 世纪初，"华夷秩序"崩溃，以中国为中心的亚太地区，建立起可以称为"列强共管"的帝国主义国际秩序，并以美国的"门户开放"政策作为支撑。但随着第一次世界大战的发生，这个秩序首先被日本破坏。当一战后亚太地区又由美国建立起华盛顿体系时，日本先是加入其中进行"协调"，在 30 年代世界经济危机到来后，终于以九一八事变为开端，正式向华盛顿体系发起挑战，并最终向美国开战。[③] 在上述过程中，日本亚太政策的目标追求上，不仅在于共同或单独打破旧秩序，而更主要的是建立日本式的国际"新"秩序。从近代的"亚洲主义""大亚细亚主义"思潮，到 20 世纪 30 年代天羽声明的"东亚门罗主义"、近卫声明的建设"东亚新秩序"，再到 20 世纪 40 年代初的建设"大东亚新秩序"，往往是在日本实施亚太政策的高潮期，上述政策目标应运而生。如果相对于"华夷秩序""列强共管秩序"及华盛顿体系等亚太地区旧有的国际秩序而言，

---

① 张振鹍：《〈日本侵华七十年史〉序》，《近代史研究》1988 年第 4 期。

② 关于战争本质规律的这一名言，原出于〔德〕克劳塞维茨《战争论》（1823）。在德语中，"政策"与"政治"本是同一个词（Politik）；且克劳塞维茨此处主要指作对外政策。但现在中译本的《战争论》将"政策"译作了"政治"；《列宁全集》原本译作"政策"（第 24 卷，人民出版社，1957，第 369 页），但第二版又改译作了"政治"（第 30 卷，人民出版社，1985，第 79 页）。笔者认为，用"政策"一词更为合适。

③ 关于 20 世纪亚太地区的国际秩序及其演变问题，中国学界的相关研究并不多，本文仅在此提出笔者的管见。但近年来，关于东亚国际关系格局与秩序的研究，已引起中国学界的注意。关于 20 世纪前半期的相关研究，可参考吴木生主编《东亚国际关系格局》，天津社会科学院出版社，2001。关于 20 世纪后半期的相关研究，可参考宋成有、汤重南主编《东亚区域意识与和平发展》，四川大学出版社，2001；米庆余主编《国际关系与东亚安全》，天津人民出版社，2001。

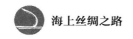

或许在形式上姑且可以称其为"新秩序",但是,如果结合前述日本亚太政策的诸特征,我们又不能不指出在实质上这些政策是地地道道的日本造"旧秩序"。对于这一点,1941 年 1 月 15 日,美国国务卿赫尔在众议院外交事务委员会发表的声明中,就指出了日本在太平洋地区的所谓"新秩序"是:在政治上,由一个国家全盘控制;在经济上,利用该地区的资源为该国的经济利益服务,使该地区的其他国家陷于贫困,并将外国的利益排斥出去;在社会生活上,破坏个人自由,把被征服国家的人民降为二等公民。①

---

① United States of America, Department of States: Papers Relating to the Foreign Relations of the United States, Japan: 1931 – 1941, United States Government Printing Office, Washington, D. C., 1943, Vol. Ⅱ, p. 330.

菲律宾有机农业的兴起与发展

包茂红

农业是菲律宾国民经济中的重要部门，其产值占菲律宾国内生产总值的17%，雇用了全国劳动力的33%，容纳了全国穷人的大约66%。① 自1780年代以来，菲律宾农业开始商业化、现代化的转型。菲律宾独立后，民族主义政府无论是实行进口替代还是出口导向的工业化战略，农业都被用来培植工业化转型。也正是在这个过程中，菲律宾的农业生产逐渐工业化。但是，这种以出口为首要目标的农业生产既没有满足其国内民众的粮食需求，也造成了严重的环境问题，菲律宾农业生产出现不得不转型的迹象，有机农业应运而生。

有机农业是相对于工业化农业而言的。2008年，"国际有机农业运动联盟"在意大利召开的全体会员大会通过了一个得到广泛承认的定义，即有机农业是一种能够维护土壤、生态系统和人类健康的生产体系，它遵从当地的生态节律、生物多样性和自然循环，不依赖会带来不利影响的投入物质。有机农业是传统农业、创新思维和科学技术的结合，它有利于保护我们所共享的生存环境，也有利于促进包括人类在内的自然界的公平与和谐生存。② 根据菲律宾2010年通过的《有机农业法》，有机农业包括所有生产促进生态友好、社会接受、经济可行和技术适用的生产食品和纤维的农业体系。通过禁止使用化肥和农药等，有机农业迅速减少了外部输入，但并不绝对排斥现代农业技术，在符合国际有机农业运动联盟确定的原则（不破坏土壤肥力、不伤害农民、消费者和环境）基础上，实

---

① National Organic Agriculture Board, *The National Organic Agriculture Program 2012 – 2016*, Diliman, Quezon City, 2012, p. 10.

② "Definition of Organic Agriculture," http：//www. ifoam. bio/en/organic – landmarks/definition – organic – agriculture, 访问日期：2015年2月2日。

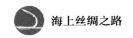

施旨在提高产量的土壤肥力管理、选种育种（不包括转基因技术）等技术的农业也包括在有机农业范畴之内。① 显然，菲律宾对有机农业的定义比国际有机农业运动联盟的定义更具体，更有可操作性。本文着重探讨菲律宾有机农业兴起的背景、动力、发展模式和发展状况。

一　菲律宾有机农业兴起的背景

菲律宾地处热带，农业生产的自然条件很好。但进入殖民时代之后，菲律宾就要进口粮食，这反映了农业生产发展不足的现实。在 1780 年代之前，西班牙殖民者曾经想把在伊比利亚半岛的农业生产模式移植到菲律宾群岛，可想而知，这种试验必然遭到失败。② 此后，西班牙殖民者醉心于马尼拉大帆船贸易，忽视了菲律宾的农业开发，致使菲律宾农业生产长期停滞不前。1780 年代后，西班牙开始改革殖民地统治政策，逐渐向世界市场开放农业生产。随着英国和美国资本的进入，菲律宾逐渐形成了以世界市场需求为导向、适合不同地域自然特点的出口经济作物种植体系，菲律宾经济被纳入世界资本主义体系。独立后，这种畸形的农业生产体系并没有得到完全、有效的改变，因为政府要用农产品出口所得支持工业化，同时通过农产品加工提高其附加值。但是，作为民族主义政府，努力实现粮食自给自足是它的基本任务。菲律宾政府一方面扩大粮食作物种植面积，另一方面通过加大资金和技术投入提高粮食主产区单位面积产量，开展绿色革命。

扩大农业种植面积是推动农业生产的一个主要方式。独立后，菲律宾的人口一直高速增长。在这种条件下，要想满足其粮食和就业需求，就必须增加粮食作物种植面积。菲律宾的农田主要集中在沿海和沿河平原地区，而这些传统的耕作区早已人满为患，于是不得不向森林要土地，向山地拓展。低地地区的无地农民追随伐木公司的步伐，进入林区，在伐过的林地上开垦农田，移植低地地区的定居农耕生产技术，并迫使山地民族向更陡峭的山区进发，同时不得不压缩农业的休耕期。菲律宾的玉米以及诸如椰子、甘蔗、香蕉、菠萝、芒果和咖啡等出口经

---

① Republic Act No. 10068 亦称 Organic Agriculture Act of 2010，http：//www. da. gov. ph/index. php/laws – issuances，访问日期：2015 年 2 月 2 日。

② Jaime B. Veneracion, *Philippine Agriculture during the Spanish Regime*, Quezon City：College of Social Sciences and Philosophy, 2000, pp. 39 – 85.

济作物都主要是通过扩大种植面积来提高总产量的，其种植面积从 1962 年的 500 万公顷增加到 1985 年的 1000 万公顷。地处热带的菲律宾降雨量大而且集中，植被遭到破坏的山地地区很容易发生水土流失，甚至造成诸如山洪暴发、山体滑坡等灾难。这种问题一旦发生，农民要么转移到其他尚未开发的山区去拓荒，要么变成山民，继续向更深更陡的山区挺进。于是形成一个贫困—开发—环境破坏的恶性循环。显然，这样的开发模式既不能让农民长期致富，更因为环境破坏而牺牲了山民未来发展的可能性，是不可持续的。

除了增加种植面积这种外延式（粗放）发展模式之外，还有一种内涵式（集约）增长方式，那就是提高单位面积产量。发展中国家的这种诉求与战后美国的对外援助战略结合，促成了在墨西哥、印度、菲律宾等国家率先开展的绿色革命。水稻是菲律宾最重要的粮食作物，自 1960 年代以来，菲律宾政府就积极引进和研发新的、高产水稻品种和生产技术。1962 年，在洛克菲勒和福特基金会的赞助下，菲律宾成立"国际水稻研究所"，致力于开发集温带和热带高产水稻的优良特性于一身的新品种。1965 年，国际水稻研究所的科学家培育出了抗倒伏、矮秆、喜肥、高产的优良品种 8 号。1971 年，菲律宾一半的稻田种植了 8 号，到 1980 年，种植这种高产品种的面积上升到 75%。虽然菲律宾的水稻种植面积从 1962 年到 1985 年基本维持在 300 多万公顷，但水稻产量每年增长 3.4%，从 1964 年的每公顷 1.24 公吨增长到 1985 年的 2.48 公吨。[①] 菲律宾不但实现了稻米自给，甚至一度成为稻米出口国。但是，到 1982 年，绿色革命带动水稻产量增加的动力被耗尽，水稻产量增长的进程无可挽回地终结了。

绿色革命虽然一度在增加产量上获得成功，但并没有实现预期的农村贫困人口收入的增加，绿色革命蓬勃开展的中吕宋地区反而成为胡克农民起义的核心地区，因为农业收益并没有自动"下滴"到无地的穷人身上。与此同时，过度使用化肥、农药和单一品种种植带来了严重的环境问题。高产品种的集中种植削弱了稻田的基因多样性，害虫因为没有天敌而肆虐并快速变异。一旦发生虫害，水稻产量便会直线下降。据菲律宾国家粮农委员会估计，在水稻生产投入中，化肥占 20%，农药占 16%。过度施用农药固然能够迅速抑制病虫害的发展，但也会损害使用农药的农民的身体健康，污染水生食物资源并进入食物链，影响

---

① James K. Boyce, *The Political Economy of Growth and Improvement in the Marcos Era*, Ateneo De Manila University Press, 1993, pp. 63, 71.

菲律宾人的健康，有些病虫害还会很快产生抗药性，这就需要开发和施用新的、毒性更大的农药。根据菲律宾"有机农产品生产商贸易协会"的说法，长期食用工业化农业生产的食品不但会影响大脑发育、扰乱神经系统、降低思维能力，还会导致身体产生抗药性和荷尔蒙紊乱，甚至致癌。[1] 由于菲律宾推广的高产水稻品种都比较喜肥，稻农对化肥的需求量越来越大，而氮肥是从石油等化石燃料中提炼出来的，因此，随着国际油价在 1970 年代的上涨，肥料价格水涨船高，稻米价格却从 1970 年代中期开始下降，菲律宾水稻生产陷入困境。同时，由于高产品种对化肥形成依赖，土壤的板结程度加大，自我调节能力下降。稻田中环境问题的涌现预示着水稻生产的可持续性出现严重危机。

显然，菲律宾农业生产中出现了结构性问题，而且这种问题随着人口的快速增加而越发严重。要走出这种困境，需要在耕地边疆已经关闭、种植面积基本不会扩大的前提条件下，重新调整农业与土地的关系，走出一条和谐农业生产与土地承载力的新型农业之路。1985 年，社区教育和服务局编制的《奇迹从未发生》研究报告在全国稻农大会上发表，指出唯一可行的出路在于创造一种基于农业生态学原理、在生产和环境两方面都可持续的农业。随后反对国际水稻研究所的抗议活动风起云涌，这标志着菲律宾有机农业运动的开始。[2]

二　菲律宾有机农业发展的动力和模式

菲律宾农业发展瓶颈的突破来自两个截然不同但又可以相互融合的动力，分别是国际有机农业运动在菲律宾的传播和菲律宾传统农业的再发现。前者带来的主要是超越了现代工业化农业的有机农业，后者带来的主要是赋予了时代气息的本土有机农业。

国际有机农业运动给菲律宾带来了两个发展有机农业的有利条件，一是

---

[1]　"Organic Farming: The Future of Philippine Agriculture", http://www.fareasternagriculture.com/crops/agriculture/organic – farming – the – future – of – philippine – agriculture, 访问日期：2015 年 8 月 25 日。

[2]　Rodelio B. Carating and Silvino Q. Tejada, Sustainable Organic Farming in the Philippines: History and Success Stories, Paper presented at the workshop on ANSOFT – AFACI Pan – Asia Project at Gwangju, Republic of Korea, 18 – 20 October, 2012.

庞大的国际有机农产品市场，二是国际有机农业发展的成功经验。前者由菲律宾贸工部负责，主要是把经过加工的、自然生长的产品打入国际有机农产品市场，为菲律宾出口获得新的市场份额。1986 年，贸工部的国际贸易和博览会研究中心派代表团参加了在德国纽伦堡举办的世界有机产品贸易博览会，展出了菲律宾生产的自然有机产品和冷冻或加工的有机产品，同时看到了菲律宾产品在国际市场上的经济价值和竞争潜力，激发了菲律宾农民和商人从事有机农业生产的积极性。此后，该机构继续组团参加了在日本和美国等地举办的有机农产品贸易博览会，试图扩大菲律宾有机农产品的影响，寻求市场机遇。

国际有机农业成功经验在菲律宾的推广主要通过菲律宾从事有机农业的非政府组织参与甚至组织国际有机农业运动联盟的亚洲会议来完成。国际有机农业运动联盟可以追溯到 1972 年，现有来自 120 个国家的 800 多个成员组织。该组织最先是由发达国家倡议成立的，后来逐渐吸纳了发展中国家，演变成一个真正促进全球有机农业发展的国际组织。1993 年，在日本埼玉县召开了第一届亚洲有机农业会议，菲律宾与会者从日本有机农业协会推广自己有机农业生产的"合作（提携）"模式的十大原则中得到很多启发和鼓舞。1995 年，菲律宾人参加了国际有机农业运动联盟在韩国首尔举行的亚洲会议，既了解了韩国有机农业发展的成果、经验和做法，又根据国际有机农业运动联盟的基本标准提出了菲律宾有机农产品及其加工的基本标准，为建设菲律宾国家有机农业认证体系奠定了基础。1997 年，菲律宾人参加了在印度班加罗尔举办的第三届国际有机农业运动联盟亚洲会议，了解了印度恢复传统的有机农业之路，增强了为本国农业传统赋权的信心。1999 年，菲律宾在大雅台主办了第四届国际有机农业运动联盟亚洲会议和科学会议，设立了促进有机农业认证和监管的种子基金。从菲律宾参与国际有机农业运动联盟亚洲会议的经历来看，他们不但学习了不同国家发展有机农业的先进经验，而且逐渐成为其中一个自主的经验创造者，变成了一个经验输入与输出平衡的自觉者。

在菲律宾国内，政府和民间组织出于不同的目的推动有机农业的发展。政府支持有机农业发展经历了一个从治理工业化农业导致的环境问题到提倡、引导有机农业的过程。1993 年，农业部响应菲律宾在"21 世纪议程"中的承诺，成立了土壤和水管理局，启动了"平衡农用肥料计划"和"综合害虫管理规划"，以减轻和改善因过度使用化肥和农药产生的环境问题，进而有效控制害虫数量，提高土壤肥力，保持农业环境健康，同时使经济效益最大化。① 1998 年，国会通过《农业和渔业现代化法案》，在促进菲律宾农业现代化的同时确保食品安全、减少贫困和营养不良、抑制环境退化、提高农业竞争力。2001 年，菲律宾成立有机产品认证中心，发布有机产品认证和监管计划。认证中心执行严格的行业规范，在发放认证合格证之前，至少要经过 3—6 个月的认真监管，认证合格证的有效期只有一年。显然，这种认证是符合国际标准的，有利于菲律宾有机农产品出口。2002 年，国家农渔产品标准局颁布了菲律宾有机农业国家标准。由于菲律宾有机农业标准是以国际公认的标准为基础的，所以得到认证的有机产品就可以顺利进入美国、欧盟、日本和韩国市场。2005 年，阿罗约总统颁布第 481 号行政令，建立国家有机农业局，通过设立从事有机农业各方的网络和制定国内有机农业发展路线图来促进有机农业在菲律宾的发展。从此以后，有机农业作为国家农业生产计划的有机组成部分正式成为中央政府各相关机构必须合力推动和完成的重要任务，各地方政府也结合当地农业生产传统和市场需求，积极推动小规模有机农场的发展。2005 年，国会通过了《共和国 10068 号法案》，即《有机农业法》。这就意味着发展有机农业已经成为菲律宾的国家战略。2012 年，阿基诺三世政府颁布了"有机农业规划"，希望到 2016 年有机农业至少占到全国耕地面积的 5%。② 从菲律宾政府采取的这一系列政策和行动来看，国家通过建立法制和管理体系为有机农业的发展营造了良好的环境和抓手。

与政府自上而下在全国范围推广相比，非政府组织更接地气，对有机农业的觉醒和行动更早。菲律宾是一个采用美国式民主制度的国家，公民社会比较发达，各种非政府组织不但遍及城市，还深入农村山区。早在 1980 年，从事农村开发的非政府组织"农民援助协会"就开始批判绿色革命造成的环境问题，认为其获利来自化学品污染，是一种得不偿失的生产。1986 年，农民大会与科学家合作，成立"农业开发合作伙伴关系"（MASIPAG），鼓励农民种植自己的品种，施用农家肥，杜绝化学品输入。1990 年，15 家从事有机农业宣传和推广的非政府组织组成"可持续农业联盟"，在全国各地举办有机农业展览，吸引农民从减少农业生产中的外

① Perry E. Sajise, Nicomedes D. Briones, *Environmentally Sustainable Rural and Agricultural Development Strategies in the Philippines*: *Lessons from Six Cases Studies*, SEAMEO SEARCA, College, Los Banos, Laguna, Philippines, 2002, p. 145.

② National Organic Agriculture Board, *The National Organic Agriculture Program 2012 – 2016*, Diliman, Quezon City, 2012, p. 11.

部输入（Low-external-input sustainable agriculture）开始，逐渐自觉理解和参与有机农业实践。菲律宾从事有机农业的非政府组织逐渐形成了网络和伞形结构，其地方支部已经深入到农村社区，但这并不意味着这些组织是内向型的，相反他们与同类国际组织联系密切。MASIPAG 就是"亚洲可持续有机农业技术网络"的重要成员，也是国际有机农业运动联盟的重要成员。他们不但把国际先进的有机农业理念和经验介绍给菲律宾农民，还通过与国际有机农业认证组织、国际有机农产品市场的沟通，制定出符合菲律宾农村和农业特点的有机农业及农产品标准。MASIPAG 通过与农民组织、地方政府单位、其他非政府组织合作举办研讨会，游说地方政府承认和采用"参与式保障体系"，促进有机农业在菲律宾农村的发展。[1]

在不同动力机制作用下，菲律宾大致形成了四种有机农业发展模式。第一种是面向国际市场的有机农业生产公司。从事商业化农业生产的企业瞄准比较成熟的国际有机农产品市场和正在兴起的国内有机农产品市场，开始建设有机农场，从事有机农业生产。这种农场一般种植附加值比较高的水果和蔬菜，从土壤、肥料、杀虫、采光到包装、出口等程序都完全按照国际有机农业的标准进行。笔者在菲律宾的碧瑶曾经参观了"金色田园农业有限公司"在山上建设的蔬菜大棚，为其国际化程度之高深感震惊。其滴灌设施来自以色列，有机黏虫牌来自印度，机械设施来自美国，有机肥料来自菲律宾，技术指导和高管来自英国，生产的青椒、卷心菜、西红柿、草莓、芹菜等都出口到东京、首尔和欧洲市场。土壤是用多种有机纤维混合而成，种植什么作物是根据不同海拔条件下的气温来选择的，选用鸡肥还是猪肥取决于植物的习性。显然，这种农业生产是高资本和高技术投入，其产品自然是高质量、高价格的。

第二种是有些从事单一种植的商业化农场不得不转向多样化种植的有机农业生产。这方面的典型例子是赛西普种植园。位于东内格罗斯省的赛西普种植园占地面积 800 公顷，地貌多样。在现代农业生产中，主要从事单一经济作物种植。到 1986 年，甘蔗种植占总面积的 86%，占总收入的 90%。[2] 虽然也有少量养鱼

① Eloisa Frieda Bosito and Rowena Buena, "PGS continues to gain ground in the Philippines", *Global PGS Newsletter*, Vol. 5 No. 2, November/December 2014.

② Moises L. Sycip, Chona F. Javier, Freddie A. Salayog and Nelson C. Vilar, *Sustainable Agriculture in a Large-scale Commercial Farm: Case Documentation of the Sycip Plantation Farm Workers Multipurpose Cooperative in Manjuyod, Negros Oriental*, SEAMEO SEARCA, College Los Banos, Laguna, Philippines, 2002, p. 4.

业和制盐业，但这些行业各自独立，没有有效整合。甘蔗生产需要改变地形，需要大量化肥等化学制品投入，但是产量增长不大，造成种植园利润很低，难以维持，水土流失严重，雇用的 2000 多工人普遍贫困。为了降低工人造反的风险，种植园不得不推行多元化政策，同时整合不同作物的生产。1991 年，赛西普种植园被纳入综合土改计划，30% 的所有权转让给工人。获得土地所有权的工人开始考虑自己土地的持续生产和收益问题，进而推行新的发展战略。其核心是在多元化种植和养殖基础上进行整合，既养羊和牛，又养鱼，还种植芒果树，实现产业多元化，还改善了生态环境，形成一个营养链和生物链，把商业化农场变成了有机农场。

第三种是小型家庭农场为了增加收入和保障家庭营养需求不得不转向有机农业生产。这方面的典型例子是农多伯的家庭农场。他的农场在西内格罗斯省，面积只有 10 公顷，主要种植甘蔗、水稻和玉米。在绿色革命时期，利用国家提供给农户的贷款，买进高产品种和大量化肥、除草剂以及农药，一度收成和经济效益都不错。但是，到 1985 年，随着土壤质量下降，农业投入不断上升，借贷利息迅速提高，该农场开始入不敷出，生产陷入困顿。作为"菲律宾农业开发合作伙伴关系"在当地的成员，农多伯不得不从高外部投入的现代农业逐渐转向低外部投入的有机农业，把自己的家庭农场变成生产多元化和有机整合的农场。他根据土壤结构和肥力以及地形条件，把土地分为不同功能区，分别是水稻产区、制盐区、林地区、块茎作物区、香蕉种植区、鱼塘、药用植物生长区、育苗区、牲畜饲养区、游耕区、休耕区等。这样一个小而全的农场基本上满足了一个家庭的需要，同时因为生产出有机食品而增加了收入。[①] 需要注意的是，这样一个转变不是自然发生的，其前提条件是这个农民必须具有营养循环和市场流通的相关知识。也就是说，必须得到从事有机农业推广的非政府组织的帮助。

与前面述及的三种有机农业不同，第四种是在菲律宾广泛存在的、比较传统的有机农业。在科迪勒拉山区，伯陶克人坚持传统的梯田水稻种植体系。其种子是祖传的适合当地风土的稻种，肥料来自随灌水而来的藻类固氮营养物质和用山间绿色植物沤成的混合家肥，水稻生长中产生的疾病和害虫也主要通过排干积

---

① Rodolfo Oray, Ma. Lourdes S. Edano and Oscar B. Zamora, *Sustainable Agriculture in a Small-scale Resource-limited Farm: Case Documentation of a MASIPAG Farmer in Hinobaan*, *Negros Occidental*, SEAMEO SEARCA, College Los Banos, Laguna, Philippines, 2002, pp. 10 – 14.

水、深翻等技术来控制。采用这种技术生产的稻谷产量比全国平均产量（每公顷2.5吨）高两倍，同时保证了产品的有机性和建立在此基础上的传统宗教和文化。① 伊富高人实行传统的农林混作体系。森林不但涵养土壤和水分，还提供野生动物的食品来源。游耕地套种水稻、豆类、玉米、土豆、烟草、蔬菜等，在种植2—4年后一般休耕7—8年。梯田上的湿地水稻种植一年两季，稻田里养鱼。这三种生产方式密切相连，林地为稻田保护水源，游耕地保持了水土并提供了生物多样性和完整的食物链，梯田因此而能获得比较好的收获量，还能代代相传，甚至成为世界文化遗产。② 从这两个例子可以看出，菲律宾当地人的传统生产方式不但蕴含着整体论的思维，而且产出的是有机农产品。这是扎根于菲律宾风土的、地道的有机农业。它在有机农业大发展的时代焕发出了新的生机，展现出巨大的潜力。

从前面的叙述可以看出，菲律宾有机农业在内外两种动力驱动下，逐渐发展出四种不同的生产模式。尽管面向的市场不同，经营方式和依据的文化基础有异，但都是推动菲律宾有机农业成长的方式，并取得了明显成效。

三　菲律宾发展有机农业的举措

国会通过《有机农业法》后，根据《菲律宾中期发展规划（2011—2016）》和反贫困战略的总体要求，国家有机农业委员会制定并在2012年3月颁布了《国家有机农业规划（2012—2016）》，指导和推进有机农业的发展。农业部在制定具体的工作计划、国家有机农业委员会的各个局在设计具体工程项目、地方政府在制定当地有机农业规划时都要以国家有机农业规划为指南，形成合力，推动有机农业在菲律宾既好又快发展。规划不但明确了有机农业发展的面积指标，还进一步要求菲律宾有机农产品在国际和国内市场扩大认可度，进而在可持续性、竞争力和食品安全方面对菲律宾农业生产做出贡献。具体来说，菲律宾有机农业生产既要通过提高生产率、降低外部输入来获得较好的收入，减少贫困，满足人

---

① Perry E. Sajise, Nicomedes D. Briones, *Environmentally Sustainable Rural and Agricultural Development Strategies in the Philippines: Lessons from Six Cases Studies*, SEAMEO SEARCA, College, Los Banos, Laguna, Philippines, 2002, pp. 21 – 31.

② R. C. Serrano, *Environmental and Socio-economic Impact Analysis of an Indigenous and an Introduced Agroforestry Systems in Luzon*, PhD Dissertation, Graduate School, UPLB, 1990.

民的基本物质需求和提高生活水平；还要保护农民、消费者和公众的健康，增加土壤肥力和生物多样性，减少污染和环境破坏，防止自然资源的进一步损耗，保护环境，降低人为和自然灾害风险，增强应对气候变化的能力；也要维持人权、性别平等、劳动标准和自决权。① 显然，促进有机农业发展比工业化农业要达到的目标更全面，更符合人的多样化需求，对改善菲律宾农业和农村存在的问题也更有针对性。

《国家有机农业规划》发布后，各省也相继制定相应的、符合地方环境特点的方案。西内格罗斯省提出要把本省率先建成全国有机农业示范省，还与东内格罗斯省联合，提出了要把内格罗斯岛建成"有机农业岛"和"亚洲有机食品基地"的愿景。西内格罗斯省不但成立了省有机农业管理委员会，还制定了有机农业条例和规划，决定每年投资 2000 万比索用于促进有机农业的发展。② 省政府还要求各农业生产单位制定自己的有机农业发展规划，并严格执行。省有机农业规划强调保持当地生物多样性和当地农民生产实践的重要性，激励农民迅速向有机农业转化。具体措施包括：成立培训和推广中心，教农民如何用蚯蚓等改良土壤，如何选用生物杀虫和除草技术，如何把自己的有机农产品成功推向市场等；设立西内格罗斯省有机农业节，既展示和销售自己生产的有机农产品，也扩大影响，让自己的有机农业产品和经验走向全国和东南亚；打造有机农业旅游品牌，吸引更多游客来岛参观交流。西内格罗斯省还制定了《禁止使用转基因生物条例》，禁止在种植、施肥、除草杀虫等生产过程中使用转基因产品，间接帮助农民发展有机农业。经过坚持不懈的努力，西内格罗斯省的有机农业种植面积已经超过全部农地面积的4%，高出世界平均值（3%）。

除了政策导向之外，农业部的农业研究局与研究、开发和推广处联合，在全国建立"有机农业研究、开发和推广网络"。它囊括了研究和教育机构、地方政府相关单位、非政府组织、得到认可的相关利益群体如有机肥料生产商和销售商、农学家、农业技术人员和农民等。经过深入调研和密集协商，推出了《菲律宾有机农业研究、开发和推广议程和规划》，其中的两个主要内容是：生产技

① 参见 National Organic Agriculture Board, *The National Organic Agriculture Program 2012 - 2016*, Diliman, Quezon City, 2012。

② Danny B. Dangcalan, "P20-M Fund Eyed in Proposed Organic Agriculture Ordinance," http：//www. philstar. com/region/658558/p20 - m - fund - eyed - proposed - organic - agriculture - ordinance，访问日期：2015 年 8 月 25 日。

术的发明和应用，知识和能力建设。就技术发明而言，主要是发明一些能够克服从工业化农业生产向有机农业生产过渡时期出现产量下降等问题的技术，从而使这个过渡能够平稳进行。另外，就是要尽快实现有机肥料的标准化生产，保证有机农业产品的外观和品质优良。具体来说，包括有机食品的生产与加工技术、增加和保持地力的技术、无害快速杀虫技术等。能力建设就是把生态农业的知识传播给农民和基层官员，更新其观念，进而使其自觉根据有机农业标准进行生产。①

在技术和管理经验形成后，农业学者、工程师、非政府组织和各级政府的培训机构等深入乡村和田间，向农民宣传和讲解并定期进行指导服务。专家们下乡指导时，首先要告诉农民有机农业比工业化农业投入少（因为主要使用农家肥和生物控制虫害技术）但回报高（有机农产品一般比工业化生产的农产品价格高10%—30%），从事有机农业生产可以致富。由于有机农产品市场需求大、供不应求，所以应该有更多农民转向有机农业生产。尽管农民理解了这个道理，但他们仍然被一些传统说法束缚，如"有机农业会导致饥荒""有机农产品形象不好"等。确实，在从工业化农业向有机农业转化时，会有一个三年左右的过渡期。在此期间，产量会降低，但过渡期结束后，有机农业本身具有生态、经济的可持续性。其实，产量下降并不意味着饥荒，因为导致饥荒的因素很多，其中最重要的是食品分配不公正。另外，在过渡期，农民可以利用地方政府的扶植政策和市场机制获得技术、资金以及其他支持，缩短土壤改造的过程，平稳顺利地渡过这个阵痛期，完成转型。有机产品给人的印象确实是有虫眼或者形状不规矩，但这只是初级的有机农产品，现在有机农业已经发展到可以运用综合生态措施防止虫害的程度，可以综合运用间作套种、轮种、有机黏虫牌、生物控制、网覆等手段来保证农产品的良好形象。② 农业研究局还组织专家编写适合农民掌握的《有机农业手册》，并翻译成多种方言，向全国发放推广。

地方政府和当地非政府组织合作，改变了有机农产品必须由第三方认证的教条做法，引入了在国际社会得到广泛承认的"参与式保障体系"，提高了农户从

---

① Rita T. dela Cruz, "Strenthening Organic Agriculture RDE: BAR's Initiatives on Food Sufficiency and Sustainable Agriculture," http://www.bar.gov.ph/organic-agriculture-rde，访问日期：2015 年 8 月 24 日。

② Rita T. dela Cruz, "To be or not to be Organic," http://www.bar.gov.ph/organic-farming，访问日期：2015 年 8 月 25 日。

事有机农业生产的积极性。菲律宾《有机农业法》第 17 款规定，有机农产品必须得到第三方认证，才可进入市场销售。而第三方认证的费用每年高达 5 万比索。这对大型出口企业不算高，但对小农户来说是难以承受的。其实，早在 2008 年，国际有机农业运动联盟和联合国粮农组织已经承认并推广参与式保障体系，菲律宾的非政府组织"农业开发合作伙伴关系"根据国际有机农业运动联盟的标准建立了自己的参与式保障体系，并得到国际有机农业运动联盟的承认。参与式保障体系坚持国际公认的有机农产品标准，以相互信任为基础联合生产者、消费者、当地政府官员、学者、非政府组织代表等利益相关者共同来监管保障质量，共同承担责任。参与式保障体系不但可以保障有机产品的品质，还可以把认证费用大大降低。通常情况下，2 公顷的农场的认证只需要 700—1000 比索，2 公顷以上的农场的认证需要 3000 比索。① 如果说政府实行的第三方认证主要是服务于以出口国际市场为导向的有机农业生产的话，那么参与式保障体系认证就主要是鼓励小农户及小农场为国内及地方市场生产有机产品。尽管这种认证体系已经在国际上被证明行之有效、在菲律宾也已非正式实行了，但要得到中央政府的承认尚需修订法律。于是，非政府组织就与地方政府合作，认可和支持参与式保障体系认证在本地区的施行。例如，达沃市政府就出台相关条例，并组成认证小组，为当地从事有机农业的小农户服务，同时扩大本地有机农产品的消费市场，提高农民的生产和生活水平，壮大地方经济及其可持续性。②

　　经过菲律宾中央和地方政府以及非政府组织的推动，菲律宾有机农业生产有了比较大的发展。由于统计标准不同，至今仍然没有一套完整、成系列的菲律宾有机农业发展的数据。但是，根据不同的来源，按照笔者自己的理解和考订，大致可以从如下数据中看出菲律宾有机农业的发展历史和趋势。③ 1999 年，菲律宾

---

① Germelina Lacorte，"Organic Food Growers Seek Easier Way of Eertification". http：//newsinfo. inquirer. net/632090/organic－food－growers－seek－easier－way－of－certification，访问日期：2015 年 8 月 25 日。

② Carmencita A. Carillo，"Davao Farmers Push Gov't Institutionalization of Guarantee System for Organic Products". http：//www. bworldonline. com/content. php? section ＝ Agribusiness&title ＝ davao－farmers－push－gov&rsquot－institutionalization－of－guarantee－system－for－organic－products&id ＝93162 访问日期：2015 年 8 月 25 日。

③ 有些数据是根据第三方认证的有机农场得来的，有些是推广有机农业的国际有机农业运动联盟提供的。这些都没有反映那些没有寻求第三方认证的有机农业的发展情况。

只有 9 个有机农场，种植面积仅 95 公顷。2000 年，有机农场达 500 个，种植面积 2000 公顷，占全部农业种植面积之 0.02%。2006 年，有机农场 34990 个，种植面积 14134 公顷，占全部农业种植面积之 0.12%。2009 年，有机农场 3051 个，种植面积 52546 公顷，占全部农业种植面积之 0.45%。2010 年，有机农场 3006 个，种植面积 79992 公顷，占全部农业种植面积之 0.67%。2013 年，有机农场 3008 个，种植面积 101278 公顷，占全部农业种植面积之 0.8%。[①] 从这些数据的变化可以看出，菲律宾有机农业正在成为一个增长速度快、前景广阔的产业。

四　简短的结语

农业是菲律宾经济中的一个重要部门。西班牙殖民时代后期开始的现代农业在美国殖民时代得到进一步加强，菲律宾独立后其农业的外向性和工业化特征继续发展，农业中的现代性呈现出连续性，并在绿色革命时代达到高峰。然而，现代农业并不是一好百好，其弊端日益显露。在诸多问题中，最突出也是最令人担忧的是它的不可持续性。对菲律宾这样一个人口增长很快的国家来说，除了继续以农业支持工业化之外，更重要的是要保障粮食安全。粮食安全不仅仅意味着要生产出足够的农产品供消费，更意味着要让人们吃上无公害的农产品。菲律宾农业需要转型。

菲律宾有机农业的兴起受到了国内和国际因素的深刻影响。在菲律宾工业化农业出现经济和环境不可持续性等问题的背景下，国际有机农业运动的传播和对菲律宾传统农业的再发现共同作用，促成菲律宾政府和农村社会致力于发展有机农业。从这个意义上看，菲律宾有机农业既是对工业化农业的超越，又是对传统农业的再发现。

虽然菲律宾有机农业无论从种植面积还是市场价值等方面来看，都比较弱小，但它无疑是菲律宾农业发展的方向。有机农业的壮大取决于经济社会结构的改变。在现有结构下，人们已经习惯于现代工业化农业，形成了"路径依赖"。有机农业虽然已经表现出优势，但仍然要在这个人们习以为常的结构中寻求突破，而这样一个过程将不会是一蹴而就的。

---

① FiBL and IFOAM, *The World of Organic Agriculture：Statistics and Emerging Trends 2015*, Frick and Bonn, 2015, p. 169.

摩洛哥与马里的经济、文化和政治联系

——中世纪的撒哈拉商路、非洲城市和伊斯兰文化

潘华琼

在中世纪，摩洛哥和马里还没有今天的国家（Nation-State）概念。阿拉伯人称摩洛哥所在的地区为马格里布（المغرب），而称马里所在的地区为"比拉德苏丹"（بلاد السودان），前者是"太阳西下的地方"，而后者是"黑人的家园"。① 中间的撒哈拉（الكبرى الصحراء）在阿拉伯语中的含义是"大沙漠"，是一片（沙）海。

非洲史的中世纪，通常是指阿拉伯人的到来（自 641 年占领埃及开始）至欧洲列强在非洲建立殖民地为止（年代因地理和国家而异）。② 为切合本文的阐述，这里的中世纪自公元 8 世纪初希吉勒马萨城的诞生（Sijilmassa）至 1833 年摩洛哥在廷巴克图（Timbuktu，马里的法语官方名称是 Tombouctou，中文译作通布图）的最后一任帕夏（Pasha）到期。③

试图用一篇文章来反映如此长的历史，显然是力不从心。所以，本文仅选取连接这两个地区的撒哈拉商路，以及商路两端的城市特别是希吉勒马萨和廷巴克图来叙述和分析双方有过的经济、文化和政治（包括军事）的联系。这些联系正是以

---

① 马格里布（Maghreb）在阿拉伯语中就是指摩洛哥国家，而比拉德苏丹是指广义的西非，西起塞内加尔河大西洋入口，东至尼罗河－乍得湖接壤之地，北起毛里塔尼亚，南至尼日尔河几内亚湾出海口。

② 最早是 1415 年葡萄牙占领摩洛哥北部的休达城（Ceuta），1830 年法国占领阿尔及利亚殖民地，最后是 19 世纪末的西苏丹地区先后沦为英国或法国殖民地。

③ 从 1591 年至 1833 年，摩洛哥在廷巴克图先后有 167 位帕夏，从第一任朱达尔（Djoudar，1590 年 11 月至 1591 年 8 月）到最后一任乌斯曼·本·阿布·巴克尔（au dernier Uthman b. Abu Bakr b. Ahmad b. Mansur，1825 年 9 月至 1833 年 10 月）。Pasha 是土耳其语，指总督或军事指挥官。

撒哈拉商路为纽带、以伊斯兰文化为核心、以政治和军事为决定因素而展开的，而城市及其遗产是这些联系的见证者。这些联系反映了超越撒哈拉的阿拉伯—非洲地区有过共同的经历，留下一笔丰厚的历史文献，正等待后人的进一步发掘与研究。

一　互通有无的商路

首先，摩洛哥与马里地理上的联系是撒哈拉商路的基础。一是摩洛哥的北部有阿特拉斯山、西部有大西洋阻挡，而南部几乎没有什么天然屏障；二是摩洛哥南部有德拉河（Draa）、苏斯河（Sous）与齐兹河（Ziz），三条河流均由北向南流，前两条向西南注入大西洋，后者消失在撒哈拉沙漠中。所以，摩洛哥的南部是向马里北部开放的，反之亦然。

在中世纪，摩洛哥的希吉勒马萨（今天已成废墟）、现名里萨尼（Rissani）和马里的廷巴克图就是撒哈拉的两座"海港"，沟通这两座城市的是沙漠驼队（Caravans）。撒哈拉商路的开通得益于骆驼的使用这一"交通工具的革命"，[①]而摩洛哥南部苏斯地区（Souss）的蔗糖、沿途的撒哈拉井盐和西非地区的黄金则是推动撒哈拉贸易的主要动力。摩洛哥从9世纪开始制造自己的货币，正是得益于西非的黄金。

中世纪摩洛哥和马里的撒哈拉商路主要有四条线：西线主要是连接加纳古国（Ghana，约790—1240）的首都昆比萨利赫（Koumbi Saleh，在今天毛里塔尼亚境内）与摩洛哥的希吉勒马萨，即从希吉勒马萨出发，由北向南经苏斯地区，再经毛里塔尼亚的瓦丹（Ouadane）、欣盖提（Chinguetti）、提希特（Tichitte）、奥达古斯特（Aoudaghost）和瓦拉塔（Oualata）等古镇，到西非产金地区。中线是从马里的廷巴克图出发，由南向北经陶德尼（Taoudeni）和特加扎（Taghaza）等地到希吉勒马萨。[②] 到希吉勒马萨后再经非斯（Fez）或马拉喀什（Marrakech）

---

① 据说骆驼可以驮重125—150公斤，一天可走多达150公里，而且可以几天不喝水。所以，骆驼是最适合沙漠旅行的动物。这种交通工具的革命，罗马非洲早在公元1世纪就出现了，但撒哈拉到5世纪以后才开始广泛使用，从7世纪开始阿拉伯人将骆驼广泛用于长途贸易。

② 关于这些商路，本文主要是依据相关的史籍和地图大致勾画的，缺乏实际考证。R. M. A. Bedaux et J. D. van der Wa ed., *Djenné-Une ville millenaire au Mali*, Leiden：Rijksmuseum voor Volkenkunde, 1994, p. 30；Dale R. Lightfood and James A. Millet, "The Rise and Fall of a Walled Oasis in Medieval Morocco," *Annals of the Association of American Geographers*, Vol. 86, No. 1 (Mar. , 1996), pp. 78 – 106：82.

到北部的马格里布地中海港口。东线是从加奥（Gao）出发，由南向北，一条是经埃苏克（Essouk），到尼日尔的阿加德兹（Agadez），再经今天利比亚的加特（Ghat）或加达梅斯（Ghadames）到的黎波里（Tripoli）；另一条是取道廷巴克图，经今天阿尔及利亚的图阿特绿洲（Touat）到北非的特雷姆森（Tlemcen）和奥兰（Oran）。① 中路和东路在马里帝国（Mali，11 世纪至 1545 年）和桑海帝国（Songhai，11 世纪至 1591 年）时期成为重要的经济生命线。特加扎不仅是撒哈拉商路的十字路口，而且是重要的盐场。廷巴克图处于经济、文化和宗教的兴盛期。加奥则是"苏丹国中最美、最大、土地最肥沃的城市之一。当地盛产大米、牛奶、鸡和鱼……"②

　　希吉勒马萨是通向苏丹地区的必经之路。据生活在 9 世纪的埃及史学家伊本·阿布德·哈卡姆（Ibn Abd al Hakam）所著《征服埃及、北非和西班牙的历史》（*The History of the Conquest of Egypt*，*North Africa and Spain*）记载，734 年，阿拉伯人哈比·本·阿比·乌巴伊达（Habib ben Abi Ubaida）从摩洛哥南部的苏斯地区出发，经希吉勒马萨远征西非，并从那里带回大量黄金。在此之前，680 年，乌克巴·本·纳非（Uqba ben Nafi）第一个到达西非。③

　　希吉勒马萨城位于商旅汇聚之地，附近有多条道路连接北非和加奥帝国，特别是廷巴克图。此地盛产椰枣、葡萄、大麦、小米和谷物，经济繁荣，吸引了巴格达、大马士革和亚历山大的商人前来定居。来自撒哈拉以南地区、在希吉勒马萨市交换的主要商品有黑奴、鸵鸟毛、乌木、象牙和黄金等。在那里，妇女们纺白色絮状的羊毛并用它来织轻盈的布料，男人们耕种果园或专心于皮革工艺。他们可以靠耕地生活，并且通过贸易来增加收入：在北方，他们用蔗糖来换取相当体积的大理石；在南方，他们用盐换取相当重量的黄金。④

　　自希吉勒马萨往北连接摩洛哥的圣城非斯，从廷巴克图往南则连接马里的杰内（Jenne），这两对城市在中世纪摩洛哥与马里的联系中起到了举足轻重的作

---

① L'Organisation Islamique pour l'Education, les Scientifique et la Culture（ISESCO），*Culture et civilization islamiques*，*Le Mali.* Casablanca，1988，p. 73.

② 伊本·白图泰口述、伊本·朱甾笔录《异境奇观——伊本·白图泰游记（全译本）》，李光斌译，海洋出版社，2008，第 622 页。

③ 引自 Amamou Aboubacar，*Les relations entre les deux rives du Sahara du XIe au début du XXe siècles*，Rabat：IEA，Série：Conférences 22，2005，p. 7.

④ Jacques Benoit-Mechin，*Histoire des Alaouittes*（*1268 – 1971*），Paris：Perrin，1994，p. 19.

用。希吉勒马萨与非斯有着传统的联系，在摩洛哥阿拉维王朝时期，希吉勒马萨—非斯之路又名"皇家之路"（Le Triq-Sultan）。① 正是通过这条"皇家之路"，伊斯兰教从摩洛哥地区传播到马里地区。再者，在摩洛哥和马里之间并延伸至整个撒哈拉南北两端，穆斯林学者开辟了"朝圣之路"（Haji Route），北至非斯、特雷姆森和的黎波里，南至杰内、博尔努和豪萨地区，东至今天的苏丹。②

在马里的杰内大市场，北来的有阿拉伯和柏柏尔商人通过曼德（Mande）的迪乌拉商人（Dioula）和索宁凯（Soninke）的万加腊商人（Wangara）做中介，撒哈拉驼队把盐、椰枣、小麦、马、珠宝、陶器和织物等卸载到廷巴克图和加奥，再从水路运至杰内和热带大草原的最南端。南来的商品有黄金、象牙和奴隶，在杰内装船后，送至廷巴克图和加奥，再由撒哈拉驼队运达地中海世界。

跨撒哈拉贸易的发展在马里形成了若干城市：埃苏克（中世纪称塔德麦加，Tadmekka，图阿雷格语意"这就是麦加"）、加奥、廷巴克图、阿拉万（Araouane）、特加扎和杰内。③ 前两个城市在今天加奥大区，除了杰内之外，剩下三个均在廷巴克图大区。

这些商路成为阿拉伯人、柏柏尔人和非洲人互通有无、彼此了解的重要渠道。但欧洲殖民者的到来及其统治使非洲这一地区本来可以整合的机制和道路、货币及商品市场都分开了。所有连接大陆内部的北非、西非、中非地区及沿海地区都割开了。譬如，盐不再来自撒哈拉，而是来自大西洋；黄金也不再通过跨撒哈拉商路，而是经海洋运输。跨撒哈拉的驼队由此减少，其重要性也相应降低。

在西非，法国殖民政府的经济主要是靠贸易、野生植物的采摘（橡胶和牛油果）及单一经济作物（棉花和花生等），没有发展任何工业。唯一的基础设施是1932年建立的尼日尔河规划署，靠强迫劳动和移民来种植棉花和水稻。④

---

① *Ibid.*, p. 269 footnote 2.

② Yusuf Fadl Hassan, *Some Aspects of Cultural Relations between al-Maghrib and the Nilotic Sudan from the 15th to 16th Century A. D.* Rabat：IEA, Chair of Common Moroccan African Heritage, Conferences Series 32.

③ *L'Archéologie en Afrique de l'Ouest*, *Sahara et Sahel*, Textes rassemblés par Robet Vernet, Saint-Maur：Editions Sèpia, 2000, pp. 114 – 117.

④ L'Organisation Islamique pour l'Education, les Scientifique et la Culture（ISESCO），*Culture et civilization islamiques du Mali*（以下简称 *CCIM*），Rabat, 1983, p. 26.

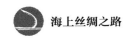

"总之，殖民经济是通过破坏非洲地区之间已经建立的商业网络到来的，以便获取非洲的财富。这一网络原来并不指向欧洲。"①

二　相互映衬的城市

根据中世纪阿拉伯史学家伊本·赫勒敦（Ibn Khaldun）的定义，城市（الحضري）是次生的和复杂的，是建立在商业和手工业基础上的，是靠法律而不是强权来治理的，有文明之含义。② 中世纪的非洲城市因撒哈拉商路而兴起，成为连接撒哈拉南北的市场，进而成为中世纪非洲政治、经济和文化的中心，如摩洛哥的非斯（808 年至 16 世纪中叶）和马拉喀什（11 世纪至 1659 年）、马里的加奥（15 世纪至 1591 年）和廷巴克图（1100—1230）。

希吉勒马萨是塔费拉雷地区（Tafilalet）以前的首府，据中世纪的《北非地理志》（al-Bakri，1067）记载，该城建于 725 年，比非斯还早 60 年，位居埃及的福斯塔特（Fustat）和突尼斯的凯鲁万（Kairouan）之后，是非洲第三座穆斯林城。③ 8—9 世纪该城繁荣，1377 年成为废墟。塔费拉雷地区有 300 座卡斯巴（Kasbah，阿拉伯人的城堡或柏柏尔人的避难场所）及上千座卡萨尔（单数 Ksar、复数 Ksour）。④ 这些卡萨尔主要是柏柏尔人的定居村落，他们自己解释为城市，类似阿拉伯人聚居的城市（مدينة），可以为经过的驼队提供休整、给养和祈祷的场所。

作为撒哈拉都市，希吉勒马萨曾是黄金贸易的中心和法贴梅王朝（Fatimides，909 - 1171）的金库。据记载，951 年，该城缴纳 40 万第纳尔（dinar）的税收，占法贴梅王朝国库收入的一半（相当于北非其他地区的总额）。⑤

文化上，该城与非斯都是去麦加朝圣的穆斯林的聚集中心。13 世纪，干旱袭击了整个塔费拉雷地区，使昔日的繁荣景象荡然无存，土地变得贫瘠，直至

① Abderrassoul Lehadiri, *L'intégration industrielle regionale en Afrique*, Rabat：IEA, Série：Thèses 3, 2009, p. 28.

② Abdesselam Cheddadi, *Ibn Khaldun Revisité*. Casablanca：Les Editions TOUBKAL, 1999, pp. 25 - 26.

③ Jacques Benoit-Mechin, op. cit. , p. 18.

④ 有关摩洛哥南部的 Kasbah 和 Ksar 的解释众说纷纭，本文采纳了法国历史地理学家 A. G. P. Martin 的解释，参见 *Quatre siècles d'histoire marocaine*. Paris：Edition La Porte, 1923, p. 3.

⑤ Jean Michel Lessard, "Sijilmassa：La ville et ses relations commerciales au XIe siècle d'après el Bekri," *HESPERIS-TAMUDA*, Vol. X-Fasc1 - 2（1969）, pp. 5 - 36.

1268 年，阿里和法蒂玛的两个儿子之一哈桑的后代到来后（据口述是被当地人请来的），又恢复了生机。因此，摩洛哥当地人称哈桑的后代是"第一位到来者"（Al-Dakhil）。当地人庆祝古尔邦节时不在清真寺而是在露天的传统，与此传说有关。① 这就赋予了希吉勒马萨神圣的宗教意义。

到了 14 世纪后半期，该城变成废墟，没人知道具体原因。希吉勒马萨遗址坐落在今天摩洛哥的边陲小城里萨尼。后者继承了希吉勒马萨的商业遗产，如同马里的杰内之于杰内－杰诺古城（Jenne-jeno）的意义。尽管受到内陆地理位置的限制，近代发展海洋贸易的政策也对其不利，但里萨尼依然充满生机，而且城内有不少经营金银器的富商。在那里，不仅有阿拉维王朝缔造者阿里·谢里夫国王（Moulay Ali Cherif，1589－1659）的扎维亚（Zawia）②，每年吸引来自全国各地的朝圣者和王室成员，而且有长盛不衰的苏克（Souk，集市），只是自 1990 年以来再也没有驼队造访了。所以，里萨尼实际是希吉勒马萨的延续，具有一定的政治、经济和文化意义。

杰内城南的杰内－杰诺是马里境内最早的城市之一。1977 年，由美国考古学家麦金托什夫妇发现，其历史可以上溯至公元前 3 世纪。据他们介绍，早在公元前 250 年至 14 世纪被废弃之前，那里一直有人居住。③ 阿拉伯学者阿勒玛尼·马利基·亚塔拉（Almany Maliki Yattara）解释了古城被弃的原因：水灾导致居民不得不用独木舟或游泳离开此城，并开始建新城杰内。④

杰内城建于岛上，是为了接受来自杰内－杰诺的人而建的，因在历史上未被征服过而感到骄傲。传说是按照守护神的旨意，在建造城墙时需要有位处女葬于城墙，于是博佐族（Bozo）少女塔帕玛（Tapama）挺身而出，被称作"杰内－魄"（Djenne-po，意为"我是杰内城的第一位牺牲者"），杰内由此得名。《苏丹史》（Al-Sadi，*Tarikh al-Sudan*）记载这一年为伊斯兰历（Hegire）2 世纪，杰内史学家马马杜·特拉奥雷（El-Haji Mamadou Traoré）考证是 685—705 年建立的。⑤ 因交通便利，杰内的商业繁荣，物产也很丰富，可以建造容量为 30 吨的

---

① Jacques Benoit-Mechin, *op. cit.*, p. 21.
② 通常是逝者生前的学堂和吸收弟子的地方，生后是其陵墓所在地，由此成为弟子及其他人朝拜之地。
③ Roderick J. and Susan McIntosh, "The Inland Niger Delta before the Empire of Mali: evidence from Jenne-jeno," *Journal of African History*, Vol. 22, Issue 1 (1981): 1－22.
④ *CCIM*, p. 90.
⑤ *CCIM*, p. 90.

船（相当于 200 头骆驼或 1000 脚夫的运载量）。在杰内城，人们可以看到摩洛哥风格的门。

马里帝国时期，杰内的伊斯兰文化兴盛。据《苏丹史》记载，继国王第一个皈依伊斯兰教后，其居民至 12 世纪也都成了穆斯林，伊斯兰文化兴盛，建立了大清真寺。

加奥是桑海帝国的首都。它的经济和文化较之杰内和通布图并不逊色，只是关于它的记录留下的远不如后两者。《苏丹史》中有两章专写杰内，四章专写廷巴克图，还有一些章节涉及杰内和廷巴克图，却没有一章涉及加奥。

在 13—14 世纪马里帝国的兴盛期，加奥虽是马里的属国，但其地位不容忽视，有康库·穆萨（Kankou Moussa）朝圣回来建立的清真寺遗址（也可能是宫殿）为证。① 该遗址面积 2.5 平方公里，曾由雷蒙德·毛尼（Raymond Mauny）领导的考古队对其进行发掘和研究。但自 20 世纪 90 年代以来，由于马里北方不稳定，考古发掘很长时间已经处于停顿状态。

加奥曾是撒哈拉东路的重要起点，主要运输来自豪萨、博尔努和加涅姆地区的物产。但自 1591 年开始衰落。1853 年、1854 年巴特到加奥时，见到的是一座仅有三四百座茅草房的可怜村庄。②

廷巴克图在 15—16 世纪有 7 万—10 万人口，1828 年卡叶（Réné Caillié，1799 – 1838）到访时已降至 1.2 万，1926 年法国殖民统治时期继续降至 5000，到 1984 年才回升至 2 万。③ 人口规模在某种程度上可以衡量一个城市的盛衰，廷巴克图的盛衰从中略见一斑。廷巴克图早在五百多年前就开始面临沙漠侵蚀的严峻挑战，到了 19、20 世纪，沙漠化进一步加剧。

因法国地理学会出资 100 万法郎，卡叶 1828 年到达廷巴克图并留下著述。④他先到杰内，看到那里众多的人口、精致的清真寺和居民建筑及繁华的集市，便认定这是一座消失的古埃及城的复活，是一座真正的城市。他猜想廷巴克图会比杰内更加美丽，因为后者才是世界的首都。然而，他说，当"走进这座神秘的

---

① 中译本多作曼萨·穆萨。曼萨（Mansa）在曼丁语中是"国王之王"，即"王中王"之意。应改为康库·穆萨（是他的姓名）或穆萨曼萨（是他的姓加国王的称谓）。

② CCIM，p. 73.

③ CCIM，p. 77.

④ René Caillié，(1830)，*Journal d'un voyage à Temboctou et à Jenné dans l'Afrique centrale pendant les années 1824，1825，1826，1827，1828*. Avec une carte itinéraire et des remarques géographiques，par M. Jomard（*3 Vols*），Paris：Imprimerie Royale，1930. Tome deuxième，pp. 500 – 501.

城市（廷巴克图）——欧洲文明国家研究的对象——时，我有一种无法表达的满足感，我从未有过这样极度快乐的感觉。但我必须抑制这些冲动……保留我的热情，我发现眼前看到的城市不是我所期待的……她给我的第一面就是用泥造得很差的房子，到处是流动的沙子……自然界的一切都是令人悲哀的"。①

12 世纪初（1100 年），廷巴克图是游牧民族图阿雷格人商旅的货栈，由同名的奴隶看守——据说是位老妇人的名字，由她指挥众奴存放货物并看护水井。穆萨曼萨时期，该城被马里帝国占领并统治了 100 年。1433—1468 年，图阿雷格人夺回廷巴克图城。之后，松尼阿里占领廷巴克图，该城后来被纳入桑海帝国直至 1591 年。

16 世纪是廷巴克图的鼎盛时期，反映在文化上有 150—180 所伊斯兰教学校，其中最著名的就是桑科雷大学（Sankore）。据 16 世纪初到达那里的摩洛哥人雷奥·阿非利加（Léo Africanus，1492 – 1550）记载："通布图有许多法官、医生和神职人员，均由国王发工资，后者赐予文人大量酬金。有很多来自柏柏尔人的手稿出售，人们出售这些手稿比其他商品获利更多。"②

法国《费加罗报》记者菲利柯斯·杜博瓦（Felix Dubois）在他的《神秘的通布图》一书中，竭力诋毁廷巴克图，认为没有杰内，廷巴克图就没法存在。21 世纪埃里克·米雷的《通布图：一个神话的现实》记录了历史上对廷巴克图的美妙幻想并配以梦幻般的图片，以说明保留在文献和人们记忆中的廷巴克图只是神话，而现实的廷巴克图则令人悲哀，此书对文献提出了挑战。③

实际上，自卡叶第一个活着从廷巴克图回到欧洲之后，后来叙述廷巴克图和杰内城的书籍，大都对杰内充满赞扬，而认为廷巴克图名不副实。但是，撒哈拉商路昭示的是杰内和廷巴克图在历史上有过相辅相成、缺一不可的联系。只是殖民主义的到来使海路得到发展，撒哈拉商路受到了冷落。虽然马里是内陆国家，但是杰内比廷巴克布图更靠近西部的大西洋和南部的几内亚湾，加上雨水较多，由此形成了杰内今天较廷巴克图处于相对优势的格局。

---

① Eric Milet, *Tombouctou：Realite d'un mythe*, photographies de Jean-Luc Manaud, Paris：Arthaud, 2006, p. 77.

② *CCIM*, p. 78.

③ Felix Dubois, *Tombouctou：La Mystérieuse*, Paris, Enest Flammarios, 1897；Eric Milet, *op. cit.*, 2006, p. 147.

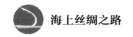

在中世纪，尼日尔内河三角洲一带除了杰内和廷巴克图，没有其他大城市。由于"伊斯兰－阿拉伯文明只在城市示范，广大农村人口仍然被排斥在外"。① 所以，马里的城市较农村更多地体现了摩洛哥的城市风格。

"城市"的主要内容是"市"（集市），"城"是行政概念，伊斯兰文化是这些城市的"魂"。撒哈拉商路使沿途的集市发展成非洲的城市，而这些城市的发展又是与清真寺、伊斯兰教学校（Medersa）及阿拉伯语文化联系在一起的，成为传播伊斯兰文化的重镇。所以，摩洛哥和马里的城市最为相似的是醒目的清真寺，不仅数量多，而且高耸的建筑非常引人注目。数量多表明伊斯兰教的大众化，这与天主教会的官僚化有所不同。前者只要有人出资，谁都可以建清真寺，而教堂是需要经过教会（有关行政机构）的批准才能建的。所以，我们从清真寺的数量多少可以看出伊斯兰教在当地的普及程度。

再者，在摩洛哥的希吉勒马萨和非斯都能见到"廷巴克图"的字样，大多是旅馆或宿营地的名称。而杰内和廷巴克图的清真寺和民房建筑，很多秉承了摩洛哥的建筑与装饰风格，互相映衬，特别是廷巴克图的卡斯巴。后者有两个入口，一个通向尼日尔河口的卡拉巴，另一个通向当地的大集市。市场不仅是社会经济结构中不可或缺的因素，也体现了人们文化心理的需求。摩洛哥与马里的城市是历史的产物，而人是历史的建筑师，是具有社会文化心理的主体。

城市包含了居民、中心建筑（包括皇宫、市场、清真寺等象征政治权力、经济实力和宗教文化的实体）和住宅实体，也包含了精神领域的宗教文化与社会风尚。伊斯兰社会的建筑特点是男女主要活动的空间是分开的；院子不在建筑物的中心，而是与妇女的房子相对，由此构成"外"和"内"。非洲的城市追求的是人与自然的统一，两者之间存在一定的距离，填补这一空间的是人类的活动。②

城市，加上相互间的经济、文化和政治交往，充分说明了撒哈拉并没有阻碍人类的活动，而人类的主观能动性反过来又可以超越自然屏障，达成文化共识。

---

① R. M. A. Bedam et J. D. van der Waals rédaction, *Djenné—Une ville millénaire au Mali*, Leiden-Gand：Rijksmuseum voor Volken-Kunde, 1994, p. 30.

② Masudi Alabi Fassassi, *L'architecture en Afrique noire*, Paris：L'Harmattan, 1997, p. 171.

三 汇聚交融的伊斯兰文化

伊斯兰教最早约在 8 世纪传到西非，14 世纪马里帝国时期迅速传播到瓦拉塔、廷巴克图、加奥和杰内，15—16 世纪桑海阿斯基亚时期达到高峰。马里历史学家阿达姆·巴·科纳雷说：在阿斯基亚时期，南摩洛哥与马里廷巴克图和杰内的关系是建立在宗教与科学活动基础上的。①

廷巴克图的阿赫迈德·巴巴（Ahmed Baba, 1556 – 1627）是两国文化联系的杰出代表，同时又反映了两国的政治联系。他出身于虔诚的穆斯林学者世家，其历代祖先长期担任廷巴克图的伊斯兰教法官和桑科尔清真寺的阿訇。② 他的孩提时代正是廷巴克图伊斯兰文化的兴盛时期，因此深受伊斯兰文化的熏陶。当 1591 年摩洛哥占领通布图时，他是该城最博学的穆斯林，领导全城市民和穆斯林学者起来积极抵抗摩洛哥的侵略。1593 年摩洛哥素丹下令，将他连同他的家属一起共 70 人抓到摩洛哥当时萨阿迪王朝（Saadiens, 1509 – 1660）的都城马拉喀什，阿赫迈德·巴巴直至 1607 年 3 月返回廷巴克图。与此同时，他还被掠走了 1600 册书。③

阿赫迈德·巴巴到摩洛哥后，连看守都发现了他的博学。他在贾米·舒拉法（Jami' al-Shurafa）清真寺大学讲学，主要是针对穆斯林大众的课程，包括语法、修辞、马立克派法学和神学。④ 与此同时，他在家开设针对少数精英层包括他的朋友和他青睐的学生的课程。后来在非斯的卡拉维因清真寺担当阿訇的马卡利（al-Maqqali, 1577 – 1632）说："我在马拉喀什遇见他，听他的课获益匪浅。我从他那里借了很多书，也得到几部他本人的著述和收藏的圣训汇编，并被授权讲他的著述及主要的圣训汇编。"⑤

阿赫迈德·巴巴在教书期间也著书立说，他创作的 56 部著作中，有 29 部是

① Adam Ba Konare, *Les relations politiques et culturelle entre le Maroc et le Mali à travers les âges*, Rabat: IEA, Chaire du Patrimoine Maroco-Africain, Conférence serie 3, 1991.
② Zouber, Ahmed Baba de Tombouctou, 1556 – 1627, sa vie et son oeuvre, Paris, G. – P. Maisonneuve et Larose, 1977, pp. 17 – 18.
③ Zouber, *op. cit.* p. 25.
④ Zouber, *op. cit.*, p. 29.
⑤ Zouber, *op. cit.*, p. 57 – 58.

在摩洛哥完成的，其中值得一提的是《马立克派学者传记导言》（Nayl al-Ibtihij bi-Tatriz al-Dibadi），此书记载了 13—16 世纪马立克法学派的主要学者，有近 662 人的传记，成为马格里布 16 世纪末传记文献。他的名声也因此传遍了整个马格里布地区。①

伊斯兰教的兴盛与清真寺和古兰经学校的建设以及阿拉伯语的推广有密切联系。廷巴克图现存的三大清真寺均建于伊斯兰文化在马里传播的兴盛期。津贾里贝尔（Djingerey-ber，意为大清真寺）、桑科雷（Sankore，也是桑科尔大学的所在地）和西迪·叶海亚（Sidi Yahia），分别位于城西南、城北和城市中心。第一座是马里帝国的穆萨曼萨从麦加朝圣回来后建的，随他一起到廷巴克图的安达卢西亚建筑师阿布·伊夏克－萨希里·卡尔纳提（Abu Ishak-Al-Sahili Al-Charnati）历时 5 年（1325—1330）建成，可以容纳 1 万人。第二座是由该城虔诚的穆斯林、富裕的妇人出资建于 15 世纪。第三座是 15 世纪廷巴克图的（图阿雷格人）总督奥马尔（应该是 Mohammed Naddi）建造的。②

摩洛哥人在撒哈拉以南地区传播伊斯兰教中扮演了重要的角色，以致有学者说："好像只有通过摩洛哥，马里才能进入伊斯兰地区（دار الإسلام）。"③

马格里布的穆斯林学者在向西非和中部非洲传播伊斯兰教的同时，面对现实及其挑战，也在重新定义伊斯兰教，如苏菲主义（Sufism）的出现。其基于对独一无二的上帝之爱及对自我的控制，主张通过内省来靠近上帝。④ 19 世纪初的富拉尼人（Fulani/Fulbe/Peul，多种称呼的拼写）改革运动，发起者丹·佛迪奥（Dan Fodio）就是受非斯的苏菲派学者扎如克（Zarruq，卒于 1493 年）的影响，

① Adam Ba Konare, *op. cit.*, p. 20；Zouber, *op. cit.*, p. 31.

② Augustin Hacquard, *Monographie de Tombouctou*：*Accompagnée de nombreuses illustration et d'une carte de la region de Tombouctou dressée d'après les documents les plus récents*, Paris：Société des études colonials & Maritimes, 1900, pp. 2 - 4. 现在每周五廷巴克图所有穆斯林都聚集津贾里贝尔，所以又称 "星期五大清真寺"。《苏丹史》作者记载的是总督穆罕默德·纳迪建造的西迪·叶海亚清真寺（Abderrahaman ben Abdallah ben Imran ben Amir Es-Sadi, *Tarikh Es-Sudan*, *traduit de l'Arabe par O. Houdas*. Paris：Ernest Leroux, 1900）。

③ J. O. Hunwick, *Les rapports intellectuels entre le Maroc et l'Afrique sub-saharienne à travers les âges*, Rabat：l'IEA, 1990.

④ Fatima Harrak, Le Soufisme face à la modernization, in *Confréries Soufies d'Afrique*：*Nouveaux Rôles*；*Nouveaux Enjeux*. Rabat：IEA, Série：Colloques et Séminaires 10, 2004, 177 - 201, p. 178.

旨在澄清伊斯兰教义、建立伊斯兰社会秩序。①

由于对宗教的定义不同，非洲的本土宗教长期以来被视为巫术。伊斯兰教则不同，西非地区较马格里布地区甚至有过之而无不及。当笔者坐在马里的长途汽车上，司机会因为祈祷时间到而停车，让旅客下车做祈祷。当车遇故障而停时，下车的人都拿着小地毯，第一件事就是找地方做祈祷。笔者在摩洛哥却从未遇到过类似情形，摩洛哥人一般会在上车前做好了祷告。无论是汽车站还是火车站，只要规模还比较大的，两国都有供穆斯林祷告的屋子，而且是男女分开的。

马里国王苏莱曼（Mansa Souleymane，1341–1360）曾派廷巴克图的学者到摩洛哥的卡拉维因大学（L'université de la Karaouiyine）学习，以扩充他们的知识，包括科学知识。② 这所大学建于9世纪，与清真寺同名，是一所开放型的大学。人们不仅可以在那里学伊斯兰宗教学，而且能学习法学、行政学、自然科学、数学、地理学及其他学科。"虽然人们在这里接受的是最有限的科学教育和最僵化的文学训练，但拥有该大学文凭的学生被视为高度成熟的学者。这归功于他们在大学接受的一种思维训练，这种训练使他们可以克服科学学科上的困难并掌握最艰难的文学读本。"③

雷奥·阿非利加，原名哈桑·阿勒瓦赞（Hassan Alwazzan），出生于伊比利亚半岛格拉纳达，1609年9月22日西班牙国王菲利普二世（Philippe Ⅱ，1556—1598在位）颁布驱逐穆斯林的诏令后，他随全家搬到了摩洛哥的非斯并在卡拉维因大学接受良好的教育。他毕业后在律师界做过两年公证人，之后开始了长达10年的旅行，到过廷巴克图。他著有《非洲志》（La description de l'Afrique），

① Hamid Bobboyi, *Scholars and Scholarship: In the Relations between the Maghrib and the Central Bilad al-Soudan during the Pre-colonial Period*, Rabat: IEA, Chaire of Common Morocco-African Heritage, Conferences series 31, 2006, p. 27.

② Yusuf Fadl Hassan, *Some Aspects of Cultural Relations between al-Maghrib and the Nilotic Sudan from the 15th to 16th Century A. D.*, Rabat: l'IEA, 2009: 7.

③ Said Hajji, Hassan Alwazzan dit «Léon l'Africain», Une personnalité marocaine hors du commun ignoré du milieu marocain, *Almagrib*, 21 décembre 1934, https://said.hajji.org/fr/ecrits-litteraires-politiques-et-journalistiques/regards-sur-les-pages-glorieuses-de-l-histoire-du-maroc/hassan-alwazzan-dit-leon-l-africain [Accessed on June 1, 2020]. 通常采用 Leo Africanus，取代这里的 Léon l'Africain.

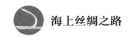

1526 年完成，1550 年出版意大利文本，1600 年被译成英文，① 其中第 7 部分叙述的是他到过撒哈拉南部的 15 个黑人（城市）国家。②

随着阿拉伯人的到来，阿拉伯语逐渐成为西非和中部非洲的文化、行政和外交用语或书面语，直至 19 世纪。双方的历史就被这些阿拉伯文献所记载，还有更多的手稿等待人们解读。

摩洛哥记载马里社会的文献包括：（1）伊本·白图泰（ابن بطوطة，1304 – 1369）的著作，他 1353 年访问了马里帝国，是第一个记载廷巴克图的人，他的记载使人们了解苏莱曼时期的马里社会。（2）伊本·赫勒敦（ابن خلدون，1332 – 1406）的《柏柏尔人和北非穆斯林王朝的历史》（1373）第 2 卷有一节专门写黑人的国王，绝大部分资料来自曾在加奥工作的摩洛哥人伊本·瓦苏勒（Ibn Wâsûl 或 Ibn Ouaçoul）所提供的口述史料，其中提到当时的"马里帝国变得无比强大且如此重要，以至于马格里布（今摩洛哥）和伊夫里基亚（Ifrikia，今突尼斯）的商人去那里做买卖"。"马里帝国非常辽阔、人口众多、商业发达。"③（3）雷奥·阿非利加在《非洲志》中记载了桑海帝国的经济、政治和社会文化。他在摩洛哥的瓦塔希德王朝时期（Wattassides，1472 – 1554）担任外交官，于 1512 年到廷巴克图。

摩洛哥的历史也因双方政治、经济和文化联系留在了马里的历史书中，包括：（1）萨迪的《苏丹史》。此书写到 1656 年，记录了摩洛哥占领苏丹的最初半个世纪。（2）《不该被遗忘的人》（佚名，*Tedzkiret En-Nisian*）。该书记载了至 1750 年所有在廷巴克图担任过帕夏者的传记，可谓人名辞典。④（3）廷巴克图的

① Leo Africanus, *The History And Description of Africa*, done into English by John Pory in 1600, London：The Hakluty Society，影印本，共三卷。
② 瓦拉塔（Gualata）、杰内（Ghinée）、马里（Melli）、通布图（Tombut）、卡巴拉（Cabra）、加奥（Gago）、古贝尔（Guber）、阿加德兹、卡诺（Cano）、泽格泽格（Zegzeg，都城是扎里亚，通常又称 Zaria）、赞法拉（Zanfara）、万加拉（Guangara）、博尔诺（Borno）、高加（Gaoga，不是加奥，而是 Boulala）和努比亚（Nubie）。括号里的是法译本拼写。见于法语版 Leo Africanus, *Description de l'Afrique, tierce partie du monde*. Premièrement en langue arabesque, puis en toscane et à présent mise en français, Vol. 3 par M. Charles Schefer. Paris：Nouvelle Edition Annotée, 1898，pp. 282 – 322。
③ Ibn Khaldun, *Histoire des Berbères et des dynasties musulmanes de l'Afrique septentrionale*. Tome deuxième, Alger：Imprimerie du gouvernemen, 1854；Reprint Paris：Geuthner, 1925 – 1926, pp. 105 – 116：111, 116.
④ Elias N. Saad, *Social History of Timbuktu：The Role of Muslim Scholars and Notables 1400 – 1900*, Cambridge University Press, 1983, p.21. 该书名 *Tedzkiret En-Nisian* 原意是《记住那些被忘记的人》。

卡迪著有《研究者传记》。该书由祖孙三代完成，即自 1519 年阿尔法·马哈穆德·卡迪 (Alfa Mahmoud Kâti) 开始写作，由他的外孙伊本·莫赫塔尔 (Ibn el-Mokhtâr) 完成于 1665 年。该著作的最后一章即第十六章记录的是廷巴克图的摩洛哥帕夏。[1]

另外，保存在廷巴克图市的阿赫迈德·巴巴研究院和许多私人图书馆的阿拉伯文与阿贾米 (ajamie，即用阿拉伯文书写的非洲当地语言) 手稿，正是这一文化交流的结晶。2005 年 6 月 13—17 日，摩洛哥国家图书馆、穆罕默德五世大学的非洲研究所以及马里廷巴克图的阿赫迈德·巴巴高等教育和伊斯兰研究院 (IHERIAB—Institut des hautes études et de recherches islamique Ahmed Baba) 合作举办了题为"知识之路"的学术研讨会和廷巴克图手稿展，旨在说明处在沙漠中的图书馆不仅是商路的十字路口，而且是知识之路的汇聚地。[2]

廷巴克图的兴盛是阿拉伯—柏柏尔文化与处于鼎盛时期的非洲黑人文化交流的产物。不同文化之间的交流，如同正在攀登不同山峰的人，只有攀到山顶上才能见到对方，那时的交流会绽放光彩，譬如古希腊与古埃及的文化碰撞、中国唐朝与阿拉伯帝国在 8 世纪的文化碰撞、中世纪伊斯兰教与基督教的碰撞。但近代以来，由于西方文化自恃高人一等，要对其他地区进行"文明开化"，基于平等的文化碰撞越来越少，更多的是仰仗军事、技术和制度的优势对他国进行文化侵略。

四　相互交织的政治命运

"摩洛哥与马里的联系主要是与伊斯兰教的诞生相关。这条商路自 11 世纪开始传播伊斯兰教，使双方建立了外交关系并增进了解，但也不可避免地发生过战争。"[3]

---

① Mahmoud Kâti et l'un des ses petit fils, *Tarikh El-Fettash* (《研究者编年史》Chronoqie du chercheurs，作者全名 Mahmoud Kâti ben El-Hâdj Motaouakkel Kâti)，Pour Servir à l'histoire des villes, des armées et des principaux personnages du Tekrour. Traduction française par O. Houdas e M. Delafosse. Paris: Imprimerie Leroux, 1913。记载摩洛哥帕夏最全的是后来的法国学者 Michel Abitbol (1979) 的著作: *Tombouctou et les Arma: de la conquête marocaine du Soudan nigérien en 1591 à l'hégémonie de l'Empire Peulh du Macina en 1833*。

② *Le Chemins du Savoir: Guide de l'Exposition*, Rabat: IEA, 2005, p. 7.

③ Adam Ba Konaré, *Les relations politiques et culturelle entre le Maroc et le Mali à travers les âges*, Rabat: IEA, Chaire du Patrimoine Maroco-Africain, Conférence série 3, 1991.

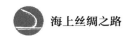

毋庸置疑，战争也是一种联系的方式，而且通常与争夺经济利益相关。1053 年，穆拉彼特（Mulabitun，1061－1147）的阿巴拉赫·伊本·亚辛（Aballah ibn Yasin）率军从毛里塔尼亚和塞内加尔出发，1054 年占领了希吉勒马萨，1062 年定都马拉喀什。1069 年优素福·塔什芬（Youssef ben Tachfin）自称是"信徒的统帅"（Commandeur des croyants），① 吞并非斯，接着向北攻占丹吉尔（Tanger）和休达（Ceuta），南下攻占加纳王国都城昆比萨利赫（1076），使后者分裂成许多散落在上塞内加尔河与上尼日尔河周围的小国，从此控制了从撒哈拉到地中海的南北贸易。

摩洛哥萨阿迪王朝征服桑海帝国也离不开经济利益。南部传统制糖业的衰落加速了摩洛哥征讨西非的步伐，早在伊萨克一世阿斯基亚在位时（Askia Isaq Ⅰ，1539－1549），摩洛哥素丹就写信要求让出塔加扎盐矿。伊萨克便派 2000 名图阿雷格人（Touareg）洗劫了摩洛哥靠近马拉喀什的德拉河。1543 年或 1544 年，摩洛哥素丹派兵报复，但没有越过今天的毛里塔尼亚。1556 年或 1557 年，摩洛哥素丹再次派兵攻打塔加扎，杀了阿斯基亚的收税官和图阿雷格运盐商，夺得盐矿。达乌德阿斯基亚（Askia Daoud，1549－1582）于是在边上开发新的盐矿陶德尼，双方达成分享塔加扎盐矿收入的协议。

1578 年的"三王之战"使曼苏尔继任萨阿迪王朝的素丹。② 1585 年，曼苏尔素丹向桑海派外交使团，送去很多奴隶，包括 80 名太监，旨在窥探阿斯基亚的兵力。同年，派出 2 万人向瓦丹挺进，直指廷巴克图，但受困于饥饿与干旱而返。待摩洛哥人一退，桑海帝国又重新开采塔加扎盐矿，直至 1586 年伊萨克二世（Askia Isaq Ⅱ，1588－1591）继任阿斯基亚。曼苏尔素丹写信给后者，要求其放弃盐矿，将撒哈拉统治权交给摩洛哥，以便抵御基督教的侵略。1590 年 1月，信被送达加奥，但遭到了伊萨克二世的拒绝。为此，曼苏尔决定发起进攻。同年 11 月，曼苏尔派出 5000 人军队，由朱达尔指挥，从马拉喀什都城出发，向东南的德拉河谷进发。1591 年 3 月到达邦巴拉人（Bambara）居住的尼日尔河谷时，只剩下 1000 人，而桑海有 12500 名骑兵和 3 万步兵。同年 4 月 12 日，两军在加奥北部的通迪比相遇并决战（Battle of Tondibi），摩洛哥凭借手中的现代武

---

① 摩洛哥国王的这一称号被正式写入 1972 年的宪法，所以，摩洛哥国王兼领世俗政权和神权。

② 西班牙国王塞巴斯蒂安一世（Sebastian Ⅰ）、摩洛哥萨阿迪王朝素丹阿布德·马立克（Abd al-Malek）及 1576 年被后者废黜的穆塔纳吉勒（al-Mutanakkil）在摩洛哥北部的凯比尔堡作战，结果是三王全部战死。

器两个小时就决出了胜负，伊萨克二世逃至尼日尔河南岸的古马（Gourma）。摩洛哥在廷巴克图设帕夏，但遭到马里境内各族的反抗。

除了经济利益之外，摩洛哥进攻苏丹还应考虑一些其他原因：一是基督教在伊比利亚半岛驱逐穆斯林；二是奥斯曼的占领，造成奥兰和特雷姆森的数十个阿拉伯人家庭和一些部落迁到了摩洛哥东部与阿尔及利亚的边境；三是摩洛哥处于被外界隔绝的半封闭状态，所以只能向南即苏丹地区扩展。[①]

双方虽然有过战争冲突，但也不乏军事和外交上的合作往来。阿拉维王朝的伊斯梅尔（Moulay Ismail，1672 – 1727）统治时期，正是得益于一支主要来自今天马里地区的忠诚的黑人军队（史称 Bouakhar），1684 年从英国人手里夺回丹吉尔，1681 年和 1689 年从西班牙手里先后夺回梅迪亚（Mehdia）和拉尔彻（Larache），后来又从土耳其手里夺回了一部分阿尔及利亚的领地。[②] 这支黑人军队多达 15 万人，其中 7 万主力驻扎在丹吉尔城（Medina Er-Remel），2.5 万驻守在梅克内斯城，担任保护素丹的卫兵，其余被派到从北部乌季达（Oujida）至南部农河流域（Noun）的城堡守卫国家。[③]

在外交上，穆萨曼萨在位时期，与摩洛哥的马林王朝（Marinides，1244 – 1465）互派使节，保持友好关系。1337 年，马里的穆萨曼萨向马林王朝派遣了第一位大使，为了祝贺"黑人素丹"阿布·哈桑（Abou al-Hassan，1331 – 1348）攻占特雷姆森。作为对这一创举的回应，摩洛哥的阿布·哈桑也向马里派遣了大使，并且向马里帝国赠送礼物。[④] 1348 年，当这位"黑人素丹"去世时，苏莱曼派使者参加了他的葬礼。[⑤]

1659 年，萨阿迪王朝终结，但廷巴克图的帕夏领地并没有宣布独立。1670 年，廷巴克图人民愿意效忠阿里的后代阿拉维王朝，该王朝的拉希德国王

---

① Mohamed HAJJ, *L'Actualité intellectuelle au Maroc à l'époque sadide*. Rabat：Publication de DAR El-Maghrib，Tome 1，pp. 7 – 8.

② Jean Pierre Lozato-Giofart, *Le Maroc*，Paris：Karthala，1991，p. 104.

③ Maurice Delafosse，Les début des troupes noires du Maroc，*HESPERIS*，Vol. 3（1923）1er Trimestre，pp. 1 – 12. 农河（Oued Noun）在德拉河以北 70 公里，流经今天摩洛哥南部的盖勒敏城（Guelmim）。

④ Ibn Khaldun，*Histoire des Berbères et des dynasties musulmanes de l'Afrique septentrionale*. Tome quatrième，Alger：Imprimerie du gouvernement，1856. Reprint Paris：Geuthner，1925 – 1926，pp. 242 – 244.

⑤ *Civilisation marocaine：arts et cultures*，sous la direction de Mohamed Sijelmassi et Abdelkebir Khatibi. Casablanca：Editions Oum，1996，pp. 50 – 53.

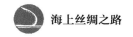

（1664—1672）重设帕夏。①

19 世纪初，面临殖民地压力，摩洛哥素丹试图与苏丹地区的精英维持伊斯兰阵营的团结。② 当摩洛哥先后在 1888 年和 1893 年面临法国侵略时，摩洛哥素丹曾向廷巴克图提出救援。③

另外，1366 年，阿布德·哈利姆素丹（Abd al-Halim）被其兄弟阿布·齐延（Abu Ziyan）废黜并驱逐出摩洛哥时，逃到了马里，得到马立德·迪亚塔国王（Mansa Marîd Djâta，1360 – 1374）的庇护。④

1591 年占领桑海帝国后，摩洛哥在廷巴克图的帕夏政府，先是由马拉喀什的素丹任命。自 1612 年起由摩洛哥军队在廷巴克图的后代自行选举，由此形成一种独特的社会阶层，被称作阿尔马（Arma，桑海语），实际是独立于摩洛哥及其素丹的统治势力。各地区和市中心设有卡伊德（Qaîds，驻军或警备部队首领和大的市中心首领）及负责其他城市事务的官职，包括收税的哈肯（Hâken）。但他们从未平息境内的反抗，先后遇到邦巴拉人的塞古帝国（Segou Empire，1712 – 1861）、富拉尼人的马西纳帝国（Massina Empire，1818 – 1862）和图阿雷格人的反抗。所以，阿尔马在马里——主要是在廷巴克图——的存在只是一种人数非常有限的、象征性的存在，谈不上对马里进行"殖民统治"。但这段历史给马里留下的印迹明显地反映在廷巴克图和杰内城的建筑物上。

小结与思考

第一，中世纪摩洛哥与马里政治、经济和文化的历史联系虽然已经远离我们这个时代，却留在了今天的城市建筑、文献手稿和人们的日常生活中（如廷巴克图市民制作大饼的炉灶就是从摩洛哥传来的，与希吉勒马萨的相同）。这些见证表明了非洲和阿拉伯有过的历史整合，这不是一种民族—国家的整合，而是出于文化和经济上的需求，基于穆斯林社团的平等思想，由人类的活动所塑造的，

---

① Maurice Delafosse, Les début des troupes noires du Maroc, *HESPERIS*, Vol. 3（1923）1er Trimestre, pp. 1 – 12.

② Mohamed El Mansour and Fatima Harrak, *A Fulani Jihadist in the Maghrib*, *Admonition of Ahamad Ibn al-Qadi at Timbuctu to the Rulers of Morocco and Tunisia*. Rabat：l'IEA, 2000.

③ *Civilisation marocaine*：*arts et cultures*, sous la direction de Mohamed Sijelmassi et Abdelkebir Khatibi. Casablanca：Editions Oum, 1996, pp. 50 – 53.

④ *Civilisation marocaine*；Adam Ba KONARE, *op. cit.*

包括精英和大众的超越时间与空间阻隔的活动。人们因此可以根据历史文献、考古遗址和人类共同的物质与精神生活来重新书写超越民族和地区的世界历史。

第二，撒哈拉商路不仅是贸易之路，而且是朝圣之路和知识之路。撒哈拉商路促进了沿途城市的兴起和经济的繁荣。行走在撒哈拉商路中的驼队，与其说是为了获得经济利益，不如说是一种与环境相适应的人类生活方式。撒哈拉商路是推动历史进步的动力，但又被历史的"进步"所淘汰。这一悖论表明人类历史的发展并不总是人道的，尽管历史本身是由人类的活动所创造的。中世纪撒哈拉地区的政权同样取决于武力、信仰、奴隶和盐。由此可见，不是所有的历史联系都是充满和平的田园史诗。

第三，"城市"在阿拉伯语中与"文明"同义，既是相互交流的产物，又有自己的发展轨迹。很多城市兼具商业和文化中心的作用。这或许可以诠释为什么政权消亡，城市却可续存至今。但政权的意志也不容忽视。譬如，希吉勒马萨虽然成了废墟，却以另一种方式活着，化身为今天的里萨尼，在摩洛哥现政权阿拉维王朝的保护下，仍然保持着经济上和文化上的生机，表现为每周三次的热闹集市、阿拉维学习和研究中心（CERA）以及阿里·谢里夫国王的扎维亚。廷巴克图虽然一直存在，但中世纪以后停滞不前，不再是商业和政治中心，唯有留下的阿拉伯文手稿是非洲复兴的一种象征。当年正是通迪比一役打破了萨阿迪王朝与桑海帝国的平衡，现在人们是否应当寻找新的因素来重建双方的平衡与联系？历史给我们的启示是：只有当双方平等且自愿地相遇，才能达到繁荣并结出硕果。

墨西哥革命后"国家重建"时期的
土地与农业政策

董经胜

1920 年 12 月 1 日，阿尔瓦罗·奥夫雷贡宣誓就任墨西哥总统。这样，自 1914 年以来墨西哥革命中各派别之间的争斗以卡兰萨派或护宪派内部的西北派索诺拉人夺得政权而告终，[①] 开始了墨西哥革命后的"索诺拉王朝"时期（1920—1934）。[②] 新政权面临的任务"不仅仅是修复近十年的政治动荡和内战所留下的创伤，而且要在新的基础上重建这个国家，令墨西哥及其人民获得新生"，因此，学者们普遍认为，这一时期是墨西哥革命后的"国家重建"时期。[③] 能否赢得在革命期间动员起来的农民的支持，成为重建成功与否的关键，而土地改革是缓和农村社会矛盾、争取农民支持的主要手段。本文拟在墨西哥革命后"国家重建"的大背景下，对土地改革的动机、方式和结果进行初步探讨。

一　"索诺拉王朝"初期的土地改革

"索诺拉王朝"上台后，面临着极其严峻的挑战。军人难以控制，仅在 20

---

① 〔英〕莱斯利·贝瑟尔主编《剑桥拉丁美洲史》第 5 卷，社会科学文献出版社，1992，第 164 页。

② 奥夫雷贡就职前，阿道弗·德拉韦尔塔曾任临时总统（1920 年 5 月 21 日至 12 月 1 日）。1924 年，奥夫雷贡任期结束后，普鲁塔科·埃利亚斯·卡列斯就任总统。1928 年，奥夫雷贡再次当选总统，但在就职前不久被暗杀。随后六年中，虽然由埃米略·波特斯·希尔、帕斯夸尔·奥尔蒂斯·卢维奥、阿维拉多·罗德里格斯相继担任总统，但实际控制政府的仍是前总统卡列斯，因此 1928—1934 年又被称为最高首领（Jefe Máximo）时期。奥夫雷贡、德拉韦尔塔、卡列斯也被称为"索诺拉三巨头"。

③ 〔美〕迈克尔·C. 迈耶、威廉·H. 比兹利编《墨西哥史》，复旦人译，东方出版中心，2012，第 556 页。

年代，就发生了两起大的军人暴动，此外还有多起小规模的兵变和军营骚乱；革命期间，地方首领再起，削弱了中央政府的权威；旧寡头集团对政权的控制被革命摧毁，但这个集团对经济的控制依然存在；萨帕塔领导的农民运动虽然在军事上失败了，但萨帕塔的支持者依然拥有政治力量。正如一位学者所指出的，革命后的墨西哥出现了一种各主要社会力量间"灾难性的平衡"，其中任何一种力量都无法确立自己的霸权。① 由于国家政权软弱，索诺拉集团不得不尽最大努力巩固其统治地位。为达此目标，1923 年 8 月，墨西哥与美国签订了布卡雷利街协议（布卡雷利为墨西哥城的一条街道），修复了两国关系，代价则是向美国利益做出了重大的让步。在国内事务中，索诺拉集团试图通过经济利益和政治上的让步换取军事上竞争对手的中立，但是，正如此间所发生的军事叛乱所表明的，此策略的效果并不显著。更重要的是，新政府试图在工人和农民中寻求盟友。

土地改革成为政权巩固和国家重建的重要手段。要想让农民与新政权站在一起，最主要的办法就是根据 1917 年宪法第 27 条进行土地改革。对于索诺拉集团的领袖来说，相对于政治作用而言，土地改革的经济和社会目标是次要的。卡列斯在与奇瓦瓦州前州长伊戈纳西奥·C. 恩里克斯（Ignacio C. Enríquez）的谈话中非常清楚地说明了政府的立场："村社问题是控制这些人的最好手段，只要简单地告诉他们，如果你们想要得到土地，就必须和政府站在一边，那些不与政府站在一起的人，是得不到土地的。"②

在 20 年代，军队和地方政治首脑仍未被驯服，1926 年后又爆发了基督教徒暴动，国家政权依然相对软弱。为了与这些社会集团相抗衡，新政府需要与工人、农民建立联盟，因而，不得不对工人改善工作条件及农民分配土地的要求做出回应。③ 因而，政府在土地改革方面比较积极主动，尽管相关政策在各地区之间差异很大。

革命期间，奥夫雷贡就确立了自己土地改革支持者的形象。早在 1912 年，

---

① Anatol Shulgovski, *México en la encrucijada de su historia*, México, 1968, p. 37.

② Hans Werner Tobler, "Peasants and the Shaping of the Revolutionary State, 1910 – 40," Friedrich Katz, ed., *Riot, Rebellion and Revolution: Rural Social Conflict in Mexico*, Princeton University Press, 1988, p. 497.

③ Arnaldo Cordova, *La ideología de la revolución mexicana: La formación del nuevo régimen*, Mexico: Ediciones Era, 1973, p. 339.

他就充分意识到追随他参加战斗的马约人（Mayo）对土地的要求。1914 年，奥夫雷贡和比利亚就要求最高首领卡兰萨颁布土地改革的法令。同年 10 月 15 日举行的阿瓜斯卡连特斯（Aguascalientes）会议，萨帕塔派的代表受邀参加，会议"原则上"通过了给农民分配土地的阿亚拉计划。① 这使得奥夫雷贡进一步认识到土地问题的重要性。会议失败后，奥夫雷贡和其他一些立宪派领导人组建了革命联盟（Confederación Revolucionaria），敦促卡兰萨在土地改革方面采取行动。结果，1915 年 1 月 1 日，立宪派颁布土地法令。该法令规定：第一，所有因土地测量公司的非法措施、圈地或其他非法行为而导致 1856 年 6 月 26 日颁布的法律被滥用，由此引起的村庄土地、森林和水源的所有权变更，皆无效。第二，授权需要土地的村庄获得足够的土地，不管它们是否曾因某种非法的方式丧失土地。土地的授予须与团体的需要相适应，政府负责从邻近的农场征收土地。② 根据该法令，成立了国家土地委员会（Comisión Nacional Agraria，CNA），各州和各村也成立了土地委员会和执行委员会，作为土地改革的执行机构。但是，由于卡兰萨的保守立场，土地分配的进程缓慢。为了限制各州土地改革的步伐，1916 年，卡兰萨政府宣布，各州停止临时性的土地分配，任何土地分配都必须等待中央政府批准。与卡兰萨不同，在与比利亚派的战争期间，奥夫雷贡继续支持土地改革，甚至在 1916 年担任战争部部长期间向索诺拉州的土地改革者提供资金和交通支持。在 1917 年举行的立宪会议上，他支持所谓雅各宾派的主张，从而使宪法第 27 条得以通过，土地改革成为革命的首要原则之一。虽然在 1917 年中至 1919 年初，奥夫雷贡退出了公共生活，但作为社会改革者，奥夫雷贡赢得了已获得土地或者希望获得土地的农民的支持，而卡兰萨在土地改革问题上的消极立场使奥夫雷贡在农民中的声望进一步增加。因此，在 1920 年竞选总统和发动反对卡兰萨的叛乱时，大量农民，其中包括萨帕塔派，站到了奥夫雷贡一边。③

卡兰萨倒台后，新政府（最初为 1920 年 5 月 21 日至 12 月 1 日的德拉韦尔塔临时政府）采取的第一项土地改革措施就是 1920 年 6 月 23 日颁布《未利用土

---

① 〔英〕莱斯利·贝瑟尔主编《剑桥拉丁美洲史》第 5 卷，第 115 页。

② Susan R. Walsh Sanderson, *Land Reform in Mexico*：*1910 - 1980*, Academic Press, INC., Orlando, Florida, 1984, p. 39.

③ Linda B. Hall, "Alvaro Obregon and the Politics of Mexican Land Reform, 1920 - 1924," *Hispanic American Historical Review*, Vol. 60, No. 2, 1980, pp. 213 - 214.

地法》（Ley de Tierras Ociosas）。为了使未被利用的土地得到开发，从而增加国家的粮食供应，该法案授权地方市镇政府临时征用私人拥有但未被使用的土地，交给愿意耕种的人使用。后者须将收成的十分之一交给前者，作为租金。年底，一旦最后一季作物收获完毕，须将土地物归原主。该法案曾被广泛实施，而且，当时的情况是，地主很难从临时租户手中收回土地。与此同时，新政府还恢复了州政府临时性分配土地的权力，国家土地委员会也非常积极地推进土地改革。在德拉韦尔塔临时执政的 6 个月间，永久性分配了 166355 公顷土地，临时性分配了 28156 公顷土地。而在卡兰萨执政的三年，仅分配了 132639 公顷土地。[1]

1920 年 12 月 1 日，奥夫雷贡就任总统。28 日，奥夫雷贡政府颁布了《村社法》（Ley de Ejidos），旨在将 1915 年的土地法令和 1917 年宪法第 27 条的内容做进一步的深化和细化，但是该法对于收回土地的程序和土地申请人资格的认证等方面的规定过于模糊和复杂，更为严重的是，该法案再次阻止州政府临时分配土地。因此该法案很快就被废除了，取而代之的是 1922 年 4 月 17 日颁布的《农业调整法》。该法案明确了有资格通过归还（restitution）和授予（grantion）获得土地的人群的资格。1917 年宪法规定，只有具有一定政治地位的市镇、定居点、聚居点、公社以及共同持有者（指若干人共同继承一块土地，虽分散持有但未办理相应的法律手续）才有权申请土地。《土地调整法》又增加了两类：一类是聚居在已经废弃的庄园上并耕种周围土地的个人；另一类是那些在战争中失去大部分劳动力与财富的工业、商业和矿业市镇。但《土地调整法》特别规定，有些村庄不能建立公有地制度，包括政治上从属于另外村庄的街区（往往是较大村庄周围的小村子）。更为关键的一点是，居住在庄园的庄园雇工被排除在土地分配之外。[2]《土地调整法》规定由国家土地委员会、州土地委员会、地方执行委员会三级机构具体负责土改事务。土地分配的程序为：先由村庄执行委员会向州土地委员会提出申请，经后者审查后，将申请呈送州长；州长确认后，再上报给国家土地委员会，由其做出暂时性的判定。如果判定被批准，那么村庄即可通过地方执行委员会获得土地的临时所有权。然后，再回到国家土地委员会进行必

---

[1] Linda B. Hall, "Alvaro Obregon and the Politics of Mexican Land Reform, 1920 – 1924," *Hispanic American Historical Review*, p. 216.

[2] 高波：《墨西哥现代村社制度》，博士学位论文，北京大学，2000，第 20 页。

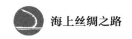

要的审查，由其递交总统做出最终决定。只有在总统批准后，该村庄才获得土地的最终所有权。[1] 此外，《土地调整法》还确定了土地分配的限额。如果属于"归还被侵占土地"，凡村庄能够证明的被剥夺的土地都将物归原主；如果属于向政府申请授予土地，则按照村庄人口总数来计算：每个年满 18 岁的村民都可得到一块 3—5 公顷的灌溉田，或 4—6 公顷的季节田。所分配的土地来自对私人地产的征收：凡私人所持多于 150 公顷灌溉田或 250 公顷雨水充足的耕地或 500公顷季节田的土地，其超出部分都要予以征收。但附带农产品加工企业的田地、果园、咖啡、可可、香草或其他种植园的土地可免予征收。[2] 农业调整法为奥夫雷贡、卡列斯政府期间的土地改革确定了基本的模式。

此后，政府对农业调整法又进行了微小的修正，主要是进一步加强总统对于土地分配的控制权。1923 年 8 月，为了鼓励公民开垦国有荒地，政府又通过了《荒地法》。法案规定，任何年满 18 岁的墨西哥公民都可开垦、占有一块国有荒地，其面积不超过 25 公顷（灌溉地）或 200 公顷（非灌溉地），连续耕作两年以上即可获得该土地的所有权。[3]

通过上述法律，土地改革不仅得以有序地推进，更重要的是，土地改革计划被置于中央政府的严格控制之下，从属于国家政策的目标。奥夫雷贡执政期间，对国家重建的优先考虑也对土地改革带来了一定的限制。虽然政府永久性地分配了 1100117 公顷土地，临时性地分配了 3964559 公顷土地，但是，为了保证农业生产稳定，对于有效利用进行生产的庄园土地，奥夫雷贡尽可能地不予征收；同时，他对征收属于外国人的土地特别谨慎，因为他担心由此挫伤国家重建和发展所迫切需要的外国投资。

1924—1928 年卡列斯政府期间，土地分配制度又有了进一步的发展，最重要的变化是对村庄资格的限制放宽了。从 1915 年的法令起，就限定只有四类村庄有权申请、拥有土地，可是对这些村庄的分类是很不规范的，往往是由历史上的偶然事件而非其政治、经济特点决定的，这就给土改增加了一些随意性很强的选择程序，致使有些村庄被武断地排除在外，从而引发了大量的法律纠纷。1927年 4 月 23 日修订过的《土地、水源归还和授予法》取消了这些分类，规定任何

---

[1] Linda B. Hall, "Alvaro Obregon and the Politics of Mexican Land Reform, 1920 - 1924," *Hispanic American Historical Review*, p. 217.

[2] Eyler N. Simpson, *The Ejido: Mexico's Way Out*, The University of North Carolina Press, 1937, p. 84.

[3] 高波：《墨西哥现代村社制度》，第 20 页。

缺乏土地、水资源的居民点都有权申请得到这些资源，但是非常小的村庄（20人以下）和庄园雇工仍被排除在外。新法案还简化了申请手续，并堵塞了一些法律漏洞，以免地主逃避征收，如禁止征收范围内的地主在村庄提出申请后再分割、出售土地等。另外，该法案第一次规定了已建立的村社可以申请"扩展"，即分到土地的村社在十年之后可以向政府申请追加土地；扩展的土地只能用来建立新的份地，不能用来扩大原来的份地；原来的社员不能再从扩展中受益等。①

1926年4月5日，政府又通过了一部《垦殖法》，这是1923年《荒地法》的延伸。该法案规定，不仅国有土地可以用于垦殖，还可以从国家信贷银行贷款购买私人土地安置垦殖者。个人占有的土地面积可达到灌溉田50公顷，或一等季节田250公顷，二等季节田500公顷，牧场5000公顷，比以前的规定扩大了一倍。②

卡列斯政府期间一共分配了接近300万公顷土地，大约相当于全国土地面积的1.5%，超过此前各届政府分配土地总量的两倍多。

土地改革对于国家政权的巩固和国家建设起到了至关重要的作用。一方面，在国家政权面临生死存亡的紧急关头，例如在1923—1924年德拉韦尔塔叛乱和1929年基督教徒暴动期间，正是依靠广大农民的支持，政权渡过了危机。另一方面，土地改革的迅速推进，极大地缓和了一些地区的社会不满，有助于维护政治稳定。从这一时期的土地改革的力度在不同地区之间的巨大差异上，可以明显地看出这一点。根据研究，1922年9月至1924年12月，土地改革主要在以下三类地区力度最大。

第一类是杜兰戈州和奇瓦瓦州。在这两个地区，1920年前，奥夫雷贡的对手比利亚拥有大量的支持者；而奇瓦瓦州的骚动甚至在1920年后仍未被完全平定，对奥夫雷贡政府构成了严重的威胁。对于政府来说，通过强有力地推行土地改革，可以赢得潜在的支持者，瓦解对手。而且，在这两个州，革命前都有几个占有大片地产的地主。例如在奇瓦瓦州，特雷萨斯家族、美国人威廉·伦道夫·赫斯特（William Randolph Hearst）和克拉里托斯公司（Corralitos Company）都拥有巨大的庄园。在属于奥夫雷贡阵营的州长伊戈纳西奥·恩里克斯（Ignacio Enríquez）的强有力领导下，奇瓦瓦州进行了迅速彻底的土地改革。在杜兰戈

---

① Eyler N. Simpson, *The Ejido: Mexico's Way Out*, pp. 91 - 92.
② Eyler N. Simpson, *The Ejido: Mexico's Way Out*, pp. 94 - 95.

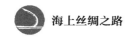

州，有十个家族的地产面积都在 8.9 万公顷以上，而 96.8% 的农村人口没有土地。而且，在杜兰戈州，教会占有大批地产。与私人地产相比，对教会地产的征收难度相对较小。因此，杜兰戈州的土地分配比较迅速。①

第二类进行了广泛的土地改革的是原萨帕塔派控制的地区，如莫雷洛斯州、普埃布拉州、格雷罗州。在莫雷洛斯州，革命期间，一场真正的农民革命导致了旧土地结构的根本性变革。1916 年后，萨帕塔派力量逐渐减弱。但是，萨帕塔领导的政治和社会动员带来的影响并未消失。1921 年 1 月和 2 月，莫雷洛斯州一位主要的大庄园主家族的成员鲁伊斯·加西亚·皮蒙特尔（Luis García Pimentel）在给父母的信中写道，亚纳卡特佩克村（Jonacatepec）的很多居民正在申请土地，虽然萨帕塔派在军事上失败了，但"萨帕塔主义并未消亡，没有消亡的是和平的萨帕塔主义"。②"索诺拉王朝"执政初期，莫雷洛斯州的土地申请案例大大多于其他地区。1915—1935 年，该州共有 299 起申请土地的案例，其中 139 起集中在 1920 年和 1921 年。1920—1922 年，临时授予的村社土地数量（166788 公顷）大大高于 1935 年前授予土地总量（192400 公顷）的一半。1922年，农学家 E. 阿拉尼斯·帕蒂尼奥（E. Alanís Patiño）在莫雷洛斯旅行期间注意到，"在这个州，村社经济已经占据了主导地位……有利于享有战争特权（war privileges）的人民"。对于奥夫雷贡政府来说，土地改革的主要目标是迅速平定这一动荡的地区。为达此目的，政府任命前萨帕塔派成员担任中央政府重要的政治、行政和军事职位，莫雷洛斯州的政治和军事权力也被控制在萨帕塔派手中。这也大大有利于该州土地分配的推进。③

第三类地区是德拉韦尔塔控制的区域。前立宪自由党（Partido Liberal Constitucionalista，PLC）内阁成员恩里克·埃斯特拉达（Enrique Estrada）、安蒂尼奥·比利亚雷亚尔（Antinio Villarreal）、拉斐尔·苏巴兰（Rafael Zubarán）等人反对奥夫雷贡担任总统，反对奥夫雷贡指定卡列斯为继承人，而埃斯特拉达又以反对土地改革而著称，由此使得德拉韦尔塔的叛乱被贴上了"反土地改革"的标签，虽然实际上并非如此。奥夫雷贡充分利用这一点，迅速地在德拉韦尔塔控制的地区分配土地，以此瓦解对方势力，对参军与德拉韦尔塔作战的农民予以

---

① Linda B. Hall，"Alvaro Obregon and the Politics of Mexican Land Reform, 1920 – 1924，" p. 229.

② John Womack，*Zapata y la revolución mexicana*，México：siglo veintiuno editores，1970，p. 349.

③ Hans Werner Tobler，"Peasants and the Shaping of the Revolutionary State, 1910 – 40，" *Riot, Rebellion and Revolution：Rural Social Conflict in Mexico*，p. 499.

补偿。德拉韦尔塔派的领导人安蒂尼奥·比利亚雷亚尔、埃斯特拉达以及反对土地改革的考迪罗瓜达卢佩·桑切斯的大本营圣路易斯波托西、哈里斯科、韦拉克鲁斯成为奥夫雷贡推进土地改革的主要目标。支持德拉韦尔塔叛乱或者对叛乱军队反击不力的地区也成为土地改革的重点,如坎佩切、萨卡特卡斯,特别是尤卡坦。①

对奥夫雷贡政府而言,这种对土地改革的政治性操纵非常成功。当时的报刊评论道:"这一政策使得政府在农村民众中极受欢迎",因为农民迫切需要土地。在德拉韦尔塔叛乱期间,莫雷洛斯、墨西哥州和联邦特区有 12 万农民支持奥夫雷贡和卡列斯。全国军队数量的 60% 站在德拉韦尔塔一边,只有 40% 支持奥夫雷贡和卡列斯,但是,由于农民和工人的支持,这 40% 的军队足以取得平息叛乱的胜利。② 1926 年基督教徒暴动发生后,在宗教意识浓厚的莫雷洛斯州,引起的反响也极为微弱。很明显,原因在于彻底的土地改革使得这一动荡的地区归于安定。

"索诺拉王朝"政府在通过土地改革平息农民不满、赢得农民的支持的同时,也采取措施加强对农民的控制。在莫雷洛斯州,虽然土地改革的步伐很快,但与萨帕塔控制期间"自发性的土地分配"不同,在这种"制度化的土地改革"中,国家以一种"单方面授予"的方式分配土地,"目的在于造就一批政治上的受庇护人"。③ 也就是说,在莫雷洛斯州,虽然农民分得了大量土地,但绝大多数土地是以政府授予而非"归还"失地的方式获得的。普埃布拉州在奥夫雷贡执政期间,也分配了大量土地,获得土地的农民大多是原萨帕塔派成员,但是绝大多数土地也是以"授予"、而非"归还"失地的方式分配的。固然,与确认失地的原产权证明并依此将土地归还农民相比,直接授予农民土地在手续上更为简便易行,但以"授予"的方式分配土地带来的直接效果是,农民变成了政府的受庇护人,依附于政府。他们的土地来源于政府的慷慨,而非自身对该土地古已有之的权利。政府的权力由此大大增强。

---

① Linda B. Hall, "Alvaro Obregon and the Politics of Mexican Land Reform, 1920 – 1924," *Hispanic American Historical Review*, p. 230.

② Linda B. Hall, "Alvaro Obregon and the Politics of Mexican Land Reform, 1920 – 1924," *Hispanic American Historical Review*, p. 231.

③ Hans Werner Tobler, "Peasants and the Shaping of the Revolutionary State, 1910 – 40," *Riot, Rebellion and Revolution：Rural Social Conflict in Mexico*, p. 499.

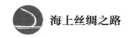

二 国家政权的巩固和土改步伐的减缓

索诺拉集团推行土地改革政策的目标是多方面的，而这些目标在很多方面又是相互冲突的。一方面，如上所述，革命期间农民的政治动员和农民期望值的提高，迫使政府推行一定程度的土地分配，以安抚农民情绪，维持农村稳定；与此同时，在平息多起政治叛乱，特别是1923—1924年的德拉韦尔塔叛乱和1927—1929年的基督教徒暴动过程中，需要农民的支持，这就需要向农民分发武器，并且对农民的土地要求予以满足。但另一方面，革命后，国家的经济发展水平低下，政府财政资源紧缺，这也迫使政府将提高生产水平包括提高农业生产放到首位。出于这种考虑，政府在分割大庄园尤其是那些生产效益相对较高的、面向市场的大庄园时犹豫不决。[1]

此外，与萨帕塔派不同，索诺拉集团的成员大多出身于小资产阶级，如小农、学校教师、国家雇员等，从自身的立场出发，他们所构想的国家经济发展计划是以中小财产所有者为基础的，而非迪亚斯时期那样以享有垄断性特权的外国和部分本国大资产阶级为基础。他们设想，这些中小财产所有者将自然演变为资本家。实际上，奥夫雷贡本人的经历就是这种演变过程的缩影。奥夫雷贡最初是一个仅有1.5公顷土地的小农场主，从经营大宗贸易和出口业务开始，后来涉足制造业、服务业和银行业，发展成为一个真正的农业企业家，拥有3500公顷土地。根据自身经历，在农村，"奥夫雷贡和卡列斯渴望按照加利福尼亚'农场主'的模式产生一个充满生气的小自耕农和中型庄园主组成的富裕阶级"。[2] 他们期望，在墨西哥，这种小农场主组成的农村小资产阶级能够构成村社和大庄园（包括商品性的大庄园和传统的大庄园）之间的中间阶层。政府设想通过土地改革征收效益低下的传统大庄园的土地，迫使其对所余的土地提高生产效率。在奥夫雷贡和卡列斯的设想中，村社绝非墨西哥新农村社会的基础，而仅仅是一种权宜之计、一种过渡状态，目的是使村社社员获得成为小农场主的必要技能和经验。个体村社优于集体村社，因为个体村社有助于村社社员了解现代资本主义农

① Nora Hamilton, *The Limits of State Autonomy*: *Post-Revolutionary Mexico*, Princeton University Press, Princeton, New Jersey, 1982, pp. 96–97.

② 〔英〕莱斯利·贝瑟尔主编《剑桥拉丁美洲史》第5卷，第200页。

业的游戏准则。村社土地应该分给各家各户，这样才能使村社社员获得"自强不息的精神，那些拥有更大的雄心壮志者将走出来……寻求更美好的生活"。①

出于上述现实需要和发展理念，从一开始，索诺拉集团的土地改革政策就是有所保留的。早在1923年，奥夫雷贡就明确指出，土地改革法律的实施必须谨慎，以免"打乱我们的农业生产"，最终的目标不是分配土地，而是使得农业产量得到提高。对卡列斯来说，最理想的状态是"结束土地分配，对土地所有者予以补偿，造就一个得到灌溉、信贷和技术政策支持的现代小农场主阶级"。②

到20年代末，国家政权逐步得到巩固。1929年，巴勃罗·埃斯科瓦尔（Pablo Escobar）叛乱被镇压，政府对军队的控制加强了；同年，基督教徒暴动也逐渐平息；同时，国民革命党（PNR）的成立，在全国层面上扩大和巩固了政府的权威，地方政治首脑或被摧毁或者被同化。在这种新的形势下，政府不再依赖于工人和农民的支持。于是，土地分配虽然没有完全停止，但卡列斯政府反对土地改革的立场已经日益明显。1929年，卡列斯发表声明说："我们所知道的和实行的平均地权论是一场失败。"③ 在执政的最后一年，卡列斯分配的土地较前明显减少。此后，他仍利用个人政治影响，主张结束土地改革。

然而，并非统治集团内所有的成员都接受这种主张。1928—1930年担任总统的波特斯·希尔（Portes Gil）认为，结束土地分配是一项错误的政策。他认为，在基督教徒暴动、巴勃罗·埃斯科瓦尔叛乱以及其他一些威胁面前，政府仍需要赢得农民的支持，以扩大社会基础。1928年底至1930年初，希尔政府分配了2964000公顷的土地，为1928年卡列斯政府所分配土地的两倍。根据希尔本人的陈述，当1930年奥尔蒂斯·卢维奥（Ortiz Rubio）就职时，"最高首领"卡列斯要求新总统及其内阁永久性地结束土地分配。在卢维奥总统执政的两年零八个月的时间内，仅向村社永久性分配了370万公顷的土地。土地改革的步伐再次放慢。因政府高层对土地改革缺乏热情，地产主趁机提出建议，对有权申请土地建立村社的市镇，确定一个申请土地的最后期限，以此永久性地结束土地分配。他们指出，只有这样，才能恢复农村的平静和可靠性。在此建议被提出之时，根据1930年的统计，在墨西哥农村地区仍有占有土地面积超过24700公顷的庄园

---

① Héctor Aguilar, Lorenza Meyer, *A la sombra de la Revolución Mexicana*, Aguilar, León y Cal Ediciones, S. A. de C. V. , 1989, pp. 132 – 133.

② Héctor Aguilar, Lorenza Meyer, *A la sombra de la Revolución Mexicana*, p. 132.

③ 〔英〕莱斯利·贝瑟尔主编《剑桥拉丁美洲史》第5卷，第197页。

648 家，占有 12350—24700 公顷土地的庄园 837 家，大庄园制度在墨西哥依然拥有很大势力。① 政府虽然没有对大地产主的要求立刻做出官方的回应，但是在一些州，已着手开始为结束土地改革制定最后期限。1930 年 5 月 7 日，奥尔蒂斯·卢维奥总统通知国家土地委员会，鉴于阿瓜斯卡连特斯州（Aguascalientes）未决的村社土地申请案例数量有限，为新的土地申请设立为期 60 天的时间限制，此后该州的土地分配将被宣布结束。不到一个月，圣路易斯波托西州也宣布了同样的措施，特拉斯卡拉州、萨卡特卡斯州、科阿韦拉州、莫雷洛斯州和联邦特区紧随其后。1931 年，格雷塔罗州、新莱昂州、奇瓦瓦州都宣布结束土地分配。哈里斯科、索诺拉、锡那罗亚、拉古纳的庄园主也向政府提出了同样的要求。到 1931 年 9 月，在 12 个联邦行政区，土地改革被"官方宣布"结束。对此，奥尔蒂斯·卢维奥总统辩护道，结束土地分配并不意味着放弃了土改计划，相反，这恰恰证明了墨西哥革命已经完成了它的使命，再在私有财产所有者中间延续不确定状态已经没有意义了。为了进一步巩固这一政策，1930 年底，他宣布，必须在事先对被征收的庄园土地予以补偿后，才能扩大村社土地。实际上，由于国家财政紧缺，无力补偿被征收土地，这意味着今后村社土地的扩大将极为困难。②

然而，墨西哥各地要求土地改革的民众动员并未因政府宣布中止土地分配而结束。尤其是 30 年代资本主义大危机爆发后，墨西哥工人和农民的生活水平严重下降，社会日益不稳定。即使在国民革命党内部，新一代年轻的、中产阶级出身的改革家也强烈要求推行 1917 年宪法。③ "即使卡列斯和卡列斯主义者仍然大权在握，新人和新思想也不能忽视。1930 年以后，实验性地实行了改良主义和干预主义政策。"1932 年，阿维拉多·罗德里格斯（Abelardo Rodríguez）就任总统，他认识到，在当时的形势下，结束土地分配是不明智的，他重新为村社申请土地敞开了大门。在他任内，还成立了独立的农业部，直接隶属于总统。根据 1934 年 3 月付诸实施的农业法典，庄园雇工获得了申请土地建立村社的权利。1933 年，国民革命党的全国代表大会上提出了一项"六年计划"，"计划含蓄地批评了索诺拉帮实行的模式……它强调了土地问题至关重要，必须大力解决，包

---

① Héctor Aguilar, Lorenza Meyer, *A la sombra de la Revolución Mexicana*, p. 133.

② Héctor Aguilar, Lorenza Meyer, *A la sombra de la Revolución Mexicana*, p. 134.

③ 林被甸、董经胜：《拉丁美洲史》，人民出版社，2010，第 338 页。

括分割大地产"。① 但是，农业政策的变化仅仅体现在立法层面上，在实践中，土地分配的步伐不仅没有加快，反而减缓了。在任期两年多的时间内，罗德里格斯政府仅向农民分配了 1976000 公顷的土地，低于奥尔蒂斯·卢维奥执政期间的数量。②

三　农村社会阶级关系与农民传统观念对土改的影响

在此期间，墨西哥的土地改革进程除了受政府政策趋向的影响外，还与极为复杂的农村社会阶级关系和农民的传统观念等因素有直接关系。

革命后，墨西哥地主阶级的经济实力依然很强大，而且在地方政治生活中仍发挥着重要的作用。很多农民抱怨，从他们提出申请土地建立村社的那一刻起，就受到来自地主方面的强大经济压力。例如地主废除现存的租佃协议，甚至拒绝为农民提供做庄园雇工的机会，千方百计剥夺农民最基本的生存手段。一旦农民的土地申请获得临时批准，而遭到地主反对，随之而来的往往是暴力性的冲突。很多地主早就建立了自己的武装，被称为"白色卫队"（guardias blancas），恐吓、谋杀农民领袖，破坏村社，销毁农村档案，阻挠地方上的农业委员会工程师丈量计划建立村社的土地。"白色卫队"的成员有的是退役军人，有的是武装起来的庄园雇工。当然，要求土地改革的农民也使用武力袭击庄园主及其管家，农民武装非法侵占庄园土地的事件也时有发生。当农民被武装起来对付反政府的叛乱军队时，他们甚至在一段时间内成功地控制某一地区，迫使庄园主处于被动守卫状态。但是，在地主武装与农民武装的冲突中，一般情况下地主方面处于优势，原因在于，军队一般站在地主一边。③ 在韦拉克鲁斯州，当地驻军司令瓜达卢佩·桑切斯（Guadalupe Sánchez）本人就是一名大地主，他公开支持大庄园主，甚至鼓励"白色卫队"镇压农民。④ 1923 年 4 月 6 日，奥夫雷贡总统的特使曼努埃尔·纳瓦拉·安古罗（Manuel Navarro Angulo）在致总统的信中写道：

---

① 〔英〕莱斯利·贝瑟尔主编《剑桥拉丁美洲史》第 7 卷，经济管理出版社，1996，第 11 页。

② Héctor Aguilar, Lorenza Meyer, *A la sombra de la Revolución Mexicana*, pp. 137 – 138.

③ Hans Werner Tobler, "Peasants and the Shaping of the Revolutionary State, 1910 – 40," *Riot, Rebellion and Revolution: Rural Social Conflict in Mexico*, pp. 506 – 507.

④ 〔英〕莱斯利·贝瑟尔主编《剑桥拉丁美洲史》第 6 卷（下），当代世界出版社，2001，第 409 页。

"联邦军队发动了多次袭击，受到绝大多数下层阶级的批评，在任何情况下，这些军队都拒绝与市政机构合作，并凭借其军事影响支持地主。由于公正的彻底缺失，存在明显的社会悲观主义，而居住在悲惨的棚户中、远离人口中心、被地主和军队当作畜生般对待的贫困农民对此并不知晓。"①

不仅在与地主的力量对比中处于劣势，农民内部的分裂和本身的弱点也严重地影响着土地改革的开展。除了在革命战争期间被动员起来的农民（如在莫雷洛斯州）或者革命后被一些激进派地方领袖"自上而下"地动员起来的农民，革命后，其他很多农民并未提出土地改革的要求，甚至对土地改革持抵制立场。

除了莫雷洛斯州，大庄园在革命战争期间并未从根本上受到动摇。诚然，在革命军队经过的时候，吸引了很多庄园雇工加入；外部的革命影响也有时在庄园内部激起不安定因素，甚至起义。但是，总体来看，庄园雇工并没有真正的革命目标，他们所要求的仅仅是提高工资和改善劳动条件，并没有从根本上反对大庄园制度。相反，很多庄园雇工加入庄园主一边，保卫庄园，抵抗外来的威胁。庄园雇工持此种立场的原因比较复杂，根据西方学者的分析，在很大程度上与大庄园的社会控制机制甚至是有效的镇压机制（特别是在东南部地区）有关，也与很多庄园雇工相对优越的地位和庄园内部父权制的庇护关系有关。② 如上所述，在 1934 年 3 月的农业法典实施之前，庄园雇工在法律上是没有权利申请土地建立村社的。在这种情况下，对于庄园雇工来说，其他农民申请分割"他们的"庄园土地，必然会威胁到他们的工作机会。因此，庄园雇工不支持甚至反对土地改革的立场是可以理解的。在米却肯州的热带地区的大庄园塔雷坦（Taretan），"事实是，直到 1929 年，农民没有摧毁大庄园的热情。一次次经过该地区的革命者未能说服庄园上的雇工，他们本应该或者本能够分割庄园土地。" 1936 年 8 月，在普里斯玛庄园（Purísima），甚至有 84 名庄园雇工举行抗议，反对拟议中建立的村社。③

有权申请土地建立村社的农民对土地改革的态度也并非都是积极的。保罗·

① Hans Werner Tobler, "Peasants and the Shaping of the Revolutionary State, 1910 – 40," *Riot, Rebellion and Revolution: Rural Social Conflict in Mexico*, p. 507.

② Friedrich Katz, "Labor Conditions on Haciendas in Porfirian Mexico: Some Trends and Tendencies," *Hispanic American Historical Review*, Vol. 54, No. 1, 1974, pp. 1 – 47.

③ Hans Werner Tobler, "Peasants and the Shaping of the Revolutionary State, 1910 – 40," *Riot, Rebellion and Revolution: Rural Social Conflict in Mexico*, p. 509.

弗雷德里希（Paul Fridrich）对位于塔拉斯科平原纳兰哈村（Naranja）的个案研究生动地说明了这一点。迪亚斯统治时期，由于坎塔勃里亚庄园（Cantabria）的扩张，该庄园与纳兰哈村之间的冲突不断升级。[1] 但是，即使在革命战争期间，纳兰哈村的村民也没有尝试使用武力改变当地的土地占有结构。绝大多数村民对于"土地问题没有明确的立场"，他们仍试图依靠诉诸法庭收回被侵占的土地。即使那些在革命期间拿起武器的村民也没有使用武力反对当地大庄园主。直到20世纪20年代初，在普里莫·塔皮亚（Primo Tapia）的领导下，在纳兰哈才成立了一个农民组织，要求分配土地，建立村社。[2] 一些革命军队的老兵积极地支持塔皮亚领导的农民运动，但是，塔皮亚在要求申请土地过程中，得不到村民广泛和自发的支持，为了让农民在土地申请书上签名，他不得不借口说，这是一份要求向纳兰哈村派出一名牧师的申请。[3] 农民之所以对土地改革态度消极，原因很复杂，各地差别很大。在有的地区，例如在瓦哈卡州，与莫雷洛斯州不同，这里的印第安人土地在迪亚斯时期并未受到侵犯。[4] 在其他地区，特别是在天主教传统浓厚的地区，农民的保守主义十分明显，很多农民拒绝接受政府授予的土地。例如，在米却肯州的帕特斯夸罗（Pátzcuaro），印第安人不接受州长弗朗西斯科·穆西加（Francisco Múgica）授予的土地。保罗·弗雷德里希也注意到："自相矛盾的是，纳兰哈村的绝大多数村民都不积极参与土地申请：建立村社是为了他们的利益，但他们不想要。"[5] 这是因为，一方面，神父在一些情况下激烈反对土地分配，对宗教信仰虔诚的农民产生了影响。这些神父宣称，凡是接受了村社小块土地的人都犯下了不可饶恕的罪行。另一方面，也与农民自身的财产观念以及他们所信奉的关于获得财产的正当手段的观念有关。对这些比较保守的农民来说，"谁都梦想拥有土地，但不是不择手段。路易斯·冈萨雷斯说过，只

---

① 〔英〕莱斯利·贝瑟尔主编《剑桥拉丁美洲史》第5卷，第48页。

② 普里莫·塔皮亚是纳兰哈村的印第安人村民，他先是在一个教会的修道院接受教育，后来移居美国。1907—1921年，他在美国与弗洛雷斯·马贡兄弟和世界产业工人联合会（IWW）建立了联系，接受了无政府工团主义思想。参见〔英〕莱斯利·贝瑟尔主编《剑桥拉丁美洲史》第6卷（下），第405—406页。

③ Hans Werner Tobler, "Peasants and the Shaping of the Revolutionary State, 1910 – 40," *Riot, Rebellion and Revolution: Rural Social Conflict in Mexico*, p. 510.

④ Ronald Waterbury, "Non-revolutionary Peasants: Oaxaca Compared to Morelos in the Mexican Revolution," *Comparative Studies in Society and History*, 17, 1975, pp. 410 – 422.

⑤ Hans Werner Tobler, "Peasants and the Shaping of the Revolutionary State, 1910 – 40," *Riot, Rebellion and Revolution: Rural Social Conflict in Mexico*, p. 511.

有两种成为地主的正当途径：购买或继承。20 世纪 20 年代成千上万个农民离乡背井跑到美国，为了有朝一日在老家买到一小块土地，辛辛苦苦地工作，每赚 10 美元就要把 8 美元储存起来"。尽管如此，他们对于政府授予的土地却不愿接受，因为他们对政府不信任，"送礼往往要使受礼者让步，当一个传统上不受信任的政府提供馈赠的时候，就难以接受了。"①

小农场主（ranchero）对土地改革的态度也值得注意。在墨西哥中西部的哈里斯科、米却肯以及邻近地区，小农场（rancho）最为集中，占主导地位。革命期间，多支革命武装经过该地区，但并未做民众动员。1926 年，哈里斯科和米却肯的小农场主却发动了一场反对政府的大规模暴动，即著名的基督教徒暴动。对于基督教徒暴动，西方学术界进行了深入的研究，但主要从政府的反宗教措施来分析其发生的根源。其实，这场叛乱有着更深刻的社会经济根源，与小农场主的社会经济地位直接相关。

墨西哥中西部的小农场主并不富裕，生活也不安逸。他们在偏僻的高地占据小块贫瘠的土地，用以维持家庭生计，少量剩余产品到市场上出售。但是，与中部和南部地区的农民不同，他们拥有更多的西班牙血统和文化特色，更重要的是，他们信奉私有财产制度。此外，这些小农场主宗教意识浓厚，对牧师和教会非常忠诚。对于中西部的小农场主而言，社会生活是围绕着教会、家庭和私有财产运转的，这与中部和南部地区印第安农民的社会组织和土地共同占有的方式有着显著的差别。由于占的土地贫瘠，面积狭小，到 19 世纪末 20 世纪初，随着人口的增长，哈里斯科和米却肯的小农场被不断分割，很多小农场主家庭拥有的土地越来越少，并且出现了很多无地人口，依靠在其他小农场主的土地上通过分成制或做季节工维持生存。到 20 年代，绝大多数家庭都依赖于少数仍然拥有土地的小农场主，过着极不稳定的生活。但是，这些小农场主并不是富裕的地主，他们住在小城镇里或者自己的土地上，往往与依附于他们的分成农或季节工并肩劳作。小农场主和分成农通常是同族近亲或远亲，并有着很密切的私人关系。分成农和季节工由失去土地的小农场主演变而来，他们将还拥有土地的小农场主看作自己的庇护人，而非压迫者。他们之所以失去土地，是由于人口的增长，而非其他小农场主的土地兼并。因此，分成农和季节工虽然生活不稳定，但是他们的不满并不针对仍拥有土地的小农场主。这就是为什么 1910 年革命爆发后，在中

---

① 〔英〕莱斯利·贝瑟尔主编《剑桥拉丁美洲史》第 5 卷，第 200 页。

西部的小农场主中间没有引起强烈反响。①

但是，20 年代，这些贫困的小农场主的怨恨找到了发泄的对象。如上所述，对于奥夫雷贡和卡列斯来说，土地改革并非一种社会理想，而是一种用以平息农村社会不满和惩治政治对手的手段。在这种形势下，中西部的小农场主成为土地改革的潜在对象。对于政府而言，征收小农场主的土地，可以在不触动大地产主的前提下推行有限的土地改革。即使小农场主的土地没有成为征收的对象，政府的土地分配也是对小农场主私有财产理念的直接冲击。政府的反宗教措施成为暴乱的导火线。1924 年，卡列斯就任总统后，采取措施剥夺教会在教育和国家精神生活中的地位，政府和主教之间的矛盾激化。1926 年，主教们关闭所有教堂，在全国停止做礼拜。对中西部宗教意识浓厚的小农场主和分成农来说，革命政府试图摧毁他们的宗教信仰和土地权利。于是，1927 年，一场以小农场主为主体的基督教徒暴动爆发了。虽然宗教领袖是引起这场暴动的主角，但他们并没有卷入暴动；很多大地主很高兴地看到小农场主为土地私有权而战，但他们也没有卷入。因此，基督教徒暴动是一场以小农场主以及从属于他们的分成农、季节工为主的抗议运动。他们的目标是保护自己的土地权利和宗教信仰。1929 年，政府和教会达成妥协，恢复教会的地位，这场运动才平息下去。② 基督教徒暴动对于土地改革产生了不利的影响，"1926 至 1929 年期间，当政府与教会发生战争的时候，肯定就无法接受政府赠地。在这些恐怖的年代里，基督教分子经常使平均地权主义者（至少是得到了小块土地的那些人）用鲜血付出高昂的代价，因为他们同政府有联系"。③

总之，在 1920—1934 年的"国家重建时期"，为了维持农村地区的社会秩序，争取农民的支持应对多起反政府的叛乱，加强中央政府的权力，墨西哥政府进行了一定程度的土地改革。但是，由于领导人的国家发展理念、对土地改革的政治性操纵，以及农村地区复杂的社会阶级关系和农民的传统观念等因素，土地改革的步伐在"索诺拉王朝"后期逐渐减缓，总体效果并不明显。根据 1930 年的统计，在全部统计的 324805000 公顷土地中，93％仍归私人所有，属于村社的

① John Tutino, *De la insurrección a la revolución en México, Las bases socials de la violencia agrarian*, *1750 – 1940*, México, Ediciones Era, 1990, pp. 290 – 291.

② John Tutino, *De la insurrección a la revolución en México, Las bases socials de la violencia agrarian*, *1750 – 1940*, pp. 292 – 293.

③ 〔英〕莱斯利·贝瑟尔主编《剑桥拉丁美洲史》第 5 卷，第 200 页。

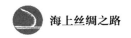

只占 7%。私人拥有和村社拥有的土地的比例在各地区之间的差异明显地反映出政治意图对土地改革的影响。只有在萨帕塔起义的核心莫雷洛斯州，村社土地占59%，在萨帕塔起义的影响比较明显的联邦特区、墨西哥州、普埃布拉州，村社土地分别占 25.4%、21.8% 和 18.4%。在拥有土地改革和社会主义传统的尤卡坦州，村社土地占 30%。相比之下，在韦拉克鲁斯和米却肯，虽然存在激进的土地改革运动，但只有 7% 的可耕种土地为村社所有。在土地改革力度最小的地区，如下加利福尼亚和金塔纳罗，村社土地占不到 1%；科阿韦拉、新莱昂、瓦哈卡、塔瓦斯科，村社土地占不到 2%；在恰帕斯和塔毛利帕斯，村社土地占不到 3%。1934 年，拉萨罗·卡德纳斯为竞选总统在全国各地旅行期间，发现墨西哥农村依然由大地产主所主宰。[①] 卡德纳斯就任总统后，推进土地改革成为其政府首要的政策。在卡德纳斯任内，墨西哥的土地制度才发生了一场根本性的变革。

---

① Héctor Aguilar, Lorenza Meyer, *A la sombra de la Revolución Mexicana*, p. 138.

陆上和海上丝绸之路

罗澜 （Peter Nolan）

　　1987 年，在中国陕西的法门寺，地宫中出土了 20 件美轮美奂的琉璃器，这是唐代传入中国的东罗马和伊斯兰的琉璃器。我在欣赏这些域外文物时，一直在思考一个问题，就是对待不同文明，不能只满足于欣赏它们产生的精美物件，更应该去领略其中包含的人文精神；不能只满足于领略它们对以往人们生活的艺术表现，更应该让其中蕴藏的精神鲜活起来。

　　——2014 年 3 月 28 日，习近平主席在联合国教科文组织总部的演讲

引　言

　　2011—2012 年，美国宣布对战略方向进行重大调整，将重点转向亚太地区：美国的经济和安全利益与从西太平洋和东亚延伸至印度洋地区和南亚的弧形地带的发展息息相关，这既带来了挑战，又带来了机遇，机遇和挑战都在不断变化。因此，尽管美国军队将继续为全球安全做出贡献，但我们势必要重新平衡，转向亚太地区。美国国务卿希拉里·克林顿公开确认：21 世纪将是美国的太平洋世纪，就像以前的各个世纪一样。她进一步阐述了美国战略方向的转变：政治的未来将在亚洲决定，而不是在阿富汗或伊拉克决定。美国将处在行动的正中心……因此，美国未来十年治国方略中最重要的任务之一是确保大幅增加在亚太地区的投入——外交、经济、战略及其他投入。

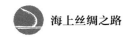

未来几十年美国国际关系战略中一个至关重要的部分是打造一个亚洲政治和军事的同盟网，美国认为再次介入亚洲对该地区的未来极为重要："该地区渴望我们的领导和参与——也许比近代史上任何时期都更渴望。我们是唯一一个在该地区拥有强大同盟网络却没有领土野心、有着为共同利益提供长久支持记录的强国……我们现在的挑战是在整个太平洋打造一个符合美国利益和价值观的、持久的关系网，正如我们在大西洋所打造的一样。"（Clinton，2011）

直到约 200 年前，欧洲对中亚、东南亚以及中国本身的了解还极为有限，主要是从通过海陆丝绸之路与东亚交易的中间商那里获得二手信息。库克船长在 1768—1779 年进行了三次著名的探索航行，此时欧洲人几乎不了解亚太地区。英国的北美殖民地于 1776 年宣布脱离英国独立时，美国由一小群聚居在辽阔北美大陆东部边缘的殖民地居民组成。[①] 远眺太平洋的西海岸加利福尼亚州只在 1850 年才成为"美国"的一部分。

中国国家主席习近平将连接中西方的"一带一路"作为中国国际关系的关键部分。2013 年 9 月 7 日，习主席在哈萨克斯坦的纳扎尔巴耶夫大学的演讲中提出建设"丝绸之路经济带"；2013 年 10 月 3 日，他在印尼国会的演讲中提出建设"21 世纪海上丝绸之路"。中国两千多年来与亚洲邻近地区有着深厚关系，通过新疆与中亚、通过南海与东南亚保持着长期深厚的贸易和文化交流。新疆和南海分别构成中国进入中亚和东南亚的"门户"。

2013 年，习主席访问了中亚，包括乌兹别克斯坦、土库曼斯坦、吉尔吉斯斯坦和哈萨克斯坦。这次访问意义特别重大，因为还没有美国总统访问过苏联解体后的前苏联中亚国家。习主席还访问了东南亚，包括马来西亚和印度尼西亚，并于 2014 年春出访欧洲。他在这些出访的一系列演讲中清晰阐述了在新的"一带一路"上建设中欧桥梁的中国构想，特别重视港口、机场、公路、铁路、水电和通信等基础设施的发展。这些对于刺激商业关系极为重要，而商业关系是增进相互了解的基础。

习主席每次出访都强调理解历史对相互了解的重要性："对世上任何一个国家来说，过去总是现在的钥匙，现在总是根植于过去。我们只有了解一国的来龙去脉，才可能理解为什么这个国家今天是这样，才能意识到这个国家现在的走

---

① 1780 年，美国只由位于北美大陆极东边缘的 13 个州组成，当时人口有 280 万，其中 220 万是白人，大部分来自英国；60 万是黑人，大部分是奴隶。

向。"（习近平，2014b，译者注：中文译自英文，下同）他强调商业关系对文化交流与和平发展的贡献，一再指出增进彼此文化了解对和平发展的重要意义："历史告诉我们：只有与他人交流并向他人学习，文明才能焕发全面活力。如果所有文明都能坚持兼容并包，所谓的'文明冲突'就不会发生，文明的和谐将成为现实。"（习近平，2014a）

中国和欧洲处于新丝绸之路的两端。习主席的演讲指出中欧之间自古以来沿着水陆交通建立了长期联系："我们需要建设共同文化繁荣的桥梁，将中国和欧洲这两大文明连接起来。中国是东方文明的重要代表，欧洲是西方文明的发源地。"（习近平，2014）他在访问中强调了中国思想沿着丝绸之路传播对欧洲发展做出的贡献："中国的四大发明，也就是造纸术、火药、活字印刷和指南针，引起了世界的变化，包括欧洲的文艺复兴。中国的哲学、文献、医药、丝绸、瓷器和茶叶抵达西方，成为人们日常生活的一部分。《马可·波罗游记》广泛激起了人们对中国的兴趣。"（习近平，2014a）

习主席强调了中亚和东南亚作为连接中欧两地桥梁的重要性："桥梁不仅让生活变得更加方便，还可以是沟通、了解和友谊的象征。我到欧洲，是为了和欧洲的朋友一起，搭建一座横跨欧亚大陆的友谊和合作之桥。"（习近平，2014b）

一 陆上丝绸之路：西域

公元前100多年，中国就开始开辟通往西域的丝绸之路。汉代张骞于公元前138年和119年两次出使西域，向西域传播了中华文化，也引进了葡萄、苜蓿、石榴、胡麻、芝麻等西域文化成果……中国唐代是中国历史上对外交流的活跃期。据史料记载，唐代中国通使交好的国家多达70多个，那时候的首都长安里来自各国的使臣、商人、留学生云集成群。这个大交流促进了中华文化远播世界，也促进了各国文化和物产传入中国。

——习近平在联合教科文组织总部的演讲，2014年

（一）经济地理

"西域"是陆上丝绸之路的心脏地带，从中国甘肃省的玉门关起，延绵约一

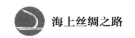

千英里至乌兹别克斯坦西部的鄂克速斯河（当地语称"阿姆河"）。翡翠（硬玉）的源头位于新疆中心和田四周的山坡和河床中。天山－昆仑山脉将西域一分为二，新疆和中亚通过贸易和各民族的相互融合，两千多年来紧密相连。两千多年来的主要交通工具是大夏双峰驼，大型驼队通常有两三千匹骆驼。

欧文·拉铁摩尔将新疆称为"中国通往亚洲心脏的前门"（Lattimore，1950：ix），其中心是塔里木盆地的塔克拉玛干沙漠，从四周山脉中流下的水灌溉了盆地周边的一系列绿洲。中国对中亚的全面了解始于汉武帝的使节张骞，张骞出使西域 13 年（前 138—前 126 年），从新疆进入中亚，了解西域的情况。万里长城始建于公元前 221—前 206 年，部分是为了保护从新疆进入中亚的贸易路线。汉武帝在公元前 141—前 87 年当政，他下令修建的玉门关成为中国进入西域的入口。玉门关位于长城终点和河西走廊东端。河西走廊北接戈壁沙滩，南临西藏群峰，狭促地挤在两者之间。

尽管新疆两千多年来都处于中国的政治版图之内，但中国中央政府对新疆的直接控制是断断续续的（Lattimore，1950：5）。在汉朝、唐朝、元朝和清朝的一些年间，中央政府直接控制新疆，新疆和中亚之间有一种"中国治下的和平"关系。中国只有一次真正努力在新疆以西建立控制。751 年，伊斯兰国家阿巴斯哈里发帝国的军队在现属吉尔吉斯斯坦的塔拉斯之战中打败中国军队，此后中国再没有试图将疆域扩大到天山山脉以外的中亚地区。

几千年来，贸易将西域与中东、俄罗斯和印度连在一起："亚洲腹地的史前记录现在可以一路追溯到石器时代的迁徙以及欧洲与中国之间整个地区的贸易……在黑海和黄河之间，远古的商旅和文化传播之路横贯了亚洲腹地。"（Lattimore，1950：6）古时的贸易路线在相继发生的政治和宗教动乱中成功保存下来，新疆和中亚的连通地区成为中国、印度、中东和欧洲之间的"阀门"，"贸易、迁徙和征服的活动由此悸动"（Lattimore，1950：7）。

"河中地"（古代粟特）是中亚的核心，位于阿姆河（鄂克速斯河）和锡尔河（古称"药杀水"）之间，包括撒马尔罕和布哈拉这两个丝绸之路的中心城市。如果更广义地定义中亚的"宽泛文化区"，则包括阿富汗、巴基斯坦北部和新疆。该地区在历史初期就开发了复杂的灌溉系统和城市居住系统。公元前 1 世纪，希腊地理学家斯特拉博将中亚描述成"千城之地"，包括由富庶农业地区环绕的伟大城市贸易和制造中心，这些农业地区有缚喝（今阿富汗的巴尔赫）、木鹿（今土库曼斯坦的梅尔夫）和康居（今乌兹别克斯坦的撒马尔罕）（Starr，

2013：29）。城市的贸易关系延伸到了印度、中东和中国："中亚城市（在古代晚期）的独特成就是将大规模灌溉系统所需的成熟组织能力与出口引导的农业和制造业结合起来，并培养了大量走遍世界的贸易商以及管理他们交易的生意人。"（Starr，2013：35）"河中地"的周边王国繁荣昌盛，包括西部的花刺子模国、南部的大夏国和东部的大宛国。该地区受到来自四面八方的侵略，间或才由某位统治者暂时统一。不过，整个地区受到共同力量的有力影响，这些影响主要通过贸易来传播，最重要的是佛教和伊斯兰教，但也包括拜火教和苏非教。

（二）佛教时代

1. 贸易

公元前73—49年，中国通过一系列军事行动在塔里木盆地实现了完全控制，占领了塔克拉玛干沙漠周边的主要城市。通过征服新疆，中国成为"塔里木无可争议的主人"，连接中国与西方的行商路线得以经常使用（Talbot-Rice，1950：175）。中国农业技术和灌溉方法的引入，帮助了沙漠两边一系列"绿洲王国"的发展，包括哈密、吐鲁番、乌鲁木齐、阿克苏、喀什、叶尔羌（今新疆莎车）和于阗（今新疆和田）。到1世纪，这些城市已是重要的贸易中心，丝绸之路通往塔克拉玛干沙漠的北部和南部，也穿过准噶尔通往天山北部。

丝绸之路在汉朝得到发展，[①] 此时欧洲在罗马人的统治下实现了统一。中国从中亚进口各种物品，包括战马、香料、香水、葡萄酒、宝石（例如天青石）、金银器和玻璃器皿。尽管长期以来中国对中亚的主要出口商品是丝织品，但中亚也有自己古老的纺织业，很多制品都出口。它学习中国的技术，发展自己的丝织业，而且借鉴和改进了中国的造纸术，发展自己的造纸业，用棉纤维代替丝（Starr，2013：46 – 47）。中国出口的主要是丝线和丝织品，到周朝末年，玻璃制造的艺术从西域传入中国（Sullivan，1964：187）。

在罗马帝国的最后几百年中，横跨中亚的贸易有很多都经过贵霜王国。贵霜王国在1—3世纪的鼎盛时期统一了中亚和印度西北部的众多地区，纵横交错的

---

① 公元前106年，第一批横贯丝路的商队从中国穿过大夏，将丝绸直接从中国带到波斯（Talbot-Rice，1965：140）。丝绸之路的西部终点位于中东的伟大贸易城市，包括佩拉特的著名考古遗迹。帕尔米拉是这些城市中最伟大的，为商队提供金融服务并在边远地区设立驿站。驿站中有为商人及其动物提供的旅馆，为商品提供的储物库，还有办公室和一间神殿（Liu Xinru，2010：31）。

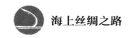

道路将贵霜王国与印度、中国和中东连接起来，"贵霜帝国通过这些方式接触到世界最伟大的文化中心。商队所经之处，特别是丝绸商队所经之处，产生了智力和文化的交流"（Talbot-Rice，1965：142）。考古队在阿富汗迦毕试①的贵霜避暑行宫中发掘出的珍贵宝藏包含各式各样的异域器皿，有来自地中海的青铜雕像、印度的象牙雕刻和中国的漆器。这些宝藏中几乎肯定有来自中国的丝制品，不过已经腐坏了（Liu Xinru，2010：48）。

汉朝在统治末年失去了对新疆的控制，贵霜帝国也瓦解了，不过大量中国丝绸继续穿越中亚，"大部分归功于由宗教机构、商户组织和地方社区维护的自动贸易网络"（Liu Xinru，2010：62）。在整个佛教时代，丝绸仍是丝绸之路上交易最频繁的商品（Liu Xinru，2010：72）。虽然庞大的帝国分崩离析，中亚丝绸之路沿途的绿洲城市却存活下来并繁荣昌盛，这部分丝绸之路地区发展成为"相对稳定和可维持的商业干道"（Liu Xinru，2010：64）。罗马帝国瓦解后，丝绸继续在拜占庭（今伊斯坦布尔）占据着重要位置，尽管它发展出自己的编织业，但丝线还是经由中亚从中国进口（Liu Xinru，2010：74）。

由于商人起到的关键作用，中亚城市成为"整个欧亚大陆的主要国际中转站"，构成"为中国、印度和中东之间贸易服务的主要银行业和金融中心"（Starr，2013：44）。中亚城市不仅是庞大贸易网络的总部，还是生产制造的中心，很多制品都出口，包括像刀刃、螺丝、曲轴和泵管这样的优质钢制品，以及玻璃器皿、药品和各种异域产品（Schafer，1985），甚至还有乐器。这些只是出口到中国和丝绸之路上其他地区的无数产品的一部分。

尽管中国当时是世界最重要的丝线②和丝织品生产国，但中亚自己生产丝织品的技术越来越成熟。到5—6世纪，中国和中亚之间就专业丝制品及其技术流程发展出复杂的双向交流（Liu Xinru，2010：80）。18世纪末，桑蚕吐丝的技术从中亚一路传入中东，包括拜占庭和北非，粟特的贸易城市（今乌兹别克斯坦的城市）发展成为最重要的生产基地。

丝绸服装变得越来越漂亮。粟特人发明了"刻丝"艺术，由维吾尔人加以改进，11世纪的中国人使其变得完美，"到中世纪末，刻丝织片已传入欧洲，在

---

① 迦毕试位于阿富汗，毗邻现在的巴格拉姆，巴格拉姆在美国占领阿富汗期间是大型美军基地。2014年一位接受《金融时报》采访的人士对美军从巴格拉姆撤军评论道："在外国人来以前，什么都没有。"（《金融时报》2014年9月10日）。

② 世界约80%的生丝线由中国生产。

但泽、维也纳、雷根斯堡和其他地方被织入大教堂的法衣中，卢卡的纺织工匠仿制中国的龙凤，并根据中世纪晚期的装饰规则加以改造"（Sullivan，1964：184）。著名的"撒答剌欺"织锦是在布哈拉附近的撒答村制造的。数百年来，五颜六色、绣着生动动物主题的织锦被制作出来，沿着整条丝绸之路贩售（Liu Xinru，2010：82－83）。撒答剌欺织锦在丝绸之路的一端装点着中世纪的欧洲教堂，在另一端装点着敦煌的佛教洞窟（Liu Xinru，2010：83）。

7世纪，唐朝（618—907）重新建立了对塔里木盆地和塔克拉玛干沙漠周边绿洲城镇的控制。中国与中亚的贸易达到新高，"整个近东和中东的集镇上都能找到来自中国的货物"，"川流不息的驼队载着中国货物穿过中亚的干道"（Sickman and Soper，1956：143）。在相反方向，"载着异域商品的驼队成群抵达长城关口"（Liu Xinru，2010：87）。公元7—8世纪，中国的都城长安（现在的西安）是世界最伟大的城市，"街上满是来自五湖四海的人，与如此庞大帝国的都城正相适宜。有些是来自印度的传教士，有些是来自波斯和中亚王国的官员和商人，还有突厥人、阿拉伯人和来自美索不达米亚的贸易商……佛教和道教殿堂、回教清真寺、摩尼教和基督教聂斯托利派（古称景教）的教堂并肩耸立"（Sickman and Soper，1956：143）。

2. 文化

由于汉朝军事力量进入新疆并随着贸易关系深化，汉朝文化深受中亚影响。汉武帝征服新疆，使中国的旅行商人出行中亚相对容易，旅行商人带回许多故事："中亚有辽阔的沙漠和壮丽的山脉；昆仑山是世界的轴心；匈奴人在沙漠中打仗狩猎；印度是奇怪新宗教的家园。"（Sullivan，1964：217）汉朝的艺术"充满西域（即中亚）主题……受到西域影响的证据在汉朝艺术中随处可见"（Sullivan，1964：217）。从乌兹别克斯坦进口的汗血宝马成为汉朝的皇家标志，深深融入汉朝的象征物品中（Liu Xinru，2010：18）。

相继出现的不同民族和文化通过征服、贸易和传教活动影响了中亚。亚历山大大帝在公元前334—323年征服了大夏和粟特，希腊人在中亚修建了无数由城墙包围的城市，许多希腊定居者在亚历山大的中亚帝国瓦解后留了下来。古希腊文化对中亚有着深刻影响，但又与来自印度东部的佛教文化交织在一起。佛教对中国文化的深刻影响始于汉朝："很难想象，中亚以前在近千年中对佛教的笃信程度与现在对伊斯兰教的笃信程度并无二致。但自公元前1或2世纪直至阿拉伯

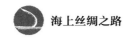

人的征服，确实如此。"（Starr，2013：81）①

历史上的佛祖生活在约公元前 500 年，是摩揭陀国的王子。佛教从贵霜王国统治下的印度北部传入中亚，王国的钱币一面刻着统治者的图像，另一面刻着佛祖的图像。贵霜帝国的艺术带有浓烈的古希腊风格，大部分是通过丝绸交易形成的，这种风格逐渐与印度佛教风格融合，产生了佛教雕塑和绘画风格的原型，并从印度北部的犍陀罗传入中亚，再从中亚传入中国。大量的佛教建筑、艺术和雕像都是于穆斯林时代之前在中亚制造的。信佛的商人为丝绸之路上的寺院布施，寺院本身也常常成为大型的商业企业。在 8 世纪伊斯兰教征服中亚前，"佛教机构在丝绸之路的欧亚东部沿途各处提供了基础设施"（Liu Xinru，2010：72）。寺院与之后的欧洲教堂一样制造了精美的宗教物品，通常由珠宝和宝石包裹。这些物品包括壁画、雕塑、庙宇、丝绸画和在悬崖峭壁上雕刻的巨大佛像。从阿富汗的巴米扬立佛到山西的云冈石窟，整条中亚丝绸之路上林立着巨大的佛像（Liu Xinru，2010：64）。

佛教在中国深深扎根后，"连接中国与西域的沙漠之路……扮演了越来越重要的角色，成为各种思想和艺术形式涌入中国的干道"（Sickman and Soper，1956：86）。4—8 世纪可以被看作"佛教时代"，不仅在中国，在整个亚洲都是这样，"（佛教）席卷了除西伯利亚和中东以外的整个亚洲大陆，为这个辽阔的地区带来了文化统一，统一程度之高后无来者"（Reischauer and Fairbank，1958：147 - 148）。

佛教在扩张的头几百年里，"得到了传教士和朝圣者源源不断的滋养，这些人在印度和中国之间往返流动"（Sullivan，1964：221）。约 200 名中国僧侣历经艰险长途跋涉到印度，在佛教的发源地取经，这些僧侣的姓名都记载在册，最著名的是法显和玄奘。法显于 399 年动身前往印度，穿过中亚，于 414 年乘船回到中国（Fa Hsien，1886）。唐朝的力量在 7 世纪和 8 世纪早期达到顶峰，由于在"中国治下的和平"，传教士和朝圣者可以在中亚各地自由往返（Sullivan，1964：224 - 225）。玄奘在 629—645 年前往印度北部后回到中国，他回来后写下了著名的游历见闻录《大唐西域记》（Beales，1906），并倾注毕生之力将佛经译成中

---

① Starr（2013：84）包含一张摄于 1903 年的珍贵照片，内容是从巴基斯坦的沙里拔罗发掘出的一尊完好无缺的佛像。

文。中亚的学者和僧侣对佛经的中译起到了至关重要的作用。①

中国的佛教寺院累积了大量经济资源，并将自身功能扩展为"被迫害者的避难所、旅客的驿站、医院、公共浴场，甚至是原始的银行机构"（Reischauer and Fairbank，1958：175）。中国出现了大批多姿多彩的佛教雕塑和绘画，融会了古希腊、印度、中亚和中国的艺术传统，包括敦煌、云冈、龙门和龟兹等瑰丽的石窟。敦煌位于甘肃西部，是一座绿洲城市，由于地处"中国和西域国家之间的大干道上"，发展成为贸易和佛学繁荣的中心（Sickman and Soper，1956：135）。敦煌石窟包含大量 5 世纪末到 8 世纪的佛教绘画。山西的云冈石窟藏有 5 世纪制作的精美佛经卷册，"混杂多种语言的佛教传到中国时，所有语言——古希腊语、犍陀罗语、印度语、伊朗语和中亚语——开始融汇成一种表达中国信仰和热情的一致宣言"（Sickman and Soper，1956：90）。洛阳是北魏（386—534）的都城，据说 6 世纪时有 3000 名外国僧侣在这里居住。洛阳的龙门石窟汇聚了一大批崖壁佛雕和数千座较小的雕像。龟兹位于新疆西部，克孜尔石窟包含 14 座佛教洞窟，这些洞窟有 800 多个岩洞和诞生于 2—7 世纪的大量佛教绘画和雕像。玄奘在 7 世纪参谒龟兹石窟，在此停留两个月。258—312 年，至少有 6 名龟兹僧侣参与了包括《妙法莲华经》在内的佛经中译（Ghose，2008：12）。到 3 世纪，龟兹僧侣扮演了重要角色，成为印度、中亚和中国佛教的"文化经纪"（Ghose，2008：13），其中最重要的人物是鸠摩罗什（343—413），据说他将约 300 本佛经译成了中文（Ghose，2008：15）。

唐朝包容四海的特质不只反映在宏伟的佛雕和寺院中，其艺术和工艺还显示出中亚在各方面产生的惊人影响：大量外国人在中国城市生活和工作，从中亚进口的异域货物源源流入中国（Schafer，1986）。"从波斯和萨珊进口的物品，例如双耳细颈瓶、角状杯和贝壳杯，进口时是金属制品，结果陶器也按这样的形状来制作；西域银器的凸纹面装饰被复制到陶制执壶两边的镶花浮雕上；白瓷器被用来仿制阿拉伯的玻璃杯。洛阳和长安街道上熙熙攘攘的外国人做着自己的买卖，践行着自己的宗教仪式。对于这番景致，墓穴的陶塑上常有着生动的描绘或揶揄。"（Sullivan，1964：215）

阿拉伯人在 7 世纪征服中亚后，佛教遭到打压。很多佛教徒退避到新疆，进

---

① 苏联学者李特文斯基推测，在将佛经译成中文的已知译者中，6 位是印度人，6—7 位是中国人，而有 16 位是中亚人（Starr，2013：86）。

一步加强了佛教在该地区的重要作用。841—845 年的暴力袭击严重遏制了佛教在中国的影响。① 随后，佛教再没有恢复到像欧洲基督教那样的全国性有组织宗教的地位。不过佛教仍是中国文化生活的重要部分，这包括与禅宗相关的超凡脱俗的禅画（禅宗结合了中国道教传统和来自印度及中亚的佛教）。② 13 世纪是禅画的鼎盛时期，包括大量山水画、人物画，还有最重要的静物画，例如牧溪的《六柿图》，将"激情内敛在惊人的静谧中"（Arthur Waley，引自 Sickman and Soper，1956：263）。③ 1368 年，元朝灭亡后，元朝王族返回蒙古，此后蒙古人开始全面皈依佛教。到 16 世纪，蒙古人信奉的主要佛教形式是藏传佛教。佛教在中国的大部分地区不再是正式的宗教，而是被道教吸收，但在蒙古和西藏，佛教仍然是以寺院和祭司为基础的正式宗教。

（三）穆斯林时代

阿拉伯人在 7—8 世纪征服了波斯和"河中地"后，伊斯兰教取代佛教成为整个中亚的信仰系统。尽管伊斯兰教也多次经历兴衰，但始终处于中亚文化的核心，今天该地区几乎没留下什么千年来信奉佛教的痕迹。1526 年，巴布尔在帕尼帕特战役中取胜，随后建立了莫卧儿帝国，穆斯林的影响由此从中亚深入印度。8—9 世纪，中亚在波斯的征服者、建都于布哈拉的萨曼王朝的统治下繁荣起来，"以农业、手工艺品和贸易为基础的繁荣使他们的王国成为伊斯兰世界其他地区来客的艳羡对象"（Soucek，2000：73）。突厥的喀喇汗王朝在千年之交取代了波斯的萨珊王朝，统治中亚直到 12 世纪。

在倭马亚王朝（661—750）和阿拔斯王朝（750—1258）哈里发的统治下，

---

① 据官方记载，4600 家寺院和 4 万个神祠在这一时期被摧毁（Reischauer and Fairbank，1958：175）。

② 斯塔尔指出，苏非教和拜火教与主张冥想的佛教之间可能有联系："寻求消除自我、从凡尘俗世中解脱和拥抱永生的中亚苏非教，其精神和灵魂的修炼与引发塔吉克斯坦修建佛祖'大般涅槃'（最高境界涅槃）巨像的佛教传统最终相差多远？"（Starr，2013：98）另外还可以说佛教的冥想派与道教之间有联系。西方基督教的神秘主义传统与东方的神秘主义传统也很相似。

③ 牧溪的大部分绘画保存在日本藏画中。像《六柿图》这种画的意境与欧洲 17—18 世纪精雕细琢的"静物画"截然不同，西方绘画与之最接近的可能是也试图接近佛教"大同"思想的 20 世纪"抽象"艺术。不过艺术史学家迈克尔·苏利文强调中国禅画家与现代抽象艺术家不同："即使是最极端的中国表现主义派也总是寻求纯粹形式背后的意义……牧溪和莹玉涧对玄奥狂放意境的表达不是反映在空洞的笔触中，而是反映在和尚撕经或雾中浮现山村这些形态中。对画家和书法家来说，空有形式从来都是不够的。"（Sullivan，1964：199）

穆斯林商人主宰了整个中亚的贸易路线，"穆斯林贸易商很快接管了丝绸之路上的大多数贸易，而伊斯兰教就像之前的佛教一样，在所有的主要贸易路线上建立了自己的机构……为丝绸之路的一大片区域（提供）基础设施"（Liu Xinru，2010：106）。伊斯兰商业庇护人遵循之前阿拉伯统治者的做法，在整条丝绸之路沿途兴建驿站，为商人及其动物和商品提供住宿和安全保障。例如，11—14世纪，安纳托利亚半岛的赛尔库克（1037—1144）和奥斯曼（1453—1922）的统治者在该地区兴建了一系列意义重大的驿站，为贸易特别是与中亚的贸易提供便利（Stierlin，1998）。

蒙古人在13世纪征服了亚洲大部分地区，他们大肆破坏，摧毁了包括伊斯兰和佛教艺术品在内的不少物品。不过在蒙古人的统治下，13—14世纪，从中国到中东的辽阔疆域是一个统一帝国的组成部分。暴力征服结束后，由于处在蒙古帝国中心，又是各文明交汇的地带，蒙古治下的中亚享受了相对的和平和繁荣。1257年，忽必烈可汗在大都（今北京）建都时，从布哈拉带来纺织工匠为皇室制作织锦，特别是撒答剌欺织锦，"忽必烈可汗选择用服饰来体现帝国的荣耀，令其全体随从包括宫廷卫戍穿着绣金织锦"（Liu Xinru，2010：123）。

正是由于"中国治下的和平"所实现的统一，马可·波罗才得以游历中亚。马可·波罗沿途经过众多兴旺发达的商业城市，包括巴格达和巴士拉（今伊拉克境内）、大不里士、亚兹德和克尔曼（今伊朗境内）。马可·波罗详细记载了丝绸之路沿途兴旺发达的新疆绿洲城市，包括叶尔羌（今莎车）、媲摩（今于田喀孜拉克）、车尔臣（今且末）、喀什和于阗（今和田）。关于喀什，他写道："（它）曾是王国，但现在受大可汗统治。村镇众多，居民以贸易和劳作为生，果园和葡萄园丰美，房屋鳞次栉比。大量种植棉花、亚麻和大麻。土地肥沃多产，生活资料丰富。很多准备在世界兜售器具的商人将该国作为起点。"（Marco Polo，1974：80）关于于阗，他写道："（它）受大可汗统治……市镇众多……生活资料储备充足。大量种植棉花，有众多葡萄园、房屋和果园，人民以贸易和劳作为生。"（Marco Polo，1974：82）

1370年，穆斯林突厥人帖木儿在中亚夺得权力，建立王朝，该王朝在1370—1507年统治中亚。尽管帖木儿的战场辽阔，从新疆打到叙利亚，但帖木儿帝国的核心是"河中地"。这个时期是中亚史上"最辉煌的一章"（Soucek，2000：123）：长途贸易再度兴盛，包括与明朝的贸易。横跨中亚的庞大贸易路线在位于丝绸之路西部终点的安纳托利亚半岛激发了一个大繁荣时代。13—14世

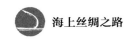

纪，中国向中东和欧洲"无限量"供应生丝（Inalcik，1994：218），① 在塞尔库克帝国和早期奥斯曼帝国的统治下，主要由穆斯林商人开展的贸易在整个中亚持续繁荣："伊斯兰突厥人将统治范围从中亚扩大到巴格达、埃及和南欧后，从中东到中亚丝绸和羊毛挂毯及小毡毯的发展达到高潮。"（Liu Xinru，2010：107）

这为中世纪欧洲丝织品业的兴旺发达奠定了基础。奥斯曼帝国的中心布尔萨成为"东西之间的世界市场，不仅是生丝的，也是其他亚洲货物的市场，因为世界贸易路线的网络在 14 世纪发生了革命性变化"（Inalcik，1994：219）。除了来自中国的丝绸，生产出来交由商队沿途交易的货物还包括来自印度和中亚的丝绸、羊毛、棉织品、地毯、挂毯和帷幔，来自东南亚的香料、象牙和布料，以及来自西伯利亚的皮草（Stierlin，1998：60）。此外，中国开始在这个时期沿着丝绸之路出口茶叶（Liu Xinru，2010：109）。

从 9 世纪直到 15 世纪，中亚在科学和艺术方面取得了巨大进展。该地区产生了才智超群的伟大人物，包括花拉子米（783—847）、法干尼（798—865）、花拉扬迪（al-Khwarajandi，11 世纪）、比鲁尼（973—1048）、伊本·西那（阿维森纳）（980—1037）和库奇（al-Quschi，1402 – 1474），在数学、天文、地理、医药和哲学方面取得了根本性进步。中亚最著名的天文学家是兀鲁伯·贝格（1394—1449），他是"河中地"的实际统治者，在艺术和科学领域取得了无数成果，他的事迹包括在撒马尔罕的雷吉斯坦广场兴建了一所引人瞩目的伊斯兰学校，在撒马尔罕的近郊修筑了一座天文台。他分类记录了 1108 颗恒星。元朝统治者大量起用来自中亚的科学家。忽必烈将中亚的医生请入皇宫，并下令将伊本·西那的《医典》译成中文，印度医学界也使用这本书，该书还被译成拉丁文，在欧洲大学作为基础医学课本使用，直到 18 世纪。元、明两朝大量任用来自中亚的天文学家，于是出现了"天文学丝绸之路"：来自中亚的穆斯林对中国天文学的发展起到了重要作用。明太祖于 1368 年在传统的司天监之外另设回回司天监，由来自布哈拉的札马鲁丁担任监令（Starr，2013：452 – 453）。中亚的天文研究被译成中文，穆斯林天文学家制造了一座观星盘，于 1385 年安装在南京的观星台上，用来观测恒星。

传统的技术主要使用骆驼载货，沿丝绸之路运输货物成本高昂，于是海上

---

① 有证据显示在蒙古征服后，中国对奥斯曼帝国的生丝供给被以大不里士为基地的伊朗供给取代（Inalcik，1994：219），但相关证据不完整。

贸易的发展逐渐超过了陆路。丝线和织品的价值重量比很高，但随着中国瓷器、茶叶以及后来棉织品在几百年内的出口增加，与西域交易时与其走陆路穿越中亚，还不如走成熟的航线由东南亚穿越南海更有优势。16 世纪以后，海上丝绸之路沿岸的贸易迅速增加，但这并不意味着中亚陆路的沿途贸易就绝对减少了。

16 世纪，中亚的帖木儿王朝被昔班王朝取代。16—17 世纪，该地区"似乎经历了一段繁荣和增长的时期"（Soucek, 2000：150）。18 世纪和 19 世纪初，希瓦、布哈拉和浩罕分别由不同的可汗统治。海路贸易增加，与此同时，受到与中国、莫卧儿帝国和俄罗斯帝国之间交流的刺激，陆路贸易也保持了活力，一直到18 世纪（Levi, 1999）。[①]

明末清初，中国庞大的经济经历了持续的商业发展和繁荣，刺激了通过新疆与中亚的贸易持续开展，18 世纪的新疆再次被置于中国的直接统治下。17—18 世纪，印度北部和中亚之间的贸易发展壮大。莫卧儿王朝统治下的印度需要大量中亚的马匹，中亚则从莫卧儿王朝的印度进口棉花、棉织品和染料（Levi, 1999：528 – 530）。印度的莫卧儿统治者"修建了数百座桥，开设了数百家驿站，保护了最重要的贸易路线"，由此刺激了与中亚贸易的增长（Levi, 1999：529）。17 世纪晚期，布哈拉可汗经常与莫卧儿统治者交换外交信件，要求对方采取措施确保商人在贸易路线上的安全（Levi, 1999：530）。

16 世纪后，俄罗斯帝国的东部扩张刺激了俄国人对在南亚生产、通过中亚交易的货物的需求。浩罕汗国统治下的费尔干纳山谷在此期间经历了快速经济发展，"在整个 18 和 19 世纪，越来越多的大批俄国货物被从奥伦堡带到浩罕汗国（1709—1876）[②]，数千浩罕商人再将这些货物运到天山那边的喀什、叶尔羌和其他新疆城市，很大一部分货物又从这里被运到更远的中国和印度市场。浩罕商人带着茶砖、丝织品、瓷器、银器和大黄（医用或染色）等中国货物回到费尔干纳山谷"（Levi, 1999：540）。节节上升的俄国需求刺激了塔什干和费尔干纳山谷的发展，为了出口到不断增长的俄国市场，浩罕汗国投资灌溉系统来刺激棉花生产的发展"（Levi, 1999：541）。

---

① 利维的研究为了解中亚经济史上研究不足的时期带来了新的曙光。
② 浩罕汗国的根基在塔什干和费尔干纳山谷。

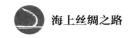

二　海上丝绸之路：南海

　　东南亚地区自古以来就是"海上丝绸之路"的重要枢纽……几百年来，遥远浩瀚的大海没有成为两国人民交往的阻碍，反而成为连接两国人民的友好纽带。满载着两国商品和旅客的船队往来其间，互通有无，传递情谊。中国古典名著《红楼梦》对来自爪哇的奇珍异宝有着形象描述，而印度尼西亚国家博物馆则陈列了大量中国古代瓷器……早在 2000 多前的中国汉代，两国人民就克服大海的阻隔，打开了往来的大门。15 世纪初，中国明代著名航海家郑和七次远洋航海，每次都到访印尼群岛，足迹遍及爪哇、苏门答腊、加里曼丹等地，留下了两国人民友好交往的历史佳话，许多都传诵至今。

——习近平在印度尼西亚国会发表的演讲，2013 年

（一）经济地理

　　中国的内部贸易和商业化从历史早期就得到了高度发展，总值始终远超国际贸易的总值。国际贸易在一些相对较短的时间内受到中国政府的严格限制，最明显的是在明朝初期。在清朝的一个时期，欧洲商人只能通过广州交易。不过除了这些限制，在中国历史上大部分时期，中国在南海沿岸以及穿过南海进行的国际贸易持续开展，相对畅通无阻。尽管南海贸易的总值与国内贸易相比相形见绌，但在中国和东南亚的历史上占据重要位置。南海地区从历史角度看可以被认为是一个单一地区："（南海）因其本质近似地中海而不同寻常。它从东北角到西南角的主要贸易航线处于两次季风的路线上，因此特别适合季风时节出航。"（Wang Gungwu，1998：3）也许能将亚洲东西之间的贸易叫作"亚洲东西部的商品交易和思想交流"，中国南海是其主要的贸易路线："它是第二条丝绸之路。它的水域、岛屿和海峡就像是中亚的沙漠和山口；它的港口就像是驿站。它对中国南方人的意义就像玉门关以外的土地对中国北方人的意义一样"。（Wang Gungwu，1998：3－4）

（二）古代和中古时代

从中国穿过南海抵达东南亚和南亚的贸易路线有着悠久的历史。罗马帝国时期，中国与西域之间的海上贸易通过巴巴里肯和巴利加萨这些印度港口与中亚的路线连接起来，商人既包括阿拉伯人，也包括罗马人。罗马人甚至在印度东南海岸的波杜卡修筑了一个货栈，建造仓库、商品加工作坊和船坞（Liu Xinrui，2010：40）。中国与东南亚、南亚和中东的贸易到汉朝时已经高度发达，在唐朝时（618—907）大幅扩张，在宋朝（960—1279）时增长到更高水平。

中国船只自历史早期以来就在整个南海和南海以外开展长途贸易航行，早在公元前 1 世纪，中国商人就可能到达了埃塞俄比亚和东非（Needham，1970：42）。中国船只约在 350 年航行到马来西亚的槟榔屿，约在 400 年之前航行到锡兰（今斯里兰卡），到 4 世纪可能抵达了伊拉克的幼发拉底河口，停靠在亚丁湾（Needham，1970：41）。东非海岸有大量中国钱币，最早的可追溯到约 620 年，东非还有成堆的中国瓷器碎片。1955 年，一位英国考古学家写道："从达累斯萨拉姆到基尔瓦群岛的这两个星期，我见到的中国瓷器碎片数量之多，竟是以前从未见过的，简直可以用铲子来计量。我想可以公正地说：就自公元 10 世纪起的中世纪而言，坦噶尼喀埋藏的历史写在了中国瓷器上。"（Mortimer Wheeler，引自 Needham，1970：51）

中国在公海的悠久贸易史，尤其是穿越危险南海海域的历史，刺激了海洋科技的进步。中国领航员率先在海上使用磁罗盘，"这一水手艺术的伟大变革引领了定量导航的伟大时代，到公元 1090 年被中国船只确证有效，约 100 年后首次在西方出现"（Needham，1970：44）。不过可以肯定的是，磁罗盘在用于海上之前在中国早已用于风水，而且中国船只最初使用磁罗盘的时间可能早到 850 年（Needham，1970：48 and 247）。船艉柱舵轮对横渡公海的长途航行极其重要，在欧洲的最初应用是在 12 世纪晚期，不过"它在西方出现之前早就"就在中国使用了，也许早到 5 世纪（Needham，1970：253 – 254），似乎可能是阿拉伯商船采用后将它传到西方（Needham，1970：258）。磁罗盘和艉柱的使用对葡萄牙人的海上探险极为重要（Needham，1970：261）。早在 2 世纪，中国的船只就首先运用了水密舱的原理，而西方船只直到 18 世纪末才采用（Needham，1970：66），按此制造的舱壁结构在船身进水时提供了船舱不被淹没的可能。中国船只至少从 3 世纪起就采用了多桅杆，而欧洲船只在 15 世纪才采用了"有三个以上桅杆的

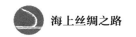

全帆"多桅系统（Needham，1970：67）。

早在唐朝，中国南方的港口城市就聚集着大量外国商人和水手。一位750年到访广州的来客发现港湾有无数南亚、孟-高棉（昆仑）和"波斯"（即来自中东）的远洋船只，有些是大型船。它们装载的药品、香料和贵重物品"堆得像山一样高"。来自锡兰、伊斯兰世界和东南亚的不同种族的商人和水手要么在这里短期停留，要么在这里长期居住（Twitchett and Stargardt，2002：47）。722年，据说这些大型外国船只中有40艘每年抵达广州。879年广州被黄巢叛军洗劫时，阿拉伯人的记录显示12万外国人遭到屠杀，包括穆斯林、犹太人、基督徒和摩尼教徒（Twitchett and Stargardt，2002：47－48）。尽管这个数字似乎被严重夸大了，不过也说明即使在这么早的时期，在华外国商人的数量也非常多。

从罗马时期直至14世纪，阿拉伯商人主宰了从东南亚横跨印度洋的贸易（Needham，1970：42）。正如我们已看到的，他们对横跨南海的贸易也很重要。印度人、波斯人和东南亚本地商人在横跨南海的贸易中也起到了作用。不过，中国商人在贸易中起着中心作用。早在至少13世纪，由中国人建造、中国船员操纵、载着中国贸易商的船只构成了南海贸易的重要部分（Twitchett and Stargardt，2002：46）。16世纪第一批欧洲人与中国开展贸易时，正逢"大部分由中国人进行的"横跨南海交易的蓬勃发展（Fairbank and Teng，1941：202），"源自蒙古时期或可能早得多的本土中国人的商业扩张，为欧洲从海上入侵中国铺平了道路"（Fairbank and Teng，1941：202）。例如，马尼拉在西班牙的统治下繁荣发展，主要因为它是中国和美洲之间的中转站。中国和马尼拉之间的贸易完全是由中国船只和商人开展的（Fairbank and Teng，1941：202）。大量证据表明，19世纪早期中国与马来西亚有着活跃的"平底帆船贸易"。

中国出口南海的主要传统产品是丝绸，但瓷器和茶叶在唐宋两代也变得越来越重要。中国从南海以外的地区进口各种产品，不仅包括来自东南亚的，还包括来自波斯、叙利亚、阿拉伯、东非和印度北部的产品。中国南方城市扬州、广州、宁波和温州是南海交易中最重要的港口。很多专家认为福建泉州是海上丝绸古路的终点，① 可以说直到至少元朝，南海交易最重要的港口是泉州。确实，有些学者认为10—14世纪的泉州理应被贴上"世界大型商场"的标签（Schottenhammer，2001）。

---

① 联合国教科文组织正式指定泉州是终点。

最近在塞丁普拉对马来半岛的考古研究，为了解 1000—1400 年横跨南海的贸易性质带来了新的曙光（Stargardt，2001）。① 塞丁普拉是一个公元 5 世纪左右的知名王国，从 8 世纪或 9 世纪开始处于苏门答腊东南的室利佛逝（中国史籍称三佛齐王国）的影响之下，甚至可能被其征服。塞丁普拉在整个南海的贸易以及前往印度洋的中转贸易中有着特别有利的地理位置，它处于克拉地峡的东部、马来半岛的狭长颈部。克拉地峡在此处只有约 70 公里宽，一条大湖延绵伸展，占了地峡约三分之一的宽度，因此从这条湖到印度洋的陆上距离只有约 40 公里。至少从 7 世纪开始，塞丁普拉与泰国湾整个地区就有着贸易往来。自 10 世纪中期以来，来自中国的陶瓷残片越来越密集，从这个时期直到至少 14 世纪晚期，塞丁普拉在不断壮大的跨地区贸易网中处于中心位置，这张贸易网连接了中国南部、东北亚、苏门答腊，并通过跨越克拉地峡的货物转运与印度洋相连。

塞丁普拉是近代最早采取公共行动来提供公用商品的杰出例子。塞丁普拉王国开凿了一个交通运河网络，意味着货物可以走水路穿过克拉地峡的大部分地区，这是批量运输最便宜的方式，运河网络建设的一期工程于 11 世纪完成。看来塞丁普拉的统治者优先修建横跨克拉地峡的交通运河，甚至将灌溉和本地运输所用的运河置于其后。从南海穿过克拉地峡将货物运到印度洋的距离缩短了约 2000 公里（Stargadt，2001：338）。

在东南亚的所有考古遗址中，塞丁普拉到目前为止拥有的中国瓷器碎片最多。尽管整片遗址能被发掘的只有一小部分，但发掘出的物品中仅是 1000—1400 年的中国陶瓷碎片就有 5 万块。除了大量陶瓷，很可能还有大量丝绸和茶叶通过塞丁普拉进行贸易，不过埋在地下的丝绸和茶叶没法保存 1000 年，陶瓷碎片则可以。这些陶瓷大部分品质上佳，价值重量比相对高，主要来自中国南方的少数几个窑炉。遗址发现的所有中国陶瓷碎片中有 45% 来自浙江龙泉窑，龙泉窑陶瓷是"当时最精美的陶瓷之一"（Stargardt，2001：344）。剩下的大部分来自江西景德镇和福建德化。这么多从中国出口的优质陶瓷的存在，反映出中国商业的出色组织水平："这些优质陶瓷反映了对于塞丁普拉作为中转港口的特定要求，也体现出它所隶属的贸易网络；表明中国的陶瓷业和国内贸易的组织能力高到足以适当装船来满足这一需求，也足以长期保持。"（Stargardt，2001：356）维持这个出色体系的中国商业区有可能在泉州和广州都有。

---

① 这一出色的研究是思鉴（Janice Stargardt）博士对在新加坡拉多年实地考古工作的总结。

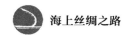

其他考古资料可以补充在塞丁普拉的研究，包括在泉州发现的一艘宋朝末年从事南海贸易的船只残骸。① 由于船只沉没时的独特状况，船上所装的南海热带焚香和其他贸易产品保存了下来。这艘船当时正从南海返回，带着各种木质产品，包括 2400 公斤的焚香木材。修复这艘船得出的结论是它在东南亚海域逗留了一段较长的时间。到 12 世纪，东南亚出现了泉州商人的半定居区甚或完全定居区 （Stargardt，2001：373）。从塞丁普拉出口到中国的产品有可能包括来自马来半岛不同地区的四大类林木产品 （Stargardt，2001：358）。首先是产自芳香木材、树脂和树脂晶石的焚香产品，包括两块上好乳香，两块上好樟脑和一块中等质量的焚香，焚香在中国的销量很大；其次是药材；再次是致命毒药；最后是造船用的木材密封胶、索具、绳索、填料和浮标。"高级焚香的交易价值巨大"："南方异域货物的总数庞大"，为了支付进口货物的费用，需要大量出口中国的优质陶瓷 （Stargardt，2001：364 – 365）。

在雅加达以北 150 公里处的印坦发现并挖出了 10 世纪的中国沉船，为了解传统南海贸易的范围带来更多曙光 （Twitchett and Stargardt，2002）。看来这艘船正从广州返回，船上装着各式中国陶瓷，产地遍布中国各地。"在中国境内为长途航行到南海的船只组装一船货物涉及复杂的内部营销和运输流程，（地理跨度广泛的不同产地） 为了解这些流程提供了宝贵洞见。" （Twitchett and Stargardt，2002） 船上的货物还包括中东的玻璃器皿，更重要的是包括大量沉甸甸的银锭，价值等于宋朝政府从整个中国取得的全部年度财政收入的 1.15% （Twitchett and Stargardt，2002：27）。这艘沉船形象地说明：中国船只横渡南海在中国、爪哇、苏门答腊和马来半岛之间开展的长途贸易，具有整合度高和规模大的特征。

（三）近代早期

中国政府在 1405—1433 年组织大型船队七次出使从婆罗洲到东非的地区，船队全部由郑和指挥。郑和出生于云南一个穆斯林家庭，其父曾到麦加朝圣。郑和第一次下西洋带领 62 艘大型帆船和一支约 3 万人的队伍。第一站是马六甲，接下来的一站是苏门答腊的巨港，这座城市"早被中国人所知"。郑和抵达前 30 年的 1377 年，一位在广东南海县土生土长的中国海盗头子梁道明控制了该城市："这是印尼或马来西亚有大批中国人的最早标志之一。" （Fitzgerald，1972：95）

---

① 船只残骸在泉州海洋博物馆展出，格林 （Green，1983） 提供了相关信息。

尽管巨港并不是明朝的殖民地，"但在将近 200 年里仍然处于中国的控制下"（Fitzgerald，1972：96）。船队随后穿过印度洋抵达古里（今印度科泽科德），后返回中国。第二次下西洋是在 1405 年，抵达了爪哇、古里、锡兰和暹罗。1409 年第三次下西洋走了相似的路线。前三次下西洋到访了南海周边和印度洋中的地区，这些地区"早被中国航海员熟知"（Fitzgerald，1972：97）。印度南部城市的繁荣"部分是因为它们是来自西域的阿拉伯船只和来自东方的中国船只的会聚地"（Fitzgerald，1972：97）。后四次下西洋行程远得多，到访了霍尔木兹、波斯湾和马尔代夫，并覆盖了包括摩加迪沙和莫桑比克在内的整个东非海岸。

下西洋的主要目的是加深中国对外部世界的了解，同时"向南亚和西亚地区的国王和苏丹展示中国作为亚洲领先的政治和文化之国的力量与荣耀"，"诱导他们承认中国皇帝的名义宗主地位并向中国宫廷派遣进贡使团"（Needham，1970：50）。这些由远洋平底帆船组成的大型船队规模比同期欧洲船队的大得多，很多船重至少 1500 吨，而 1488 年巴托罗缪·迪亚斯环绕好望角时的船只仅重 300 吨。尽管郑和的船队装备有火枪等武器，而且船只规模巨大，但并未企图建立外国要塞或殖民地。整个行动是"海军对外国港口的友好访问"："确实，几乎无法用海军这个词来描述中国船队，它们更像是商船队的集合，而不是一个国有化的贸易管理机构。"（Needham，1970：53）

一个普遍的看法是中国在郑和下西洋后"变得内向"，中国的海上贸易大幅缩减。还有一个普遍的看法是中国没有出现英国式"工业革命"，主要是因为中国的外贸在郑和最后一次下西洋后大幅缩减。不过，郑和的船队是官方的远征，与中外商人跨南海运货开展的长期贸易没有直接关系。到 18 世纪中期，中国与东南亚和欧洲的海上贸易都大大增加，中国平底帆船的规模比欧洲相应船只的规模更大。中国最大的平底帆船可能有 1000 吨，载有 180 名海员。"成百上千的这些牢固商船每年定期从厦门或广州往返马六甲海峡，冬季在南方，夏季在北方。它们遵循详细的航路指南，沿途经停无数港口。所谓的'西'线沿着越南、暹罗和马来半岛的海岸前进……'东'线将船只带到马尼拉、摩鹿加和爪哇。与东南亚的贸易在中国的船上持续进行……完全掌握在中国人手中。"（Fairbank，1965：73）

此时江南大部分地区是中国最发达的地区，包括长江三角洲。1815 年江南的人口约为 2600 万（Li Bozhong，1986），而中国的人口总数约为 3.3 亿。相比之下，1820 年欧洲的人口约为 1.9 亿，包括法国的 3200 万、德国的 2500 万和英

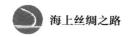

国的 1400 万（Cipolla, ed., 1973：747）。

到 16 世纪晚期，纺织业成为江南产业经济最大的一个部分；到 17 世纪末，江南是世界最大的织物和纤维出口地，商业化和城镇化程度比世界任何地方都高（Li Bozhong, 1986）。南京是丝绸业中心。19 世纪 40 年代，有近 20 万人从事丝绸业，织机超过 3.5 万台（Li Bozhong, 1986：21）。松江县是交易类棉布生产最发达的地区。苏州是中国最重要的商业中心，"到处都是布料商人，也是染料中心"（Xu Dixin and Wu Chengming, 2000：171）。清朝时，江南生产的交易类棉布约有 90% 输出到中国其他地区或出口海外。18 世纪，出口中增长最快的是对欧洲的出口：1786—1798 年，出口到西欧和美洲的"南京布"（在南京和江南其他地方织的布）增长到几乎 5 倍（Li Bozhong, 1986：27）。18 世纪早期，约有 5000 艘远洋船只的基地在南京，吨位是 1700 年所有类型英国轮船的 2.8 倍（Li Bozhong, 1986：53）。18 世纪晚期，据载仅上海和乍浦的港口就有约 5000 艘远洋船只，总重估计约为 55 万吨。据载每家大商户都拥有自己的船队，每支船队的船只超过 100 艘，雇用超过 2000 人（Xu Dixin and Wu Chengming, 2000：364）。

15 世纪著名的郑和下西洋表明中国的技术和文化比他到访的地区（包括东南亚）先进。不过，尽管中国与东南亚有着深厚的贸易关系，中国却并未试图殖民南海周边的地区。中国拥有领先的技术和庞大的规模，想要殖民完全可以，但中国的领导者选择将重心放在治理自己的国家上。

随着时间的推移，华人社区在南海周边地区发展起来。中国人去这些地区主要是从事与贸易相关的活动。到郑和下西洋时，"中国的海上贸易和中国人向东南亚港口的迁移流动已经呈现重要规模"（Fairbank, 1965：423）。在欧洲船只进入南海之前，"中国的平底贸易帆船是东亚国际商业的主要载体"（Fairbank, 1965：29）。与欧洲商人后来的活动不同，中国商人在南海周边地区的活动"很少得到中国政府的海军或政治行动的支援"（Fairbank, 1965：29）。海外华商社区被恰如其分地描述成"没有帝国的商人"（Wang Gungwu, 1990）。

16 世纪，苏门答腊的华商社区比葡萄牙人社区大得多。在苏门答腊的主要胡椒港口占碑，中国人是商界的主要组成部分，与来自暹罗、爪哇和马六甲以及荷兰、英格兰和中国的船长打交道（Curtin, 1984：171）。爪哇西端的万丹港有一个"胡椒贸易的重要华人中间商社区"（Curtin, 1984：170）。有些华商参与当地的海上贸易，有些则提供经纪业务和其他商业金融服务。占碑的苏丹在政府服务中使用华人经纪商、译员和过秤员（Curtin, 1984：170）。

据记载，17 世纪有超过 1 万名中国人在暹罗居住，其中 3000—4000 人住在首都大城（Curtin，1984：168）。由于在曼谷本地容易得到柚木，曼谷发展成为制造中国式平底帆船的世界最大中心。中国与暹罗的贸易在 17 世纪迅速增长，船主和船长主要是中国本地人（Curtin，1984：169）。18 世纪晚期的暹罗国王有一半中国血统，是一位潮州商人的儿子，他收留了主要来自潮州的中国移民。1767 年曼谷成为暹罗的都城时，超过一半的人口是中国人（Fairbank and Reischauer，1965：459）。今天潮州有约 3000 万人口，其中约一半住在南海周边地区，主要在泰国。他们有自己的方言和金融网络，外人很难渗透。

宁波至少自唐朝以来就与东南亚（和东北亚）有着深厚的商业关系，制造产品的原料有一大部分从南海和中国其他地区进口。用进口材料在宁波制造的产品包括船只、家具、木雕、漆器和纸张（Shiba，1977：430 – 431）。宁波繁荣的中国境内地区间贸易大量依靠与传统地方银行（钱庄）合作的本地商人网络。18—19 世纪，宁波人除了移居到中国其他地区外，在海外东南亚的侨民区也发展起来，"19 世纪海外的宁波商人以'宗族情结'和对原籍地忠心不二著称"（Shiba，1977：437）。

东南亚的华人社区不受中国政府保护，因此不断遭到袭击。例如从 1565 年到 1815 年，西班牙在菲律宾的殖民地与在中美洲的殖民地之间的跨太平洋贸易兴旺发达，中国商人用平底帆船将中国货物带到马尼拉，他们带去中国丝绸、瓷器和名贵家具，换回西班牙在墨西哥和秘鲁矿山开采的银块。马尼拉的华人社区大规模发展，除了商人和水手，还有从事各种职业的华人。到 1586 年，马尼拉估计有 1 万华人。1603 年，西班牙军队加上菲律宾本土人和日本军队估计屠杀了约 2 万华人。[1] 华人数量迅速再次增加，但 1639 年又发生了一次屠杀，估计有 2.3 万华人遇害。1686 年和 1763 年再次发生屠杀。

自 19 世纪中叶以来，东南亚华人的数量在欧洲殖民统治下快速增长，包括一大批为了在橡胶园和矿井工作而移民的穷人。今天，南海周边各国可能有多达

---

[1] 详见（Borao，1998）。鲍晓鸥（Borao）的研究特别有价值，因为它借用了中国政府开展的详尽调查。这一调查在试图了解暴力发生的原因时极为客观，没有为华人社区开脱责任。中国政府的调查为了解海外华人社区（不论贫富）与其所居住的东南亚社会之间的复杂关系带来了曙光。对东南亚华人社区的反复遭受袭击，包括 20 世纪 60 年代在印度尼西亚遭受的袭击，仔细研究以找到根本原因成为必要。

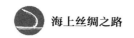

4000 万—5000 万人是华裔，每个国家都有一小部分华人占据商业结构的重要部分，[①] 还有为数多得多的华人从事各种普通职业。

（四）中国与南海的长期关系[②]

有西方评论人员认为，中国最近才开始主张在南海的权利，而且主要与南海海底可能储存的大量油气相关。不管怎么看待中国主张的法律效力，也不管南海争议可能怎么解决，中国对其在南海权利的观点自古就有，远远早于在海底发现能源的日期，与中国商人跨南海将货物从中国南方港口运往东南亚港口的悠久历史紧密相关。一个普遍的看法是，中国对一个与国家本土相距甚远的地区主张司法管辖权是异乎寻常的。事实上，国家在远离本土的领土拥有司法管辖权一点都不反常，在很多例子中，这些领土与相关国家的距离比南海与中国本土的距离远得多。

以前没有现代地图和导航辅助设备，用传统的航运技术在南海航行极为危险。南沙群岛由多达 400 个岛屿、岩礁、暗礁、环礁、堤岸和浅滩组成，其中没有一处可以永久居住。西沙群岛由 20 多个岛屿、岩礁、暗礁、环礁和浅滩组成。国际法院的观点是"即使是不显著的主权展示"也能对"遥远或几乎无人居住的领土"确立主权。[③] 全世界没有几个领地的特点能比南海群岛更适合叫作"遥远"或"无人居住"。除了西沙群岛的几个岛屿，南海群岛大部分是无法居住的。

中国船只横渡危险的南海海域已超过 2000 年。中国在汉朝甚或更早时期已在制造大型远洋船只。西汉统治者与东南亚、斯里兰卡和印度建立并维持了紧密的航海和商业关系。西汉使节使用穿过南沙群岛的海上路线，而不是传统的沿岸路线，这减少了几个月的旅行时间，但能做到这点是因为详细了解了南海海中和海底的障碍物。后世要么继续利用以前开发的航道，要么开发新航道来进一步缩短中国大陆与南海海中和海外目的地之间的航距。郑和跨南海下西洋的航道早被中国海员所知并使用了几个世纪。它们自宋代以来被归纳成两大航线——东海线和西海线，每条海线又再分为一条主线和一条副线。

---

① 对南海周边经济体中海外华人的重要程度有各种不同的估计。
② 本节大量参考申建明（2002）的细致研究。
③ 国际法院：《关于西撒哈拉法律地位问题的咨询意见》，1975 年 10 月 16 日。

来自广东、海南和其他沿海地区的中国渔民许多世纪以来将南海作为捕鱼基地。渔民经常将南海群岛当成遮蔽处或停靠点，有些甚至在岛上种植农作物。1868 年伦敦出版的《中国海指南》中提到海南岛渔民的足迹"可在南沙群岛的每个小岛上找到，有些渔民甚至会在岛上住较长时间"（Shen Jianming，2002：130）。

从不迟于汉朝开始，中国就认为南海及其岛屿属于自己管辖和控制之下。唐朝时西沙和南沙被归于琼州县（今海南省）管辖。明清中央政府"始终认为自己对中国南海群岛及其毗邻地区拥有主权"（Shen Jianming，2002：130 – 133）。从北宋（960—1127）至清朝，广东省、海南及其下属行政县郡的各种官方记录始终确认：中国有意也确实对南沙和西沙群岛及其毗邻海域行使了司法管辖权。

在越南北部是中国的一个省的年代（前 111—938），中国海军经常在南海巡逻。中国海军在元、明、清朝继续在南海巡逻。明朝关于琼山县（海南岛）的官方记录写道："广东濒大海，海外诸国皆内属……公统兵万余，巨舰五十艘，巡逻海道几万里。"（引自 Shen Jianming，2002：125）

早在宋朝，中国地图就已将南海群岛作为中国境内地区包括进来。元、明、清朝的官方地图始终将南海群岛作为中国的一部分包括在内。1932 年、1935 和 1947 年，国民党政府对南海开展了三次大规模勘察。1948 年的地图包括大部分南海岛屿的标准化名称，并采用了著名的 U 形虚线来指明中国对南海的主权。1949 年后的中华人民共和国地图中继续沿用这种做法（Shen Jianming，2002：122 – 129）。

1951 年，中国总理兼外交部长周恩来指出，西沙、南沙群岛和东沙、中沙群岛①一样是中国领土。1958 年，中国政府发表《中华人民共和国政府关于领海的声明》，声明西沙群岛、南沙群岛与东沙群岛、中沙群岛一样自古以来是中国的领土。1992 年中国通过《中华人民共和国领海及毗连区法》，重申"中华人民共和国的陆地领土包括……东沙群岛、西沙群岛、中沙群岛、南沙群岛以及其他一切属于中华人民共和国的岛屿"。1996 年，全国人民代表大会通过了"关于批准《联合国海洋法公约》的决定"，重申中国在 1992 年《领海及毗连区法》中提出的对各群岛的主权和权利。

---

① 东沙群岛位于香港东南 340 公里处。中沙群岛位于东沙群岛西南和西沙群岛东部。

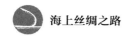

三　西方殖民主义与丝绸之路

（一）西欧殖民主义

海上丝绸之路沿线的贸易关系在一千余年的时间里基本和平，来自中国、阿拉伯国家、印度和东南亚的船只大多不携带枪炮。这些船只从东非到中国南方所停靠的港口都很国际化，多种文化并存。在印度洋和南海的各个港口，穆斯林、佛教、儒家文化、拜火教、基督教基本上和谐共存。在商人开展贸易的地方，政府大都尽力发展贸易，认为贸易对于社会有利。由郑和率领的中国船队，就是这种和平关系的最高形式。郑和船队最后一次下西洋是 1433 年。

葡萄牙人进入印度洋的时候，欧洲生产的商品很少能让亚洲人产生购买欲望。瓦斯科·达伽马 1498 年第一次去印度的卡利卡特（Calicut，明代古籍称"古里"）时，拿出了他们带去的条纹布、兜帽斗篷、帽子、珊瑚串、洗手盆、糖、油和蜂蜜等商品。国王看了后嘲笑葡萄牙人，建议他们不如拿黄金交换。据估计，1750 年时，欧洲的产值仅占全球制造业产值的 18%，南亚占 24%，中国占 33%。直到 18世纪末，中国的技术几乎在每个方面都领先于欧洲或者至少与欧洲相当。有一个方面欧洲的技术毫无疑问优于亚洲，那就是军事。15、16 世纪，欧洲经历了陆地和海上的军事技术革命。引发军事技术革命的是新兴欧洲国家之间的暴力冲突，这些国家在现代初期开始成形，在 17、18 世纪的"绝对主义时代"羽翼渐丰，在 19 世纪的工业革命时代继续发展壮大。[①]

郑和最后一次下西洋之后没过几年，葡萄牙人就绕过了好望角。葡萄牙是欧洲暴力入侵古老的海上丝绸之路的排头兵："不可否认，与印度洋上那些没有武器的穆斯林船只相比，葡萄牙舰船的武器相对更加精良；欧洲侵略者又有着其亚洲对手所不具备的顽强意图，这更加强了葡萄牙的优势。"（Chaudhuri 引用C. H. Boxer 所言，1985：77 – 78）葡萄牙人到达印度洋，"使得和平航海系统这一该区域过去极其突出的特征戛然而止"（Chaudhuri，1985：63）。郑和率领的船

[①]　基根（Keegan，1976）以图表展示了互相激烈竞争的欧洲国家如何"实现"军事技术的长期革命，他在书中比较了阿金库尔特战役（1415 年）、滑铁卢战役（1815 年）和索姆河战役（1916 年）中军事杀伤力令人难以置信的技术"进步"。

队与葡萄牙船队之间的对比"确实是天壤之别":"中国的整个做法是友好访问外国港口,而对比之下,葡萄牙在东苏伊士几乎是立即发动了全面战争。"(Needham,1970:53)只要葡萄牙人沿非洲西海岸下行,他们的活动是相对受限的,当然除了奴隶:"1500年之后,欧洲的海军已经有实力先后向东非阿拉伯国家、印度和其他亚洲国家发动战争;唯有到了那时,欧洲海军的力量才显示出他们究竟能做到什么。"(Needham,1970:53)葡萄牙"大力传扬十字军心态,并将其运用到海军征服整个南亚的活动中"(Needham,1970:53)。16世纪末以前,葡萄牙人沿印度洋和东南亚海岸向穆斯林、印度教徒、佛教徒都发动了战争。到16世纪末,葡萄牙已经沿海上丝绸之路建立起了一系列势力范围和堡垒,其中包括莫桑比克、霍尔木兹、果阿、科伦坡、马六甲和澳门。葡萄牙人的海外扩张得到了国王的大力支持,这位国王自诩为"埃塞俄比亚、阿拉伯、波斯及印度的征服、航海与商业之王"(Fairbank,1965:18)。葡萄牙君主希望通过扩张,不仅达到让那些不信奉天主教的人皈依天主教这一宗教目的,还在经济上获益。

此后,葡萄牙遭到荷兰、法国和英国这些更加强大的欧洲对手的挑战,并被打败。17世纪,这些国家都建立了由国家支持的武装"东印度"贸易公司,引领它们在亚洲的扩张。接下来,这些国家之间又激烈争夺对亚洲和西方之间海上贸易的控制权,它们在海外的暴力冲突在欧洲内部也同样上演。到18世纪末,英国确立了其对南亚大部分地区的控制权;1858年,英国东印度公司解散,取而代之的是英国中央政府直接统治,英国的控制权正式确立。在19世纪的最后几十年,继欧洲大陆和北美工业化之后,西方国家之间爆发了新一轮的对立冲突。这对南海海域产生了巨大影响。19世纪,英国在包括新加坡和沙捞越(今马来西亚砂拉越州)在内的马来半岛确立了殖民统治,法国、荷兰和美国则分别在印度支那、荷属东印度群岛和菲律宾建立了殖民统治。也是在19世纪,按照不平等条约,那些在南海贸易中处于核心地位的中国南方主要港口城市被迫对西方开放,让西方人居住和经商。这些城市包括广州、厦门、福州、宁波、汕头和上海,还包括香港,香港在南海关系中处于至关重要的位置,直到1997年都处于英国殖民统治之下。

1890年,军事历史学家阿尔弗雷德·马汉所著影响深远的《海权对历史的影响(1660—1783)》一书出版。他提出,海权对于国家实力和繁荣的增长必不可少。他认为英国海外力量的增强不仅由于它与欧洲大陆不接壤的有利地理位置,还由于它在国外着意获得的重要战略基地。这使英国能够在世界最脆弱的节

点控制世界航运。直布罗陀、马耳他、苏伊士、亚丁、新加坡和好望角都证明了这一点。马汉的最终目的是改变他的美国同胞。如果吸取了这些经验教训并相应采取行动的话，美国有可能成为一个海军强国，或许会是海军力量最强大的国家："通过控制大片公海，有压倒一切的海上控制权，就能封锁商船进出敌人海岸的要道，只有最强大的海军才能做到。"（Mahan，1890：xxxii）1916 年以前，所有主要国家竞相建立强大舰队，正是出于这种信念。马汉的观点引起了美国政府的注意。罗斯福担任总统期间（1901—1909），美国大幅扩建了海军。1907—1909 年，由 16 只巨大的战舰和辅助舰组成的"白色大舰队"环球巡航 14 个月，在墨西哥、巴西、菲律宾、锡兰、埃及和地中海宣示美国海军的崛起。

西方列强不仅在南海各岛殖民，还在太平洋更广地区建立了殖民地。此时北美洲主要被白人占领，这些人经过长时间的暴力征战（其中包括对印第安土著的大屠杀）打遍这块大陆。澳大利亚和新西兰当时是英国的殖民地，通过几乎灭绝土著人口，确立了白人的殖民统治。太平洋大部分重要岛屿属地都在英国、法国和美国的管辖之下。美国还吞并了夏威夷群岛，从俄罗斯手里买下了巨大的阿拉斯加属地（其中包括绵延北太平洋 1000 公里的阿留申群岛）。到 1879 年，日本夺得了对独立小国琉球的控制权，琉球此前数百年都是中国的藩属国，这时被迫并入日本，成了日本的"冲绳县"。

（二）俄罗斯殖民主义

俄罗斯帝国的扩张从根本上改变了中亚。16 世纪，莫斯科大公国吞并了喀山（1552）和阿斯特拉罕（1556）。俄罗斯版图横跨西伯利亚，1649 年扩大到太平洋，1783 年吞并克里米亚。1730—1848 年，俄罗斯吞并了哈萨克斯坦北部。19 世纪 60—80 年代，俄罗斯先后征服了塔什干、布哈拉、希瓦、浩罕汗国和梅尔夫。这一整片区域都成为俄罗斯帝国的一部分。俄罗斯在中亚扩张之时，正值 19 世纪清朝急剧衰落。

根据《北京条约》（1860），俄罗斯控制了黑龙江以北地区以及乌苏里江与太平洋之间的地区，这些省构成了东北的东海岸。该地区的主要城市是符拉迪沃斯托克（海参崴），意思是"统治东方"。1891—1916 年，俄罗斯帝国建造了穿越广袤草原的西伯利亚大铁路，并且在哈萨克斯坦和乌兹别克斯坦之间修建了铁路。西伯利亚大铁路建成时，东部终点就是符拉迪沃斯托克。在苏联时期，中亚的铁路线更加密集，使该地区紧密地融入了苏联经济。

（三）联合国海洋法公约和专属经济区

1982 年，联合国通过了一部"革命性"的法律——《联合国海洋法公约》（UNCLOS）。这项立法允许各国在距自己海岸 200 海里建立起"专属经济区"（EEZ），有权通过海岸警卫队舰队进行巡逻和保护。根据这部法律，西方的前殖民列强都可以保留对各自遥远属地的管辖权，这些属地往往人烟稀少或无人居住。英国的海外领地包括马尔维纳斯群岛、南乔治亚岛和南桑威奇群岛、圣赫勒拿岛、阿森松岛和特里斯坦－达库尼亚，这些都在大西洋；还有英属印度洋领地和皮特凯恩群岛，以及包括英属维尔京群岛和开曼群岛在内的加勒比海各属地。法国的海外领地包括克罗泽群岛、凯尔盖朗群岛、圣保罗和阿姆斯特丹岛、留尼旺和特罗姆林岛等，这些都在印度洋；另有法属波利尼西亚、新喀里多尼亚、瓦利斯和富图纳、克利珀顿岛，这些都在太平洋；还有包括法属圭亚那、瓜德罗普和马提尼克岛在内的加勒比海和中美洲领地。美国的领地包括夏威夷、关岛、美属萨摩亚、北马里亚纳群岛、鸟粪群岛和威克岛，全部在太平洋。

四　中国、丝绸之路与世界

（一）丝绸之路与朝贡制度

朝贡制度自古存在，一直持续到 19 世纪末 20 世纪初。琉球最后一次派出朝贡使团是 1875 年，[①] 安南最后一次派出朝贡使团是 1883 年，朝鲜是 1894 年，尼泊尔是 1908 年（Fairbank and Teng，1941：197）。按照朝贡制度，藩属国派代表正式向中国朝廷呈交礼品，认可他们的国家可能从中华文明获得的益处。这种朝贡体系与中国的对外贸易紧密交织在一起。朝贡使团往返中国首都的路途中受到皇帝的保护，并被允许在京城的专门市场进行贸易。这些市场由政府官员监督，以确保"公正公平的贸易"，"如果有任何人赊账购买并故意拖延（付款）、舞弊或试图'夹塞'，导致外国人长时间等待，那么此人连同那些与其私下交易的人们将受到处罚；还将在他们的店铺前带枷示众一个月"（Fairbank and Teng，1941：167）。

---

① 事实上，琉球准备在 1877 年派出朝贡使团，但日本阻止其成行。

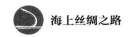

天子（皇帝）与附庸国之间的关系是以道德为基础的，因此是互惠互利的，"附庸国顺从、虔诚，皇帝宽厚仁爱、居高临下。这些相互关系需要正式的表达。呈礼是进行一种仪式，平衡兼顾帝国款待和回赐礼物的形式"（Fairbank and Teng，1941：147）。所有希望与中国建立起关系的国家和地区都需要作为"中国的附庸国"进行朝贡，"承认中国皇帝至高无上，听从皇帝的命令，从而排除了平等交往的全部可能性"：

> 朝贡制度绝对不能解释成是征服或全面主宰的理念，因为它对那些选择不进入中国人天下的外国人不强加任何条件。朝贡寻求的是和平和安全，这两者与国际关系都是不相容的。如果一定要有关系，那么必须是宗主和附庸的关系类型，接受这种关系，对中国人意味着按中国道德认可蛮夷民族……绝不能以为中国朝廷从朝贡中获利。帝国回赐的礼物通常比贡品价值更高……19 世纪下半叶以前，中国朝廷官员对于应该或可能通过国际贸易的方式增进国家财政和财富的说法嗤之以鼻。从中国的角度而言，允许贸易的用意是标志帝国的赏赐并且使蛮夷民族保持顺从的适当状态（Fairbank and Teng 引用 T. F. Tsiang，1941：140）。

来到中国朝贡的国家和地区一度涵盖中亚、东北亚和东南亚的大部分地区，以及更远的国家和地区。明朝 1587 年的一份朝贡国详细清单上列出了"由西域 38 个国家进献给朝廷的贡品"，全都"途经哈密"（Fairbank and Teng，1941：153）。进贡的国家和地区包括：喀什、赫拉特、布哈拉、克什米尔、大不里士、撒马尔罕、吐鲁番、伊斯法罕、霍拉桑，以及"朗姆酒王国"和麦加（Fairbank and Teng，1941：154）。来自南海周围以及更远地方的国家沿着海上丝绸之路，早在汉代就已经开始派遣朝贡使团朝见中国的统治者（Wang Gungwu，1998：117 - 121）。1587 年的朝贡国详细清单上还有安南、暹罗、占城、缅甸、爪哇、文莱、婆罗洲、菲律宾、马六甲、卡利卡特、孟加拉国、锡兰、叙利亚、霍尔木兹和马尔代夫（Fairbank and Teng，1941：151 - 152）。

（二）贸易和文化

1. 中国与亚洲

朝贡体系与贸易密切相关。但是，中国国际贸易的主体部分在朝贡体系之外。除了中国商人的海外贸易外，还有无数的外国商人在中国城市开展贸易，这些城市包括中国沿海港口，如广州、泉州和宁波，以及北方和西部的内陆贸易中心，如西安和兰州。

中国的技术及其相关文化对丝绸之路沿线的地区产生了深刻影响。例如瓷器的制作、丝绸生产、丝绸纺织和造纸技术传播到了中亚。中国的文化，包括书面文字和儒家官僚体系，对日本、韩国、琉球和越南北部影响很深。越南从中国独立出来后，1070 年在河内建造了文庙，直到 1779 年都起着越南官员的"大学"的作用。庙中的许多院落都有一长排石龟，每只石龟上都有一块石碑，上面用中文记载着考试上榜的候选人名字，这是基于与中国相同的儒家原则。几个世纪以来，朝鲜和日本的书面文字都是中文。儒家思想深入渗透到朝鲜、日本和越南。日本禅宗（Zen）佛教的起源就是中国的禅宗佛教（Zurcher，1964）。

中国对东南亚文化的影响比其对东北亚的近邻小一些。印度教、佛教和穆斯林文化传播到该地区主要是通过贸易。菲律宾从 16 世纪到 19 世纪末都受西班牙的统治，由于天主教的广泛影响力，中国的文化影响受到了限制。伊斯兰教、印度教、天主教在东南亚大部分地区是比中国儒家思想更强大的文化力量。在整个东南亚地区，大量华裔少数民族人口仍然是"旅居者"，与原籍的联系越来越疏远，但是仍然在相对封闭的社区保留自己的语言和文化（Wang Gungwu，2000）。一小部分东南亚华人经商极其成功，其中有几个人建立起了遍布整个区域的商业帝国。历史上一再出现针对华人的袭击，部分原因是在他人看来部分华人在商业上处于主宰地位。

除了中国对外部世界的影响外，丝绸之路沿线的国际贸易形成了推动文化传播的强大机制。佛教和伊斯兰教沿着陆上和海上丝绸之路传播。

2. 中国与西方

秦朝统一中国后两千年来，中国大部分时期是和平的，并且形成了庞大的自由贸易区，在那里，商业和"资本主义萌芽"随着时间的推移蓬勃发展和扩大（Xu Dixin and Wu Chengming，2000）。在市场失灵的地区，国家行使了至关重要的职能，其中最重要的就是基础设施建设。在这种结构下，中国的国民总收入、大众生活标准、城市繁荣程度、文化和技术创新水平，都远远领先于欧洲（Needham，1964）。

在众多技术领域，中国成熟的市场经济刺激了创新，这远远早于西方："在文艺复兴时期之前和期间，中国在技术上的影响力方面占主导地位。"

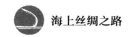

（Needham，1964：237）中国早于西方的创新包括丝织、造纸、印刷、火药、瓷器、炼钢、独轮车、指南针、船舶柱舵轮、弓形板拱桥、船舶防水密封舱、曲柄和双作用活塞风箱，这些合在一起就构成了"蒸汽机的完整形貌"；还有脚镫和高效马具。这些技术及其他技术主要是通过中国和外国商人，沿着陆上和海上丝绸之路传播到欧洲的。

利玛窦的《中国札记（1583—1610 年）》在欧洲产生了巨大的影响，此书有助于培育这样一种观念：通过合理的官僚统治而形成仁慈的专制是有可能的，"整个王国由满腹经纶者号令施政，这些人常被称为士。整个江山的有序管理完全依仗他们的责任心和职权"（Dawson 引述利玛窦，1964：10）。1793 年，乔治·斯汤顿爵士描述马嘎尔尼使团的中国之行时说："在自然和人工生产方面，其政府的政策和统一性、语言、行动和人民的意见、道德准则和民间机构，以及总体经济和国家的安定，这一切都是可供人深思或研究的最了不起的对象。"（Dawson 引述，1964：7）直到 18 世纪后期英国工业革命，欧洲才赶上了中国，并且在之后的半个世纪内超过了中国。到了 19 世纪中叶，欧洲人习惯性地把中国视为"永远停滞"的地方（Dawson，1964）。

结　语

中国政府"一带一路"倡议的核心，是发展基础设施和商业关系。为扶持商业、促进社会稳定而建设基础设施，是中国长期繁荣历程的基石。中国的这一倡议，是在古代贸易网络以及中国与中亚和东南亚之间文化传播的基础上更上一层楼。欧洲是这些网络的终点。19 世纪之前，中国和欧洲之间的相互作用大部分是间接的，主要是通过中间贸易系统。参与这些贸易系统的不仅有中国人，还有居住在中国和西欧之间区域的许多人。尽管与庞大的中国人口相比，他们人数很少，但是在中国的西部和南部沿海地区，有包括佛教徒、阿拉伯人、穆斯林、波斯人和印度人在内的中亚和东南亚主要贸易群体定居，也有相当多的中国人在中国以外的地区尤其是南海周边的地方定居。

中国过去的国际贸易与数量庞大的内部贸易相比起来微不足道，但是，从中国与西面和南面周边地区深层联系的角度来讲意义重大。中国与这些地区主要通过贸易关系，文化上长期深入共存、双向交流，这促使它们在这幅千丝万缕的文化织锦中融汇交织。

从罗马帝国崩溃到 18 世纪，中国的商业化、城市化、技术和文化的水平均领先于欧洲，不过到了 16 世纪后差距显著缩小。中国与中亚、东南亚的贸易和文化关系促进了从中国到欧洲的长期技术流动；这有助于催生 16—17 世纪的军事和海军技术革命，西方靠这些技术革命征服海外。这种关系还对工业革命起到了巨大作用，通过工业革命，欧洲在 1800 年后仅仅半个世纪的时间就超越了中国。通过军事、工业的双重革命，西方迅速崛起，主宰了全球的政治经济，其中包括中亚和东南亚。然而，欧洲工业革命至今不到 200 年时间，西方在对中国周边地区的巨大影响力，好比薄薄的一层饰面。在其之下，是中国与这些地区之间复杂深厚的重重关系"漆层"。这种互动关系历史久远，可以追溯到 2000 多年前。

参考文献

Bairoch, P., 1982, "International industrialisation levels from 1750 to 1980," *Journal of European Economic History*, Fall, 269 – 334.

Beales, S., 1906, *Si-Yu-Ki: Buddhist Records of the Western World*, London, Kegan Paul, Trench, Trubner.

Borao, J. E., 1998, "Chinese perceptions of the Spanish in the Philippines," *Itinerario*, Vol. 23, No. 1, pp. 22 – 39.

Chaudhuri, K. N., 1985, *Trade and Civilisation in the Indian Ocean: An Economic History from the Rise of Islam to 1750*, Cambridge, Cambridge University Press.

Clinton, H., 2011, "America's Pacific Century," *Foreign Affairs*, November.

Clinton, H., 2012, "Forestal Lecture," Naval Academy, Annapolis, January.

Dawson, R., ed., 1964, *The Legacy of China*, Oxford, Oxford University Press.

Dawson, R., "Western Conceptions of Chinese Civilisation," in Dawson, ed. 1964.

Fa, Hsien, 1886, *A Record of Buddhist Kingdoms*, translated by James Legge, Oxford, Clarendon Press.

Fairbank, J. K., and S. Y. Teng, 1941, "On the Ch'ing Tributary System," *Harvard Journal of Asiatic Studies*, Vol. 6, No. 2, June.

Fitzgerald, C. P., 1972, *The Southward Expansion of the Chinese People*, London, Barrie and Jenkins.

Ghose, R., ed., 2008, *Kizil on the Silk Road: Crossroads of Commerce and Meeting of Minds*, Mumbai, Marg Publications.

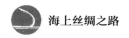
Green, J., 1983, "The Song Dynasty shipwreck at Quanzhou, Fujian Province, People's Republic of China," *International Journal of Nautical Archaeology and Underwaters Exploration*, Vol. 12, pp. 253 – 261.

Ho Pingti, 1959, *The Population of China*, Cambridge, Harvard University Press.

Keegan, J., 1976, *The Face of Battle*, London, Jonathan Cape.

Lattimore, O., 1950, *Pivot of Asia*, Boston, Little Brown.

Levi, S., 1999, "India, Russia and the Eighteenth Century Transformation of the Central Asian Caravan Route," *Journal of Economic and Social History of the Orient*, Vol. 42, No. 4.

Li, Bozhong, 1986, *The Development of Agriculture and Industry in Jiangnan, 1644 – 1850: Trends and Prospects*, Hangzhou, Zhejiang Academy of Social Sciences.

Li, Bozhong, 1998, *Agricultural Development in Jiangnan, 1620 – 1850*, Basingstoke, Macmillans.

Li, Bozhong, 2000, *The Early Industrialisation of Jiangnan, 1550 – 1850* (in Chinese), Shehui kexue wenxian Publishing House, Beijing.

Liu, Xinru, 2010, *The Silk Road in History*, Oxford, Oxford University Press.

Mahan, A. T., 1890, *The Influence of Naval Power upon History, 1660 – 1783*, London, Methuen edition, 1965.

Needham, J., 1970, *Clerks and Craftsmen in China and the West*, Cambridge, Cambridge University Press.

Needham, 1964, "Science and China's Influence on the World," in Dawson, ed., 1964.

Nolan, P., 2013, "Imperial Archipelagos," *New Left Review*, No. 80, Second Series, March-April, pp. 77 – 98.

Polo, Marco, 1974, *The Travels*, Penguin Books.

Reischauer, E. O. and J. K. Fairbank, 1958, *East Asia: The Great Tradition*, Boston, Houghton Miflin.

J. K. Fairbank, E. O. Reischauer and A. M. Craig, 1965, *East Asia: The Modern Transformation*, London, Allen and Unwin.

Schafer, E. H., 1985, *The Golden Peaches of Samarkand: A Study of T'ang Exotics*, Berkeley, Berkeley University Press.

Shen, Jianming, 2002, "China's sovereignty over the South China Sea: A Historical Perspective," *Chinese Journal of International Law*, Vol. 1, No. 1, pp. 94 – 157.

Shiba, Y., 1977, "Ningpo and its Hinterland," in Skinner, ed., 1977.

Schottenhammer, A., ed., 2001, *The Emporium of the World: Maritime Quanzhou, 1000 – 1400*, Leiden, Brill.

Sickman, L., and A. Soper, 1956, *The Art and Architecture of China*, Harmondsworth, Penguin Books.

Skinner, G. W., ed., 1977, *The City in Late Imperial China*, Stanford, Stanford University Press.

Soucek, S. , 2000, *A History of Inner Asia*, Cambridge, Cambridge University Press.

Starr, F. , 2013, *Lost Enlightenment*, Princeton, Princeton University Press.

Stargardt, J. , 2001, "Behind the Shadows: Archaeological Data on Two-way Sea Trade between Quanzhou and Satingpra, South Thailand, 10th – 14th Century," in Schottenhammer, ed. , 2001.

Stierlin, H. , 1998, *Turkey: From the Selcuks to the Ottomans*, London, Taschen.

Sullivan, M. , 1964, "The heritage of Chinese Art," in Dawson, ed. , 1964.

Talbot-Rice, T. , 1965, *Ancient Arts of Central Asia*, London, Thames and Hudson.

Tracey, J. D. ed. 1990, *The Rise of Merchant Empires: Long-distance Trade in the Early Modern Period, 1350 – 1750*, Cambridge, Cambridge University Press.

Twitchett, D. and Stargardt, J. , 2002, "Chinese Silver Bullion in a Tenth Century Indonesian Wreck," *Asia Major* (3rd Series), Vol. 15, Pt . I, pp. 1 – 49.

US Department of Defense, 2012, *Sustaining US Global Leadership: Priorities for 21st Century Defense*, January, Washington DC.

Wang, Gungwu, 1990, "Merchants without Empires: The Hokkien Sojourning Community," Tracey, 1990.

Wang Gungwu, 1998, *The Nanhai Trade*, Singapore, Times Academic Press.

Wang Gungwu, 2000, *The Chinese Overseas*, Harvard, Harvard University Press.

Xi Jinping, 2013, Speech to Indonesian Parliament, 2 October.

Xi, Jinping, 2014a, Speech at the UNESCO Headquarters, 28 March.

Xi, Jinping, 2014b, Speech at the College of Europe, 1 April.

Xu Dixin and Wu Chengming, 2000, *Capitalism in China, 1522 – 1840*, translated by Charles Curwen, Basingstoke, Macmillan,

Zurcher, E. , 1964, "Buddhism in China," in Dawson, ed. , 1964.

作为海盗的东印度公司与亚洲的人们[*]

羽田正　史方正译，李原榛校

导　言

尾田荣一郎创作的名为《海贼王》的漫画如今大受欢迎，这部作品讲述了绰号"草帽路飞"的年轻人和他的海盗伙伴们展开的冒险故事。这部作品的魅力之一在于，它描写了充满个性的海盗伙伴之间的友情与羁绊之珍贵，其笔触足以打动人心。然而更吸引人的是，故事本身也充满了波折，令人爱不释手。从其中回过神来的读者们，会拼命地为与恶毒敌人战斗的路飞和他的伙伴们加油。

随着故事展开，各种各样的敌人陆续登场，但始终挡在路飞他们面前的死敌正是所谓"海军"。那些军官们背上披着写有"正义"的大字的斗篷。在一般的常识里，海军是如同斗篷上所写的"正义"二字那样，是体现正义的存在，而海盗则是海军制裁的对象。同样按照常识，路飞他们应该是恶人。但是，在《海贼王》中，无论怎么看路飞他们都是正义的，而海军才是恶人。在这个故事中，海军和海盗这两个群体所对应的正义和非正义两个概念完全颠倒了，海军对应非正义，而海盗却是正义的一方。结果，我们的常识也被推翻了。在我看来，这正是这部作品有意思的地方。

拿起这本题为《东印度公司与亚洲海盗》的书，读者们可能已经根据一般

---

* 本文为羽田正为『東インド会社とアジアの海賊』（東洋文庫編、2015）一书所做的总论。——译者注

· 310 ·

常识预想到，它将讲述一个代表正义与秩序的东印度公司击退横行于亚洲海域的恶毒海盗的故事。但本文题目——《作为海盗的东印度公司与亚洲的人们》，与书名形式相同，意思却截然相反。如果照字面意思来理解的话，世界历史上著名的东印度公司反而成了海盗。一个像《海贼王》那样常识颠倒的世界会由此展开吗？遗憾的是，我并不能讲出一个那么黑白分明而清晰的故事。因为现实世界里的善恶并不像漫画那样可以简单加以区分。然而，从另一个角度来看，东印度公司的确是"海盗"。本文的后半部分将通过关注 17 世纪初在平户设立商馆的荷兰东印度公司的活动，来说明这一点。

本文的前半部分将介绍本书的主角东印度公司的概况，并总结一些相关的基础知识。这一部分应该对之后通读这本书有所帮助。本文将论述三个要点：第一，东印度公司并不像现代多数日本人相信的那样，是一个善良、勤劳、专门通过贸易盈利的"企业"；第二，至少在 17 世纪，世界海洋中没有共通的原则和法律，所以荷兰东印度公司也不得不参照日本人的惯例和思维方式采取行动；第三，荷兰人是在"海军"和"海盗"之间摇摆不定的存在。如果读者们能够通过本文了解到这三点，我将不胜荣幸。

一　东印度公司概要

（一）东印度公司的诞生

16 世纪，位于欧亚大陆西端的西欧正处于世界地理知识迅速增长的时代。1492 年，哥伦布在大西洋的另一边"发现"了一块新土地。1498 年，瓦斯科·达·伽马的航行使得人们找到了越过好望角、通过海路直接前往非洲和亚洲各地的方法。1522 年，麦哲伦一行人实现了环球航行。在短短的几十年间，西欧人民对世界面貌的认知范围得到极大扩展。他们按照自己的风格为这些新进入视野的地域命名，哥伦布发现的加勒比海上的岛屿被命名为伊斯帕尼奥拉岛，而那块向南北延伸的辽阔大陆，则以 1503 年论文《新世界》的发表者阿美利哥·维斯普西（Amerigo Vespucci）的名字来命名，被称为亚美利加洲。当然，这些名字对于实际居住在当地的人们来说十分陌生，但随着之后西欧政治、经济、文化力量的增强，它们逐渐成为通用的称谓，并在世界范围内被广泛使用。

作为本书主题一部分的"东印度"也是以这种方式命名的地名之一。在从

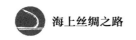

西欧乘船所能到达的地方中，好望角以东、麦哲伦海峡以西的区域被统称为"东印度"。与此相对的"西印度"是西欧的西端尽头隔海所对的陆地的总称，包括了麦哲伦海峡以东的区域。现在的南北美洲大陆的东海岸及其周边岛屿就是其中之一。西欧人将跨越大西洋到达的地方一分为二，分别命名为东印度与西印度。因此，东印度不仅包括现在地理上被称为印度的区域，还包括东南亚、中国和日本列岛。话虽如此，这些称谓还是过于模糊，随着关于这些地区掌握的信息不断增加，更精确的地名得到使用，除了一部分以外，这些模糊的称谓大多逐渐被遗忘了。但是，本文在言及东印度公司时，使用的仍然是"东印度"一词最初的意思。

从西欧越过好望角前往东印度各地的航线，自 16 世纪初至中叶，都处于葡萄牙王权的管辖范围之下。因为葡萄牙舰队的武力非常强大，当时如果没有葡萄牙国王的许可，实际上是不可能实现从西欧其他地方到东印度的航行的。但是，随着实际乘坐葡萄牙船只在西欧与东方之间往返的人的数量不断增加，关于东印度政治状况、东方贸易的具体航线以及由此产出的财富等确切信息不断传来，许多人都试图悄悄避过葡萄牙王权的管制，从事越过好望角的航海行动。葡萄牙国王并没有足够的政治力量、军事力量和经济力量阻止所有的航海行动，到了 16 世纪末，通往东印度的航路，对于那些想要踏上这趟旅途的人来说，事实上已经畅通无阻。

然而，并非所有人都敢于踏上前往遥远的东印度的航途。实际上，要想向东印度派遣商船，必须跨越资金和技术两方面的障碍。例如，建造可堪远洋航海的坚固船只；招募熟于航海的水手，准备必要的物资；大量收购运往东印度的商品；等等。另外，从实际出发到返航，最短估计也要一年半，在这期间无法回收准备所耗费的资金。实行需要如此庞大资本支持的宏伟事业对个人来说难如登天，必须资金充裕的商人和金融业者共同出资才能做到。16 世纪末 17 世纪初，只有居住在以阿姆斯特丹为首的几个荷兰城市以及英国伦敦的人们，才有热情和财力从事这项新颖、困难但充满魅力的事业。被统称为东印度公司的若干组织的创立者，正是这些住在荷兰和英国的商人和金融业者。

1601 年 1 月 10 日，英格兰国王伊丽莎白一世向"从事东印度贸易的伦敦商人代表与工会协会"颁布了一封敕许状（通说认为是 1600 年，但由于发布日是 12 月 31 日，且当时英国采用儒略历，换算成如今的格里历的话，敕令的颁布应当是在 1601 年）。此外，1602 年 3 月，尼德兰联省共和国向在荷兰新组织成立的"联合东印度公司"颁发了特许状。这就是后来分别被称为"英国东印度公司"和"荷兰东印度公司"的组织的诞生。在稍晚的 1664 年，法国东印度公司也成立了。随着这些新组织的创立，持续了大约两个世纪的东印度公司的时代拉开了帷幕。

（二）东印度公司的特征

在日本，高中世界史教科书上也会出现"东印度公司"的名字，因此"东印度公司"这个词本身比较有名。但是，当进一步探究这实际上是一个什么样的公司的时候，与此相关的知识好像一下子就变得模糊了。诸如英国东印度公司、荷兰东印度公司、法国东印度公司这样被称为东印度公司的组织不止一个，其中大部分是 17 世纪时欧洲诸国分别设立的，这些公司从事与亚洲各地的贸易——这大概就是普通人了解的相关知识的全部了。

因此，在此需要先总结一下东印度公司的整体特征。因为存在"东印度公司"这样一个专有名词，所以无论哪个国家的公司都有很多共同特征。但是，根据设立国家的不同，不同公司间事实上也存在差异。另外，在 17、18 世纪的约 200 年间，各国的公司组织和形态、与政府的关系等都发生了很大的变化。详细内容可参见笔者所著《东印度公司与亚洲海洋》①，此处就不拘泥于细节，只是说一说东印度公司的概况。

1. 东印度公司的基本特征

东印度公司是由商人、金融业者以及王公贵族等有钱人对面向东印度的贸易事业出资，并在事成之后按照出资比例分配利益的私有企业。各国东印度公司的终极目标，都是从事对东印度的垄断贸易，并从丰富的物产贸易中获利。伊丽莎白女王和荷兰共和国政府都允许这样的公司垄断与东印度的贸易。也就是说，在各国国内，禁止其他个人和团体从事与东印度的贸易。这与 16 世纪葡萄牙王权试图垄断对东印度贸易的情况相似。但是，尽管只是名义上，葡萄牙还是由国王垄断贸易，与此相对，英国和荷兰的国王和政府只是向民间公司发行了特许状，而非由国王或政府来直接经营这个公司。当然，通过发行特许状，他们从东印度公司得到了一定程度的回报。

不过，1664 年成立的法国东印度公司在组织结构上则接近国营。另外，随

---

① 羽田正『東インド会社とアジアの海』講談社、2007。——译者注

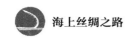

着时代的发展，到了 18 世纪下半叶，与创建初期相比，公司经营的周边环境发生了很大的变化，特别是在英国，政府开始深度介入公司的经营。因此，在东印度公司存续的整个时段内，并不能断言所有公司都不受国家或政府的指挥。但是必须注意的是，设立东印度公司的出发点是创办一个私营企业。

与本书的主题相关，且尤其值得注意的是，东印度公司被赋予了在东印度建设要塞、任命总督、雇用士兵以及与当地统治者缔结条约的权利。如果在现代，在远离本国的土地上，私营企业要在没有本国和当地政府许可的情况下修建要塞，这简直不可想象，而且在本国军队之外，现代公司也不可能拥有自己的士兵。但是在这一点上，东印度公司却得到了许可。这些公司可以说是准国家的存在了。

虽说每个国家都设立了自己的东印度公司，但在公司里工作的人并不一定都是本国出身。例如，在日本长崎出岛的商馆任职的荷兰东印度公司的商馆馆长中，除了荷兰人外，也有北欧和德国出身的人。此外当地（东印度各地）人也多被任用为水手和商馆用人。在人员构成方面，东印度公司具有极为多元的特征。

熟悉现代主权民族国家的制度和思维方式的我们，很容易简单地将国家和国民、公司联系起来，认为荷兰东印度公司是由荷兰政府经营的，而荷兰人为了荷兰这个国家的利益而从事贸易。但实际上，这些公司只是得到国王或政府的特许的私营企业，其目的始终是向出资人（并不限于来自哪一国）分配经营利润。有时国王和政府会做出对东印度公司不利的决定，相反，也有公司不遵从国王和政府的方针的情况。在当时的西欧，还没有出现像现代这样的主权民族国家。

2. 东印度公司的组织与运营

公司的组织大致由设在本国的总部和设在东印度各地的商馆群两部分构成。英国东印度公司的经营权集中在伦敦总部，而荷兰东印度公司的权限则分散在荷兰本土的六个支部和东印度的巴达维亚（今印度尼西亚雅加达）支部手里，具有更复杂的决策机制。起步较晚的法国东印度公司以近似国营的模式运营，由政府任命的巴黎总公司总裁负责经营，实际经营事务的据点设立在大西洋沿岸的港口城市洛里昂。总而言之，各国的公司都采用了适合各自实际情况的经营方法。

荷兰东印度公司在控制了东印度的药材与香料生产的中心地——在现在的印度尼西亚的基础上，在东起日本列岛、西至波斯的各地设立了许多商馆。位于东印度中心的巴达维亚是一个要塞城市，很多商馆员和士兵居于此地。大多数的商馆都像巴达维亚一样被武装起来。在这一点上，日本长崎出岛的商馆是个例外。在长崎不允许驻扎士兵，住在那里的只有商管员、医生、用人等与武力关系不大的人。

英国东印度公司在药材、香料的主要产地印度尼西亚方面的活动受到了荷兰东印度公司的阻碍，因此其经营事业的重心不得不放在印度次大陆。于是，他们在马德拉斯（今金奈）、博姆贝（今孟买）、卡尔库塔（今加尔各答）等地依次建立了如同要塞一般的商馆，并开展贸易活动。在这些商馆里，除了从事贸易的商馆馆员之外，还驻扎着很多士兵。法国东印度公司活跃的时间不长，但到了18世纪上半叶，它们也在印度各地设立了商馆，成为英国同行强有力的竞争对手。

在本国的总公司和各商馆之间，一直是通过书信和文书进行信息传达和共享的，并以此为基础，在各处进行决策。没有电视，没有电话，没有传真，没有网络，他们需要依靠仅往返就耗费两年时间的书信来完成经营。公司的管理层和各地商馆的负责人，不得不秉持着与现代经营者截然不同的意识和责任感来经营手中的事业。

每个国家的公司运营主体都不同。英国东印度公司通过股东大会投票选出了24名董事来负责公司的运营。虽然股东的投票权受出资金额的限制，但在某种意义上这是一种极为民主的运营方法。另外，位于伦敦的总公司承担了公司运营的全部责任。在荷兰东印度公司方面，由总共60名代表组成的董事会负责公司的经营，阿姆斯特丹等6个城市的支部根据各自的财政规模来分配代表人数，实质性的经营方针则是由从董事中选出的17名董事组成的"十七人会议"决定的。荷兰东印度公司没有明确的总部，"十七人会议"和理事会的召开场所也因年份而异。另外，与英国不同，在作为东印度据点的巴达维亚设立了印度评议会，东印度域内的日常经营决策由作为该评议会负责人的总督进行。

公司通过股票来筹集经营所需的资金。英国东印度公司当初每组织一次航行就进行一次集资，船每回来一次就进行一次结算。而荷兰东印度公司要求募集的则是十年间不偿还的出资，并在此期间进行多次航行，这种差异的原因是荷兰公司在资金筹集方面比较充裕。成立后不久，由于持续经营的前景光明，资金筹集变得十分顺利，于是荷兰东印度公司停止了限期资本清算，只给出资人进行分红。英国东印度公司也马上采用了这种方式。虽然后来的法国公司也募集资金，但其中过半资金来自王室和政府。

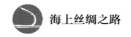

3. 东印度公司的船只与职员

东印度公司所使用的航海船只的所有制形式因公司而异。荷兰和法国的东印度公司的船只是公司自己所有，而英国东印度公司选择从船厂租借船只。船只基本上在西欧各国建造，但由于长时间的航行，破损的船只会在东印度各地的造船所得到修理，有时也会在那里建造新船。从西欧到东印度的航行，一般是冬天出发，第二年夏天到初秋时节返回。考虑到印度洋上吹拂的季风的方向，这是再合理不过的方法。也就是说，一次航海将花费将一年半到近两年的时间。

荷兰东印度公司试图在从荷兰经过好望角到达东印度的所有航线上，实现对贸易的垄断。与此相对，英国和法国东印度公司垄断了从好望角到西欧的航线，但在东印度区域内允许商人进行私人贸易活动。因此，来自欧洲各国的私人贸易商们把据点设在马德拉斯、孟买、本地治里等东印度公司建立了要塞的港口城市，在此从事东印度地区内的贸易。对于这些商人所经营的商品中在欧洲各地十分畅销的那部分，东印度公司对其进行垄断收购，并将其贩运到西欧。很多私人商人都参与东印度域内的贸易这一事实，正说明东印度区域内的贸易活动极为活跃。荷兰东印度公司还垄断了东印度区域内的交易活动，在该领域获得了巨大的利益。

东印度公司的经营需要很多人才，因此公司在欧洲和当地雇用了很多职员，包括在西欧总公司从事商品买卖和经营的人员、船员、水手、当地商馆的商馆员、士兵、工匠、医生、翻译、随从等。基本上所有人都是男性。

4. 东印度公司经营的商品

葡萄牙商船在进入亚洲海域时，试图将胡椒等药材和香辛料垄断地引入欧洲，这一点广为人知。特别是丁香、肉豆蔻、肉豆蔻干皮、肉桂等高级药材，在当地的采购价格和在欧洲的销售价格相差很大，是利润尤其丰厚的商品。紧跟在葡萄牙商船之后进入亚洲海洋的东印度公司，最初当然也以获得药材和香辛料为目标。从 1668 年至 1670 年荷兰东印度公司阿姆斯特丹分部的销售总额来看，胡椒占 29%，上述四种高级药材占 28.5%，两者加起来占 57.5%。如果再加上其他药材、香辛料的话，恐怕总销售量的六成以上都要被药材和香料所占据。尽管高级药材的产地以及产量较大的药材产地都受到荷兰东印度公司的控制，但英国东印度公司还是能够将胡椒贩运到欧洲市场，而且在 1664 年，这一项销售额占到其销售总额的 13.2%。直到 17 世纪后半叶，对东印度公司来说最重要的商品无疑还是药材和香辛料。

从 17 世纪后半叶到 18 世纪，中国产的茶和印度产的编织物取代了药材和香辛料，占据了最重要的商品地位。以荷兰东印度公司为例，茶叶在进口总额中所占的比重，在 1730—1732 年达到 18.8%，1771—1773 年达到 24.2%，1789—1790 年达到了 54.4%。英国东印度公司方面，1721 年茶叶进口比重达到 18.7%，1747 年后超过了 20%。除此之外，法国东印度公司也贩运了大量的茶叶，从 1730 年代开始，瑞典和丹麦的公司也加入了茶叶贸易的行列。可见当时茶是多么重要的商品。

棉织品的主要产地是印度。对于把大半的贸易据点都放在印度的英国东印度公司来说，棉织品在 17、18 世纪一直是最重要的商品。1664 年棉织品占公司进口额的 73%，此后的进口额中 30%—92% 都为棉织品。1738—1740 年，在荷兰东印度公司阿姆斯特丹支部的进口额中，棉织物占据了 28.5%。

而且，在这里提到的仅仅是东印度公司面向欧洲的主要商品的贸易，此外，荷兰东印度公司还积极参与东印度区域内的贸易活动——将某个地区的物品运往其他地区，与当地的特产交换——并从中获得了巨大的利益。最典型的例子就是与日本的贸易。荷兰东印度公司把中国的丝绸和印度的棉织品以及东南亚各地的药材、染料和砂糖等亚洲各地的各式各样的商品运往长崎，换取日本产的银和铜，再运往中国和印度以购买当地的商品。在英国被视为珍品的印度产棉织物，在江户时代也被引入日本，被称为"栈留""奥岛"布而大受欢迎。在现代日本，人们大多认为荷兰东印度公司为锁国时代的日本引入了"先进的"欧洲的文物，但至少到 18 世纪末期，通过该公司进口的主要产品正是来自中国、东南亚、印度等地的亚洲产品。东印度公司绝不仅是连接欧洲和亚洲的公司，还通过商品将亚洲各地联系在了一起。

以上就是对东印度公司的整体说明。这样总结下来，它们就好像是一批秩序井然的庞大组织，如同现代的贸易公司一般横跨西欧和亚洲的海洋，井然有序地开展事业。但是，实际情况并非如此简单。与现代不同，由于对地球另一面的区域掌握的信息十分不足，人们的常识和习惯也因地区不同而有很大的差异。一个地区的人去了另一个地区，必然会产生文化上的摩擦和冲突。对一方来说是正当的行为，对另一方来说却可能是扰乱秩序、不被允许的。在东印度公司设立商馆的亚洲海域各地，"海盗"问题屡屡发生，其背景就是这种相互间的常识差异。接下来的内容将重点介绍荷兰东印度公司在日本周边开展具体活动初期的情况，并尝试对这种常识上的差异进行思考。

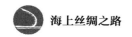

二　东印度公司与日本

（一）荷兰东印度公司平户商馆的设置

成立于 1602 年的荷兰东印度公司的船只的身影，大约几年后就在欧亚大陆东端的日本列岛周边开始出现。1609 年，两艘荷兰船驶入平户港，向成立不久的德川政权要求获得正式的贸易许可。德川家康对此表示同意，并允许他们在平户设立商馆。此后，荷兰东印度公司开始与日本进行贸易。这是我们对"日荷关系史"开端的一般理解。但实际上，当时驶入平户港的两艘船，另有一项更为重要的使命。最近出版的亚当·克卢洛（Adam Clulow）的著作《公司和将军》① 对此有详细的解释，下面介绍一下克卢洛的叙述。

1607 年，由彼得·韦尔霍夫（Pieter Verhoeff）率领、从荷兰出航、由 13 艘船只组成的东印度公司船队，在抵达万丹（今印度尼西亚群岛爪哇岛西部的港口）时，得到了葡萄牙人准备从澳门向长崎派遣大型商船的情报。1557 年获得了在澳门居住权的葡萄牙人，以这个港口城市为据点从事中国丝绸和日本银之间的交换贸易。从大约 17 世纪初开始，他们每年定期在澳门和长崎间组织大型船舶通航，获取了巨额的利润。从澳门出发、昂贵商品堆积如山的大型船只，可以说是一座座宝山。得知这一消息的韦尔霍夫命令在他指挥下的两艘船队立刻袭击这艘葡萄牙船。

这不正是海盗的行为吗？作为荷兰政府许可的贸易公司职员的韦尔霍夫，是否可以命令部下这样做呢？关于这一点有必要稍加说明。在当时的西欧，当国家或政府间处于战争状态时，属于一个国家的民间船只被认为有权利攻击和掠夺属于对立国家的船只（无论是军事船只还是民用船只）。这种行为被称为"私掠"，实施这种行为的船被称为"私掠船"。从它袭击海上船只和抢夺货物的角度看，这与海盗行为没有什么区别，但最大的不同在于，政府是公开认可这种行为的。不受政府承认的海盗行为会受到严惩，但私掠行为反而会获得政府的褒奖。②

---

① Adam Clulow, *The Company and the Shogun*, *The Dutch Encounter with Tokugawa Japan*, Columbia University Press, 2014. 虽然没有一一加以注释，但以下的论述大多来自这本很有意思的著作。

② 关于私掠可参见以下两篇论文。萨摩真介「海、掠奪、法——近世大西洋世界における私掠制度の発展と拡大」『歴史学研究』第 911 号、2013 年 10 月；「私掠——合法的ビジネスー」金沢周作編『海のイギリス史——闘争と共生の世界史』昭和堂、2013、201—221 頁。

　　当时，荷兰刚从西班牙获得实质上的独立，与兼任葡萄牙国王的西班牙国王处于敌对关系。因此，虽然是民间的事业，但被政府允许使用武力的东印度公司，可以以荷兰政府的名义，用其船只开展袭击葡萄牙船只的私掠行为。这就是韦尔霍夫下令攻击从澳门驶向长崎的葡萄牙船只的背景。但是这种"私掠"行为，到底是只有在西欧的国际体系和水域中才有效，还是在像东印度那样的西欧以外的水域也有效，当时在西欧也还没有定论。① 更何况，像德川政权和明朝这样当时欧亚东部强大的政治势力，是否会在自己权力所能及的领域内承认这样的掠夺行为，也完全不清楚。"私掠"始终是以西欧的国际体系为前提的，是只有在这一体系中才通用的概念。

　　另一个应留意之处在于，当时刚刚成立的荷兰东印度公司还没有在亚洲各地设立作为贸易据点的商馆，对此时的荷兰东印度公司来说，由于贸易本身是相当耗费精力和时间的艰难事业，而对葡萄牙船的私掠行为是相对容易的获得财物的有利手段，所以为了公司的顺利经营，袭击其他国家的船只并抢夺其货物的行为也经常获得公司高层奖励。于是，荷兰东印度公司的船只就像海盗一样，在亚洲的各个海域试图袭击满载货物的葡萄牙船只。

　　尽管如此，在没有雷达的条件下，要在广阔海面上发现敌对的葡萄牙船只并进行袭击，这绝非易事。韦尔霍夫还命令，万一袭击不顺利，两艘船就直接开赴日本列岛，向将军提出开展交易的请求。接到命令的两艘船做好了紧急驶向东海方向的准备。据说，万一捕获葡萄牙船失败，为了能说服日本人允许自己在日本设立商馆、开展贸易，荷兰人还专门在北大年的港口装载了一些丝绸、胡椒和铅。

　　前往东海的两艘船最终没能捕获葡萄牙船，于是按照第二方案进入了平户港。实际上，从荷兰出发时起，公司就设想与日本进行贸易的交涉，所以准备了总督给日本当政者的亲笔信。但是，这两艘船原本的使命是捕获葡萄牙船只，而不是开展贸易交涉，因此，应该谒见执政者并敬奉荷兰总督亲笔书信的大使并没有上船。不得已之下，只能让两名下级船员充任大使。另外，据说因为应当送给

---

① 1603 年荷兰东印度公司的船只在新加坡海峡对葡萄牙船只"圣卡特琳娜"（Santa Catalina）号实施了私掠。著名的国际法创始人格劳秀斯（Hugo Grotius）认为这在法律意义上是正当行为，并主张荷兰东印度公司船只在西欧水域以外也可以"合法地"袭击葡萄牙船。此后，至少在荷兰东印度公司内部，这为在东印度进行私掠行为是合法的观点提供了有力的依据（Clulow, pp. 149 - 151）。

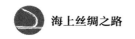

当政者的厚礼明显不足，荷兰人还从长崎的葡萄牙人那里秘密购买了高级丝绸。从本应该袭击的对象手中购买原本计划抢夺的物品，沦落到这一种境地，实在是讽刺。

做好准备的"大使"一行人在骏府拜访了德川家康。此时正值家康为扩大与外国的贸易而向亚洲各地发送亲笔信之际，因此一行人受到盛情款待，顺利地获许在平户设立商馆。这就是历史上著名的荷兰东印度公司设立平户商馆的始末。如果两艘荷兰船在私掠葡萄牙船一事上获得成功的话，那之后日荷交流史的走向，就会多少有些不同了吧。

（二）私掠据点平户

虽然在平户设立了商馆，但是当时的荷兰东印度公司还没有获得能拿到日本来销售的抢手商品。而且，他们正在与葡萄牙人、西班牙人以及英国东印度公司激烈争夺作为药材、香辛料产地的东南亚岛屿。由于在整个亚洲海域缺乏船只，很难组织起装载商品的船只定期访问平户。虽然知道中国的丝绸是日本所需要的商品，但是在日本人、中国人和葡萄牙人从事的朱印船贸易大为盛行的当时，他们想要进入这一领域并不容易。最后荷兰人得出的结论是，私掠是最有效的敛财手段。1615 年，名为"圣安东尼奥"（Santo Antonio）号的葡萄牙船在五岛列岛西南部的男女群岛中的女岛附近被荷兰人捕获并带往平户。当时女岛周边海域都笼统地被认为是日本政权的管辖范围，因此长崎的葡萄牙人向德川政权提出控诉：在将军管辖之下，荷兰船只的袭击行为是不正当的。

本来由自己垄断的东印度贸易活动，后来却被荷兰人掺和进来，因此葡萄牙人对荷兰东印度公司并没有什么好感。当时在亚洲海域活动的葡萄牙人对葡萄牙国王的忠诚程度如何，目前尚无定论。但是，葡萄牙人原则上都是天主教徒或改信天主教的犹太教教徒，而荷兰人是新教徒，两者的信仰不同。在很多方面，荷兰人都是葡萄牙人的敌人。

从 1600 年荷兰船只"爱情"（De Liefde）号漂流到大分开始，在日本已有据点的葡萄牙人一有机会就斥责荷兰人是盗贼。此时他们向将军表示："因为在将军的领地内荷兰人捕捉了葡萄牙人，所以前来提出控诉"，"荷兰人的海盗船在海上肆虐，他们除了海盗什么都不是，其他任何国家都不允许他们的船在港口停泊"。葡萄牙人向德川政权施压，要求其命令荷兰东印度公司对袭击进行赔偿。对此，荷兰方面的说辞有两点：第一，葡萄牙是荷兰的敌人，自己的行为是私掠，是得到荷兰总督认可的；第二，虽然这件事发生在将军管辖下的区域，但没有给将军带来任何麻烦。

这是关于德川政权是否理解并认可"私掠"这一日本一直以来没有的概念，以及德川政权是否会裁决海上第三者之间的纷争这一点，所爆发的非常有趣的法律纷争。但是，"大阪夏之阵"① 刚刚结束，忙于战后处理的德川政权，看起来并没有那么慎重地处理这个事件。幕府询问了被捕获的葡萄牙船是否保存着朱印状，在确认了没有朱印状后，下达了将船、人、所载货物全部交给荷兰的裁决令。实际上，幕府对私掠的是非没有做出判断。对德川政权来说，最重要的是自己的威望和脸面是否受损。如果"圣安东尼奥"号拿着朱印状，幕府的对应方式可能会完全不同。但这其中体现的一个重要的事实是，即使是第三方之间的海上之争，幕府也会对其做出法律上的判断，而争执双方会接受其裁决。以此作为先例，此后在海上发生的纷争，即使是外国人之间的案件，也要向幕府申诉并要求裁判，这逐渐成为惯例。

荷兰人以"私掠"的名义公然开展"海盗"行为，却没有受到幕府的处罚，于是他们认为幕府总的来说是偏向荷兰人的，至少也对荷兰人的私掠行为不感兴趣。此后，荷兰人以平户为据点在东海各地继续进行掠夺行为。直到 1617 年发生了如下事件：三艘荷兰船为了实施私掠行为，在长崎港公然等待满载货物的葡萄牙船进港。长崎奉行设法将这三艘船扣押了。

受害的不仅仅是葡萄牙船。往返于中国大陆各地和马尼拉之间的中国平底帆船也受到了攻击。中国并不是荷兰人公开的敌人。但是，荷兰人以把自己的敌人西班牙势力从马尼拉驱逐出去为由，袭击了中国人所有的船只。1617 年，从至少七艘平底帆船上掠夺来的大量白银、商品和俘虏，被带到了平户的商馆。荷兰东印度公司的船只缺乏正规的贸易商品，只有其掠夺行为非常引人注目，就连平户的居民也对荷兰人的行径皱起了眉头。从某种角度看，平户商馆就是海盗集团的根据地。

此时，以在平户设有据点的李旦为首的中国权势人士开始向幕府控诉荷兰人的无法无天。但是幕府告诉他们，袭击发生在自己管辖外的海上，因此不会介入双方的争斗，在菲律宾近海发生的案件，要向管辖该海域的政权申诉。这一回答

---

① 1614—1615 年江户幕府与强大的丰臣家之间爆发了大阪之役，其中 1615 年夏季双方进行的战争被称为"大阪夏之阵"。——译者注

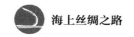

无疑令中国人十分失望。但实际上，幕府明确表示，如果在自己管辖范围内发生类似事件，幕府将受理诉讼并责令赔偿。也就是说，此时幕府不仅满足于在理念上保全自己的脸面，而且明确表达了自己的态度：即使是外国人之间的争斗，只要是在自己的管辖范围内发生，作为政权幕府就会做出某种判决并付诸行动。

在葡萄牙人和华人的反复申诉下，幕阁里出现了许多将荷兰人视为海盗的人。例如，1618 年，当乘坐"爱情"号船漂流到日本，并在德川家仕官的荷兰人扬·尤斯坦（Jan Joosten，日语名耶杨子）向老中土井利胜进献贡品时，土井问他："这不是赃物吗？"① 到了此时，荷兰人根据自己的常识进行私掠行为已经变得越来越困难。

（三）对荷兰人的海盗禁令与后续

1621 年 9 月，江户幕府向九州诸大名颁布了一封《老中奉书》。平户的大名松浦隆信立刻将这份奉书传达给了荷兰和英国的商馆馆长。奉书由五条构成，其中一条写道："荷兰人和英国人不可在日本附近的海上进行海盗活动。"另一条中还写到，因荷兰人和英国人对长崎商人的船进行了海盗劫掠行为，所以正在进行调查。

抛开这是私掠还是海盗的问题，奉书中提到了荷兰东印度公司的船只经常在海上进行掠夺，受害者为此向幕府提出诉讼，要求对其进行处罚和赔偿的事。而且，从这份奉书来看，荷兰人的"私掠"这个概念，最终还是没有被德川政权接受。德川政权明确的态度是，在自己管辖的海上袭击其他船只都是"海盗"行为，对其坚决禁止。

得知这一"海盗禁止令"的平户商馆馆长坎普斯（Leonard Campus）对巴达维亚的上司强调，如果继续对来自澳门的葡萄牙船进行私掠将会引起严重的后果。日本的统治者与东南亚的小港口城市的国王不同，他们拥有足以贯彻自己意志的力量。前任荷兰商馆馆长也在一封书信中谈到了应该如何对这一奉书做出应对："在日本，海盗这个词被视为可耻的，这和敌船之间的掠夺完全不同。我们应该尤其注意，我们的行为可能会被他们揭发并认定为海盗行径。"②

---

① 永积洋子「平戸に伝達された日本人売買・武器輸出禁止令」『日本歴史』第 611 号、1999年 4 月、76 頁。

② 永积洋子「平戸に伝達された日本人売買・武器輸出禁止令」『日本歴史』第 611 号、1999年 4 月、69 頁。

从此以后，荷兰人在海上的掠夺行为应该是比以前更加慎重了。然而，直至十多年后的 1630 年代中期，荷兰人在日本的名声仍然不太好。这段时间，日本权势人士关于荷兰人的言论被荷兰人自己写进了商馆日记之中。在这里介绍几条：

"荷兰人并不是大家所想的那种（好）人，他们与海盗沆瀣一气，并与之分享赃物。"——长崎代官末次平藏，1628 年 1 月 2 日①

"他不由分说地骂我们是无人不知的盗贼和海盗，其他人则说'荷兰人除了偷和抢什么都不知道'。但是如果我们带着日本士兵到阁下那里去，阁下大概就会知道我们的英勇了。"——长崎代官末次平藏的管家末次三藏，1628 年 9 月 28 日②

"阁下（荷兰商馆馆长）当海盗抢掠别人东西时，就把商品带到日本来，阁下不干海盗的年头，几乎都是空着船来。"——长崎奉行兼飞驮守榊原职直，1635 年 11 月 28 日③

"阁下为什么要和英国人一起在海上搞偷盗的营生呢？"——同上，1636 年 4 月 6 日④

"荷兰人是海盗，只是为了偷盗才袭击敌人。""荷兰人在海上从中国人手中抢东西，实际上他们除了海盗什么也不是。"——幕府阁老，引自 1636 年 4 月 11 日平户商馆馆员弗朗索瓦·卡隆的信⑤

"你们为什么要抢中国人的东西？我们的耳朵每天都被他们的控告塞满了。"——两位长崎奉行，1636 年 7 月 25 日⑥

"我允许海盗一样的荷兰人来我国，对他们开放港口和贸易，对此外国都在说些什么？希望你们多加注意，周全考虑。"——德川家光的阁老对长崎奉行们的话，1634 年⑦

"出于好意，我提议阁下停止海盗行为。因为皇上认为阁下是海盗，而且每天都与海盗有勾结。"——长崎奉行兼飞驮守榊原职直与三郎左卫门马场利重，

---

① 永积洋子訳『平戸オランダ商館の日記』第 1 集、岩波書店、1969、132 頁。
② 永积洋子訳『平戸オランダ商館の日記』第 1 集、261 頁。
③ 永积洋子訳『平戸オランダ商館の日記』第 3 集、岩波書店、1969、278 頁。
④ 永积洋子訳『平戸オランダ商館の日記』第 3 集、332 頁。
⑤ 永积洋子訳『平戸オランダ商館の日記』第 3 集、338 頁。
⑥ 永积洋子訳『平戸オランダ商館の日記』第 3 集、372 頁。
⑦ 永积洋子訳『平戸オランダ商館の日記』第 3 集、386 頁。

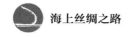

1637 年 10 月 30 日①

　　只要读了这些，不难发现在幕阁和长崎的权势人士中，有相当多的人认为荷兰人是海盗。日本在长崎与葡萄牙人和中国人进行贸易已经有几十年的历史，通过这种贸易获取利益的人比比皆是。他们为了不失去自己的利益，同葡萄牙人、中国人一起严厉谴责荷兰人的行为。也许是受此影响，将军本人似乎也认为荷兰人是海盗。

　　每当受到指责时，荷兰人都极力解释自己的立场。他们反复主张，私掠是自己的政府允许的行为，绝不等同于海盗。另外，他们的商馆所在地——平户藩的藩主松浦隆信，也经常站在他们的一边说话，为了让荷兰人的立场被接受，在幕府上下各处都进行了运作。可是，连日本人的船只也成为荷兰人袭击的对象，虽说是在台湾近海发生的事，但这无疑使得荷兰人的辩解苍白无力，他们的名声丝毫没有改善的迹象。

　　尽管如此，最终荷兰人在日本的存在价值还是获得了幕府的承认，并得到了在长崎从事"垄断"贸易的权利，这主要是出于两点原因：一是幕府讨厌葡萄牙人和天主教结合得太过紧密；二是荷兰人在台湾设立了商馆，以那里为据点可以将中国的丝绸稳定地供应给日本。幕府放弃了把天主教传教士带到日本的葡萄牙人，转而选择了不从事传教活动、只带来商品的荷兰人作为新的贸易伙伴。

结　语

　　在平户的荷兰商馆馆长的日记中，留下了许多关于横行于东中国海和南中国海的"海盗"的记述，其中不乏中国人系、葡萄牙人系，甚至日本人系的各种各样的海盗身影。② 进行私掠这种所谓的政府公认行为的荷兰人绝不承认自己是海盗，对他们而言，制约和妨碍自己行动的人才是真正的海盗。但是，私掠并不是在当时世界上任何地方都通用的概念，大部分的日本权势人士都不接受荷兰人的解释。他们都认为荷兰人是海盗。

---

①　永积洋子訳『平戸オランダ商館の日記』第 3 集、496 頁。
②　永积洋子訳『平戸オランダ商館の日記』第 1 集、第 264、377 頁；永积洋子訳『平戸オランダ商館の日記』第 3 輯、52、163、250、266、422 頁。

向别人解释却并不能得到对方的理解，这一问题很可能也发生在荷兰商馆馆长日记中提到的"海盗"们身上。他们大概也因为各自的理由，将自己在海上的掠夺行为正当化了。问题在于，其他人如何接受这些各种各样的正当化的逻辑。16世纪以后，随着西欧人进军世界各地，居住地相隔很远的人们直接见面、进行经济交涉的场面频繁出现。另一方面，世界各个地域都有当地特有的社会常识，在相遇时，这些常识之间经常会出现分歧。关于"海盗"，世界上没有能被任何人接受的共同准则。当不同的常识碰撞在一起的时候，获胜的只会是属于强者一方的逻辑。

19世纪的英国和美国将自己的想法和行事作风灌输给以日本为首的许多国家，并让后者理解自己的思维方式。他们无疑拥有使后者遵从自己想法的政治、经济力量和军事力量，因此19世纪的国际秩序和法律、规范基本上是按照英国和美国的常识形成的。然而，在17世纪，情况却大不相同。当时的荷兰东印度公司并不像19世纪的英国和美国那样拥有压倒性的政治、军事力量。荷兰人不能让将自己视为海盗的日本权势人士接受自己的行为逻辑，反而不得不遵从"强者"日本的习惯和行事作风。否则他们就会失去平户这个据点，贸易活动本身也有可能无法进行。

本文考察了荷兰东印度公司和日本的关系，并解释了荷兰人被认为是海盗的历史案例。类似的事例不仅发生在荷兰东印度公司，在各国东印度公司开展活动的亚洲各地海域也能找到踪迹。驻扎在东印度公司商馆的士兵和到达的船员，在港口城市与当地人发生争吵和在酒桌上发生争执的状况也时有发生，[①] 这其中内含的逻辑也是大致一样的。如果考虑到这些因素，就不能将东印度公司的历史与海盗的历史分开来思考。

本文前半部分叙述了东印度公司的概况，并由此说明，在井然有序的公司架构的末端，近乎海盗的行为居然光明正大地进行着。这些行为不能用东印度公司

---

① 在这一点上，日本的长崎出岛商馆的状况极为例外。这里不允许士兵驻扎，原则上也禁止到达船只上的水手上岸。与此同时，荷兰船只被要求在入港后卸下所装载的炮，交给长崎奉行管理，可以说彻底解除了武装。不难想象，这是幕府对平户时代荷兰人的违法行为的戒备。另外必须注意的是，荷兰人顺从了幕府的命令。之所以要注意这一点，是因为在东印度的其他地区，为了实现自己的要求，他们经常进行着类似海盗的暴行。他们顺从的理由可能是与日本的贸易符合他们自身的利益，而且荷兰的实力不足以筹备出一支足以超过当时日本武力的武装力量。于是与其他的商馆群不同的是，在长崎，不是商馆在保护政府，而是当地的政府保护着商馆。

总是正义而对方总是不正义的简单图式来解释。现实的世界并不像动画的故事那样明快清晰。当然，在开头介绍的《海贼王》中，由于作者经常站在路飞他们一边描写故事，读者可能无法理解海军的逻辑。海军应该有海军的理由，所以今后可能会在某处发生大逆转。让我们期待之后故事的展开吧。

编后记

　　北京大学历史学系对全球史的关注并不始于今日。早在 20 世纪 80 年代，以何芳川教授为代表，本系学人就在国内的全球史（当时称为中外交流史）研究方面取得了引人注目的成果，成为国内全球史研究的领先者。自此至今，一直在此领域中努力工作。2019 年，受学校委托，本系承担大型专项课题"海上丝绸之路及其沿线国家和地区历史文化研究"，成立了专门的课题组。作为本课题组研究的先期成果，我们从课题组各位成员近年来完成的论文中各选出一篇，编为本书，以求教于国内外学界。

　　本书收录的 16 篇文章，其中 14 篇系本系学者所著，另外两篇的作者则为与本课题组有密切合作关系的海外学者。这两位学者中，罗澜（Peter Nolan）先生是英国剑桥大学耶稣学院中国中心主任、剑桥大学崇华中国发展教授、剑桥大学发展研究中心创始主任、北京大学顾问；羽田正先生是日本东京大学教授、常务副校长、国际高等研究所所长及北京大学客座教授。

　　本课题组进行的"海上丝绸之路"研究包括两个主要部分，一是海上丝绸之路（即中国和中国以外各地区的海上联系）研究，一是沿线国家和地区（即中国以外，但与海上丝绸之路有关的各地区）的社会、经济、文化情况研究。本书所收论文即以此分为两组，但这是出于研究内容的不同，并非出于"中国史"或者"世界史"这样的传统学科分野。事实上，本书所收的大部分论文都是跨越了人为的学界藩篱，而以全球史的视野进行研究的。这一特点，也清楚地表现在本书书名上。

　　本书所收论文都已在学术刊物上发表，其中一些在收入本书时由作者进行了修改。现将相关情况说明如下：

　　王小甫《阿曼与中国的早期交流》，原刊于《清华大学学报》（哲学社会科

学版）2020 年第 4 期。

王铿《六朝时期会稽郡的海外贸易——以古代中日之间的一条海上航道为中心》，原刊于《中华文史论丛》2018 年第 2 期。

荣新江《唐朝与黑衣大食关系史新证——记贞元初年杨良瑶的聘使大食》正文以《文史》2012 年第 3 期所刊同名论文为基础，以《新丝路学刊》第 3 期（社会科学文献出版社，2018）所刊《唐朝海上丝绸之路的壮举 ——再论杨良瑶的聘使大食》做补充，为不影响文脉，后者部分小节改作附录。

党宝海《元朝与伊利汗国的海路联系》，原收于荣新江、党宝海主编《马可波罗与 10—14 世纪的丝绸之路》，北京大学出版社，2019。

李伯重《多种类型，多重身份：15 至 17 世纪前半期东亚世界国际贸易中的商人》，原刊于《南京大学学报》2016 年第 1 期。

徐健《普鲁士鹰旗在广州：18 世纪中期埃姆登亚洲公司的广州贸易》，原刊于《中西文化研究》（澳门理工学院，半年刊）总第 19、20 期，2011 年 6 月。

昝涛《商业文明、世界知识与海洋秩序——反思多维视野下的马嘎尔尼使华事件研究》，拟刊于《新丝路学刊》第 12 期，社会科学文献出版社，2021。

徐勇《"巨龙入海"：中国海岸城市带与亚欧地缘战略再探讨》，原刊于《北京大学学报》2011 年第 6 期。

王元周《朝鲜的清钱通用与革罢——宗藩体制下市场的整体性及其局限》，原刊于《南国学术》2020 年第 1 期，收入时略有修改。

唐利国《"他者"与"自我"的双重建构：日本武士道论视野中的中国儒学》，原刊于《世界历史》2014 年第 1 期。

臧运祜《从"大陆政策"到"大东亚共荣圈"：近代日本亚太政策的演变与特征》，原刊于《北京大学学报》2003 年第 1 期，收入时略有修改。

包茂红《菲律宾有机农业的兴起与发展》，原刊于北京大学亚洲－太平洋研究院编《亚太研究论丛》第 13 辑，北京大学出版社，2016。

潘华琼《摩洛哥与马里的经济、文化和政治联系——中世纪的撒哈拉商路、非洲城市和伊斯兰文化》，原刊于李安山主编《中国非洲研究评论（2012）》总第 2 辑，社会科学文献出版社，2013。收入本书时，作者订正了地名并补充了一些文献的出处。

董经胜《墨西哥革命后"国家重建"时期的土地与农业政策》，原刊于《史学集刊》2014 年第 6 期，收入本书时略有修改。

　　罗澜（Peter Nolan）《陆上和海上丝绸之路》，先提交中国国务院发展研究中心主办的"中国发展高层论坛 2014 年会"（北京，2014 年 3 月），后在提交"中世纪东方科学家和思想家的历史传承以及对现代文明的作用和意义"会议（撒马尔罕，2014 年 5 月 15—16 日）时进行了修改和扩充。

　　羽田正《作为海盗的东印度公司与亚洲的人们》，系作者为『東インド会社とアジアの海賊』（東洋文庫編、2015）一书所做的总论。

　　本书的编辑工作得到本课题组全体同人和罗澜、羽田正先生的大力支持和配合，并得到陈烨轩、姜阳两位同学的帮助，在此谨表感谢！

李伯重　董经胜

2020 年 6 月 15 日

图书在版编目（CIP）数据

海上丝绸之路：全球史视野下的考察 / 李伯重，董

经胜主编. -- 北京：社会科学文献出版社，2021.4（2023.12 重印）

（北京大学海上丝路与区域历史研究丛书）

ISBN 978 - 7 - 5201 - 7955 - 3

Ⅰ.①海…　Ⅱ.①李…②董…　Ⅲ.①海上运输 - 丝

绸之路 - 研究　Ⅳ.①K203

中国版本图书馆 CIP 数据核字（2021）第 029614 号

北京大学海上丝路与区域历史研究丛书

海上丝绸之路

—— 全球史视野下的考察

主　　编 / 李伯重　董经胜

出 版 人 / 冀祥德
责任编辑 / 邵璐璐
文稿编辑 / 石　岩
责任印制 / 王京美

出　　　版 / 社会科学文献出版社·历史学分社（010）59367256
　　　　　　地址：北京市北三环中路甲 29 号院华龙大厦　邮编：100029
　　　　　　网址：www. ssap. com. cn
发　　　行 / 社会科学文献出版社（010）59367028
印　　　装 / 北京联兴盛业印刷股份有限公司

规　　　格 / 开　本：787mm × 1092mm　1/16
　　　　　　印　张：21　字　数：376 千字
版　　　次 / 2021 年 4 月第 1 版　2023 年 12 月第 2 次印刷
书　　　号 / ISBN 978 - 7 - 5201 - 7955 - 3
定　　　价 / 128.00 元

读者服务电话：4008918866